Kleidung aufpeppen

Mit diesen Tricks verleihen Sie Ihrer Kleidung im Nu mehr Schwung:

✔ Nähen Sie den Saum mit kontrastfarbenem Nähgarn.

✔ Verarbeiten Sie die Saumkante sichtbar auf der rechten Seite.

✔ Nähen Sie dekorative Stoffstücke auf.

✔ Übermalen Sie Flecken dekorativ.

Flecken sind kein Thema

Für manche sind Flecken Grund genug, ein Kleidungsstück wegzuwerfen. Sie können aber auch mithilfe der folgenden Tipps Flecken bearbeiten und Ihr Kleidungsstück retten:

✔ **Stoff darübersetzen:** Nähen Sie einen ausreichend großen Stoffflicken über den Fleck und dekorieren Sie ihn zusätzlich mit Ziernähten.

✔ **Den Fleck dekorieren:** Nähen Sie Perlen oder Knöpfe auf kleinere Flecken, um sie zu verdecken.

✔ **Darübernähen:** Nähen Sie mehrfach über den Fleck und gestalten Sie dabei Muster mit den Nahtlinien. Probieren Sie Wirbel, Zickzacklinien, Kreise, Blüten oder andere Motive aus.

✔ **Den Fleck bemalen:** Mit einem Stoffstift können Sie Wirbel, Zackenlinien oder andere abstrakte Muster über den Fleck malen. Sie können auch Stempelmotive darübersetzen.

✔ **Den Fleck ausschneiden:** Schneiden Sie den Fleck einfach aus dem T-Shirt aus. Das entstandene Loch können Sie von hinten mit Stoff besetzen oder Sie schneiden noch weitere Löcher in das Kleidungsstück. Sie können in die Fleckstelle auch mehrere Schlitze schneiden, die von dem Fleck ablenken und dem Oberteil einen rockigen Look verleihen.

✔ **Alles färben:** Färben Sie das gesamte Kleidungsstück mit demselben Mittel, das den Flecken verursacht hat. Sie können das Teil komplett in Wein oder Saft tauchen und natürlich spezielle Stofffarbe benutzen.

Risse und Löcher bearbeiten

Risse und Löcher müssen genau wie Flecken nicht das Ende eines Kleidungsstücks bedeuten. Sehen Sie sich die folgenden Tipps an und benutzen Sie die kreativen Techniken, um Ihren Projekten mehr Pfiff zu verleihen und dabei alle Fehlerstellen auszubessern.

- ✔ **Stoff darübersetzen:** Nähen Sie wie bei den Flecken beschrieben Stoff über Fehlerstellen. Sie können den Flicken auf die Oberseite nähen und den Fehler bedecken oder unter den Riss, sodass der Flicken unter dem Loch sichtbar wird. Nähen Sie zusätzlich mit Ziernähten von rechts darüber.

- ✔ **Handnähte:** Nähen Sie mit farblich passendem Garn oder Stickgarn in 0,6 cm langen Stichen über den Riss und schließen Sie ihn. Arbeiten Sie absichtlich grob, das gibt dem Kleidungsstück einen rustikalen Akzent.

- ✔ **Maschinennähte:** Nähen Sie im Zickzackstich oder einer Zierstichart über den Riss und kreieren Sie ein dekoratives Muster, während Sie den Riss schließen.

- ✔ **Overlock-Maschinennähte:** Nähen Sie eine dekorative Längsnaht über die gesamte Länge des Oberteils und fassen Sie dabei den Riss mit in die Naht.

Nähte über Nähte

Normalerweise finden Sie Nähte bei Kleidungsstücken an folgenden Stellen:

Bei Oberteilen: Seitennaht von der Achsel bis zur Taille und Schulternaht vom Halsausschnitt bis zum Beginn der Armkugel

Bei Ärmeln: Unterarmnaht von der Achsel bis zum Handgelenk

Bei Armlöchern: Ärmelansatznaht von der Achselhöhle rund um den Arm über die Schulter und zurück zur Achselhöhle

Bei Hosen: Seitennaht von der Taille bis zum Fußknöchel; Innenbeinnaht vom Schritt bis zum Fußknöchel; Schrittnaht jeweils von der Taille über Bauch oder Gesäß bis zum Schritt (trifft dort auf die Innenbeinnähte)

Bei Röcken: von der Taille bis zum Saum

Bei Kleidern: wie bei Oberteilen, allerdings verlängert bis zum Kleidersaum

Recycling-Mode
für Dummies

Miranda Caroligne Burns

Recycling-Mode
für Dummies

Übersetzung aus dem Amerikanischen
von Petra Daniels

WILEY-VCH Verlag GmbH & Co. KGaA

Bibliografische Information der Deutschen Nationalbibliothek
Die Deutsche Nationalbibliothek verzeichnet diese Publikation
in der Deutschen Nationalbibliografie; detaillierte bibliografische
Daten sind im Internet über http://dnb.d-nb.de abrufbar.

1. Auflage 2013

Printed in Germany

Gedruckt auf säurefreiem Papier

Coverfoto: © Fotolia, Africa Studio
Korrektur: Frauke Wilkens, München
Satz: inmedialo Digital- und Printmedien UG, Plankstadt
Druck und Bindung: CPI – Ebner & Spiegel, Ulm

Print ISBN: 978-3-527-70903-8

Über die Autorin

Miranda Caroligne Burns aus San Francisco, Kalifornien, hat schon viele Tätigkeiten ausprobiert: Physiotherapeutin, Eventmanagerin, Gemeindearbeiterin, Installationskünstlerin, Autorin, Performancekünstlerin, Philosophin und Modedesignerin. Ihre Mutter hat sie dazu angeleitet, ihre eigene Kleidung zu nähen und zu gestalten, seit sie in der Lage war, eine Nadel zu halten. Mit der Zeit entwickelte sie besonderes Vergnügen daran, Dinge wiederzuverwerten, und eine große Liebe zu einzigartigem Design. Dabei verbindet sie alte und neue Elemente zu einem Stil, den sie selbst neoarchaisch nennt.

Miranda Burns' künstlerische Entwicklung fand in zwei Küstenstädten statt. In Boston war sie Teil einer alternativen Kunstszene und stellte ein Projekt namens »Living Construction« vor, bei dem Nähvorführungen live in Schaufenstern von Geschäften stattfanden.

Seit ihrer Rückkehr nach San Francisco 2005 entwickelte sie sich schnell zum neuen aufgehenden Stern einer Gruppe provokanter Künstler und Designer. Ihre Modenschauen sind bekannt für die besondere Qualität der Darstellung, die politische, künstlerische und persönliche Aussagen miteinander verbindet.

Wenn Sie durch die 14th Street in San Francisco schlendern, können Sie durchs Schaufenster des Ladens *Miranda Caroligne – a Living Construction Boutique* in Haus Nr. 485 Miranda Burns dabei zusehen, wie sie Kleidungsstücke umgestaltete. Sie werden begeistert sein von dem künstlerischen Design und viele Anregungen für eigene Entwürfe mitnehmen können.

Cartoons im Überblick

von Rich Tennant

The 5th Wave — By Rich Tennant

»Ich habe dir ein Nähkörbchen für Anfänger zusammengestellt mit
einer Schere, Nähnadeln, Pflaster, Verbandmull, Antiseptikum ...«

Seite 27

The 5th Wave — By Rich Tennant

Sarah hat erzählt,
Sie kennen sich exzellent
mit den Werken von
Michelangelo aus.

Seite 93

The 5th Wave — By Rich Tennant

»Wenn es dich tröstet, du hast den Saum an diesem Hosenbein
wirklich perfekt genäht.«

Seite 147

The 5th Wave — By Rich Tennant

Im Alter gab Captain Hook es auf, hinter
Peter Pan herzujagen, und er begann,
Pullover wiederzuverwerten.

Seite 197

The 5th Wave — By Rich Tennant

»Vielleicht ist ein Duschvorhang doch nicht das beste
Ausgangsmaterial für ein Abendkleid.«

Seite 243

The 5th Wave — By Rich Tennant

»Wie ich sehe, sammeln Sie immer noch Stoffstücke für Ihre
Recycling-Projekte.«

Seite 287

The 5th Wave — By Rich Tennant

Ich hab doch gewusst,
dass es ein Fehler war,
Ohrringe von einem
Typen zu kaufen, der
Angelköder herstellt.

Seite 331

Fax: 001-978-546-7747
Internet: www.the5thwave.com
E-Mail: richtennant @ the5thwave.com

Inhaltsverzeichnis

Kapitel 5
Grundwissen Nähen   71

Teil II
Oberteile – aufsehenerregend statt langweilig   *93*

Kapitel 6
T-Shirt-Transformationen   *95*

Kapitel 7
Neues Leben für Blusen und Co.   *111*

Einführung

Die Projekte in diesem Buch sind alle aus einem ganz bestimmten Grund entstanden. Lassen Sie es mich kurz erklären: Haben Sie schon einmal einen Pullover aus einem bestimmten Grund aufgehoben? Vielleicht roch er nach jemandem, den Sie gern hatten, oder er erinnerte Sie an eine abenteuerliche Zeit in Paris. Sie könnten ihn auch von Ihrem Lieblingsopa geerbt haben. Ihre Kleidung ist immer Ausdruck Ihrer Persönlichkeit und Ihrer Erfahrungen. Die Projekte in diesem Buch sind mein Weg, solche Momente zu bewahren und ihnen eine neue Form zu geben. So wie unsere Persönlichkeit sich ständig weiterentwickelt, kann unsere Kleidung ein Spiegel dieser Veränderungen sein.

Auch wenn das Recycling von Kleidung ein großes Trendthema ist, hoffe ich sehr, es kommt nicht mehr aus der Mode. Ich habe meine Kleidung schon seit Kindertagen selbst gestaltet, und dafür sehr viele Komplimente von den verschiedensten Menschen bekommen. In meinen Auftragsarbeiten und auch bei meinen »Living Construction«-Darstellungen habe ich schon mit Menschen aus allen Gesellschaftsschichten zusammengearbeitet. Jeder war von dem Konzept beeindruckt. Fertige Kleidung wiederzuverwenden und daraus neue, individuelle und gut sitzende Kleidungsstücke herzustellen, ist einfach und preiswert und wirklich für jeden interessant.

Neben dem praktischen Aspekt ergibt sich aber auch noch ein politischer. Mit jedem Kleidungsstück, das Sie wiederverwerten, vermeiden Sie Abfall in einer Welt, die damit überschwemmt ist. Jedes Mal, wenn Sie ein recyceltes Kleidungsstück tragen, werben Sie für die Wiederverwertung und das Vermeiden von Abfall bei jedem, der Ihnen begegnet. Auch wenn es sich wie ein Klischee anhört, werden wir nie erfahren, welchen Einfluss wir tatsächlich auf die Welt haben. Es sollte ein möglichst positiver Einfluss sein!

Über dieses Buch

Dieses Buch ist für mich das Ergebnis von Gruppenarbeit. Ich lerne von jedem Menschen, der mir begegnet, etwas Neues und bringe es in meine Arbeit ein. *Recycling-Mode für Dummies* ist aus der Summe dieser Erfahrungen und Lernprozesse entstanden und es gibt noch viel mehr zu entdecken.

In diesem Buch lernen Sie, Dinge auseinanderzunehmen und neu zusammenzusetzen, damit ein brandneues Teil dabei entsteht. Sie finden hier eine ganze Reihe verschiedener Projekte und ich habe noch viel mehr im Kopf. Die Anleitungen sind bewusst einfach gehalten, um Ihnen einen leichten Einstieg zu ermöglichen. Ehrlich gesagt, war das für mein kreatives Ich nicht ganz einfach, es möglichst simpel zu gestalten. Aber es war mir wichtig, Ihnen dabei genug Raum für eigene kreative Gestaltung zu lassen. Denn dabei geht es ja eigentlich beim Recyceln, es soll etwas Individuelles und Einzigartiges entstehen.

Sie finden außerdem eine Reihe von Variationen zu den Projekten. Das können andere Techniken sein oder dekorative Varianten des fertigen Teils. Ich bin sicher, Sie haben selbst noch weitere Ideen.

Für fast alle Projekte in diesem Buch müssen Sie nähen können. Falls möglich, werden alternative Techniken genannt. Es gibt zum Beispiel eine Reihe von Dekorationsmöglichkeiten, die ganz ohne Nähen ausgeführt werden können. Für manche Variationen werden auch andere Handarbeitstechniken herangezogen, die vielleicht Ihr Interesse wecken. Ich freue mich, wenn Sie dieses Buch als Ausgangspunkt benutzen, um eigene kreative Ideen zu entdecken und zu entwickeln. Bringen Sie bei den Variationsmöglichkeiten Ihre eigenen Interessen und Fähigkeiten ein. Sie werden sehen, die kreativen Möglichkeiten sind endlos.

Neben den praktischen Anleitungen möchte ich Sie auch zu bewusstem Handeln motivieren. Natürlich soll Ihnen das Recyceln vor allem Spaß machen, aber es schadet auch nicht zu wissen, warum es sinnvoll ist. Vielleicht kann ich Sie dazu inspirieren, sich selbst Gedanken zu umweltbewusstem Handeln zu machen. Dadurch werden Ihre Projekte nicht besser aussehen, aber Sie werden sich beim Tragen vielleicht besser darin fühlen.

Wie Sie dieses Buch lesen sollten

Sie müssen dieses Buch nicht von der ersten bis zur letzten Seite durchlesen. Wenn Sie mir nur ein bisschen ähnlich sind, haben Sie dafür weder Zeit noch Geduld. Ich kann also verstehen, wenn Sie nur die Informationen lesen, die Sie für das ausgewählte Projekt benötigen. Sie sollten aber doch einen Blick auf die übrigen Informationen in dem Kapitel werfen, in dem das Projekt steht. Auch wenn Fehler und Irrtümer Sie in eine neue kreative Richtung leiten können, sind sie gerade für Perfektionisten eher ärgerlich und entmutigend. Da ich mir wünsche, dass Sie erfolgreich sind, empfehle ich Ihnen, die Kapitel zu lesen und aus meinen Fehlern zu lernen, anstatt sie selbst zu machen.

Wenn Sie im Nähen geübt sind und Erfahrung im Umgang mit Textilien haben, fangen Sie einfach mit einem Projekt an. Im Top-Ten-Teil finden Sie kurze Hinweise speziell zum Wiederverwerten von Kleidung. Beginnen Sie gerade erst mit dem Nähen oder dem Recyceln oder brauchen Sie einen kleinen Auffrischungskurs, sollten Sie Teil I lesen, bevor Sie mit den Projekten beginnen.

Sobald ich mit Leuten über das Recyceln von Kleidung spreche, bekommen sie ein Funkeln in den Augen. Beinahe jeder hat ein Kleidungsstück im Schrank, das er nicht mehr trägt, aber von dem er sich auch nicht trennen möchte. Daher habe ich die Projekte in diesem Buch nach dem Ausgangskleidungsstück organisiert. Das kann eine Hose, ein Rock oder ein alter Lieblingspullover sein. Sie finden Vorher- und Nachher-Bilder sowie einen Farbteil, in dem Sie sich ein Projekt aussuchen können. Dann müssen Sie nur noch in Ihrem Kleiderschrank oder im nächsten Secondhand-Shop nach dem passenden Ausgangskleidungsstück suchen.

Die Vorgehensweise in diesem Buch

Damit Sie sich im kreativen Rausch nicht verlieren oder von klingenden Telefonen, hungrigen Haustieren, Aufmerksamkeit suchenden Kindern oder anderen lieben Menschen aus abgelenkt werden, habe ich in diesem Buch einige Hinweise untergebracht. Sie sollen Ihnen helfen, den Überblick zu behalten.

✔ **Jedes Kapitel beginnt mit Hinweisen zur Pflege der Textilien.** In Kapitel 4 finden Sie dazu grundlegende Informationen, aber ich nenne in jedem Kapitel die Besonderheiten der Materialien und empfehle Ihnen, diese zu beachten.

✔ **Jedes Projekt zeigt ein Vorher- und ein Nachher-Bild.** Das Ausgangsbild finden Sie unmittelbar nach der Einleitung und das Ergebnisbild nach dem Anleitungsteil, aber vor den Hinweisen zu Variationen. Bitte beachten Sie, dass die Bilder nur das technische Ergebnis zeigen, nicht das fertig gestaltete Teil, was der Designerin in mir ziemlich widerstrebt. Aber es dient dem Lerneffekt. In einigen Fällen wurden zusätzliche Hinweise ergänzt, wie sich Flecken oder Verschleißspuren verstecken lassen.

✔ **Zu jedem Projekt finden Sie eine ausführliche Materialliste.** Ich gestehe, dass ich selbst gar nicht alle der aufgeführten Materialien verwende. Wenn Sie selbst erfolgreich mit etwas anderem arbeiten, verwenden Sie das ruhig anstelle des genannten Materials. Sonst halten Sie sich bitte an die Materialliste, bis Sie etwas mehr Erfahrung sammeln konnten.

✔ **Die Anleitungen sind zur besseren Orientierung in nummerierten Arbeitsschritten dargestellt.** Jeder Schritt beginnt mit einem fett geschriebenen Text, der die nächste Handlung beschreibt. Dann folgt eine detaillierte Erläuterung. Sie können ruhig eigene Notizen hinzufügen, wenn Sie etwas anmerken möchten. Das Buch soll benutzt werden und nicht im Regal verstauben.

✔ **Am Ende jeder Anleitung finden Sie Variationsmöglichkeiten aufgelistet.** Dabei wiederholen sich einige Hinweise und es gibt noch viel mehr Varianten, als sich hier aufzählen lassen. Ich habe lediglich einige kreative Techniken aufgeführt, die sich für das jeweilige Projekt besonders gut eignen. Lassen Sie sich dadurch aber nicht in Ihren eigenen kreativen Ideen einschränken. Wenn Sie die Streifentechnik mit Sprühfarbe auf einem Strickstoff ausprobieren möchten, machen Sie das. Auch wenn ich es nicht aufgeführt habe, ist es trotzdem möglich. Sie dürfen alles ausprobieren, wenn Sie damit leben können, dass das Ergebnis möglicherweise nicht so sensationell aussieht wie geplant.

✔ **Die Projekte in diesem Buch sind, wo immer es möglich war, mit einer Overlock-Maschine verarbeitet worden.** Ich liebe diese Art der Verarbeitung, weil sie den Kleidungsstücken genau den von mir gewünschten sichtbar konstruierten Look verleiht. Sie müssen sich deshalb aber keine Overlock-Maschine anschaffen. Ich habe die Projekte auch deshalb mit der Overlock-Maschine genäht, damit Sie die Nähte gut erkennen können und verstehen, wie die Teile zusammengesetzt sind. Die Overlock-Maschine ist mein Lieblingswerkzeug und ich muss mich für die Näharbeiten auf der normalen Nähmaschine wirklich entschuldigen, denn ich bin keine sehr ordentliche Näherin.

Törichte Annahmen über die Leser

Beim Schreiben dieses Buches bin ich von folgenden Voraussetzungen ausgegangen:

✔ Sie sind offen, kreativ und lassen sich für neue Dinge begeistern!

✔ Sie haben ein bisschen Vorkenntnisse im Nähen. Auch wenn Sie hier kurze Nähhinweise finden, ist dies kein Buch, um das Nähen von Beginn an zu lernen. Sie müssen einige Techniken anwenden können und lernen noch weitere hinzu.

✔ Sie haben bereits mit den textilen Materialien, Techniken und Fachbegriffen in diesem Buch zu tun gehabt oder …

✔ Sie sind in der Lage, sich darüber zu informieren, entweder im Internet, in einer Bücherei, einem Fachgeschäft oder durch andere Quellen.

✔ Sie haben bereits über Recyceln von Kleidung gehört und möchten das jetzt an Ihren eigenen Kleidungsstücken ausprobieren.

✔ Sie suchen nach einfachen und verständlichen Anleitungen, um mit dem Recyceln von Kleidung beginnen zu können. Vielleicht haben Sie sogar schon ein bestimmtes Kleidungsstück im Auge.

✔ Sie machen sich Gedanken über die Zukunft unseres Planeten.

✔ Sie sind die durchlöcherten T-Shirts Ihres Liebsten leid und wollen sie zu etwas anderem verwenden als immer nur als Putzlappen.

Wenn einige dieser Mutmaßungen auf Sie zutreffen, ist dies genau Ihr Buch.

Wie dieses Buch aufgebaut ist

Ich habe dieses Buch in sieben Teile unterteilt. Im ersten Teil finden Sie eine Einführung in die Basistechniken des Nähens, Auftrennens und Zusammensetzens. Die folgenden fünf Teile sind nach den Ausgangskleidungsstücken untergliedert. Der Top-Ten-Teil ist wie in den Büchern der … *für Dummies*-Reihe üblich eine Sammlung schneller und nützlicher Hinweise.

Teil I: Aus alt mach neu – Grundlegendes

In diesem Teil lernen Sie das *Wer, Was, Wo, Wann, Warum* und *Wie* des Wiederverwertens. Okay, vielleicht nicht *Wer*, denn das sind natürlich Sie, und auch *Wann* ist bereits klar, nämlich jetzt.

Teil I erläutert die Grundlagen dieses Buches. Sie erfahren, warum es sinnvoll ist, aus alter Kleidung neue zu machen und wo Sie gutes Ausgangsmaterial finden, wonach Sie Ausschau halten sollten und wie Sie die Teile auseinandernehmen. Schließlich bekommen Sie einen kleinen Auffrischungskurs in den Nähtechniken, die Sie brauchen, um alles wieder neu zusammenzusetzen.

Teil II: Oberteile – aufsehenerregend statt langweilig

Welchen besseren Ausgangspunkt könnte man haben als ein Oberteil? Sie erfahren, was Sie alles aus T-Shirts, Blusen und Pullovern anfertigen können.

Teil III: Modische Wiederbelebung statt toter Hose

Hosen gibt es in den verschiedensten Schnitten und Größen. In diesem Teil erfahren Sie nicht nur, wie Sie Jeans zu neuem Leben verhelfen, sondern auch, was Sie aus klassischen Hosen und Stretchhosen machen können.

Teil IV: Rettung für Pullover und andere Stricksachen

Für Strickwaren brauchen Sie einige besondere Nähtechniken. Aber keine Sorge, ich zeige Ihnen genau, wie Sie diese Hürde nehmen und aus Pullovern und Strickjacken tolle Projekte zaubern. Sie erfahren außerdem, was man mit alten Strick- und Häkeldecken machen kann.

Teil V: Röcke und Kleider in neuem Glanz

Hier erfahren Sie, wie man abgetragene Röcke und Kleider wieder aufmöbelt. Sie finden Vorschläge für verschiedene Rockformen, Partykleider und zahlreiche Kleidervarianten.

Teil VI: Resteverwertung

Wenn Sie vom Nähen so richtig begeistert sind oder einfach eine fanatische Sammlerin sind, nehmen Stoffreste in Ihrem Leben einen großen Platz ein. Da auf mich beides zutrifft, habe ich nicht nur eine große Stoffsammlung, sondern ich gehöre auch zu denen, die Stoffreste von Generation zu Generation weitergeben. In diesem Teil finden Sie zahlreiche Vorschläge zur Verwertung von Stoffresten unterschiedlicher Größe. Es gibt Projekte für Wohntextilien und Ideen für verschiedene Accessoires.

Teil VII: Der Top-Ten-Teil

Dieser Teil liefert Ihnen kurz gefasst viele wichtige Informationen. Nehmen Sie ihn mit, wenn Sie einen Secondhand-Laden plündern und schauen Sie nach, was Sie vermeiden sollten. Vertrauen Sie mir, ich stöbere seit vielen Jahren in Gebrauchtläden und besitze unzählige Teile, die ich nicht gebrauchen kann und die einfach zu fantastisch sind, um sie in Stücke zu schneiden. Verlassen Sie sich nicht auf Ihr Gefühl, sondern nutzen Sie dieses Buch als Entscheidungshilfe. Es versorgt Sie außerdem mit nützlichen Tipps und Tricks gegen Flecken.

Symbole, die in diesem Buch verwendet werden

Die kleinen Symbole am Textrand sind nicht nur Dekoration. Sie wollen Sie auf besondere Informationen aufmerksam machen.

 Dieses Symbol liefert Ihnen Hinweise, um etwas besser, schneller oder auf eine andere Weise zu machen.

 Achtung! Wenn Sie diesen Hinweis nicht lesen, könnten Sie vielleicht einen Finger einbüßen. Aber ganz im Ernst, dieses Symbol weist Sie auf mögliche Gefahren für Sie, Ihre Werkzeuge oder Ihr Material hin. Beachten Sie diese Hinweise unbedingt, dann bleiben Ihnen Missgeschicke erspart.

 Dieses Symbol kennzeichnet, was wichtig ist und woran Sie sich erinnern sollten.

In diesem Buch gibt es Projekte, die sich ganz ohne Nähkenntnisse verwirklichen lassen. Dabei kann es sich um Grundmodelle oder Variationen handeln. Sie erkennen diese Projekte ganz schnell an diesem Symbol.

Heben Sie die Materialreste von diesem Projekt auf, denn sie könnten sich für ein weiteres Projekt eignen. Dieses Symbol weist Sie darauf hin. Sie finden mindestens einen Vorschlag für ein Resteprojekt, aber Sie können Ihre Reste natürlich auch für eigene Ideen verwenden. Das Ziel sollte sein, Stoffreste möglichst lange wiederzuverwerten, damit sie den Müllberg nicht noch vergrößern.

Wie es weitergeht

Inzwischen gibt es eine ganze Reihe von Büchern mit Ideen und Anleitungen zum Wiederverwerten von Kleidung. Ich möchte Sie ermuntern, eigene Ideen zu entwickeln. Denken Sie darüber nach, was in Ihrem Kleiderschrank gerade fehlt, entweder modisch oder was die Passform betrifft. Sind Ihre Ärmel immer zu kurz? Lieben Sie Fleece, aber die Schnitte sind Ihnen zu sportlich? Oder sagen Sie öfter Sätze wie: »Ich mag dieses Oberteil, aber ich wünschte, es wäre _____ (setzen Sie hier das passende Adjektiv ein)«. Sortieren Sie solche Kleidungsstücke aus, schlagen Sie das dazu passende Kapitel dieses Buches auf und entdecken Sie die entsprechenden Projekte. Dann kann es losgehen!

Wenn Sie zuvor mehr Informationen über die Umarbeitung und Neugestaltung von Kleidung haben möchten, lesen Sie Teil I. Sie erhalten dort einige grundlegende Informationen und auch Inspirationen.

Ich habe dieses Buch auch in der Hoffnung geschrieben, dass es Sie dazu anregt, über Ressourcen nachzudenken. Alles, was Sie wiederverwerten, reduziert Abfall. Wenn Sie sich als Einzelperson in Bezug auf Umweltprobleme hilflos fühlen, kann schon ein kleiner Einsatz helfen. Wenn Sie recycelte Kleidung tragen, erinnern Sie andere daran, Ressourcen zu schonen, und bieten einen Anlass, über kreative Techniken des Recyclings ins Gespräch zu kommen. Damit befinden Sie sich in guter Gesellschaft von Künstlern, Architekten, Händlern und Organisationen, die längst die verschiedensten Materialien wiederverwenden. Ihre Kinder werden es Ihnen danken.

Teil I

Aus alt mach neu – Grundlegendes

The 5th Wave — By Rich Tennant

»Ich habe dir ein Nähkörbchen für Anfänger zusammengestellt mit einer Schere, Nähnadeln, Pflaster, Verbandmull, Antiseptikum ...«

In diesem Teil ...

Hier erfahren Sie alles, was Sie für ein erfolgreiches Recyclingprojekt wissen müssen. Sie finden nicht nur heraus, wie Sie aus diesem Buch den größten Nutzen ziehen, sondern erfahren auch, welche Erwartungen beim Wiederverwerten getragener Kleidung realistisch sind. Lassen Sie sich inspirieren. Ich verrate Ihnen meine Geheimtipps (Psst, nur Ihnen und einigen anderen Tausend Lesern!), wie man gutes Ausgangsmaterial findet. Mit dem Grundwissen und einem Stapel brauchbarer Kleidung können Sie beginnen, alles auseinanderzunehmen und neu zusammenzusetzen.

Das A und O in diesem Buch

1

In diesem Kapitel

▶ Kleidung recyceln – eine Definition

▶ Die beste Methode entdecken

▶ Mit Ideen und Projekten spielen

▶ Startpunkt und Ziel bestimmen

---

*I*ch habe schon Kleidung wiederaufgearbeitet, bevor ich wusste, was ich tat. Sobald ich eine Schere, Nadel und Faden benutzen konnte, bekamen meine Puppen selbst geänderte Kleidung (passend zu selbst geschnittenen Frisuren).

Wie bei vielen Kreativen war meine Motivation dabei der Wunsch, Dinge anders zu machen. Anleitungen fand ich langweilig und ich fühlte mich eingeschränkt durch die Hinweise von einem anderen. Fertige Kleidung, die ich im Kaufhaus fand (das war meine einzige Einkaufsquelle), war immer mangelhaft. Insbesondere fehlte den Stücken die Individualität, die ich mir wünschte. Glauben Sie jetzt nicht, ich wäre eine rebellische Querulantin gewesen, im Gegenteil. Ich war ein Mischmasch aus verschiedenen Richtungen und trotzdem schwer festzulegen auf irgendein Stereotyp. Ich wollte, dass meine Kleidung genauso war.

Aus getragener Kleidung neue zu entwerfen hat nichts mit einer bestimmten Stilrichtung, Kultur oder Gruppierung zu tun. Jedes Individuum kann das und dadurch ergibt sich ein Stilmix. Individuelles Recycling steht im Kontrast zu der üblichen Massenproduktion und der sich daraus ergebenden Uniformität, sowohl in der Kleidung als auch in der Gesellschaft.

Musterverkauf oder Trunk Show

Als ich in Boston wohnte, versuchte ich, einen Musterverkauf oder eine Trunk Show zu organisieren, und musste feststellen, dass so etwas dort unbekannt war. Solche Musterverkäufe können ganz unterschiedlich aussehen. In der Regel bieten dort Designer Musterstücke aus ihren Ateliers an, die sie als Probe angefertigt haben, bevor die Teile produziert worden sind. Das können sowohl Kleidungsstücke als auch Accessoires sein. Manche Designer stellen auf diese Weise sogar ihre gesamte Kollektion vor und testen, was sich davon verkauft und was nicht. Gleichzeitig können sie dabei ihre Lagerräume leeren und unverkäufliche Modelle oder Teile aus Überproduktionen loswerden. Die Käufer freuen sich über stark reduzierte Preise und die Möglichkeit, den Designer persönlich zu treffen.

Kleidung recyceln – eine Definition

Je populärer das Recyceln von Kleidung wird, desto wichtiger ist die genaue Definition des Vorgangs. Obwohl Sprache auch Ausdruck unserer Persönlichkeit ist und wir uns dabei nicht beschränken sollten, hilft die Definition von Begriffen bei der Kommunikation miteinander.

Die Art, wie wir uns kleiden, ist eine Form der Selbstdarstellung und in diesem Sinne auch Kunst. Denken Sie einmal darüber nach. Jeden Tag geben Sie sich selbst Form und Farbe durch die Kleidung, die Sie wählen. Durch Kleidung definieren wir uns selbst nach innen und nach außen. Manchmal ist es bequemer, sich so zu kleiden, dass man als Teil einer gesellschaftlichen Gruppe identifiziert wird. Vielleicht ist jetzt der richtige Zeitpunkt, um sich als individuelle Persönlichkeit darzustellen.

Auch wenn nicht jeder sein eigener Modedesigner sein kann, können Sie mit einer bewussten Auswahl beginnen. Legen Sie fest, was von Ihrer Persönlichkeit Sie ausdrücken möchten. Entscheiden Sie sich bewusst für die Entwürfe örtlicher Designer statt für Massenkonfektion, die jeder in Ihrer Nachbarschaft trägt. Kombinieren Sie Teile auf Ihre eigene Weise miteinander. Am besten beginnen Sie damit, ausgemusterte Kleidung auseinanderzutrennen und daraus neue, individuelle Stücke zu fertigen, die Ihren Stil unterstreichen.

Kleidung mal anders

Die meisten verstehen unter dem Recyceln von Kleidung das Herstellen neuer Kleidung aus bestehenden Teilen. Das kann auf die verschiedensten Arten erfolgen. Sie finden eine Reihe von Beispielprojekten in diesem Buch.

Dazu gehören auch die folgenden Beispiele:

✔ Setzen Sie eine Kapuze an eine Jacke.

✔ Kürzen Sie die Ärmel eines T-Shirts.

✔ Verwandeln Sie ein Bettlaken in einen gekräuselten Rock.

✔ Kürzen Sie einen Pullover.

✔ Nähen Sie ein Abendkleid aus einem Bettbezug.

✔ Kürzen Sie Ihre Jeans zu Shorts.

✔ Kürzen Sie Ihre Jeans zu Bermudas.

Die genannten Projekte eignen sich für alle, egal welche Nähkenntnisse vorhanden sind. Sie sind besonders gedacht für Menschen, die wie ich nicht gerne nach Schnittmustern arbeiten, und für jene, die erst noch herausfinden müssen, wie man Schnitte zu eigenen Entwürfen anfertigt.

Wenn Sie ein fertiges Kleidungsstück lediglich verändern, ist die Verarbeitung schon erledigt. Gerade diese Arbeitsgänge langweilen mich am meisten, wenn ich Kleidung herkömmlich aus einem Stück Stoff anfertige. Selbst wenn ich nach eigenen Schnitten arbeite, widerstrebt es mir, die gleichen Arbeitsgänge immer und immer zu wiederholen. Daher fertige ich keinen Entwurf mehr als zehnmal an. Ich habe nun mal keine Massenproduktion.

Einkaufen als Therapie

Mit Anfang zwanzig hatte ich eine ordentliche Lebenskrise. Ich hatte Identitätsprobleme und litt unter der Trennung von meinem Freund. Ohne ihn war mein ganzes vorher geplantes Leben nicht mehr möglich und ich hatte keinen Plan B. Was mir geholfen hat? Shoppen! Ich habe in diesem Semester den größten Teil meines Studiendarlehens in einem einzigen Laden ausgegeben. Ich verließ ihn mit einer komplett neuen Garderobe, die mich zu einer lebenden Kopie jeder Fernsehserienschönheit zwischen 18 und 35 Jahren machte. Ich brauchte damals die Orientierung an irgendeinem Vorbild, auch wenn es nicht meiner Persönlichkeit entsprach. Kleidung kann diese Identifikation manchmal bieten und daran ist nichts auszusetzen.

Sie sollten nicht glauben, fertige Kleidung ließe sich leichter zu etwas Neuem zusammensetzen. Schnittmuster und Anleitungen folgen einer eigenen Systematik. Daher kann es viel komplizierter sein, ein fertiggestelltes Kleidungsstück zu verändern. Dafür macht es aber deutlich mehr Spaß.

Änderungen, die das Bewusstsein verändern

Einige Kleidungsstücke sitzen genau richtig, aber ihnen fehlt das gewisse Etwas. Viele Menschen vermissen an ihrer Kleidung schlicht einen Schuss Individualität. Das Umarbeiten bietet Ihnen die Möglichkeit, die Passform zu verbessern, Flecken zu verstecken oder abgetragene Stellen an Ihrem Lieblingsstück unsichtbar zu machen.

Da meine Nähmaschine im Schaufenster meines Geschäfts steht, fragen mich oft Leute, ob ich Änderungsarbeiten mache. Natürlich helfe ich Nachbarn und Freunden mit kleinen Reparaturen, aber es macht meinem kreativen Ich nun mal keinen Spaß, einfach nur einen Saum wieder anzunähen. Ich bevorzuge *kreative Veränderungen*. Diese Art von Veränderungen soll sichtbar sein und dem Kleidungsstück einen neuen Stil verleihen. Dazu gehört zum Beispiel:

✔ einen Saum mit kontrastfarbenem Garn annähen

✔ den Saum nach außen umnähen

✔ dekorative Applikationen auf verschlissene Stellen nähen

✔ Ziernähte an Säumen oder Applikationen

✔ dekorative Bemalung von fleckigen Stellen

Diese Art von Änderungsarbeiten macht jedem Spaß, unabhängig von den jeweiligen Design- und Nähkünsten. Für Neulinge sind diese Techniken der beste Einstieg in die Grundlagen des Recycelns. Außerdem lassen sich einige dieser Techniken ganz ohne Nähkenntnisse ausführen. Wer keine Nähmaschine hat, kommt hierbei auch mit Handnähten aus.

Die vorgestellten kleinen Veränderungen eignen sich gut für die Kleidungsstücke, bei denen Sie bereits ans Aussortieren gedacht haben. Sie können damit ihr Leben verlängern.

Viele Kleidungsstücke sind funktionell und praktisch, aber leider auch sehr langweilig. Außerdem sehen sie genauso aus wie alle die anderen Teile, die in Massenproduktion entstanden sind. Mit den oben genannten kleinen Änderungen können Sie aus Ihrem sterbenslangweiligen Kapuzenshirt ein einzigartiges und individuelles Teil machen.

Keine unüberlegten Kleidergeschenke

Einige meiner Freunde interessieren sich sehr für Kleidung und necken sich gerne damit, wer die heißesten neuen Designerentwürfe ergattern konnte. Sie tauschen manchmal auch Teile untereinander oder vererben sie weiter. Für eine dieser Freundinnen habe ich einen Fleecepulli verändert. Er hatte eine wunderschöne Farbe, war aber zu groß, kastenförmig und einfach langweilig. Sie hatte ihn von jemand vererbt bekommen. Einige Wochen später fragte die ehemalige Besitzerin, was denn aus dem großen alten Fleeceteil geworden sei. Sie war sehr erstaunt, in was für ein modisches Stück sich das alte Teil verwandelt hatte. Dabei hätte sie selbst die stolze Besitzerin dieses neugestalteten Stücks sein können, wenn sie sich Gedanken über eine Änderung gemacht hätte. Machen Sie nicht den gleichen Fehler – denken Sie stets über mögliche Veränderungen nach, bevor Sie ein Kleidungsstück ausmustern.

Kleidung als Stoffressource

Ich verwende selten den Stoff von aufgetrennten Kleidungsstücken für ein ganz neues Teil. Dazu müssen Sie ein Stück komplett auseinandernehmen und den Stoff retten. In diesen Fällen könnte sich das lohnen:

✔ Der Stoff ist wundervoll, aber das Kleidungsstück nicht.

✔ Die Passform ist furchtbar und lässt sich nicht ändern.

✔ Das Kleidungsstück ist viel zu groß.

✔ Der Stoff ist ein wertvolles Vintage-Material.

✔ Das Material ist von wertvoller Qualität, wie etwa Seide.

✔ Der Stoff ist wundervoll bestickt oder anderweitig verziert.

✔ Das Kleidungsstück bedeutet Ihnen viel, passt aber weder noch ist es modisch.

Wenn Sie aus aufgetrennter Kleidung neue Stücke nähen wollen, hängt die Schwierigkeit ganz von dem geplanten Projekt ab. Da Sie dabei aus flachem Stoff ein Kleidungsstück arbeiten, sollten Sie Ahnung davon haben, wie man mit Schnittmustern arbeitet. Dieses Buch enthält einige Projekte, bei denen auf diese Weise gearbeitet wird. Sie finden sie zum Beispiel in:

✔ Kapitel 9 – Wiedergeburt einer Hose

✔ Kapitel 9 – Rock mit angesetzten Stoffstreifen

✔ Kapitel 10 – Wiederbelebung von Jeans

✔ Kapitel 11 – aus flach wird rund: Aufstieg als Mütze

✔ Kapitel 15 – ein Kleid für eine Weinflasche zaubern

✔ Kapitel 16 – Rock mit kreativem Rüschensaum

✔ Kapitel 18 – Kissenbezug zum Kuscheln

✔ Kapitel 18 – eine einfache Quiltdecke

✔ Kapitel 19 – einfache Stoffsäckchen für jeden Zweck

✔ Kapitel 19 – praktische Topflappen

✔ Kapitel 20 – bares Geld in einer Geldbörse aus Stoffresten

Wenn Sie sich von einem bestimmten Teil partout nicht trennen können, es aber in Ihrem Kleiderschrank keinen Platz mehr wegnehmen soll, verwenden Sie das Material für etwas anderes. Sie können den Stoff zum Beispiel für einen Quilt verwenden und sich so stets an das Kleidungsstück erinnern. Ich habe schon von Quilts gehört, die aus ausgedienten Arbeitshemden und Kleidern zu besonderen Anlässen gemacht waren.

 Durch das Auftrennen der Kleidungsstücke können Sie viel über die Konstruktion von Kleidung erfahren. Wenn Sie wissen, wie man etwas auseinandernimmt, lernen Sie dadurch, wie es zusammengesetzt werden muss.

Schätze im Müll finden

Sie können das Recyceln von Kleidung auch auf einer ganz anderen Ebene betreiben. Wenn Sie zum Beispiel Abfälle verwenden, ist dies eine sehr extreme Form des Recyclings. Dabei lassen sich einige Dinge, die man im Müll findet, durchaus für Kleidung oder Accessoires verwenden.

Aus verschiedenen Gründen finden Sie diese spezielle Methode in diesem Buch lediglich in Kapitel 20. Auch bei den Stoffstreifen handelt es sich um ein Abfallprodukt.

Ich habe bereits Kleidungsstücke gesehen, die mit »Abfallstücken« verziert waren. Allerdings sind sie nicht immer uneingeschränkt tragbar. Daher habe ich solche Ideen nicht in dieses Buch aufgenommen. Die Projekte dieses Buches sollen getragen und möglichst oft wiederverwendet werden.

Das Recyceln von Abfall fällt eher in die Kategorie »Kunst als Kleidung«. Dabei lassen sich Dinge verwenden, an die man in diesem Zusammenhang eher nicht gedacht hätte:

✔ Plastiktüten

✔ Bonbonpapier

✔ Musikkassettenband

✔ Flaschendeckel

✔ Büroklammern

✔ Absperrband

✔ Fahrradschläuche

Gegenstände aus diesen Materialien erstaunen und begeistern mich immer wieder, aber sie lassen sich oft nur eingeschränkt benutzen und das reicht mir nicht. Ich wünsche mir einen praktischen Nutzen für recyceltes Material. Bei Accessoires und Oberbekleidung, die nicht täglich gewaschen werden muss, mag das vielleicht noch gehen, befriedigt mich aber noch nicht. Lassen Sie sich aber nicht entmutigen, sondern experimentieren Sie weiter und versuchen Sie das Ergebnis so brauchbar wie möglich hinzubekommen.

Wissen Sie, wer Sie sind?

Ich habe mir einige Gedanken über meine Leser gemacht und hoffe, dass Sie die Dinge annehmen, die genau Sie ansprechen, während Sie andere Passagen einfach tolerieren, die vielleicht ein anderer mehr schätzt.

 Niemand erfüllt nur eine Voraussetzung. Sie schwanken vielleicht zwischen verschiedenen Einstellungen oder vertreten eine Kombination unterschiedlicher Ansichten zur gleichen Zeit.

Die Amateurin

Sie sind von der kreativen Sorte. Ihr Beruf fordert Ihre schöpferischen Fähigkeiten nicht genügend, sodass Sie in Ihrer Freizeit nach kreativen Herausforderungen suchen. Sie probieren entweder viele unterschiedliche Tätigkeiten aus oder Sie konzentrieren sich auf Textiles und Handarbeiten.

Ihre Nähkenntnisse sind begrenzt, eingerostet oder Sie haben gar keine. Dagegen hilft eine kurze Auffrischung in den folgenden Kapiteln. Sie finden außerdem alternative Techniken in den Varianten zu jedem Projekt. Ich möchte Sie ermuntern, sich diese besonders gut anzuschauen. Wenn Sie gerade eine neue interessante Technik kennengelernt haben, probieren Sie diese auch an den Projekten dieses Buches aus. Ich kenne schließlich auch nicht alles.

Die Umweltschützerin

Sie machen sich Gedanken über unseren Planeten und die Abfallberge darauf. Sie leben bewusst und versuchen, in Ihrem Alltag möglichst Abfall zu vermeiden. Sie recyceln und kaufen nach Möglichkeit Produkte, bei denen kein Abfall anfällt. Die Begriffe Umweltverträglichkeit und Nachhaltigkeit sind Ihnen geläufig. Sie richten Ihr Leben danach aus und halten es nicht nur für einen coolen neuen Trend.

Sie wissen sicher viel mehr über die Umwelt als ich, denn aus verschiedenen Gründen bin ich nicht immer auf dem neuesten Stand. In diesem Punkt ist mein Buch garantiert nicht aktuell. Ich bitte um Verzeihung und freue mich über Informationen zu diesem Thema.

Für Sie ist Nähen und Handarbeiten vielleicht völlig neu. Sie finden aber eine Einführung in die Grundtechniken und Werkzeuge. Ich erläutere eine Reihe weniger bekannter Techniken, wie etwa das Sticken. Ich möchte damit niemand verwirren, sondern nur die technische Vielfalt aufzeigen. Was Sie nicht kennen, können Sie auch nicht lernen wollen.

Die Studentin

Sie spielen mit dem Gedanken, Modedesigner zu werden. Vielleicht haben Sie schon Kenntnisse in Nähen und Entwerfen. Sie lernen Designer kennen, die sich alles selbst beigebracht haben, wie ich, und fragen sich, ob eine Designerausbildung wirklich nötig ist. Ich werde das selbst oft gefragt und kann dazu aus meiner ganz persönlichen Sicht Folgendes sagen:

✔ Es hängt ganz von Ihrer persönlichen Einstellung und Begeisterungsfähigkeit ab.

✔ Ich persönlich sehe keine absolute Notwendigkeit für den Besuch einer Modeschule. Das Lernen durch einen Mentor oder eine Lehre war schon vor vielen Jahren der erfolgreiche Weg in einen Beruf. Warum dies in unserer heutigen Gesellschaft weniger Wert hat, ist mir unklar.

✔ Ich nähe, seit ich eine Nadel halten kann, weil meine Mutter und meine Großmutter es mir beigebracht haben. Was ich nicht von ihnen gelernt habe, habe ich mir selbst erarbeitet. Ich entdecke gerne Dinge und eines Tages belege ich vielleicht einen Schnittkurs, um auch darüber Bescheid zu wissen. Vielleicht lese ich auch »Das komplette Buch des Nähens«, das ich letztes Jahr zu Weihnachten bekommen habe.

✔ Aber ist es wirklich *nötig*?

Natürlich sollte man einige Fähigkeiten erlernen, aber eine Schule ist nur ein Weg von vielen. Den Unterschied zwischen selbst erlernten und Schulfähigkeiten sehe ich vor allem in der Auffassung und Aneignung der Fähigkeiten. Wenn in der Schule ein einziger Weg vorgegeben wird, der Punkt für Punkt verfolgt werden soll, bleibt die Kreativität auf der Strecke.

Ein Absolvent einer Modeschule hat mir erzählt, dass seine erste Lektion war, nichts sei einzigartig, da alles schon einmal da war. Dieses Argument finde ich nicht nur falsch, es bereitet auch gewissenlosem Abkupfern den Weg. Darüber hinaus werden viele Modestudenten von ihren Lehrern aufgefordert, sich Inspirationen bei den Entwürfen anderer zu holen. Natürlich inspirieren und beeinflussen wir uns gegenseitig, aber zum Spionieren und Kopieren ausgebildet zu werden, geht mir doch zu weit.

Diese Art der Inspiration verhindert, dass sich Mode als Kunstform entwickelt. Ich glaube sogar, dass Mode die größte Akzeptanz aller Kunstarten in der Gesellschaft hat. Außerdem ist sie eine Form der Selbstdarstellung. Dazu muss sie aber die Freiheit zu Entwicklung haben und nicht in einem Kreislauf von Wiederholungen gefangen sein.

Sorgen Sie also dafür, dass Sie Ihre Grundbedürfnisse befriedigen können, also Essen und Miete gesichert sind, und folgen Sie Ihrer kreativen Bestimmung. Sie werden glücklich sein.

Die Modedesignerin

Sie haben bereits Kleidung für sich selbst und für andere hergestellt. Sie sind in Schnitt- und Nähtechniken bewandert und besuchen eine Modeschule oder haben sie bereits abgeschlossen. Vielleicht habe ich Sie dann im letzten Abschnitt verärgert? Sorry, aber das war nur meine persönliche Meinung und Sie können das natürlich anders sehen. Also bitte nicht nachtragend sein.

Sie möchten in diesem Buch mehr über das Recyceln von Kleidung lernen und neue Ideen finden. Vielleicht haben Sie bisher nur nach vorgegebenen Schnitten gearbeitet und das Umarbeiten ist Ihnen völlig unbekannt.

Die Schnitthinweise in diesem Buch sind bewusst einfach gehalten. Das macht es nicht nur Einsteigern leichter, es lässt auch viel Raum für eigene Kreativität. Egal ob Sie Ihren eigenen Stil einbringen oder einfach mit Variationen spielen, ich möchte Sie zu individuellen Kreationen ermutigen. Dabei können Sie die Schnitthinweise ganz nach eigenem Wunsch verändern.

 Die Projekte in diesem Buch sind nur für den individuellen Gebrauch bestimmt. Sie sind weder für die Massenproduktion noch für die kommerzielle Herstellung gedacht.

Wie Sie das Buch am besten verwenden

Sie sollen in diesem Buch alles schnell finden. Ich wünsche mir, dass Sie zum Schluss ein Verständnis für individuellen Ausdruck und umweltbewusstes Leben gewonnen haben. Die Projekte sind dann nur das i-Tüpfelchen auf der Herausforderung, die Recyceln bietet.

Verwenden Sie das Buch so, wie es Ihnen am meisten Nutzen bietet. Dann habe ich mein Ziel – Sie zu inspirieren – schon erreicht. Dazu müssen Sie nicht jede Seite gelesen haben.

Sie finden einige Anekdoten aus meinem Leben in diesem Buch. Sie sollen die vorhandenen Informationen beispielhaft erläutern und einen Eindruck davon vermitteln, was mich bei meiner Arbeit antreibt. Sie machen meine Tätigkeit menschlicher und einfacher nachvollziehbar.

Sie finden Grundkenntnisse zu den Bereichen Nähen, Textilpflege und Auftrennen in diesem Buch. Wenn Ihnen das schon vertraut ist, überspringen Sie es. Falls das noch neu ist, lesen Sie es sorgfältig, oder holen Sie sich eine grundlegende Einführung in *Nähen für Dummies*.

Die Abbildungen im Farbteil vermitteln Ihnen einen Eindruck von den fertigen Projekten. Betrachten Sie die Bilder sorgfältig und achten Sie auch auf die Variationen. Sie geben Ihnen einen Hinweis darauf, wie manche Teile getragen oder kombiniert werden können. Bei der Herstellung der Fotos habe ich außerdem folgende Dinge beachtet:

✔ Ich habe einen ortsansässigen Fotografen beauftragt, um meine Region zu unterstützen.

✔ Ich habe Accessoires von Designern aus der Region verwendet.

✔ Ich habe auf professionelle Models verzichtet, weil meine Kleidung für normale Leute mit normalen Figuren gedacht ist.

✔ Die Fotos wurden an Orten gemacht, die für Umweltbewusstsein stehen.

Gründe für Wiederverwertung

In diesem Kapitel

▷ Das gute Gefühl beim Wiederverwerten

▷ Der Umweltaspekt beim Wiederverwerten von Kleidung

▷ Der finanzielle Aspekt

▷ Die Rettung von Erinnerungsstücke

2

Recycling-Look ist sehr beliebt. Obwohl ich mich gegen Dinge wehre, die im Trend oder populär sind, werde ich die Wiederverwertung von Kleidung nicht aufgeben, sondern aus genau den Gründen weitermachen, die mich dazu gebracht haben. Ich hoffe, dass Sie mir nach der Lektüre dieses Buches zustimmen können.

 Auch wenn etwas recycelt aussieht, muss es nicht so entstanden sein. Es gibt Designer, die sich diesen populären Look aneignen und als Massenkonfektion produzieren lassen, ohne jeglichen ethischen Anspruch. Achten Sie daher auf die Angaben der Designer.

Ich möchte Ihnen in diesem Kapitel gerne erläutern, warum ich Mode aus getragener Kleidung herstelle. Zu Beginn verwendete ich einfach das Material, das mir zur Verfügung stand und das sonst in der Altkleidersammlung gelandet wäre. Dann war es mir wichtig, dass Kleidungsstücke, die nicht mehr richtig saßen, durch ein bisschen Kreativität eine neue Chance bekommen konnten. Natürlich ließ sich auf diese Weise auch Geld für Kleidung sparen. Am wichtigsten war mir aber immer, dass auf diese Weise Kleidung entstand, die meinem individuellen Stil entsprach und mit der ich meine Persönlichkeit ausdrücken konnte.

Abfall verringern

Um umweltverträglich zu leben, ist die Vermeidung von Abfall ein erster Schritt. Wenn man Dinge wiederverwertet, verringert sich die Nachfrage nach neuen Produkten.

 Achten Sie einmal darauf, wie oft Sie Marketingfallen auf den Leim gehen, indem Sie Dinge wegen ihrer vielversprechenden Verpackung kaufen, egal ob Sie sie brauchen oder nicht. Vermeiden Sie den Kauf unnötiger Verpackungen, die doch nur weggeworfen werden.

Durch den Konsumverzicht und die geringere Produktion werden Energieressourcen und Rohstoffe geschont. Außerdem vermeiden Sie Abfall und müssen sich über dessen Beseitigung gar nicht erst Gedanken machen.

Die Wiederverwendung von Kleidung verringert Abfall und schränkt die Nachfrage nach neuer Kleidung und damit neuen Produktion ein. Sie können einen eigenen Stil entwickeln und Ihre Individualität damit ausdrücken.

Durch das Tragen der recycelten Kleidung werben Sie außerdem für eine nachhaltige Lebensweise. Sie werden sehen, dass Sie dadurch Anerkennung bekommen werden und andere damit positiv beeinflussen können.

Eine nachhaltige Lebenseinstellung gründet sich auf drei Schritte (reduce, reuse, recycle):

✔ Reduzierung

✔ Wiederverwendung

✔ Wiederverwertung

Dinge wiederverwenden

Wenn man Dinge mehrfach verwendet, ist das eine gute Gelegenheit, Abfall zu vermeiden. Wiederverwendung unterscheidet sich vom Recyceln dadurch, dass der Gegenstand in seiner ursprünglichen Form und Funktion erhalten bleibt.

Sie können Kleidung auf folgende Arten wiederverwenden:

✔ Vererben Sie Kleidungsstücke an Geschwister, Freunde oder Familien mit Kindern im passenden Alter.

✔ Organisieren Sie Tauschpartys mit Freunden, Nachbarn oder Ihrer Familie.

✔ Spenden Sie Kleidung an Secondhand-Geschäfte oder Kleiderkammern.

✔ Kaufen Sie selbst in Secondhandläden ein.

✔ Verwenden Sie Kleidung als Spiel- oder Anstreichkleidung, für Putzlappen und ähnliche Zwecke.

Ich überlasse es Ihnen, ob Sie die Projekte in diesem Kapitel als »Wiederverwendung« oder als »Recycling« ansehen. Auch wenn aus getragener Kleidung ein ganz neues Kleidungsstück entsteht, wird bei dem Produktionsprozess vorwiegend eine Art von Energie verbraucht, nämlich Ihre. Ich gehe einfach mal davon aus, dass Sie beim Nähen nicht allzu viel Energie verbrauchen, oder?

Eine unglückliche Entwicklung

Ich war eingeladen, an einem Modeprojekt einer Kunstschule teilzunehmen. Sie untersuchten mit leitenden Mitarbeitern das Verfahren einer großen Wohltätigkeitsorganisation, Kleidung wiederzuverwenden. Der Ausgangsgedanke war sehr löblich. Leider stellte sich heraus, dass ein großer Teil der Kleiderreste verpackt und in Entwicklungsländer verschickt wurde. Die Studenten waren geschockt über die große Menge Kleidung, die wöchentlich verschickt wurde, weil dadurch die Wirtschaft und Kultur der Entwicklungsländer geschädigt wurde. Wir suchten gemeinsam nach Lösungen für dieses Problem. Ein Ansatz war die Produktion von Kleidung für den eigenen Gebrauch.

Wiederverwertung

Unter Recyceln versteht man die Verwertung eines vorhandenen Produkts, das durch Bearbeitung als neues Produkt wiederverwendet werden kann. Das trifft für folgende Produkte zu:

✔ Glas

✔ Papier

✔ Aluminium

✔ Asphalt

✔ Eisen

✔ Textilien

✔ Kunststoffe

✔ Bioabfälle (etwa kompostierbare Lebensmittel)

Durch die Verwertung vorhandener Produkte wird nicht nur Abfall reduziert, sondern auch Energie bei der Produktion neuer Produkte eingespart. Außerdem verringern sich die Folgen der Müllbeseitigung, also die Umweltschäden, die durch Verbrennung, thermische Zersetzung und Deponierung entstehen.

 Wenn Sie noch nie eine Mülldeponie oder ein Müllschiff mit eigenen Augen gesehen haben, sehen Sie im Internet oder in der Bücherei nach. Machen Sie sich die Menge an täglichem Abfall klar, dann werden Sie die Notwendigkeit einsehen, Abfall zu reduzieren.

Es gibt auch den Vorbehalt, dass Recycling nicht energiesparend sei, da durch den Verwertungsprozess Energie verbraucht wird. Das gilt aber nicht für die anderen Bemühungen, umweltverträglich zu leben, wie das Reduzieren von Abfall und das Wiederverwenden. Die meisten in diesem Buch genannten Produkte fallen unter den Begriff Wiederverwertung oder Recycling. Getragene Kleidung wird in neue Kleidungsstücke verwandelt, in Accessoires oder andere Produkte.

Aus Sicht des Umweltschutzes sollte Kleidung wiederholt recycelt werden. So könnte aus einer Bluse eine Kissenhülle werden und daraus Füllmaterial für ein Kissen. Danach können Textilien noch als Rohstoff für Papier, Garn oder andere Produkte dienen.

Der finanzielle Vorteil

Im Vergleich zu den Kosten für neue Kleidung, die Sie in Boutiquen oder Kaufhäusern erwerben, sind die Preise für gebrauchte Kleidung in Secondhand-Läden sehr viel niedriger.

Wenn Sie sich aus den gebrauchten Teilen neue Kleidung nähen, profitieren Sie noch mehr davon. Durchforsten Sie Ihren Kleiderschrank mit Experimentierfreude. Sollte Ihnen zu der eigenen Garderobe gar nichts einfallen, tauschen Sie doch mit einer Freundin.

Wenn Sie nach preiswerter Kleidung außerhalb des eigenen Kleiderschranks Ausschau halten, versuchen Sie es doch einmal mit den folgenden Tipps:

✔ **Achten Sie auf Räumungsverkäufe.** Schnappen Sie es sich, bevor es weg ist.

✔ **Behalten Sie den Überblick über Preise.** Sie sollten die Preise folgender Teile kennen:

- Hosen

- Röcke

- Pullover

- Kleider

- Anzüge

- Mäntel und Jacken

- Herrenhemden

- Bettwäsche

- Blusen

- T-Shirts

- Kinderkleidung

- Unterwäsche

✔ **Handeln Sie.** Scheuen Sie sich nicht, nach Preisnachlässen zu fragen. Sie bekommen eher einen Nachlass, wenn Sie mehrere Teile kaufen. Auch hierbei hilft es, die üblichen Preise zu kennen.

✔ **Kaufen Sie außerhalb der Stadtzentren ein.** Nach meiner Erfahrung sind die Preise außerhalb der Stadtzentren günstiger. Schicke Innenstadtgeschäfte bedeuten auch höhere Preise.

✔ **Schauen Sie sich in Kinderabteilungen um.** Kleidung für Kinder ist preiswerter und oft sehr fantasievoll. Vielleicht finden Sie Material für eins der Taschenprojekte in Kapitel 10 und 13.

✔ **Vergessen Sie die Bettwäscheabteilung nicht.** Hier finden Sie fantastische Schätze zu günstigen Preisen.

✔ **Schlagen Sie bei Saisonwechsel zu.** Auch Secondhand-Läden wechseln ihr Angebot mit den Jahreszeiten und setzen die Preise für Kleidung herunter, die nicht mehr zur Jahreszeit passt. Scheuen Sie sich nicht, nach solchen Preisnachlässen zu fragen. Schließlich bewahren Sie den Laden davor, diese Teile noch ein weiteres Jahr aufheben zu müssen.

Verloren gegangene Dinge finden

Haben Sie sich auch schon mal gefragt, wohin die Dinge verschwinden, die Sie verloren und niemals wiedergefunden haben? Vielleicht wandern sie durch eine Art Zwischenwelt. Als Schülerin habe ich in einem Kino in einem Touristenort gejobbt. Die Kiste mit den Fundsachen quoll ständig über und die Eigentümer waren längst wieder in einen anderen Teil des Landes zurückgekehrt und würden ihre Dinge niemals wiederfinden. Fundsachen werden gewöhnlich nur für eine bestimmte Zeit lang aufbewahrt. Hat sich der Eigentümer nicht gemeldet, werden sie verschenkt oder weggegeben. Sollten Sie jemanden kennen, der mit Fundsachen zu tun hat, fragen Sie doch bei Gelegenheit mal dort nach brauchbarem Material.

 Ich spare am meisten, indem ich überhaupt kein Geld ausgebe. Ich bekomme viele getragene Kleidungsstücke von Leuten, die sie nicht mehr brauchen, aber sie auch nicht in eine Kleiderkammer geben wollen. Erzählen Sie einfach Freunden und Bekannten, dass Sie ein neues Hobby haben, und die Kleiderberge werden sich türmen.

 Für mich bietet die Ersparnis durch die Gebrauchtkleidung noch einen weiteren Nutzen. Das gesparte Geld kann ich in Biolebensmittel, ortsansässige Designer oder nachhaltig produzierte Kleidung investieren.

Alte Lieblingsstücke retten

Können Sie sich nicht dazu überwinden, Ihrem Lieblingsstück mit der Schere zu Leibe zu rücken? Schon gut, ich kann das verstehen, aber ich möchte Sie trotzdem ermutigen. Sperren Sie lieb gewordene Erinnerungen nicht in Ihren Kleiderschrank ein. Leben Sie im Hier und Jetzt. Wenn Sie sich in der Vergangenheit verkriechen, ist das der sichere Weg, um langweilig und reizbar zu werden.

Was fangen Sie aber jetzt mit dem Pullover Ihres Lieblingsexfreundes an, der Ihnen zwei Nummern zu groß ist? Lassen Sie Ihre Erinnerung nicht altbacken und vergessen zurück. Geben Sie dem Erinnerungsstück ein neues Leben, indem Sie es in Ihren Alltag und Ihre aktuellen Bedürfnisse einbeziehen. Es kann sich mit Ihnen gemeinsam weiterentwickeln.

Hier einige Beispiele für Erinnerungsstücke, die auf eine zweite Chance warten:

✔ Erbstücke

- Großvaters kuscheliger Pullover
- Vintage-Kleider
- Anzüge
- Bett- und Tischwäsche
- Modeschmuck (ergibt tolle Dekorationen)

✔ Konzert- oder Fan-T-Shirts

✔ Geschenke Ihrer Lieben

✔ Kinderkleidung

✔ Kleidung für bestimmte Anlässe

- Hochzeitskleider

- Abschlussballkleider

- Schulballkleider

- Kleidung für Vorstellungsgespräche

Stauraum zurückerobern

Sie sehnen sich nach neuen Sachen, aber Ihr Kleiderschrank platzt bereits aus allen Nähten? Das Abändern Ihrer Kleidung kann dieses Problem beseitigen. Sie bekommen nicht nur mehr Platz im Schrank, sondern auch neue Kleidung und schlagen so zwei Fliegen mit einer Klappe.

Hier einige Projektvorschläge, die Platz in Ihren Schrank bringen:

✔ Der Rock aus Kapitel 6: Sie brauchen ein T-Shirt für den Bund, ein weiteres für den Rock und noch ein paar für die Saumkante.

✔ Das Pulloverprojekt aus Kapitel 7: Sie verwandeln zwei Kleidungsstücke in ein neues.

✔ Der Rock aus Kapitel 9: Erobern Sie sich freien Platz auf Hosenbügeln zurück, indem Sie aus zwei Hosen einen neuen Rock konstruieren.

✔ Der Rock aus Kapitel 9: Sie brauchen mehrere Teile für diesen neuen Rock.

✔ Das Oberteil aus Kapitel 9: Nähen Sie aus einer Hose und einem Pullover ein neues Oberteil.

✔ Der Rock aus Kapitel 11: Setzen Sie mehrere T-Shirts, Pullover und Stretchhosen zu diesem Projekt neu zusammen.

✔ Die Kissenhülle aus Kapitel 12: Verwandeln Sie eine Strickjacke in eine Kissenhülle und sie zieht vom Kleiderschrank auf das Sofa.

✔ Der Rock aus Kapitel 12: Aus einem T-Shirt, einer Strickjacke und einem Pullover entsteht ein neuer Rock.

✔ Der Rock aus Kapitel 13: Für diese Variante zu Kapitel 12 brauchen Sie ein T-Shirt, einen Pullover und so viele weitere Pullover, wie Sie finden können.

✔ Der Rock aus Kapitel 15: Kombinieren Sie ein ausgemustertes Kleid mit einer Hose zu einem neuen Modell, das tatsächlich getragen wird.

✔ Der Rock aus Kapitel 16: Hier finden ungetragene Blusen eine neue Bestimmung als Dekoration an einem Rock.

✔ Der Kapuzenpullover aus Kapitel 16: Aus einem alten Rock und einem Pulli wird ein aktuelles Modell mit weitem Kapuzenkragen.

✔ Resteverwertung für Kissenfüllung aus Kapitel 18: Stopfen Sie Kissenhüllen mit alten Kleidungsstücken aus.

✔ Der Quilt aus Kapitel 18: Mit diesem Projekt verwerten Sie nicht nur eine ganze Reihe von Lieblingsstücken, Sie gewinnen auch eine neue Decke.

Sich selbst präsentieren

Der wichtigste Grund für die Wiederverwertung gebrauchter Kleidung ist für mich die Möglichkeit, meine Persönlichkeit damit auszudrücken. Ich präsentiere nicht nur meinen eigenen Kleidungsstil, sondern demonstriere auch, was mir wichtig ist und mich bewegt. Die Tatsache, dass ich dadurch die Umwelt schone und verantwortungsvoll mit Ressourcen umgehe, ist dabei das Tüpfelchen auf dem i. Wenn Sie Ihre Kleidung selbst so ändern, dass Sie damit Ihren eigenen Stil ausdrücken können, haben Sie die Sache selbst in die Hand genommen.

Ein geschultes Auge erspäht gutes Material

3

In diesem Kapitel

▶ Geeignetes Material entdecken

▶ Wissen, wonach man sucht

▶ Unbrauchbares Zeug meiden

▶ Ihre Sichtweise und Ihre Preisvorstellung ändern

▶ Den Arbeitsaufwand einschätzen

▶ Die wahren Modehits aufspüren

Der Schlüssel zu einem gelungenen, recycelten Kleidungsstück ist gutes Ausgangsmaterial. Gerade für Einsteiger ist es schwierig, aus einem ausgemusterten Kleidungsstück einen Modehit zu schaffen. Starten Sie daher mit interessantem Material und machen Sie daraus ein noch interessanteres Kleidungsstück. Sie werden sehen, es macht Spaß.

Mit etwas Übung werden Sie herausfinden, womit Sie am besten arbeiten können und wo Ihre Grenzen sind. Sie werden eigene Lieblingstechniken entwickeln, die Ihren persönlichen Stil unterstreichen. Wenn Sie Ihre Möglichkeiten erst einmal besser einschätzen können, wird Ihnen das auch bei der Wahl des Ausgangsmaterials helfen.

Bis es so weit ist, verrate ich Ihnen in diesem Kapitel meine Geheimtipps zum Ausspähen von Materialquellen. Trotz der Hinweise fällt es manchmal schwer, sich auf das Wesentliche zu konzentrieren, wenn man Berge von interessantem Material durchwühlt. Am besten nehmen Sie dieses Buch zum Einkaufen mit.

Die Schränke durchforsten

Lassen sich Ihre Schubladen nicht mehr schließen? Liegen Ihre Regale voller vergessener Dinge? Wird nur noch der halbe Inhalt Ihres Kleiderschranks tatsächlich getragen? Oder gehören Sie zu den glücklichen Personen, die genug Stauraum haben, um Kleidung jahrhundertelang aufzubewahren?

Wenn Sie nur eine dieser Fragen mit *Ja* beantwortet haben, sollten Sie das Kaufen einstellen und sich nach Verwertbarem in Ihrem eigenen Kleiderschrank umsehen. Wozu sollten Sie in einen Secondhand-Laden gehen? Sie haben das Sortiment ja selbst zu Hause. Als Faustregel gilt: Was Sie ein Jahr lang nicht getragen haben, kann aussortiert werden. Falls es sich nicht dazu eignet, umgearbeitet zu werden, spenden Sie es einer wohltätigen Organisation.

Sicher finden Sie einen Secondhand-Laden oder eine Kleiderkammer in Ihrer Nähe. Ich bevorzuge kleinere Läden in meiner Nähe, da große Organisationen oft mehr, aber dafür weniger brauchbare Altkleider haben.

Secondhand-Läden entdecken

Falls es noch nicht bis zu Ihnen durchgedrungen sein sollte: Secondhand-Läden sind nicht nur etwas für Menschen mit wenig Geld. Spätestens seit die Mode den Vintage-Look entdeckt hat, wurden die Gebrauchtwarenläden zur modischen Fundgrube. Ganz gleich, ob in oder out, entscheiden Sie selbst über Ihren eigenen Look, und Recycling-Mode ist immer im Trend.

Auch wenn der Vintage-Look nicht zu Ihnen passt, könnten Sie trotzdem im Secondhand-Laden interessante Stücke finden – vielleicht das schlichte schwarze T-Shirt, das unter den Häkelpullover passt, oder ein Kapuzensweatshirt für den nächsten Ausflug. Vielleicht finden Sie hier aber auch das wunderschöne, aber schlecht sitzende Abendkleid oder das Passende für die nächste Kostümparty. Sie werden sich wundern, wie inspirierend so ein Secondhand-Laden sein kann.

Falls Sie gerade einen neuen Job angetreten haben und in der Probezeit noch nicht das volle Gehalt bekommen, überziehen Sie nicht Ihr Konto, um sich passende Bürokleidung anzuschaffen. Werfen Sie einen Blick in einen Secondhand-Laden. Sie finden sicher brauchbare Bürokleidung für wenig Geld.

Gelegenheitsfunde

Bei uns in San Francisco ist es üblich, Dinge, die man nicht braucht, einfach vor die Tür zu stellen, damit jemand anders sie mitnehmen kann. Die Leute scheuen sich auch nicht, in den rausgestellten Sachen zu kramen. Nach einer unliebsamen Erfahrung mit Bettwanzen sammle ich keine Dinge mehr von der Straße auf. Ich habe aber keine Hemmungen, Dinge von Freunde, Nachbarn oder Bekannten zu übernehmen. So brachte mir kürzlich eine Freundin vier große Packen Altkleider von einer Nachbarin. Das hätte für einen eigenen Secondhand-Laden gereicht. Viele der Stücke sahen nicht einmal getragen aus und an einigen hingen noch die Preisetiketten. Sicher hat jeder von uns schon einmal etwas gekauft, das er doch nicht angezogen hat. Die ungeheure Menge ungetragener Dinge hat mich dann aber doch umgehauen.

Für Ihre Shopping-Touren in Secondhand-Läden werden sich mithilfe dieses Buches neue Perspektiven auftun. Jetzt haben Sie zusätzliche Ideen, weil Sie etwas über die Möglichkeiten des Recycelns wissen. Sie werden beim Einkaufen die Dinge mit ganz anderen Augen sehen.

Aber Vorsicht: Einkaufen in Secondhand-Läden kann süchtig machen.

Vorteile und Nachteile von Secondhand-Läden

Mein erstes Einkaufserlebnis mit getragener Kleidung hatte ich in einem Secondhand-Laden in Boston. Er war riesig und ich war beeindruckt von der Auswahl und der guten Organisation. Man fand alles, was man suchte, schnell und einfach. Wünsche wurden im Nu erfüllt.

In San Francisco gibt es viele verschieden große Gebrauchtwarenläden, sowohl von Wohltätigkeitsorganisationen als auch von Händlern. Einige sind vollgepackt mit allem Möglichen, andere spezialisieren sich auf Vintage-Mode.

Wenn Sie weder Zeit noch Lust haben, stundenlang in Bergen von Sachen zu wühlen, sind die gut organisierten Secondhand-Läden mit den etwas höheren Preisen genau richtig. Die Tatsache, dass die Ware sortiert und schön präsentiert wird, bedeutet eben auch höhere Preise.

Vielleicht macht es Ihnen aber mehr Spaß, auf der Suche nach Schätzen Kleiderberge zu durchwühlen. Schwierig wird es, die wirklichen Schätze aus der großen Masse herauszufinden. Das ist eine Aufgabe für wahre Shopping-Profis mit einem sicheren Auge für Schnäppchen. Sie werden auch in unsortierten Kleiderhaufen eines Ladens am Stadtrand fündig.

Hier einige Argumente zu gut sortierten Innenstadtläden:

✔ Pro:

- gute Auswahl
- gut organisiert
- saubere Kleidung
- schnell zu überblicken
- gut erreichbar auch ohne Auto

✔ Kontra:

- teurer als Läden am Stadtrand
- weniger Shopping-Abenteuer
- bei größeren Einkäufen ohne Auto ist der Transport ein Albtraum

Einkaufstouren am Stadtrand

Da ich im Herzen ein Kind vom Lande bin, zieht es mich immer wieder zu Einkaufstouren an den Stadtrand. Ich freue mich auch, wenn ich sehen kann, wohin mein Geld wandert. Viele Secondhand-Läden werden zugunsten lokaler Projekte, wie Seniorenzentren, Schulen oder Musikschulen, betrieben.

 Vergessen Sie nicht, dass Ihr Geld in lokalen Geschäften besser aufgehoben ist als bei internationalen Konzernen. Die Gewerbetreibenden vor Ort lassen wiederum Geld in die Gemeinde zurückfließen.

Die Preise in den kleineren Geschäften der Vororte sind nicht nur oft günstiger, das Einkaufen macht mir auch mehr Spaß. Ich liebe es einfach, zwischen hässlichen alten Sweatshirts und Golfhosen nach Schätzen zu suchen.

Sie mögen da anderer Meinung sein. Viele Menschen möchten auf Anhieb finden, was sie suchen. Das kann in einem kleinen Geschäft schwierig werden. Vielleicht stört es Sie auch, in alten Klamotten zu wühlen, die nach Mottenkugeln und Großmutters Dachboden riechen. Oft haben die Sachen Flecken und Sie müssen entscheiden, ob diese Flecken beim Waschen leicht rausgehen oder selbst eine Reinigung überstehen würden. Es ist eben ein Abenteuer.

Hier die Pro- und Kontra-Argumente für kleine Läden am Stadtrand:

✔ Pro:

- günstige Preise

- mit dem Auto zu erreichen, sodass größere Einkäufe möglich sind

- das Abenteuer, Schätze zwischen dem Schund zu finden

- mit Ihrem Geld werden lokale Projekte unterstützt

✔ Kontra:

- Sie finden vielleicht nicht das, was Sie suchen.

- Die Kleidung ist manchmal nicht gewaschen.

- Die Kleidung riecht manchmal unangenehm.

- Sie sind nicht mit öffentlichen Verkehrsmitteln zu erreichen.

Sie werden staunen, was Sie so finden

Nach vielen Jahren Einkaufserfahrung in Gebrauchtwarenläden hatte ich eine fantastische Abteilung noch niemals beachtet. Ich beschränkte mich immer auf die gewohnten Gegenstände.

Eines Tages begleitete mich eine Freundin und eröffnete mir eine gänzlich neue Einkaufsquelle, die Bettwäscheabteilung!

Wer braucht schon Stoff, wenn er alte Gardinen verarbeiten kann. Mancher Rüschenfan würde sterben für all die Volants und Verzierungen daran. Ich selbst habe einmal eine Gardinenschlaufe mit riesigen Lochnieten gefunden, die perfekt war, um einen Gürtel daraus zu machen. Für Quiltfans bieten sich die großen Bettlaken, Stofftaschentücher und auch Tischwäsche geradezu an.

Hier weitere Tipps für Schnäppchenjäger:

✔ Lagerverkäufe

✔ Kleiderbasare von Gemeindezentren oder Kirchengemeinden

✔ einen Kleidertausch mit Freunden und Bekannten organisieren

✔ Ihre modesüchtigen Bekannten wissen lassen, dass Sie Material suchen

Modisch auf dem Laufenden bleiben

Ist Ihr Kleiderschrank modisch immer auf dem neuesten Stand? Durchstöbern Sie Modemagazine auf der Suche nach dem heißesten Trend? Auch wenn das eine sehr erfreuliche Beschäftigung ist, kann es ziemlich teuer werden, die gesamte Garderobe ständig durch die neuesten Must-haves der Saison zu ersetzen. Und was machen Sie dann mit den ganzen Sachen der letzten Saison, die in Windeseile unmodern geworden sind?

 Wenn Sie Ihren eigenen Stil entwickeln, anstatt nur die neuesten Modetrends nachzuäffen, werden Sie immer stilvoll gekleidet sein. Solange Sie Ihrer Persönlichkeit treu bleiben, werden Sie immer Eindruck machen.

Viele Modetrends wiederholen sich mit der Zeit. So kann man nach einer Weile im Secondhand-Laden oder sogar im eigenen Kleiderschrank etwas finden, das durch eine kleine Änderung wieder zum Trendstück werden kann. Außerdem haben Sie damit ein modisches Original und nicht eine überteuerte Kopie.

 Durch geschicktes Kombinieren alter und neuer Stücke können Sie Ihren eigenen Look immer noch weiter verfeinern.

Beim Preis handeln

Für mich persönlich fühlt es sich nicht gut an, in Läden, die zugunsten wohltätiger Organisationen arbeiten, um den Preis zu feilschen. Wenn Sie aber wirklich knapp bei Kasse sind, fragen Sie gerade bei kleineren Läden nach einem Sonderpreis oder Rabatt. Leider bekommen Sie so etwas in den größeren Geschäften meist nicht. Schade!

 Informieren Sie sich über die gängigen Preise in Ihrer Gegend. Dann haben Sie eine gute argumentative Grundlage beim Aushandeln von Rabatten.

Es ist schwierig den Wert gebrauchter Kleidung festzusetzen. Oft hängt das vom Fachwissen der Person, aber auch vom persönlichen Geschmack ab. In einer Gesellschaft, die den Wert der Dinge in Geld misst, werden Sachen, die man mag, teurer eingeschätzt als solche, die man nicht mag.

Wenn man nur wenig Fachkenntnis über die Herstellung einer Sache hat, schätzt man sie gewöhnlich auch billiger ein. Je mehr Kleidung durch Maschinen schnell und billig hergestellt wurde, desto mehr schwand das Verständnis für Textilkunst und Handwerk. Dank der neuen Handarbeitsbegeisterung und dem Interesse an Do-it-yourself-Projekten werden diese Fähigkeiten wieder ganz neu geschätzt.

Folgende Sachen finde ich oft zu sehr günstigen Preisen in Secondhand-Läden:

✔ gestrickte oder gehäkelte Decken

✔ Spitzendeckchen

✔ Handtücher

✔ Damenhandschuhe

✔ bestickte Blusen

Es bricht mir das Herz, wenn ich eine handgestrickte Decke, deren Herstellung Monate gedauert hat, für 2 Euro im Laden liegen sehe. Leinenhandtücher gibt es schon für 25 Cent. Ich ermutige die Leute gerne, aus solchen Schätzen etwas Neues herzustellen, nicht nur wegen des niedrigen Preises, sondern auch weil sie ein Stück wertvoller Handarbeit sind.

Schlecht sitzender Kleidung eine zweite Chance geben

Wenn Sie neue Kleidung kaufen, ist es egal, wie toll Sie ein Teil finden – wenn es nicht sitzt, gehört es nicht in den Einkaufskorb. Sie sollten das Risiko nicht eingehen, das Teil trotzdem zu kaufen und dann abzuändern, entweder selbst oder bei einem Änderungsschneider. Bei einem preiswerten gebrauchten Teil ist das finanzielle Risiko deutlich kleiner, falls es nach dem Ändern immer noch nicht perfekt ist.

Auch wenn es die richtige Konfektionsgröße hat, kann ein gebrauchtes Teil manchmal schlecht sitzen. Das kann an veränderten Größenvorgaben der Konfektionsindustrie liegen oder daran, dass es zu oft im Trockner gelandet ist.

Manchmal ist die Passform auch vom Stil des Kleidungsstücks abhängig. In jedem Fall können Sie das Teil mithilfe der Tipps und Tricks in diesem Buch passend abändern. In Bezug auf die Passform bezeichne ich meine selbst beigebrachten Nähkünste gerne als *kreative Änderungen*.

 Bedenken Sie, dass viele dieser Änderungen immer auch sichtbar sind. Das Kleidungsstück sieht also nicht mehr wie ein Konfektionsteil aus. Wenn Sie lieber ein unsichtbar geändertes Teil tragen, lassen Sie es von einem Schneider ändern. Dieses Buch heißt nämlich nicht *Maßschneidern für Dummies*, sondern *Recycling-Mode für Dummies*.

Wenn der Stil eines Kleidungsstücks Ihnen gar nicht passt, greifen Sie zur Schere. Widrigkeiten sind nur dazu da, Ihre Kreativität anzufachen. Bei vielen Projekten in diesem Buch wurden fertige Teile einfach für etwas anderes verwendet. Probieren Sie selbst neue Dinge aus und gehen Sie dabei von dem Ausgangskleidungsstück aus. Haben Sie Spaß dabei!

Verletzt, aber nicht tot

Selbst ein kleiner Riss oder Fleck kann ein Kleidungsstück aus dem Rennen werfen. Ich habe diese Teile als Kind zum Spielen getragen und hebe sie auch heute noch dafür auf. Manchmal glaube ich, ich besitze nur Spielkleidung, denn wenn Kleidung zu schade zum Tragen ist, trage ich sie nie.

Natürlich verstehe ich, dass niemand mit einem verschlissenen Anzug ins Büro gehen kann. Aber anstatt ihn wegzuwerfen, denken Sie einmal über Recycling nach. Was kann schon passieren?

Gute und schlechte Flecken

Manche Flecken kann man dekorativ verwenden, zum Beispiel Farbflecken. Ich bekomme oft Komplimente für meinen (vermeintlich) handbemalten Rock. Spuren von Spritzern und Kränze lassen sich kreativ zu einem neuen Gesamtkunstwerk ergänzen.

Sie sollten sich aber gründliche Gedanken über Flecken machen, bevor diese Teil Ihres neuen Kleidungsstücks werden. Beachten Sie folgende Punkte:

✔ Essensflecken auf der Vorderseite eines Hemdes werden Sie immer als schlabbernden Esser brandmarken.

✔ Schmiere und Dreckflecken sehen nur auf einem Mechanikeroverall gut aus.

✔ Schweißränder an Kragen, Armausschnitten oder Manschetten sind für die Ewigkeit eingebrannt und einer Rettung niemals wert.

Kleine Flecken – großer Gewinn

Manche Menschen haben weder die nötige Kenntnis, um Flecken erfolgreich zu entfernen, noch die Kreativität, um ein solches Kleidungsstück trotzdem zu verwerten, und betrachten es als wertlos. Wenn es Ihnen anders geht, können Sie hier ein richtiges Schnäppchen machen. Nicht nur Secondhand-Läden auch normale Geschäfte gewähren bei beschädigter oder befleckter Kleidung einen Preisnachlass. Fragen Sie ruhig danach. Ich hasse es, in Filialen großer Ladenketten einzukaufen. Da aber nicht jeder, so wie ich, den Vorteil hat, in seiner direkten Umgebung zahlreiche Läden zu Fuß erreichen zu können, ist auch dies eine Möglichkeit. Aber vielleicht denken Sie trotzdem über eine Alternative nach oder machen einen eigenen Laden auf, wie wäre das?

Abgetragen, aber gut tragbar

Irgendwann kam der abgetragene Look bei Kleidung tatsächlich in Mode. Er war nicht mehr ausschließlich für Arbeitskleidung oder Spielsachen akzeptabel. Vom Rockstar bis zum Modeguru trug jeder künstlich abgewetzte Kleidung.

Heutzutage können Sie astronomische Summen für Jeans ausgeben, die mit Steinen gewaschen oder mit Sand abgeschmirgelt wurden, damit sie den angesagten getragenen Look haben. Sie können aber auch warten, bis der Modejunkie sich einem neuen Trend hingibt und die abgetragene Jeans aussortiert, oder Sie werden selbst zum Steinwäscher und Sandschmirgler.

Verschiedene Sichtweisen

Im letzten Schuljahr jobbte ich in einem Geschäft in Newport auf Rhode Island, wo ich in einem Schaufenster saß und Kleidungsstücke von Hand bemalte. Es war faszinierend und hat mich sehr inspiriert und auch den Kunden und den Zuschauern viel Spaß gemacht. Jahre später sollte ich zusammen mit meinem Freund Ryan die Wände eines großen Veranstaltungssaals bemalen. Da der Zeitplan denkbar eng war, mussten wir zum Missfallen des Managements oft während der Veranstaltungen malen. Ich fand es eigenartig, dass etwas, wofür ich früher Geld bekommen hatte, nun als Belästigung angesehen wurde. Eines Abends wurde der Bereich, in dem wir malten, als Ankleideplatz für eine Modenschau gebraucht. Einige indignierte Bemerkungen in unsere Richtung (»Oh, Sie malen ja? Aber was ist, wenn Farbe auf die Kleider kommt? Dann sind sie zerstört.«) waren nicht zu überhören. Schließlich wandte ich mich an die Verantwortliche und als ich ihre Aufmerksamkeit hatte, strich ich mit meinem Pinsel voller schwarzer Farbe einmal quer über mein weißes T-Shirt. Sie wäre fast in Ohnmacht gefallen.

Sie können mit jedem Kleidungsstück etwas Neues schaffen, egal wie perfekt oder abgetragen es ist. Sie können es selbst ausrangiert oder von jemandem geerbt haben, es unverändert verwenden oder noch weiter zerstören oder sichtbar reparieren, was immer Ihre kreativen Hände wollen.

Wohlfühlstoff

Es gibt eine Eigenschaft bei Kleidungsstücken, die mich über jeden anderen Mangel hinwegsehen lässt. Wenn sich der Stoff schön anfühlt, hat er schon gewonnen. Aber wie finden Sie das heraus?

Sie können einen Kurs belegen und sich über Faserzusammensetzung und Webarten informieren, die eine geschmeidige Oberfläche erzeugen. Dann lesen Sie jedes Kleidungetikett – vorausgesetzt, sie sind noch vorhanden –, um die Materialzusammensetzung herauszufinden.

Es gibt aber noch einen einfacheren Weg. Hier mein kleiner Trick: Nehmen Sie den Stoff in die Hand und lassen Sie ihn durch die Finger gleiten. Fragen Sie sich, ob sich das Material gut anfühlt. Lautet die Antwort Ja, kaufen Sie ihn. So einfach geht das.

 Sie können eine Schnellsuche machen, indem Sie an allen Kleidungsstücken vorbeigehen und die Hand darübergleiten lassen. Fühlt sich etwas gut an, holen Sie es hervor. Sammeln Sie alles, was sich gut anfühlt, und prüfen Sie dann Zustand, Preis und andere Faktoren, die für den Kauf entscheidend sind.

Die besten Basissachen

Ich habe eine große Sammlung von Vintage-Schätzen, die mir zu schade sind, um sie zu verwerten oder zu denen mir noch nichts eingefallen ist. Ich benutze sie aber als Anregung, um mich auf die besten Basisstücke zu konzentrieren. Leider habe ich inzwischen auch eine große Sammlung an Basisteilen.

Falls Ihnen noch unklar ist, was Sie retten oder womit Sie beginnen sollen, hier einige Hinweise:

✔ Pullover, besonders dünnere

✔ Hosen und Röcke, die gut in der Taille sitzen

✔ alles aus Wohlfühlstoff

✔ übergroße Teile aus Material, das Sie mögen

 Lagern Sie ähnliche Teile zusammen in durchsichtigen Plastikkisten und beschriften Sie sie. So finden Sie schnell, was Sie suchen.

Das sollten Sie vermeiden

Wenn Sie bisher nur in normalen Geschäften Kleidung gekauft haben, mussten Sie nicht auf Mängel achten, die bei getragenen Sachen auftauchen können. Sie haben Anziehsachen nach Stil, Farbe, Größe und Preis ausgesucht. Nun sollten Sie außerdem auf ein paar weitere Dinge achten, die Sie besser vermeiden sollten.

Fallstricke, die unter den Armen lauern

Sie werden in Secondhand-Läden zahlreiche wunderhübsche Oberteile finden. Bevor Sie sie mit nach Hause nehmen, achten Sie besonders auf die Stellen unter den Armen und vermeiden Sie Folgendes:

✔ zerschlissene Unterarmnähte

✔ Schweißflecken

✔ Deodorantkränze

✔ Stoffknötchen, auch Pilleffekt genannt

✔ üble Gerüche

 Es gibt unzählige toll gemusterte Oberteile aus den 60er- und 70er-Jahren. Die meisten sind leider aus Polyesterstoffen und riechen sehr unangenehm.

Perlenstickerei und andere verlockende Verzierungen

Beginnen Sie beim Umarbeiten lieber mit schlichten Teilen. Sie finden Anleitungen für zahlreiche grundlegende Projekte in diesem Buch. Gerade als Einsteiger sollten Sie sich das Leben nicht noch dadurch erschweren, dass Sie Hindernisse wie perlenbestickte Verzierungen überwinden müssen.

Falls Sie sich wundern, warum das ein Problem ist, stellen Sie sich nur einmal vor, Sie schneiden ein perlenbesticktes Teil neu zu. Wenn Sie durch die Stickerei schneiden, durchtrennen Sie die Fäden, mit denen die Perlen befestigt sind. Das Ergebnis sind nicht nur unzählige lose Perlen, auch die Stickerei ist zerstört.

 Wenn Sie mit der guten Schneiderschere eine Perle erwischen, kann die Schere beschädigt werden.

Ebenso wie eine Nähnadel beim Nähen durch sehr dicke Stofflagen brechen kann, ist das auch bei Perlen möglich. Außerdem können die Perlen im Nähfuß stecken bleiben und Sie können nicht weiternähen. Auch wenn das offensichtlich erscheint, unterschätzen Sie die Konsequenzen nicht.

Hier einige weitere Fallstricke, die Sie aus ähnlichen Gründen meiden sollten:

✔ Pailletten

✔ dicke Stickerei

✔ Stickerei mit Metallfäden

✔ aufgenähte Spiegelplättchen

Ich kaufe Kleidung mit solchen Elementen höchsten dann, wenn die Verzierung weit entfernt von jeder Nahtstelle sitzt. Ehrlich gesagt, finde ich auch selten Perlenstickerei, die meinem Geschmack entspricht. Wenn ich solche Teile geschenkt bekomme, schneide ich die komplette Verzierung ab und verwende sie als Applikation für ein anderes Teil.

Krabbelndes und kriechendes Getier

Ich vermeide alles, was mit Bakterien zu tun haben könnte. Ich wasche meine Hände, nachdem ich Türklinken berührt, öffentliche Verkehrsmittel benutzt oder Menschen die Hand geschüttelt habe. Dank dieser Vorsichtsmaßnahmen werde ich auch selten krank.

Zu meiner Verteidigung sollten Sie wissen, dass es sehr unerfreuliche Dinge gibt, die in getragener Kleidung versteckt Ihr Haus erobern können. Daher habe ich für mich im Umgang mit gebrauchter Kleidung die folgenden Regeln aufgestellt:

✔ Nehmen Sie keine Kleidung von der Straße mit nach Hause!

✔ Finden Sie heraus, wie die Secondhand-Läden ihre Sachen behandeln.

✔ Verfolgen Sie die Geschehnisse in der Nachbarschaft. Gibt es Probleme mit Schädlingen, nehmen Sie keine Kleidung aus unbekannter Quelle an.

✔ Waschen Sie unbedingt alle Kleidungsstücke, bevor Sie sie verwenden.

Ein weiterer Alptraum für Ihre recycelten Modeträume können Mäuse sein. Sie lieben es, sich in Schachteln und Kleiderstapeln häuslich einzurichten. Hier erfahren Sie, wie Sie dies Problem in Schach halten:

✔ Lagern Sie möglichst wenig. Je länger etwas liegt, desto verlockender finden es die Mäuse.

✔ Lagern Sie Stoffsachen in gut schließenden Hartplastikbehältern ohne Beschädigung.

 Eine winzige Öffnung, so groß wie der Durchmesser eines Bleistifts, reicht den Mäusen schon.

✔ Lagern Sie die Behälter auf Regalen, damit die Mäuse (nicht Sie) sie schlechter erreichen können.

✔ Lagern Sie Ihre Sachen in gut beleuchteten, belebten Räumen.

✔ Ist Ihr Lagerplatz dunkel und ungestört, überprüfen Sie die Sachen einmal wöchentlich.

✔ Achten Sie darauf, Ihr Zuhause wenig mäusefreundlich zu gestalten. Wenn alles sauber ist und speziell Essensreste gut verschlossen sind, gibt es keinen Grund für Mäuse, bei Ihnen einzuziehen.

Flusige Enttäuschungen

Während Sie im Laden sind, haben Sie unzählige Ideen und Hoffnungen. Zu Hause angekommen sieht das manchmal anders aus. Das Teil, das auf den ersten Blick so gut aussah (besonders bei schlechter Beleuchtung), entpuppt sich zu Hause als unbrauchbar. Dann wünschen Sie sich, Sie hätten genauer hingeschaut. Mir passiert das häufig bei Pullovern und Fleeceteilen, die an strapazierten Stellen Faserknoten (Pills) bilden.

Ich kann Ihnen nur raten, sich jedes Teil gut anzuschauen. Sie finden Faserknoten besonders in folgenden Bereichen:

✔ unter den Armen, wo der Arm am Körper reibt

✔ unter der Brust

✔ hinten, wo der Rücken die Stuhllehne berührt

✔ an Hosen zwischen den Oberschenkeln

Manche Materialien neigen von allein zur Bildung von Faserknoten. Falsche Pflege könnte aber auch ein Grund sein. Für flächendeckende Knötchenbildung gibt es keine Rettung. Sie werden am Karpaltunnelsyndrom erkranken, bevor Sie auch nur die Hälfte der Knötchen entfernt haben.

Sind nur kleine Stellen befallen, ziehen Sie probeweise an einem Faserknoten. Lässt er sich leicht entfernen, könnte das Teil es wert sein, gerettet zu werden.

 Es kann passieren, dass Faserknötchen eine andere Farbe haben als das Kleidungsstück. Das kann daran liegen, dass die Teile mit anderen fusselnden Kleidungsstücken gewaschen wurden. Wenn Sie einmal beginnen, die Flusen abzuziehen, werden Sie entdecken, dass das ganze Kleidungsstück voller Faserflusen ist. Gehen Sie solchen Teilen unbedingt aus dem Weg.

Unrealistische Erwartungen

Seien Sie sich selbst gegenüber ehrlich. Sie fangen gerade erst an. Schnell begeistert man sich für etwas und vergisst, welche Arbeit das Projekt mit sich bringt. Ein zu kompliziertes Projekt kann Sie so einschüchtern, dass Sie das Handtuch werfen. Geben Sie aber nicht so schnell auf!

Beginnen Sie mit einigen einfachen Projekten und eignen Sie sich nach und nach die nötigen Kenntnisse im Nähen an. Wenn Sie sich sicherer fühlen, können Sie sich langsam mehr zutrauen. Die folgenden Projekte sind für den Anfang gut geeignet:

✔ der Kragen aus Kapitel 7

✔ die Manschetten aus Kapitel 7

✔ das Oberteil aus Kapitel 8

✔ der Gürtel aus Kapitel 10

✔ die Tasche aus Kapitel 10

✔ die Leggings aus Kapitel 11

✔ die Mütze aus Kapitel 11

✔ die Kissenhülle aus Kapitel 12

✔ die Armstulpen aus Kapitel 13

✔ die Schultertasche aus Kapitel 13

✔ das Cape aus Kapitel 15

✔ die Weinverpackung aus Kapitel 15

✔ der Rock aus Kapitel 16

✔ das Kleid aus Kapitel 17

✔ die Kissenfüllung aus Kapitel 18

✔ die Kissenhüllen aus Kapitel 18

✔ die Dekorationen aus Kapitel 20

Materialien mit Duftnote

Secondhand-Kleidung hat manchmal einen Geruch, den Sie auch nach mehreren Waschgängen in der Maschine nicht loswerden.

Egal woher die Gerüche stammen, es gibt keinen Weg sie zu entfernen. Beschützen Sie sich also selbst vor solchen Einkäufen. Behalten Sie Ihren Geruchssinn und Ihre Freunde auf Tuchfühlung.

Diese Gerüche lassen sich kaum entfernen:

✔ Schimmel

✔ Mottenkugeln

✔ Schweiß

✔ Parfüm

✔ Haustiere

Das Einmaleins des Auftrennens

In diesem Kapitel

▶ Einen Arbeitsplatz einrichten

▶ Ihr Werkzeug aufrüsten

▶ Kleidungsstücke vorbereiten

▶ An die Scheren, fertig, auftrennen!

F ür mich war es nie ein Problem, wertvolle Kleidung zu zerschneiden. Das könnte daran liegen, dass ich so jung damit begonnen habe, dass ich den Wert noch nicht kannte. Allerdings war ich schon immer voller Tatendrang. Meine Mutter hat mir erzählt, ich wäre schon als Kind so gewesen. Mit zunehmendem Alter und entsprechender Reife habe ich Tricks und Techniken entwickelt, die das Auftrennen erleichtern.

 Wenn ein Kleidungsstück nicht getragen wird, ist es nutzlos. Egal wie teuer es ist und welche sentimentale Bedeutung es für Sie hat, lassen Sie es nicht unbenutzt herumliegen.

Vielleicht kommt Ihnen das Auftrennen eines Kleidungsstücks gar nicht so schwierig vor. Sie werden überrascht sein, welche Hindernisse zu überwinden sind, wenn nur noch Sie, die Schere und Opas Lieblingspullover sich gegenüberstehen. Was ist, wenn Sie das Stück verderben? In diesem Kapitel finden Sie einige Hinweise, die es Ihnen erleichtern, den Lieblingsstücken mit der Schere zu Leibe zu rücken.

Platz schaffen, um Abfall zu minimieren

Ihr Arbeitsplatz ist ein wichtiger Faktor, wenn es um den Spaß beim Recyceln von Kleidung geht. Wenn Sie einen eigenen Raum haben, können Sie Ihre Projekte zwischendurch liegen lassen und später fortsetzen. Arbeiten Sie in Ihrem Schlafzimmer, müssen Sie jeden Abend alles wegräumen, um nicht als menschliches Nadelkissen zu enden.

Egal welche Arbeitsbedingungen Sie brauchen, es ist wichtig, sie zu akzeptieren. Dabei sollte es Ihnen gleich sein, ob Sie lieber im kreativen Chaos oder pingelig sauber arbeiten. Das ist Ihre Art und solange Sie es nicht auch anderen aufdrängen, ist es völlig in Ordnung.

 Wenn Sie mit anderen zusammenarbeiten, klären Sie im Gespräch, welche Voraussetzungen Ihnen bei der Arbeit wichtig sind. Das verhindert Missverständnisse und Frustrationen.

Im Folgenden finden Sie einige Hinweise dazu, wie Sie Ihre Arbeit organisieren können, egal welchen Arbeitsstil Sie bevorzugen.

Die Sauberkeitsfanatikerin

Wenn Sie ein Sauberkeitsfanatiker sind – es gibt Schlimmeres. Sie sollten nur darauf achten, dass Sie mehr Zeit mit kreativen Tätigkeiten als mit Aufräumen und Putzen verbringen. Mir macht Aufräumen Spaß, weil ich Dinge gerne zu Ende bringe. Dabei kann ich schnell ein Ergebnis meiner Bemühungen sehen, es bringt mich auf neue Ideen und gibt mir frische Energie für kreative Projekte – Kaffee hilft allerdings auch.

Hier einige Tipps, wie Sie Unordnung von Anfang an verhindern können:

✔ Lagern Sie Kleidung und Stoffe in durchsichtigen Plastikbehältern mit gut sichtbarer Beschriftung:

- T-Shirts
- Pullover
- Blusen
- Hosen
- Jeans
- Stretchhosen
- Strickjacken
- Sweatshirts
- andere Stricksachen
- Kleider
- Röcke
- große Stoffstücke
- kleine Stoffreste
- Stoffe nach Material sortiert

✔ Bewahren Sie die Behälter auf Regalbrettern auf, damit Sie sie schnell erreichen können. Schubladencontainer auf Rollen sind sehr hilfreich, da man sie auch in Zweierreihen aufstellen kann und trotzdem alles erreichbar bleibt.

✔ Beschriften Sie Ihre Werkzeuge mit Ihrem Namen.

✔ Bewahren Sie Werkzeuge in durchsichtigen Plastikboxen, in beschrifteten Schubladen oder Rollcontainern mit durchsichtigen Fächern auf.

✔ Halten Sie drei Abfallbehälter bereit, je einen für:

- Abfall
- kleine Stoffreste
- große Stoffreste

✔ Sammeln Sie Materialien zur Dekoration (Knöpfe, Perlen und so weiter) in beschrifteten Behältern.

✔ Heben Sie Ihr Nähgarn sichtbar, leicht zugänglich und ordentlich auf einem Brett mit Nägeln auf. Die Rollen müssen Sie nur auf die Nägel stecken.

Aufräumen als Einstimmung

Als ich nach San Francisco zog, wohnte ich zuerst in einem kleinen Zimmer. Es war wirklich hübsch und hatte ein Fenster, aber es war klein. Da das übrige Haus mit sehr stark riechenden Haustieren bevölkert war, verbrachte ich meine gesamte Zeit in meinem Zimmer. Ich nähte dort, schlief dort und aß dort – meist während ich nähte. Da der Raum so klein war, musste er gut aufgeräumt werden. Ich stellte fest, dass ich eine Unterbrechung zwischen den kreativen Phasen und der Schlafenszeit brauchte. Das Aufräumen stellte diese Unterbrechung dar, nicht nur zur Vorbereitung meines Arbeitsplatzes, sondern auch zum Abschalten nach der Arbeit. Ich habe diese Gewohnheit beibehalten, obwohl ich heute nicht mehr in einem so kleinen Zimmer wohne.

Die chaotische Kreative

Im Gegensatz zum Sauberkeitsfanatiker arbeiten manche Menschen am liebsten in einem kreativen Chaos. Ich hatte selbst so eine unordentliche Phase, in der ich gerne den für Teenager typischen Satz sagte: »Ich weiß genau, wo alles ist. Fass hier bloß nichts an (sollte heißen: Räum hier bloß nicht auf)«.

Der Grund für diese Arbeitsweise war, dass ich gerne Materialien zu einer Farbskala kombiniere. Je mehr Platz ich zum Arbeiten hatte, desto größer wurde meine Farbskala. Ich liebe es, beim Arbeiten meine Materialien auszubreiten und sie optisch zu arrangieren. Dann habe ich die meisten Ideen, wie sich die Teile und Farben zusammenstellen lassen.

Während Sauberkeitsfanatiker für ihre zwanghafte Ordnung kritisiert werden, gilt dies umgekehrt für die Anhänger des kreativen Chaos genauso. Mein Vater hat mir einmal mit einem witzigen Vergleich die Augen geöffnet: »Wenn ein unordentlicher Schreibtisch der Beweis für einen unordentlichen Geist ist, was sagt dann ein leerer Schreibtisch über den Geist seines Besitzers aus?«

Hier einige Tipps, wie Sie das Chaos im Zaum halten:

✔ Bewahren Sie alle Kleider und Stoffe in durchsichtigen Plastiktüten auf.

Achten Sie auf Mäuse. Sie nagen sich durch die Plastiktüten und bauen sich innen ein Nest. Lesen Sie mehr über Probleme mit Mäusen in Kapitel 3.

✔ Markieren Sie Ihre Werkzeuge so, dass sie leicht zu finden sind:

- Sprühen Sie eine orangefarbene Markierung darauf.

- Binden Sie etwas Großes daran fest, wie bei Toilettenschlüsseln an Tankstellen.

✔ Stellen Sie einen Abfallbehälter neben Ihren Arbeitsplatz, werfen Sie alles hinein und sortieren Sie es später in:

- Abfall

- kleine Stoffstücke

- große Stoffstücke

✔ Heben Sie Nähgarn, Kurzwaren, Dekorationsmaterial, Knöpfe und Perlen in durchsichtigen Behältern auf, wie etwa große Schraubdeckelgläser.

Die organisierte Chaotin

Irgendwo in der Mitte zwischen dem Sauberkeitsfanatiker und dem kreativen Chaoten befindet sich der organisierte Chaot. Das bedeutet, er akzeptiert Unvollkommenheit, was den Kopf frei macht für neue, ungewöhnliche Ideen. Für die meisten Menschen ist diese weniger unnachgiebige Arbeitsweise praktikabel.

Sie kann sich auf verschiedene Arten äußern. Sie können ein Projekt gut organisiert beginnen und wenn die Inspiration Sie mitreißt, im kreativen Chaos enden. Es kann sein, dass Sie jeden Arbeitsabschnitt im Aufräumwahn starten und darauf kreatives Brainstorming folgt. Vielleicht arbeiten Sie in einer Art der Organisation, die nur Sie selbst durchschauen.

 Wenn Sie eine Arbeitsorganisation pflegen, die Sie nur allein durchschauen, blockiert das potenzielle Helfer. Wenn Sie mir etwas ähnlich sind, achten Sie darauf, dass alle Gegenstände ihren Platz haben, damit sie schnell zur Hand sind. Sonst verschwinden sie in Zeit und Raum. Unauffindbare Werkzeuge frustrieren alle Beteiligten.

Lesen Sie im vorangehenden Abschnitt die Tipps zur Organisation Ihres Arbeitsplatzes und picken Sie sich die Hinweise heraus, die zu Ihnen und Ihrer Arbeitsweise passen.

Die nötigen Werkzeuge anschaffen

Wenn Sie mit dem Recyceln von Kleidungsstücken beginnen möchten, sollten Sie einige Werkzeuge bereithalten. Es gibt sicher Dickköpfe, die es wie Serienheld MacGyver ganz ohne Werkzeuge schaffen wollen, aber ich bitte Sie inständig, sich einige wenige Hilfsmittel zu besorgen.

Der Nahttrenner – das perfekte Hilfsmittel beim Auftrennen

Der Nahttrenner ist ein erfreuliches, aber auch gefährliches Werkzeug. Ich glaube, dass er besonders von Männern gerne benutzt wird, weil er ein bisschen wie ein Messer aussieht und an den Jäger im Mann appelliert. Aber mal ernsthaft: Es gibt kein besseres Werkzeug, um Nähte sauber aufzutrennen.

Sie können den Nahttrenner zu verschiedenen Zwecken einsetzen. Vorrangig ist er zum Auftrennen von Nähten gedacht, ohne die Gefahr, den Stoff zu beschädigen. Aber er schneidet auch wunderbar sauber Knopflöcher auf, trennt Perlen und andere Besätze ab. Kleinste Stickereien verschwinden mit dem Nahttrenner bearbeitet im Handumdrehen und Sie können Ihren Kleidungsstücken damit hervorragende Löcher für einen modisch zerschlissenen Look verpassen.

 Schneiden Sie immer mit der Spitze des Nahttrenners vom Körper weg und achten Sie auch auf Umstehende. Er ist ziemlich scharf, auch wenn seine unscheinbare Form das nicht vermuten lässt.

Die einzig wahre Schere

Eine Schere ist Ihr wichtigstes Werkzeug. Glauben Sie nicht, Sie könnten mit dem stumpfen Ding aus Ihrer Schublade arbeiten oder mit der Sicherheitsschere Ihrer Kinder. Sie brauchen eine richtige Schneiderschere, die Sie nur für Stoff verwenden. Sie werden den Unterschied sofort feststellen, glauben Sie mir. Sie finden Scheren zu verschiedenen Preisen im Fachhandel. Sehen Sie sich das Angebot in Ruhe an und kaufen Sie sich eine solide Schneiderschere, mit der Sie ausschließlich Stoff schneiden.

Sicherheitsnadeln um der Fußsohlen willen

Arbeiten Sie mit Sicherheitsnadeln. Sie eignen sich nicht nur für schnelle Änderungen, sondern können auch im Stoff stecken bleiben, ohne die Gefahr, dass sie während des Arbeitens herausfallen könnten. Meine Mutter hat bei uns Zuhause viel genäht. Mein Bruder und ich waren so begeistert von den normalen bunten Stecknadeln, dass etliche davon im Teppich landeten. Wenn ich daran denke, dass wir gerne barfuß durchs Haus liefen, hätte ich schon viel früher zu Sicherheitsnadeln greifen sollen.

Noch mehr Zubehör

Für Einsteiger sind die folgenden Hilfsmittel nicht unbedingt erforderlich, aber ich bin mir sicher, Sie finden schon bald heraus, wie diese Werkzeuge Ihnen die Arbeit erleichtern können.

Der Rollschneider – eine Hassliebe

Ich bekam meinen Rollschneider und die Schneidematte geschenkt und hatte keine Ahnung, wie man beides benutzt. Ich fand schnell heraus, dass es ein fantastisches Arbeitsgerät ist.

Gefahr erkannt – Gefahr gebannt

Eine befreundete Designerin bat mich um Hilfe beim Zuschneiden von Hosen. Ich bot an, meinen Rollschneider und die Matte mitzubringen, aber sie bevorzugte die Schere. Ich brachte ihn trotzdem mit, weil ich ihr mein fantastisches Schneidegerät zeigen und meine Hände nicht durch mühsames Arbeiten mit der Schere überanstrengen wollte. Nach einer Weile stellte sie fest, dass man mit dem Rollschneider viel effektiver arbeiten kann als mit der Schere. Ich war sogar genauso schnell beim Zuschneiden wie sie, obwohl sie mehr Übung mit der Schere hatte. Nach einer Woche hatte sie sich auch einen Rollschneider mit Matte angeschafft und nach einer weiteren Woche hatte sie sich beide Hände damit verletzt. Arbeiten Sie sehr vorsichtig und sorgfältig mit dem Rollschneider. Er stellt selbst für professionelle Schneider eine Herausforderung dar.

Ein Rollschneider sieht aus wie ein Pizzaschneider. Er hat eine runde Schneide an einem Griff montiert und Sie rollen entlang der Schnittlinie über den Stoff (mit der Schneidematte darunter). Sie können damit sogar mehrere Stofflagen gleichzeitig durchschneiden (bei größeren Stückzahlen). Er ist sehr scharf und schneidet schnell.

Der Rollschneider kann es in Bezug auf Schärfe mit jedem Samuraischwert aufnehmen. Bewahren Sie ihn in der Schutzhülle auf und warnen Sie andere vor diesem Werkzeug. Lassen Sie den Schneider auf keinen Fall in die Hände von Kindern gelangen.

Der Staubsauger

Ein Staubsauger ist beim Aufräumen eine große Hilfe, denn er befreit Sie schnell von allen Fusseln. Dabei sind Modelle ohne rotierende Bürste besser, da sich in den Bürsten schnell Fäden und Stofffasern verheddern.

Säubern Sie Ihren Staubsauger regelmäßig, damit keine Fäden in den Mechanismus geraten.

Die unverzichtbare Fusselbürste

Nach getaner Näharbeit werden Sie sich inmitten von Fäden und Stoffresten wiederfinden. Damit Ihr recyceltes Teil auch tatsächlich neu aussieht, sollten Sie eine Fusselbürste bereithalten. Sie rettet damit auch der Kleidung von Menschen das Leben, die fusselnde beziehungsweise haarende Vierbeiner besitzen. Diese lieben es nämlich, sich im nächstbesten Kleiderstapel ein Bett zu bauen.

Waschanleitungen vom Winde verweht

Beim Waschen sollten Sie sich nach den Angaben auf dem Etikett Ihrer Kleidungsstücke richten. Sollten Sie es raustrennen, lesen Sie es gründlich und behalten Sie die Waschempfehlungen im Kopf. Wenn Sie kein Gehirnakrobat sind, heben Sie die Waschanleitungen lieber auf, damit Sie auch das recycelte Kleidungsstück richtig waschen können.

Heften Sie die Waschanleitung an eine Karteikarte mit einer Beschreibung des Kleidungsstücks und heben Sie sie in der Nähe der Waschmaschine auf.

Widrigkeiten beim Waschen

Falls Ihr Kleidungsstück eines der folgenden Elemente aufweist, sollten Sie es in die Reinigung bringen:

✔ **Perlenstickerei, Pailletten oder andere Applikationen:** Diese kleinen Teilchen können abfallen, brechen oder in der Waschmaschine oder im Trockner schmelzen. Das ist für das Kleidungsstück und für das Gerät schlecht.

✔ **Besondere Knöpfe:** Antike oder bemalte Knöpfe, Lederknöpfe, Glasknöpfe, zerbrechliche Materialien oder gewebte Verschlüsse können durch die Reibung in der Waschmaschine zerstört werden.

✔ **Tierische Materialien:** Wildleder, Leder, Pelz, Feder oder andere Materialien tierischen Ursprungs vertragen den Aufenthalt im Wasser nicht gut, es sei denn, sie sollen hinterher wie Dörrfleisch aussehen.

Überraschung beim Waschen

Als ich in Boston wohnte und begann, Kleidung zu nähen und zu verkaufen, musste ich feststellen, dass mein Stil für so eine konservative Stadt zu ausgefallen war. Ich versuchte mich auf dunkle Farben wie Schwarz, Grau und Braun zu beschränken, aber es machte mir keinen Spaß. Bei einem Tag der offenen Tür traf ich eine Kunststudentin, die T-Shirts bemalte. Ich ergatterte eines und bezahlte der Designerin 30 Dollar mehr als sie verlangt hatte, weil es mir so gut gefiel. Der Nachteil war, dass es auf der Rückseite mit wasserlöslicher Farbe bemalt und voller Glitter war. Ich mochte es, obwohl es die Wäsche wohl kaum überleben würde, und trug es so lange, wie ich es verantworten konnte. Schließlich steckte ich es widerstrebend in die Waschmaschine und staunte nicht schlecht, als es herauskam. Unter der Farbe fand ich den restlichen Text von dem Spruch auf der Vorderseite des T-Shirts. Das begeisterte mich und bestärkte mich darin, wieder meine eigenen Entwürfe herzustellen.

Wenn Sie in Experimentierlaune sind

Wenn es ums Waschen geht, bin ich sehr experimentierfreudig. Ich schieße gerne Empfehlungen in den Wind und werfe alles bei niedriger Temperatur in die Waschmaschine. Ich gestehe, dass ich sogar meine Stricksachen für 15 bis 20 Minuten bei niedriger Temperatur in den Trockner gebe, bevor ich sie liegend trocknen lasse. Die Teile verändern sich dabei in einer Weise, die mir gut gefällt.

Mit freier Nase arbeiten

Da Sie mit Kleidungsstücken arbeiten, die eine Weile gelagert worden sind, können sie gelegentlich muffig riechen. Auch gibt es Gerüche nach Parfüm, Mottenkugeln oder Haustieren, die Ihrer Nase nicht guttun. Waschen Sie getragene Kleidung auf jeden Fall, bevor Sie damit arbeiten. Dann sind auch die unangenehmen Gerüche verschwunden und Sie können mit freier Nase und freiem Kopf an die Arbeit gehen. Für Allergiker gilt dies natürlich ganz besonders.

Die Wunder moderner Waschmittel

Falls Sie ein altes Kleidungsstück verarbeiten, das seit Jahrzehnten kein Tageslicht gesehen hat, werfen Sie nicht gleich die Flinte ins Korn, wenn es Flecken hat. Zu seiner Entstehungszeit wurde dieses Teil sicher ganz anders gewaschen als heute. Lassen Sie die Errungenschaften der Waschmittelindustrie für sich arbeiten, traktieren Sie das Teil mit Fleckentferner und spendieren Sie ihm einen Waschgang in Ihrer hypermodernen Waschmaschine. Das Ergebnis könnte Sie überraschen.

Den Trockner meiden

Die Behandlung im Trockner kann vielen Materialien Schaden zufügen. Stoffe sehen schneller abgetragen aus, manche Sachen laufen ein oder bekommen Faserknötchen auf der Oberfläche. Stretchmaterialien verlieren ihre Elastizität schon nach einem Trocknergang. Meiden Sie daher den Trockner wann immer es geht.

Das Beste aus Fehlern machen

Ich finde Fehler faszinierend. Sie fordern unsere kreativen Fähigkeiten heraus. Sie finden in diesem Abschnitt einige Tipps, wie Sie mit Fehlern und Flecken verfahren können. Wenn Sie ein schadhaftes Teil als Basis für eine Neugestaltung verwenden möchten, kümmern Sie sich erst später um den Fehler. Vielleicht fällt der hässliche Spaghettisoßenfleck ja beim Zuschneiden ohnehin weg.

Flecken

Sie können Flecken entweder bedecken oder kreativ verwenden.

Es gibt Flecken bei Kleidungsstücken, mit denen sollten Sie auf gar keinen Fall ein neues Teil konstruieren. Verfärbungen im Bereich der Achseln und im Schritt sind einfach zu eklig, um daraus etwas Neues zu schaffen. Werfen Sie solche Teile weg.

Wenn Sie einen Flecken abdecken wollen, können Sie eine der folgenden Methoden anwenden:

✔ **Setzen Sie etwas darüber.** Nähen Sie einfach ein ausreichend großes Stoffstück darüber. Es muss nicht unbedingt quadratisch sein. Sie können jede Form wählen, werden Sie kreativ.

✔ **Nähen Sie darüber.** Sehr kleine Flecken können Sie mit einer dekorativen Naht überdecken. Egal ob Sie von Hand oder mit der Maschine nähen, Stickgarn oder eine Ziernaht verwenden, bedecken Sie damit den Fleck. Sie können auch Wirbel, Zickzacklinien, Kreise, Blumen oder andere Motive darübernähen.

Bemalen Sie ihn. Mit Stofffarbe oder einem Stoffmalstift zeichnen Sie ein Motiv über den Flecken. Abstrakte Formen wie Kreise oder Zickzacklinien wirken immer gut und sind einfach zu zeichnen. Sie können auch mit einem Stempel und Farbe arbeiten. Schauen Sie sich einmal im nächsten Fachgeschäft nach den zahlreichen Möglichkeiten um.

Wenn Sie Stoff bemalen, legen Sie direkt unter die Stoffschicht, die gerade bemalt wird eine Schutzschicht, damit die Farbe nicht auf die andere Seite durchfärbt und Stoff oder Unterlage verfärbt. Verwenden Sie alte Zeitungen oder Werbeprospekte als Unterlage. Achten Sie auch darauf, dass die Farbe nicht am Papier antrocknet. Um sicherzugehen können Sie Plastik- oder Alufolie dazwischenlegen.

✔ **Schneiden Sie ihn aus.** Entfernen Sie den Fleck mit der Schere. Das zurückbleibende Loch können Sie mit Stoff hinterlegen oder einfach so lassen.

Schneiden Sie im Umfeld noch weitere Löcher, wenn Sie einen Lumpenlook erzielen möchten. Sie können statt der Löcher auch mehrere Schlitze in den Stoff machen (mit etwa 1,5 cm Abstand und zwischen 2,5 und 7,5 cm lang), die den Fleck verbergen.

✔ **Färben Sie ihn.** Das Färben ist meine Lieblingsmethode, um Flecken unsichtbar zu machen. Obwohl es so naheliegend ist, sind die Leute immer wieder bass erstaunt, wenn ich es erzähle. Am besten färbt man Stoffe mit dem, was den Fleck verursacht hat, wie etwa Wein, Saft, Tee oder andere Flüssigkeiten. Sie können natürlich auch spezielle Stofffarbe verwenden.

Waschen Sie das Kleidungsstück vor und nach dem Färben.

Da fleckige Stoffe beim Färben die Farbe ungleichmäßig annehmen, sollten Sie diesen Prozess absichtlich herbeiführen. Batiken Sie Ihr Teil oder bleichen Sie es nach dem Färben zusätzlich.

✔ **Kombinieren Sie mehrere Techniken.** Wenn Sie sich nicht für eine der genannten Techniken entscheiden können, probieren Sie einfach mehrere aus. Ich kombiniere gerne verschiedene Techniken. Zuerst setze ich einen Flicken oder zwei über den Fleck, dann nähe ich darüber etwas Borte oder Schrägband und darüber noch einige Zierstiche von Hand oder mit der Maschine. Zum Schluss bemale ich das Ganze noch oder setze einen Stempel darüber. Probieren Sie aus, was Ihnen am besten gefällt.

Risse und Löcher

Versuchen Sie, Risse und Löcher in Ihren Entwurf mit einzubeziehen, zum Beispiel:

✔ Verlängern Sie einen Riss bis zum Saum eines Kleidungsstücks und machen Sie einen Schlitz daraus.

✔ Löcher an Saumkanten können ausgeschnitten werden, sodass eine wellige Saumkante, Kragenlinie oder Manschette entsteht.

✔ Aufgegangene Nähte können wieder zusammengenäht werden, um die ursprüngliche Nahtlinie zu erhalten.

Da ich die genannten Methoden etwas langweilig finde, möchte ich Ihnen lieber die folgenden vorschlagen:

✔ **Setzen Sie Flicken auf.** Wie bei den Flecken im vorangegangenen Abschnitt können Sie entweder darüber oder dahinter einen Stoffflicken setzen. Setzen Sie den Flicken dahinter, entsteht ein kleines Fenster, durch das der Flickenstoff sichtbar wird. Dazu passen viele dekorative Sticharten, wie Sie in Abbildung 4.1 sehen können.

✔ **Nähen Sie von Hand darüber.** Mit farblich passendem Garn oder Stickgarn nähen Sie sichtbare Stiche, etwa 0,6 cm lang, über den Riss und schließen ihn damit. Die Stiche sollten extra unregelmäßig sein, um einen fröhlichen, kindlichen Ausdruck zu vermitteln.

✔ **Nähen Sie mit der Maschine darüber.** Nähen Sie im Zickzackstich oder mit einem Zierstich über den Riss und arbeiten Sie weitere Ziernähte, damit das Ganze einen dekorativen Effekt bekommt.

✔ **Nähen Sie mit der Overlock-Maschine darüber.** Arbeiten Sie eine sichtbare Naht genau über den Verlauf des Risses.

 Achten Sie darauf, dass diese Technik das Kleidungsstück schmaler machen kann. Es funktioniert auch nur mit Rissen, die gerade verlaufen. Gezackte oder kurvige Risse müssen Sie mit einer anderen Technik bearbeiten oder Sie schneiden ein Loch daraus und verwenden eine der kreativen Techniken für Löcher.

Bevor Sie Löcher flicken, probieren Sie das Kleidungsstück an und finden Sie heraus, wo die Löcher sitzen. Entscheiden Sie dann, ob Sie die Löcher mit einem Flicken besetzen oder mit einer dekorativen Methode verdecken möchten. (Lesen Sie im vorigen Abschnitt über Flecken den Hinweis über das Ausschneiden.)

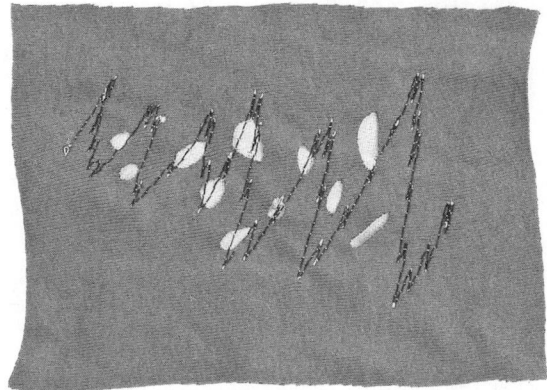

Abbildung 4.1: Hier wurden die Löcher von der Rückseite mit Stoff hinterlegt und mit dekorativen Nähten verziert.

Auftrennen wie ein Profi

Nun haben Sie Ihren Arbeitsplatz vorbereitet, die nötigen Werkzeuge zur Hand und Ihr Ausgangskleidungsstück sauber und fertig vorliegen. Dann geht es jetzt mit dem Auftrennen los!

Die Nähte betrachten

Kleidungsstücke werden aus einzelnen Teilen zusammengenäht und auch an diesen Nähten aufgetrennt (siehe Abbildung 4.2). Am leichtesten lassen sich Nähte von der linken Seite her auftrennen. Sie finden sie gewöhnlich an folgenden Stellen:

✔ **an Oberteilen:**
- Seitennähte: von der Achsel bis zur Taille
- Schulternähte: vom Halsausschnitt bis zur Armkugel

✔ **an Ärmeln:**
- Unterarmnähte: von der Achsel bis zum Handgelenk
- Achselnaht: von der Achselhöhle aus einmal um die Schulter herum

✔ **an Hosen:**
- Seitennaht: vom der Taille bis zum Knöchel
- Innenbeinnaht: vom Schritt bis zum Knöchel
- Schrittnähte: jeweils vorn und hinten von der Taille bis zum Schritt

✔ **an Röcken:** von der Taille bis zum Saum

✔ **an Kleidern:** Nähte wie bei den Oberteilen allerdings bis zur gewünschten Saumlänge

Naht oder nicht Naht – das ist die Frage

Lesen Sie die folgenden Hinweise, bevor Sie eine Naht auftrennen.

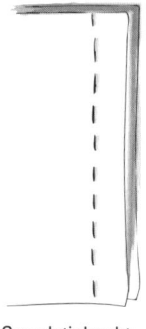 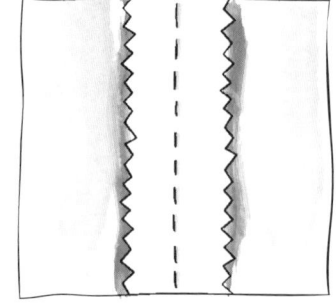

Geradstichnaht   auseinandergebügelte Naht

Abbildung 4.2: Betrachten Sie die Nähte genau.

Reparieren, erneuern oder auftrennen!

Manchmal ist eine Naht nur aufgegangen und muss geflickt werden. Bügeln Sie die Naht flach und nähen Sie erneut über die alte Nahtlinie, um die Naht zu schließen.

Muss die Passform geändert werden, wenden Sie das Kleidungsstück auf links und stecken Sie die neue Nahtlinie mit Nadeln fest. Sie können die alte Naht belassen und später heraustrennen, wenn Sie die neue genäht haben.

Wenn Sie das Kleidungsstück komplett verändern wollen, trennen Sie alle Nähte auf und bügeln die Teile glatt, bevor Sie mit etwas Neuem beginnen.

Saubere Schnitte machen

Anstatt eine Naht aufzutrennen, können Sie die Teile auch auseinanderschneiden. Wenn Sie ein Kleidungsstück sowieso komplett auseinandernehmen, ist dies die einfachste Methode. Verwenden Sie dazu einen Rollschneider und eine Schneidematte. Auch eine gute Schere kann durch zwei Stoffschichten gleichzeitig schneiden.

 Ist Ihnen ein Oberteil nur ein kleines bisschen zu stramm an der Seite und am Armausschnitt, trennen Sie die Seitennaht auf und setzen Sie einen Stoffstreifen ein (je nach Bedarf 5 bis 10 cm breit). Das gibt Ihnen nicht nur mehr Raum zum Atmen, sondern verleiht Ihrem Oberteil einen sportlichen Streifenlook.

Los geht's

Nachdem Sie jetzt so viel über Vorbereitung gelesen haben, ist es Zeit, endlich zu beginnen. Die größten Blockaden sitzen meist in Ihrem Kopf. Machen Sie sich keine Gedanken über Fehler. Was kann schon passieren? Wenn Sie beim Abändern von Mutters Hochzeitskleid mit der Schere einen Schlitz in den Stoff machen, sollte das wohl so sein.

Verwandeln Sie Rückschläge in Inspirationen und Herausforderungen. Sie können ein missglücktes Projekt immer noch in eine Kissenhülle, eine Quiltdecke oder eine Weinverpackung verarbeiten. Teil IV dieses Buches liefert Ihnen viele Ideen für die Verwendung von Stoffresten.

Grundwissen Nähen

Meine erste Nähmaschine bekam ich in der fünften Klasse, aber ich kann mich nur schwach daran erinnern, sie benutzt zu haben. Allerdings erinnere ich mich an meine Schwierigkeiten mit der Fadenspannung und den verknoteten Fäden. Zu der Zeit beschloss ich, meine Kleidung mit unversäuberten Kanten zu tragen. Ich habe fast fünfzehn Jahre lang nur kleine Projekte von Hand genäht. Meine Nähmaschine habe ich erst nach Abschluss der Schule wieder ausgepackt, als ich meine erste Vollzeitstelle hatte. Ich fand heraus, dass sie gar nicht so schlecht funktioniert, wenn man sie regelmäßig benutzt und wartet. Ich gebe auch gerne zu – selbst wenn es mir zutiefst widerstrebt –, dass es helfen kann, die Betriebsanleitung zu lesen und zu beherzigen.

Auch wenn einige Projekte in diesem Buch ganz ohne Nähen hergestellt werden können, sind Grundkenntnisse im Umgang mit Nadel und Faden nützlich. Daher finden Sie in diesem Kapitel Hinweise zum Nähen von Hand, mit der Maschine und auch mit der Overlock-Maschine. Je geschickter Sie sind, desto einfacher gelingen Ihnen die Projekte. Das Nähen mit der Maschine erleichtert die Arbeit, ist aber nicht zwingend erforderlich. Lassen Sie sich also nicht abschrecken, mit etwas Übung klappt es auch mit Ihnen und Ihrer Nähmaschine wie geschmiert.

 Suchen Sie sich zu Beginn Projekte aus, die Sie auch bewältigen können. Etwas Neues anzufangen soll schließlich auch Spaß machen, sonst ist es die Energie nicht wert, die Sie investieren.

Für das notwendige Handwerkszeug sorgen

Nichts frustriert mehr, als ein Projekt ohne das nötige Werkzeug durchführen zu wollen. Besorgen Sie sich die richtigen Werkzeuge, damit Ihr Arbeitsprozess nicht direkt ausgebremst wird. Vertrauen Sie mir, ein Haufen neuer Dinge kann auch zur Verpflichtung werden. In diesem Kapitel erfahren Sie, welche Dinge wirklich nötig sind und welche weniger.

 Wenn Sie versuchen, ohne die richtigen Werkzeuge zu nähen, ist das genauso, als wollten Sie ein Feinschmeckeressen aus Dosentunfisch und Ketchup zubereiten.

Nichts geht ohne Faden

Es wird Sie nicht überraschen, dass man zum Nähen Nähgarn braucht. Es gibt verschiedene Arten für verschiedene Materialien und Zwecke, aber ich arbeite meist mit Mehrzweckgarn oder Allesnäher, das sich für Nähte von Hand oder mit der Maschine eignet.

Versuchen Sie nicht, mit einem Reisenähzeug zu arbeiten. Es ist nur dazu gedacht, einen Knopf anzunähen oder einen Riss zu reparieren. Nähgarn finden Sie in Stoff- und Handarbeitsgeschäften. Wenn Sie mit weißem Garn zufrieden sind, können Sie das sogar in Supermärkten oder Drogeriemärkten kaufen. Wenn Sie mit einer Overlock-Maschine nähen, brauchen Sie spezielles Nähgarn, das Sie im Fachgeschäft kaufen können. Dazu gibt es keine Alternative, da es sich auf eine andere Art von der Rolle abwickelt als normales Nähgarn.

Sie haben vielleicht schon Nähgarnreste zur Verfügung oder haben welche bei einem Räumungsverkauf oder Trödelmarkt ergattert. Überprüfen Sie sorgfältig die Qualität des Garns. Es könnte zerfasern oder brüchig sein oder von der Sonne und anderen Einflüssen zerschlissen. Nähgarn von schlechter Qualität kann Ihnen mehr Probleme bereiten, als Sie sich vorstellen können. Stellen Sie sich Nähgarn ungefähr wie Zahnseide vor. Nähgarn sollte sanft durch die Öffnungen der Nähmaschine gleiten wie Zahnseide durch die Zahnzwischenräume. Fransiges oder ungleichmäßig gewobenes Garn kann klumpen, reißen und Ihnen eine Menge Probleme mit der Fadenspannung bescheren.

Über Nadeln und Stecknadeln

Bei Stecknadeln bin ich sehr genügsam. Ich mag sie alle, verbogen oder nicht. Leider hat mir das schon viel Ärger eingebracht. Ich kann Ihnen also nicht empfehlen, verbogene Nadeln zu verwenden. Gerade Stecknadeln befestigen Stoffstücke aneinander und lassen sich gut durch die Maschine schieben. Verbogene Stecknadeln können steckenbleiben, brechen und jede Mange Ärger verursachen. Glauben Sie mir!

 Stecken Sie die Stecknadeln immer quer zur Nahtlinie durch den Stoff. So kann die Nähmaschine leichter darübergleiten und sie lassen sich gut herausziehen, wenn Sie sich der Nähnadel nähern.

Verwenden Sie beim Nähen von Hand die passende Nadel für Ihr Projekt. Für dünnere, feinere Stoffe brauchen Sie auch eine feinere Nadel und umgekehrt. Sie können fast jede Nähnadel verwenden, solange sie nicht in den Stofffasern hängen bleibt oder ein Loch im Stoff hinterlässt. Woll- oder Sticknadeln sind länger und dicker und haben ein größeres Öhr für Stickgarn oder Bändchen und andere Fäden. Ich kaufe meist eine Packung Nähnadeln in verschiedenen Größen, sowohl zum Nähen als auch für andere Handarbeiten. Dann habe ich immer eine Auswahl parat.

Auch für Nähmaschinennadeln treffen die gleichen Richtlinien zu wie bei Handnähnadeln: feine Nadeln für feine Stoffe, dickere Nadeln für dickere Stoffe. Im Folgenden erhalten Sie noch einige wichtige Tipps zum Kauf von Nähnadeln:

✔ Notieren Sie den Hersteller und das Modell Ihrer Nähmaschine und nehmen Sie die Angaben zum Kauf mit.

✔ Nehmen Sie die Nähnadel aus der Maschine und bringen Sie diese beim Kauf mit.

✔ Nehmen Sie auch Stoffreste des geplanten Projekts mit.

✔ Lassen Sie sich von einer Fachkraft beim Kauf beraten.

 Lassen Sie sich ruhig von der Fachkraft erklären, warum Sie eine bestimmte Nadel für Ihr Projekt verwenden sollen. So wissen Sie beim nächsten Mal vielleicht schon selbst, welche Nadel Sie brauchen und haben etwas gelernt.

Hier eine Liste zur Orientierung, welche Nadelstärke für welches Projekt geeignet ist:

✔ Für allgemeine Näharbeiten verwenden Sie eine Universalnadel:

- Größe 80 für die meisten Stoffe

- Größe 70 für feinere Stoffe

- Größe 90 für festere Stoffe

✔ Für Stretchstoffe brauchen Sie eine Stretchnadel. Sie werden den Unterschied sofort bemerken.

✔ Dünnes Leder sollten Sie mit einer Ledernadel verarbeiten.

Die Spezialnadeln bekommen Sie dort, wo Sie auch die Universalnadeln finden. Schauen Sie genau hin und lassen Sie sich beraten.

Ich weiß nicht warum, aber es funktioniert ...

Das waren ungefähr meine Worte, als ich einem befreundeten Designer von meinen Erfahrungen mit der Stretchnadel berichtete. Ich lernte ihn in Boston kennen und wir konnten uns stundenlang über das Nähen von Kleidung unterhalten. Er berichtete über einige Projekte aus elastischem Material und seine Schwierigkeiten mit reißenden Fäden und Fadenklumpen, typische Probleme, die ich auch kannte. Lange hatte ich mich geweigert, eine Stretchnadel zu verwenden, schließlich sah sie kein bisschen anders aus als die normalen. Aber eines Tages knickte ich ein, verwendete eine Stretchnadel und das war der Tag meiner Erlösung. Ich konnte meinen Freund überzeugen und möchte auch Sie davon überzeugen. Ich weiß nicht warum, aber das Nähen mit der Stretchnadel funktioniert super.

Immer schön sauber bleiben

Sie sollten Ihre Nähmaschine nicht nur einmal im Jahr professionell warten lassen, sondern auch immer sauber halten. Die Betriebsanleitung liefert Ihnen dazu die nötigen Hinweise. Grundsätzlich sollten alle beweglichen Teile geschmiert sein und ohne Staub oder Faserreste. Besonders die Transportzähnchen müssen fusselfrei sein. Da sie mit dem Stoff in Berührung kommen, sollten sie allerdings nicht geölt sein, wie auch die anderen Kontaktstellen.

 Verwenden Sie nur spezielles Maschinenöl für Nähmaschinen.

Ihren Arbeitsplatz einrichten

Ganz gleich, ob Sie einen eigenen Raum oder eine kleine Ecke zum Nähen zur Verfügung habe, richten Sie Ihren Arbeitsplatz ganz nach Ihren Bedürfnissen ein. Die folgenden Hinweise erläutern Ihnen einige Eckpunkte, die Ihren Arbeitsplatz produktiver machen:

Bitte nicht wackeln

Steht Ihre Nähmaschine auf abschüssigem oder wackligem Untergrund, kann sie beim Nähen aus dem Takt kommen. Sie brauchen einen stabilen Tisch als Untergrund. Sollte Ihre Maschine dann beim Nähen immer noch wandern, ist sie nicht richtig ausbalanciert. Überprüfen Sie den Tisch und fixieren Sie ihn so gut wie möglich. Lesen Sie dann in der Bedienungsanleitung nach, wie sich die Balance der Maschine verbessern lässt.

 Gibt es keine Möglichkeit, Ihren Tisch fest und stabil aufzustellen, sollten Sie sich einen neuen zulegen.

Prüfen Sie einen potenziellen Nähtisch, indem Sie die Handflächen auf die Tischplatte legen und wackeln. Bewegt sich der Tisch, sehen Sie nach, ob die Tischbeine verstellbar sind. Versuchen Sie, die Tischbeine fester einzustellen. Wackelt der Tisch danach immer noch, sehen Sie sich nach einem anderen Modell um.

Haben Sie einen stabilen Tisch gefunden, stellen Sie ihn am gewünschten Platz auf und überprüfen Sie, ob der Untergrund gerade ist. Sie können dazu eine Murmel oder einen anderen runden Gegenstand an verschiedenen Stellen auf die Tischplatte legen. Rollt der Gegenstand, steht der Tisch nicht waagerecht. Gleichen Sie die Höhe der Tischbeine aus, bis der Tisch in der Waage ist. Bei manchen Nähmaschinen kann man das auch an der Unterseite der Maschine einstellen.

Die perfekte Körperhaltung

Ich kann dieses Buch nicht schreiben, ohne einige Worte zu dem anderen Thema, das mir aufgrund meiner Ausbildung zur Physiotherapeutin am Herzen liegt. Durch übermäßig langes Nähen können Sie Beschwerden durch Überanstrengung bekommen, dazu gehören Karpaltunnelsyndrom, Spannungskopfschmerz und verschiedenste Rückenprobleme. Eine gute Körperhaltung beim Nähen kann eine gute Vorbeugung sein. Beachten Sie die folgenden Hinweise zum richtigen Arbeitsplatz und sehen Sie sich auch Abbildung 5.1 an:

✔ die Eigenschaften des Stuhls

- Lumbalstütze

- Rückenlehne bis zur Höhe der Schultern
- Sitzlänge so, dass 5 bis 10 cm Platz zwischen Sitzkante und Kniekehlen bleibt

✔ die richtige Sitzhaltung

- Die Hüften liegen an der Rückenlehne an.
- Hüften und Knie sind auf einer Höhe.
- Die Schultern liegen an der Rückenlehne an.
- Die Füße liegen flach auf dem Boden auf (notfalls Sitzhöhe verringern oder Buch unterlegen).
- Die Füße haben Platz, um sich frei zu bewegen.

✔ die Eigenschaften des Tischs

- Die Tischplatte ist auf Höhe der Ellenbogen.
- Die Tischplatte ist 5 bis 8 cm über den Oberschenkeln.

Verlassen Sie sich nicht darauf, dass die richtige Körperhaltung alle Ihre Beschwerden verschwinden lässt. Sie müssen außerdem regelmäßig Pausen einlegen, die Position wechseln, einige Schritte gehen und die Muskeln strecken:

✔ Beugen Sie sich nach vorn und versuchen Sie, die Zehen zu berühren.

✔ Mit ausgestreckten Armen beugen Sie sich zu beiden Seiten.

✔ Neigen Sie den Kopf zu beiden Seiten (Ohr an Schulter), nach vorn und nach hinten.

✔ Lassen Sie die Schultern kreisen.

Achten Sie auf die Signale Ihres Körpers. Er wird Ihnen sagen, was ihm fehlt. Setzen Sie sich auf einen warmen Untergrund und prüfen Sie, welche Muskeln gestreckt werden möchten. Strecken Sie nicht mit Gewalt schmerzende Partien. Das Strecken sollte sich immer gut anfühlen.

Das Glück liegt in Reichweite

Heben Sie alle notwendigen Gegenstände in Reichweite Ihres Nähtischs auf. Ich lege mir die wichtigsten Teile auf dem Nähtisch parat:

✔ Schere

✔ Nähnadeln

✔ Stecknadeln

✔ Nähmaschinenzubehör

- Pinzette
- Reinigungspinsel

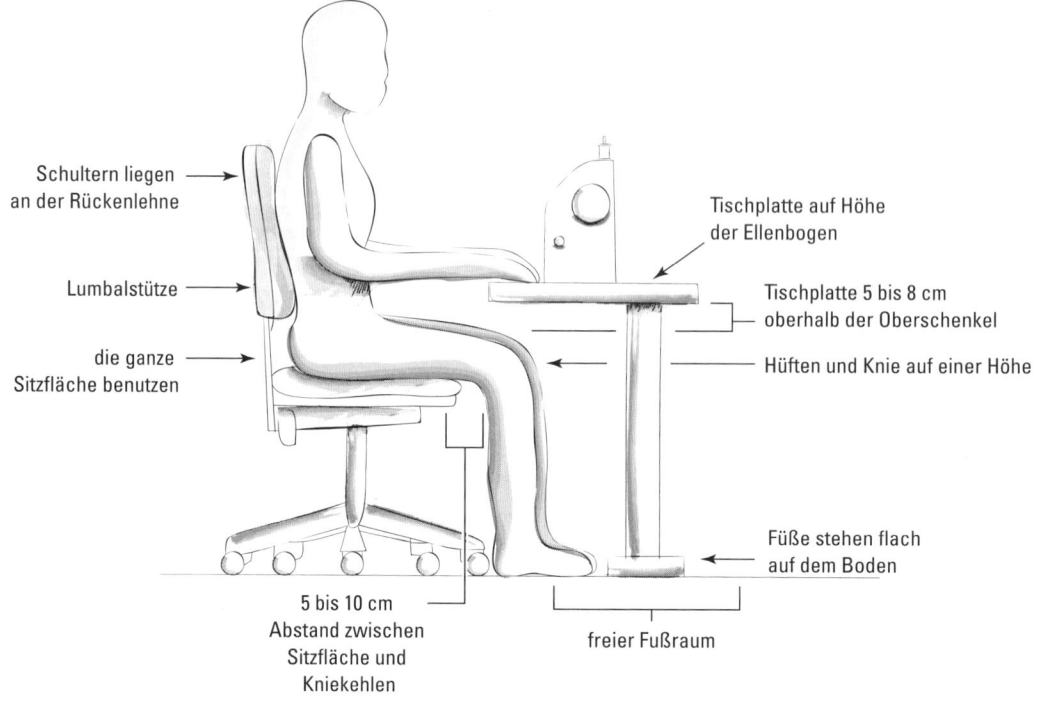

Schultern liegen
an der Rückenlehne →

Lumbalstütze →

die ganze →
Sitzfläche benutzen

Tischplatte auf Höhe
der Ellenbogen

Tischplatte 5 bis 8 cm
oberhalb der Oberschenkel

Hüften und Knie auf einer Höhe

Füße stehen flach
auf dem Boden

5 bis 10 cm
Abstand zwischen
Sitzfläche und
Kniekehlen

freier Fußraum

Abbildung 5.1: Die perfekte Arbeitshaltung

- • Maschinenöl
- • Schraubendreher
- ✔ Nähgarn
- ✔ Fadenspulen
- ✔ Maßband

Ist Ihr Tisch für alle diese Dinge zu klein, gibt es eine Reihe alternativer Möglichkeiten. Sie können ein Regalbrett über Ihrem Nähplatz anbringen und diese Dinge dort lagern. Platzieren Sie das Regal so, dass Sie es bequem erreichen können.

Eine weitere Möglichkeit ist ein Rollcontainer. Stellen Sie ihn beim Nähen in Griffweite und sonst verstecken Sie ihn irgendwo anders.

Der langsame Weg – Nähen von Hand

Ich nähe gerne von Hand, es ist geradezu meditativ. Leider geht es auch sehr langsam, was bei einem größeren Projekt schnell entmutigend sein kann. Wenn Sie lieber von Hand nähen, suchen Sie sich das passende Projekt aus und planen Sie die Arbeitszeit entsprechend ein. Sie sollten nichts Unmögliches erwarten.

Das dritte Auge der Nadel

An Anfang ist es gar nicht so einfach, einen Faden in ein Nadelöhr zu fädeln. Haben Sie aber erst etwas Übung, können Sie das Einfädeln bald im Schlaf.

1. **Schneiden Sie einen 45 bis 60 cm langen Nähfaden mit einer scharfen Schere von der Garnrolle ab.**

2. **Feuchten Sie das Fadenende mit dem Mund an, damit es eine scharfe Spitze bekommt.**

3. **Halten Sie die Fadenspitze einen halben Zentimeter vom Anfang entfernt zwischen Daumen und Zeigefinger.**

4. **Führen Sie die Fadenspitze durch das Nadelöhr, fassen Sie den Faden auf der anderen Seite und ziehen Sie ihn komplett durch das Öhr.**

Fällt Ihnen das Einfädeln schwer, benutzen Sie eine Einfädelhilfe. Sie rettet Ihr Augenlicht und Ihre gute Laune. Führen Sie zuerst die Drahtschlaufe der Einfädelhilfe durch das Nadelöhr. Fädeln Sie dann den Nähfaden durch die Drahtschlaufe der Einfädelhilfe. Wenn Sie nun die Einfädelhilfe aus dem Öhr zurückziehen, nimmt sie den Faden mit und zieht ihn durch das Öhr. In Abbildung 5.2 können Sie sehen, wie das funktioniert.

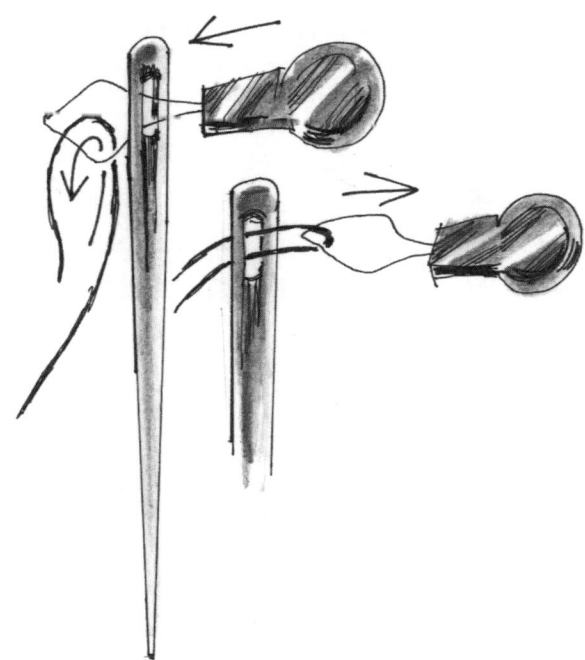

Abbildung 5.2: Ziehen Sie den Nähfaden mithilfe einer Einfädelhilfe durch das Nadelöhr.

Sie können auch eine selbsteinfädelnde Nadel oder Patentnadel verwenden. Sie hat über dem Nadelöhr eine offene Kerbe. Legen Sie den Nähfaden darüber und ziehen Sie ihn stramm in die Kerbe. Er rutscht dann durch bis zum Öhr und schon ist er da, wo Sie ihn haben wollten. Abbildung 5.3 zeigt das Prinzip der Patentnadel.

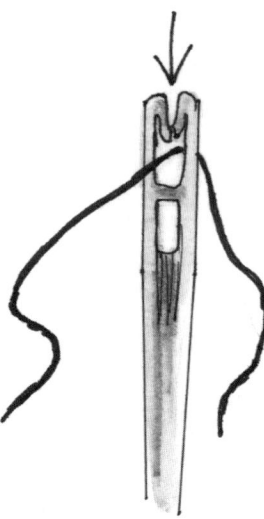

Abbildung 5.3: So wird der Faden in die Patentnadel eingefädelt.

Bei dickerem Garn oder Stickgarn lässt sich oft nur schwer eine Spitze bilden, die man durch das Öhr führen kann, ohne dass der Faden zerfasert. Man schlägt daher den Faden einmal um und schiebt das umgeschlagene Ende durch das Nadelöhr. Abbildung 5.4 zeigt, wie der umgeschlagene Faden eingefädelt wird.

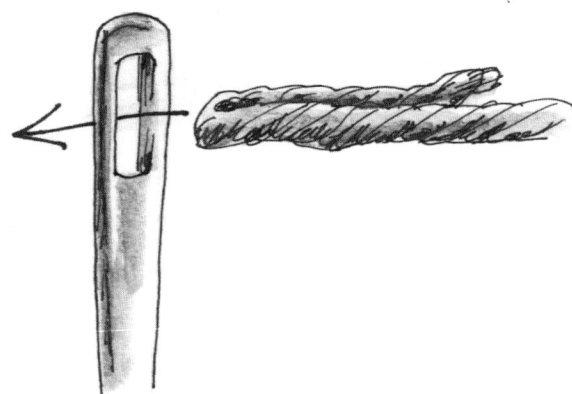

Abbildung 5.4: Fädeln Sie Stick- oder Stopfgarn auf diese Weise in das Nadelöhr ein.

Einen Knoten knüpfen

Nachdem ich viele Jahre lang Knoten in mein Nähgarn gemacht hatte, die ein bisschen wie eine Brezel aussahen, lernte ich vor Kurzem einen neuen Trick von einem Freund. Er hatte ihn von seiner Mutter gelernt und witzigerweise fand ich ihn genauso im Buch *Nähen für Dummies* (ebenfalls im Verlag Wiley-VCH erschienen) beschrieben. Da habe ich als Kind wohl was verpasst.

 Wenn Sie eine eigene Knotentechnik haben, mit der Sie gut zurechtkommen, behalten Sie diese bei. Etwas, das funktioniert, muss man nicht ändern.

Nachdem Sie Ihr Nähgarn in das Nadelöhr eingefädelt haben, sollten Sie immer sofort einen Knoten in ein Ende des Garns machen. Dann kann Ihnen der Faden auch nicht mehr entwischen. Dadurch wird beim Nähen auch gleich der erste Stich Ihrer Naht im Stoff fixiert. Ich knote gewöhnlich die beiden Fadenenden zusammen. Das Nähen mit dem doppelten Faden gibt der Naht zusätzlichen Halt. Bei feineren Stoffen oder Blindsäumen sollten Sie aber einen einfachen Faden verarbeiten und nur in ein Ende des Fadens einen Knoten machen.

Die folgende Knotenanleitung ist sowohl für Rechts- als auch für Linkshänder gedacht. Arbeiten Sie nach der für Sie passenden.

1. **Halten Sie den Faden zwischen Daumen und Zeigefinger und wickeln Sie ihn ringförmig um die Spitze des anderen Zeigefingers (siehe Abbildung 5.5).**

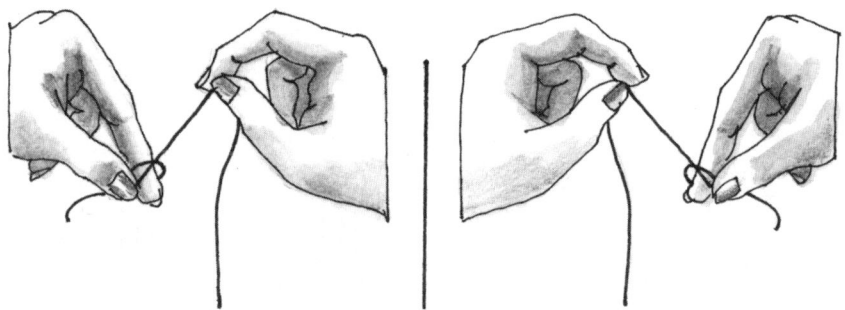

Abbildung 5.5: Wickeln Sie den Faden im Kreis um den Finger.

2. **Zwirbeln Sie den Fadenring in Richtung Daumen, bis er sich verknotet hat (siehe Abbildung 5.6).**

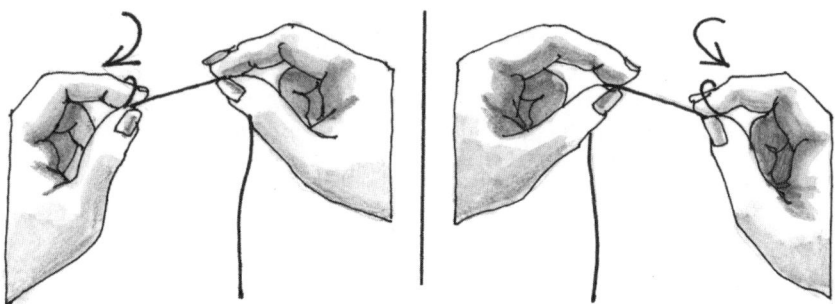

Abbildung 5.6: Verzwirbeln Sie den Fadenring.

3. Ziehen Sie den Zeigefinger so weit zurück, bis der Fadenring beinahe vom Finger gleitet (siehe Abbildung 5.7).

4. Legen Sie den Mittelfinger genau vor den verzwirbelten Faden, ziehen Sie den Zeigefinger weg und pressen Sie den Faden zwischen Mittelfinger und Daumen (siehe Abbildung 5.8).

5. Ziehen Sie nun den Faden an, damit der Knoten sich zusammenzieht.

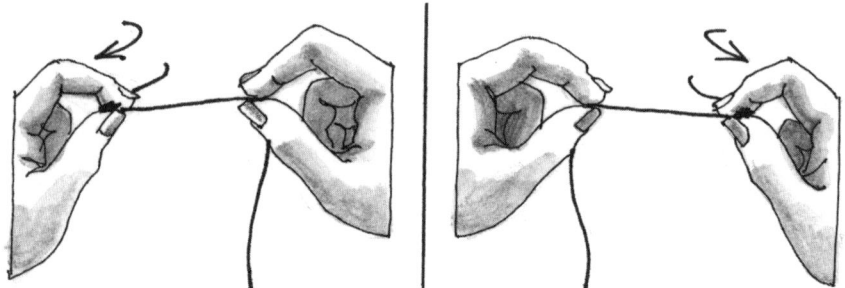

Abbildung 5.7: Rollen Sie das Fadenende zum Ende des Fingers.

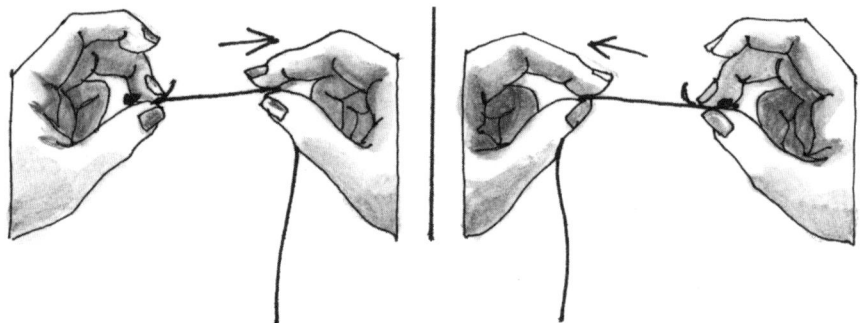

Abbildung 5.8: Halten Sie das Fadenende zwischen Mittelfinger und Daumen und ziehen Sie den Knoten fest.

Vergessen Sie nicht, auch am Ende der Naht den Faden zu verknoten. Das geht am besten, indem Sie die Nadel durch die Schlaufe des letzten Stichs führen und den Faden festziehen. Wiederholen Sie diesen Schritt zur Sicherheit noch einmal.

Flüchtige Heftnähte arbeiten

Mit einer Heftnaht werden Stofflagen vorübergehend zusammengehalten. Die Heftstiche werden entfernt, sobald die endgültige Naht erledigt ist. Man verhindert damit auch, dass sich Maschen bei Strickstoffen auflösen, während man daran arbeitet.

 Stofflagen zusammenzuheften, wie Teile eines Quilts, ist ein wichtiger Arbeitsschritt.

Arbeiten Sie Heftstiche mit kontrastfarbenem Garn, damit sie sich leicht finden und entfernen lassen. Führen Sie die Nadel in Abständen von etwa 0,5 cm auf und ab durch den Stoff. Abbildung 5.9 zeigt Ihnen den Heftstich. Ärgern Sie sich nicht über ungleichmäßige Stiche, sie sind nur vorübergehend im Stoff.

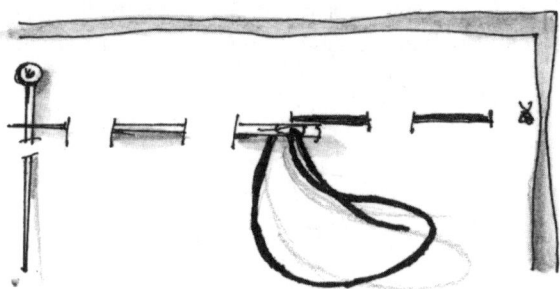

Abbildung 5.9: Beim Heftstich wird die Nadel einfach auf und ab durch den Stoff geführt.

Immer geradeaus im Geradstich

Der Geradstich sieht genauso aus wie der Heftstich, aber das scheint nur so. Erstens ist dies ein dauerhafter Stich und die Stiche sind kleiner, gleichmäßig und ordentlich. Falls Sie aber einmal auf die Schnelle eine Naht reparieren müssen, können Sie die Nadel schnell durch den Stoff weben wie beim Heftstich. In Abbildung 5.10 sehen Sie den Geradstich.

Das beste Ergebnis erhalten Sie, wenn Sie die Nadel komplett durch den Stoff führen, bevor Sie auf der anderen Seite wieder einstechen. Auf diese Weise sticht die Nadel senkrecht durch alle Stofflagen an genau derselben Stelle. Nach dem Bügeln ist die Naht später weniger sichtbar und deutlich haltbarer.

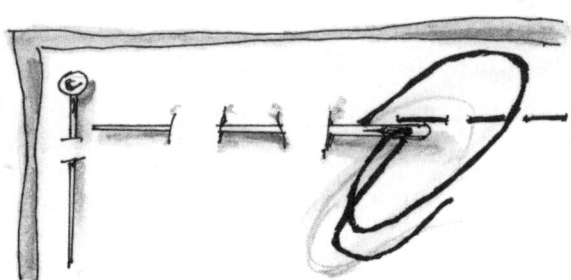

Abbildung 5.10: Kurze, gleichmäßige Stiche bilden den Geradstich.

Sorgfältig mit Langettenstich

Der Langettenstich ist mein Lieblingsstich beim Nähen mit der Hand. Er ist nicht nur sehr haltbar, sondern auch sehr dekorativ und man kann damit auch offene Kanten versäubern. Meine Stiche sind gewöhnlich 0,6 cm lang mit entsprechend großem Abstand, aber Sie können die Stiche auch dichter machen (zum Beispiel bei Strickstoffen), dann spricht man auch vom Knopflochstich.

Beim Langettenstich führen Sie die Nadel immer von derselben Seite durch den Stoff. Dadurch bildet sich um die Stoffkante eine Schlaufe. Nachdem Sie von vorn nach hinten durch den Stoff gestochen haben, stechen Sie mit der Nadel durch die Fadenschlaufe (von hinten nach vorn) und ziehen den Stich an. In Abbildung 5.11 ist der Langettenstich zu sehen.

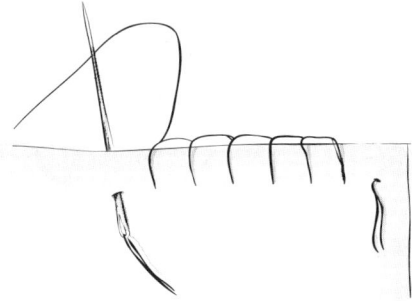

Abbildung 5.11: Der Langettenstich

Haltbare Säume nähen

Die eigenen Säume annähen zu können, ist eine wertvolle Fähigkeit. Wenn Sie das einmal richtig gut beherrschen, werden Sie sich ärgern über das viele Geld, das Sie dafür bisher einer Änderungsschneiderei bezahlt haben. Es ist Zeit, das in die eigenen Hände zu nehmen.

Beinahe unsichtbare Blindsäume

Blindsäume sind auf der Vorderseite des Stoffs (fast) nicht zu sehen. Sie werden mit einer dünnen Nadel und einfachem dünnem Nähgarn gearbeitet.

Bügeln Sie zuerst den Saum und schlagen Sie die Saumzugabe etwa 1 cm breit nach vorn um. Nähen Sie den Blindsaum ungefähr 0,5 cm von der Schnittkante entfernt. Stechen Sie durch die Saumzugabe und fassen Sie dann mit der Nadel einen einzigen Faden aus dem Oberstoff (dem Teil, den man von außen sieht). Setzen Sie den nächsten Stich etwa 1 cm entfernt. Abbildung 5.12 zeigt diese Technik.

Der Blindsaumstich eignet sich besonders für feine Stoffe an Abendkleidern. Sie können aber auch eine Menge Geld sparen, indem Sie Ihre Säume in Zukunft immer selbst reparieren.

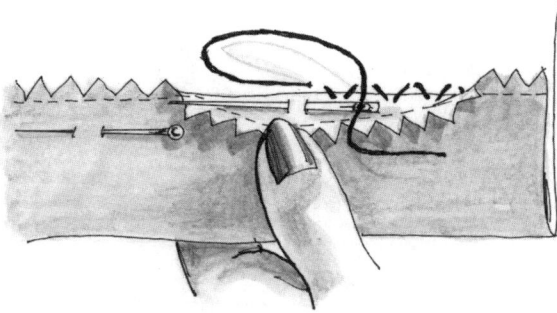

Abbildung 5.12: Blindsäume werden mit kleinen Stichen in etwa 1 cm Abstand genäht.

Schnell und schräg – der Saumstich

Mit dem schrägen Saumstich nähe ich gewöhnlich meine Säume an, da er schnell gemacht ist. Dafür ist er leider nicht sehr haltbar.

Sichern Sie den Faden an der Saumzugabe und nehmen Sie dann in einer Bewegung einen einzelnen Faden vom Oberstoff auf und stechen Sie durch die Saumzugabe (siehe Abbildung 5.13). Dann wiederholen Sie den Stich.

 Wenn Sie es sehr eilig haben, arbeiten Sie mehrere Stiche, bevor Sie den Faden stramm ziehen.

Der haltbare Hohlsaumstich

Die Überschrift sagt es schon, der Hohlsaumstich ist besonders haltbar. Man befestigt damit eine eingeschlagene Saumkante. Beginnen Sie an der eingeschlagenen Saumkante und fassen Sie mit der Nadel einen einzelnen Faden aus dem Oberstoff. Stechen Sie dann erneut durch die Saumkante. Abbildung 5.14 zeigt die Technik im Detail.

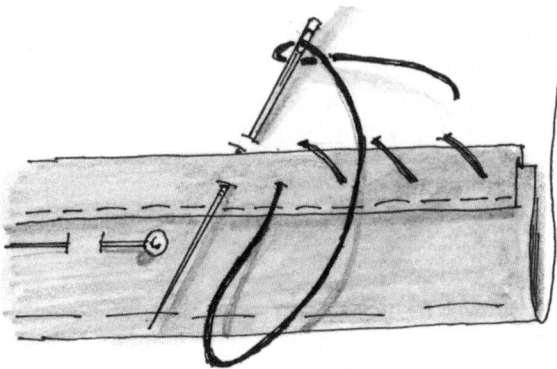

Abbildung 5.13: Der schräge Saumstich ist schnell und einfach, aber weniger haltbar.

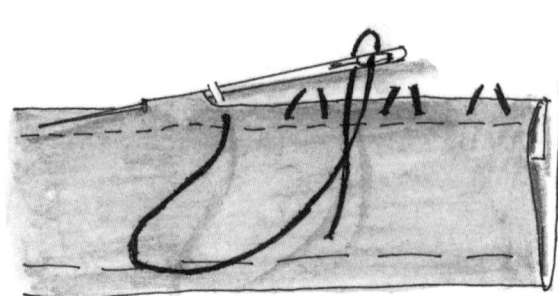

Abbildung 5.14: Der Hohlsaumstich hält sehr gut und ist kaum zu sehen.

Ran an die Nähmaschine

Wenn Sie eine Nähmaschine benutzen, können Sie deutlich schneller nähen als von Hand. Aber wie immer ist mit dem Gebrauch einer Maschine auch ein gewisses Risiko verbunden. Es wäre gut, wenn Sie ein bisschen Ahnung von dem hätten, was Sie da tun.

Zuerst sollten Sie darauf achten, dass Ihre Nähmaschine gut funktioniert, bevor ein Projekt Sie mitreißt. Probieren Sie die Einstellung der Fadenspannung an Stoffresten aus. Sie würden sich wundern, was für einen großen Unterschied die richtige Fadenspannung ausmacht, also vergessen Sie das nicht.

Die Grundausstattung

Ich bin ein großer Fan von Grundausstattungen. Oft ist es doch so, je mehr man hat, desto komplizierter wird es. Folgende Dinge sollten an Ihrer Nähmaschine vorhanden sein:

✔ **Rückstich oder Rückwärtstaste:** Damit fixiert man Anfang und Ende einer Naht.

✔ **Freiarm:** Damit näht man Rundungen, wie etwa Ärmelbündchen.

✔ **Metallteile:** Vermeiden Sie wenn möglich Plastikteile.

Eine Nähmaschine beschaffen

Ich empfehle besonders Einsteigern, sich eine gebrauchte Nähmaschine zu kaufen. Sie ist nicht nur bezahlbar, es besteht auch die Chance, ein stabiles haltbares Modell zu bekommen. Ich kenne viele Leute, die immer noch glücklich sind mit der Nähmaschine, die sie von ihrer Großmutter geerbt haben. Auch ich nähe immer noch mit der Nähmaschine, die ich in der fünften Klasse geschenkt bekam. Früher wurden Produkte noch haltbarer konstruiert, nicht wie die Dinge in unserer Wegwerfgesellschaft.

Gebrauchte Nähmaschinen bekommen Sie in Secondhand-Läden, bei Räumungsverkäufen oder im Internet schon für wenig Geld. Meine Nähmaschinensammlung ist genau wie meine Kleidung ein Mischmasch aus Geschenken, Erb- und Fundstücken sowie Trödelschätzen. Mit ein paar Streicheleinheiten funktionieren sie alle prima.

Achten Sie darauf, dass die Nähmaschine die genannte Grundausstattung hat. Wenn möglich, probieren Sie die Maschine vor dem Kauf aus oder fragen Sie den Verkäufer, wie sie funktioniert. Sie gehen ein gewisses Risiko damit ein, also geben Sie nie mehr Geld aus, als Sie sich vorgenommen haben.

Lassen Sie die Nähmaschine in einem Fachgeschäft durchsehen. Der Fachmann sollte wissen, dass Sie die Maschine gebraucht gekauft haben, dann kann er zunächst testen, ob sie überhaupt funktioniert. Falls nötig, kann er Ersatzteile besorgen. Das macht die Wartung natürlich entsprechend teurer. Im schlimmsten Fall ist die Maschine nicht zu retten. Nach erfolgreicher Wartung sollten Sie dann aber gleich loslegen können.

 Sie finden Fachgeschäfte für Nähmaschinen, Reparatur und Wartung in den Gelben Seiten und oft auch im Internet über den Hersteller der Maschine.

Jährlichen Check-up nicht vergessen

So wie Sie regelmäßig zur Vorsorge gehen sollten, braucht Ihre Nähmaschine eine jährliche Wartung. Auch wenn Sie selbst dafür sorgen, dass sie immer sauber und funktionsfähig ist, kann der Fachmann Ihnen mehr sagen.

Er sieht, welche Teile sich abnutzen und was Sie damit vielleicht falsch machen. Vergessen Sie also die jährliche Wartung nicht.

Schmutzige kleine Geheimnisse

Ich bin beim Nähen eher draufgängerisch. Deswegen brechen mir auch schnell die Nähnadeln ab, dachte ich. Irgendwann bekam ich gewaltige Probleme mit meiner Nähmaschine und brachte sie – in den letzten Zügen liegend – zum Fachmann. Ich erinnere mich genau, wie der Techniker und ich an der Ladentheke standen und er meine Stichplatte in der Hand hielt. Ich könnte schwören, seine Brust war stolzgeschwellt, als es sagte: »Ihnen brechen wohl immer die Nadeln ab, was?« Ich fühlte mich wie ein Schüler, der zum Direktor muss (obwohl mir das als Kind nie passiert ist). Der Mann war ein wahrer Detektiv. Mit einem einzigen Blick hatte er direkt das Problem meiner Nähmaschine entdeckt.

Basisstiche

Neue Nähmaschinen bieten immer mehr ausgefallene Sticharten (zu sehr ausgefallenen Preisen). Seit die Nähmaschinen computergesteuert sind, hat das Nähen eine ganz neue Ebene erreicht. Vielleicht bin ich da nicht ganz im Trend, aber mir sind einfache Dinge lieber. Für die Projekte in diesem Buch reichen der Geradstich und der Zickzackstich. Diese beiden Sticharten finden Sie auch an allen alten Nähmaschinen. Abbildung 5.15 zeigt die grundlegenden Stiche und weitere dekorative Beispiele.

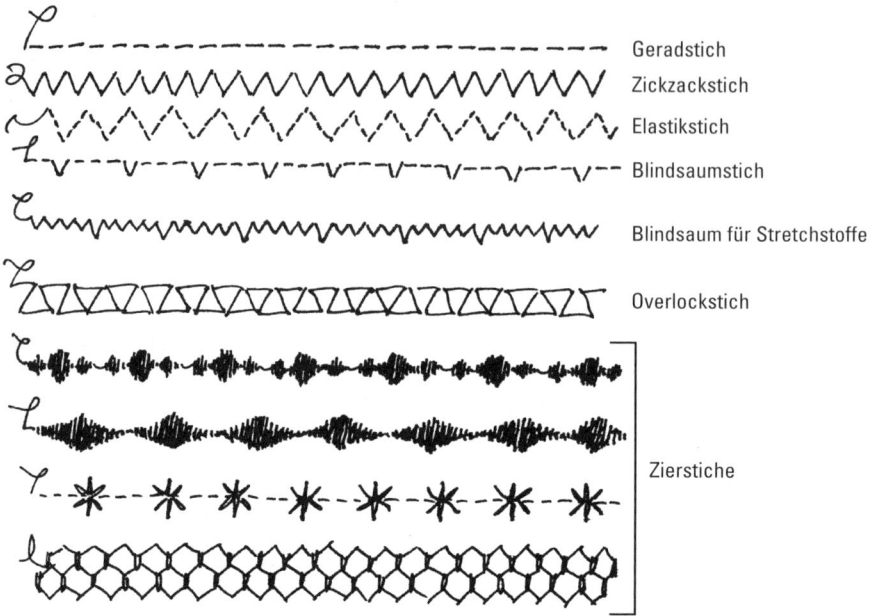

Geradstich
Zickzackstich
Elastikstich
Blindsaumstich
Blindsaum für Stretchstoffe
Overlockstich
Zierstiche

Abbildung 5.15: Verschiedene Sticharten der Nähmaschine

Geradeaus

Der Geradstich ist die grundlegende Stichart beim Nähen, den Sie auch bei den ältesten Nähmaschinen finden. Die Stichlänge lässt sich verstellen, aber ansonsten geht es einfach geradeaus. Sie können mit dem Geradstich heften (lange Stiche einstellen), zusammennähen und absteppen.

Im Zickzack

Der Zickzackstich macht seinem Namen alle Ehre. An älteren Maschinen stellt man ihn manchmal ein, indem man die Stichbreite verändert. (Wenn Sie wüssten, wie lange ich gebraucht habe, um das herauszufinden.) Andere Nähmaschinen haben dafür eigene Einstellungen. Man benutzt den Zickzackstich zum Anbringen von Flicken, als Zierstich, für offene Säume, zum Versäubern von Schnittkanten an Strickstoffen, für Knopflöcher und sogar zum Annähen von Knöpfen.

Über die grundlegenden Sticharten hinaus

Für die Projekte in diesem Buch reichen der Geradstich und der Zickzackstich völlig aus. Da Ihre Maschine aber wahrscheinlich noch mehr zu bieten hat, probieren Sie doch auch die anderen Sticharten aus und verwenden Sie sie ersatzweise, je nach Lust und Können.

Ein Stich vor, zwei Stiche zurück

Für den Rückstich gibt es meist einen speziellen Knopf oder Hebel an der Nähmaschine. Man benutzt ihn am Anfang und am Ende jeder Naht. Er kann auch zu dekorativen Zwecken verwendet werden. Außerdem ist er hilfreich, um sich beim Nähen aus engen Winkeln und Ecken herauszumanövrieren.

Funktion und Form

Der elastische Blindsaumstich eignet sich nicht nur hervorragend dazu, Stretch- und Strickstoffe zu säumen, er sieht auch als Zierstich ganz toll aus.

Drei Stiche geradeaus und dann wenden

Der Elastikstich lässt sich für ähnliche Zwecke einsetzen, wie der Zickzackstich. Der Vorteil ist, dass er bei großer Stichbreite den Stoff nicht zusammenzieht, wie es beim Zickzackstich passieren kann. Versäubern Sie Schnittkanten mit dem Elastikstich oder verwenden Sie ihn zur Dekoration.

Blinde Säume

Sie werden es nicht glauben, aber diesen Stich verwendet man, um Blindsäume mit der Maschine zu nähen. Sie können ihn aber auch als Zierstich verwenden.

Beinahe Overlockstich

Manche Nähmaschine verfügen über eine Stichart, die den Stich einer Overlock-Maschine imitiert. Ich kann Ihnen eigentlich nicht dazu raten, diesen Overlockstich zu verwenden. Arbeiten Sie lieber gleich mit einer Overlock-Maschine.

Zierstiche oder nicht?

Um entscheiden zu können, ob sich eine Stichart als Dekoration eignet, probieren Sie die betreffende Stichart doch einfach auf einem Stoffrest aus. So bekommen Sie einen Eindruck von dem Zierstich, bevor Sie damit ein Kleidungsstück, eine Decke oder einen Topflappen verzieren.

Geliebte Overlock-Maschine

Ich denke heute noch voller Dankbarkeit an den Tag, an dem ich meine Overlock-Maschine bekam. Es war ein sehr glücklicher Zufall. Meine Mutter hatte mir schon früher dazu geraten, als sie sah, wie ich meine Stoffstücke mühsam mit dem Zickzackstich zusammennähte. Ich fand, ich käme gut ohne zurecht. Dann hatte ich die Gelegenheit, von einem Mann, der eine andere Karriere einschlug, eine brandneue Overlock-Maschine zu übernehmen. Er wurde Maler und ich bin stolz darauf, Teil seiner Geschichte gewesen zu sein.

Was ist das eigentlich, Overlock?

Mit einer Overlock-Nähmaschine nähen Sie Teile zusammen und versäubern sie gleichzeitig in einem Arbeitsgang. Außerdem werden die Stoffkanten beschnitten. Sehen Sie sich die Nähte von Sweatshirts oder anderer Konfektionskleidung an, dort finden Sie meist Overlocknähte.

Grundausstattung

Da eine Overlock-Maschine nur einen Arbeitsgang ausführt, gibt es wenige Besonderheiten zu beachten. Wichtig ist, dass sich bei der Maschine das Garn leicht einfädeln lässt. Das ist nämlich nicht immer einfach.

 Lassen Sie sich nicht von Werbeslogans beeindrucken. Fragen Sie Freunde oder Fachleute nach persönlichen Erfahrungen und Empfehlungen. Verkäufer in einem Nähmaschinenfachgeschäft sind nicht wie Autoverkäufer. Sie wollen Ihnen behilflich sein, genau die richtige Maschine zu finden, damit Ihnen das Nähen auch Spaß macht.

Achten Sie darauf, dass Ihre Maschine auch schwerere Stoffe nähen kann. Viele Hersteller preiswerter Overlock-Maschinen werben damit, aber verlassen Sie sich auch hier lieber auf persönliche Erfahrungen.

Finanzielle Überlegungen

Ich kann Ihnen nur raten, probieren Sie die Overlock-Maschine unbedingt selbst aus und suchen Sie im Internet nach Testberichten. Wählen Sie sich nach den Testergebnissen und persönlichen Empfehlungen die infrage kommenden Modelle aus.

Durchstöbern Sie Onlineshops nach den ausgewählten Modellen. Sie werden feststellen, dass es bedeutende Preisunterschiede selbst bei brandneuen Modellen gibt. Suchen Sie geduldig, bis Sie die richtige Maschine gefunden haben, und sie wird Ihnen lange Freude machen.

Service nicht vergessen

Ihre Overlock-Maschine braucht Sauberkeit und etwas Öl, damit sie funktioniert. Erledigen Sie das zwischen zwei Projekten. Arbeiten Sie an einem Teil, das stark fusselt, wie etwa Strickstoff, säubern Sie die Maschine auch zwischendurch. Lesen Sie in der Bedienungsanleitung nach, wie Ihre Maschine gepflegt werden soll. Es ist einfach und Sie sparen sich auf Dauer Ärger und unnötige Reparaturkosten

 Reparaturen an Overlock-Maschinen sind teuer. Ein Reinigungspinsel und einige Tropfen Öl kosten weit weniger.

Außer der regelmäßigen Reinigung muss Ihre Maschine einmal jährlich gewartet werden. Kümmern Sie sich rechtzeitig um einen Termin bei einem Fachmann, damit er auch Zeit hat. Vernachlässigen Sie die Wartung nicht. Sie arbeiten mit einer professionellen Nähmaschine, die auch entsprechende Behandlung braucht.

Nähte sicher beginnen und beenden

Die Naht einer Overlock-Maschine sieht ein bisschen aus wie eine Kette und man spricht auch vom Kettenstich. Sie können auch bei dieser Stichart den Anfang und das Ende der Naht ganz einfach sichern.

Nähen Sie zu Beginn der Overlocknaht nur zwei oder drei Stiche. Heben Sie die Nadeln an und auch den Nähfuß. Legen Sie die überhängenden Nahtfäden vorn vor die Nadeln und die Schneide (siehe Abbildung 5.16). Senken Sie den Nähfuß und fahren Sie mit der Naht fort. Der Anfangsfaden ist in der Naht gesichert und überstehendes Garn wurde abgeschnitten.

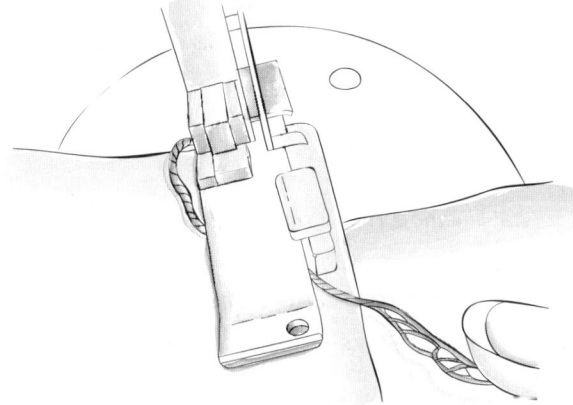

Abbildung 5.16: So beginnen Sie die Naht mit der Overlock-Maschine.

Am Ende der Naht nähen Sie einen Stich über die Stoffkante hinaus. Heben Sie Nadeln und Nähfuß an und ziehen Sie leicht am Stoff, sodass die Fäden etwas Spielraum bekommen. Holen Sie den Stoff so weit vor, dass Sie über die bestehende Naht noch weitere zwei bis drei Stiche nähen können. Nähen Sie bis zum Stoffrand und schneiden Sie die Fäden nahe am Stoffrand sauber ab.

 Es besteht trotzdem die Gefahr, dass sich die auf diese Weise gesicherten Nähte auflösen. Das hängt von der Fadenspannung, der Stichlänge und anderen Stich-einstellungen ab.

Wenn Sie, wie ich, das Risiko nicht eingehen wollen, dass sich die Nähte trotzdem auflösen, verknoten Sie die Fadenenden. Schneiden Sie dazu die Fäden nicht zu kurz ab und entwirren Sie die Fadenkette. Sie brauchen die beiden Fäden, die sich um die Stoffkante wickeln, den Ober- und den Unterschlingenfaden. Knüpfen Sie mit diesen beiden Fäden einen Doppelkno-ten und schneiden Sie den Fadenrest ab.

 Falls Sie Ihre Overlock-Maschine häufig benutzen, wären etwas längere Daumen-nägel sehr nützlich. Damit sind die Knoten einfacher zu machen.

Nähen Sie doppelt über die letzten Stiche.

Abbildung 5.17: So sichern Sie das Nahtende.

Unbeholfene Hüpfer und Differenzialtransport

Um ein gleichmäßiges Gleiten des Stoffs unter der Nadel zu ermöglichen, besitzen manche Overlock-Maschinen einen sogenannten Differenzialtransport. Damit wird der Stoff, besonders bei Maschenware, sehr gleichmäßig transportiert und es entstehen keine überdehnten Kanten oder ausgelassenen Stiche. Sie können das natürlich auch absichtlich herbeiführen und als Stilelement einbauen.

Rustikale Kanten

Ungesäumte und lediglich versäuberte Stoffkanten sind aktuell sehr im Trend und die Overlock-Maschine ist genau das richtige Werkzeug, um solche derben Kanten herzustellen. Ich verwende die mit Overlockstich versäuberten Stoffränder als Designelement. Andere benutzen die Technik zum Versäubern der Innennähte. Die Overlock-Maschine bietet eine Menge Möglichkeiten, die Sie ausprobieren können.

Nicht selbstverständlich

Ich entwerfe schon lange Kleidung mit offenen Saumkanten und bei vielen anderen Designern sehe ich ähnliche Techniken. Sogar in den Hochglanzmagazinen im Wartezimmer habe ich diesen Trend schon gesehen. Als ich einmal eine Kollektion zu einer Modenschau schickte – inklusive Fotos, wie die Kleider getragen werden sollten –, erwartete ich keinerlei Schwierigkeiten. Als die Sendung zurückkam, waren alle Teile auf links gedreht. Ich dachte nur, die Models hätten sich beim Ausziehen vielleicht beeilen müssen. Niemals hätten Sie die Modelle so getragen. Falsch gedacht! Als die Bilder der Modenschau kamen, liefen die Models mit nach außen hängenden Etiketten und innen liegenden Nähten über den Laufsteg. Was für ein Frevel!

Tricks für ganz Eilige

Ihnen sind perfekte Nähte und unsichtbare Säume herzlich egal? Sie haben es immer eilig? Kein Problem! Selbst für Ihr schnelllebiges Dasein gibt es die richtigen Techniken.

Heiße Sache

Eine Heißklebepistole verwendet man gewöhnlich zum Basteln. Darüber hinaus lassen sich damit wunderbar schnell die Kanten synthetischer Stoffe versäubern. Das Ergebnis ist allerdings sehr grob und eignet sich eher für Kostüme oder für jemand mit exzentrischem Kleidungsstil.

Lassen Sie die Heißklebepistole nach Herstelleranweisung aufheizen. Zielen Sie im rechten Winkel auf die Stoffkante und achten Sie darauf, die Pistole nicht auf Ihre Hände zu richten. Halten Sie etwa 8 cm Abstand zur Stoffkante und fahren Sie mit der Pistole etwa 2 bis 3 cm weit an der Stoffkante hin und her. Innerhalb von Sekunden sollte dieser Bereich schmelzen. Fahren Sie dann mit der Heißklebepistole am Rest der Stoffkante fort.

 Arbeiten Sie nur in gut belüfteten Räumen und auf einer hitzefesten Arbeitsfläche. Lassen Sie keine anderen Gegenstände, die schmelzen könnten, in der Nähe liegen. Halten Sie Kinder, Haustiere und andere Risikogruppen fern, die das Kabel herausziehen oder die Heißklebepistole herunterreißen könnten.

Säume ganz ohne Naht

Sie haben sich einen Saum ausgerissen und weder Nadel noch Faden zur Verfügung? Kein Problem. Saumband kann Sie retten. Sie können es in jedem Stoffgeschäft kaufen. Am besten bewahren Sie es in Ihrem Reisenähzeug für Notfälle auf. Schneiden Sie ein entsprechend langes Stück ab und bügeln Sie den Saum damit fest – fertig!

Dekorative Fleckenverdecker

Falls Sie einen nicht auswaschbaren Fleck auf einem Kleidungsstück haben, können Sie versuchen, es mit einer der folgenden Techniken zu retten:

✔ Bügelflicken

✔ aufgenähte Flicken

✔ Flicken, sichtbar mit Sicherheitsnadeln befestigt

✔ Perlen und Knöpfe darübernähen

✔ mit Farbe bemalen

Teil II

Oberteile –
aufsehenerregend statt langweilig

In diesem Teil ...

Hier erfahren Sie, was Sie mit Ihren alten Oberteilen anfangen können. T-Shirts werden umgeändert, Blusen werden zu Accessoires und Pullover werden komplett umgemodelt.

T-Shirt-Transformationen

In diesem Kapitel

▶ T-Shirts gut pflegen, bevor Sie sie in Stücke reißen

▶ Aus Fehlern werden Vorzüge

▶ Neue Kleiderideen aus alten T-Shirts entdecken

*V*ersuchen Sie gar nicht erst, es zu leugnen: In Ihrem Schrank befindet sich mindestens ein altes T-Shirt, wahrscheinlich sind es mehrere. Es könnte ein altes Band-T-Shirt sein oder das Überbleibsel einer alten Liebe. Vielleicht haben Sie es auch einfach so oft getragen, dass nicht einmal mehr der Hund den Anblick ertragen kann.

In diesem Kapitel finden Sie heraus, was Sie mit den alten Schätzchen Neues machen können. Ich rede hier nicht vom Abtrennen der Ärmel, vom Ausfransen (igitt!) oder anderen alten Tricks. Hier finden Sie völlig neue Ideen, mit denen Sie die eigene Kreativität ausleben können.

Sie finden in diesem Kapitel ein Oberteil, ein Unterteil und etwas dazwischen. Der Rock aus einem umgedrehten T-Shirt ist sehr weich und anschmiegsam. Für das Neckholder-Top gibt es unzählige Varianten, aus denen Sie Ihren Lieblingsstil wählen können. Schließlich wird aus T-Shirts, die einfach zu abgetragen sind, aber von denen Sie sich trotzdem nicht trennen können, ein Taillenbund.

T-Shirts brauchen Streicheleinheiten

Ganz gleich, ob Sie ein eigenes T-Shirt verarbeiten wollen oder eins aus dem Secondhand-Shop, hier erfahren Sie Wissenswertes über die richtige Pflege vor und nach der Veränderung.

Beginnen Sie mit der Suche nach Flecken. In Kapitel 4 finden Sie eine Reihe von Vorschlägen zum Behandeln von Flecken. Vielleicht sind Sie mit einer der dort vorgeschlagenen Techniken schon zufrieden. Wenn Sie das Teil komplett verändern wollen, warten Sie mit der Fleckenbehandlung bis zum Schluss.

Vorbereitende Pflege

T-Shirts überstehen in der Regel problemlos Waschmaschine und Trockner (in Kapitel 4 erfahren Sie etwas über die Ausnahmen). Lesen Sie trotzdem die Pflegehinweise des Herstellers auf dem Etikett. Vor allem Mischgewebe aus Baumwolle und Lycra oder anderen Stretchfasern brauchen eine spezielle Behandlung, um nicht die Form zu verlieren. Fehlt bei Ihrem T-Shirt der Pflegehinweis, waschen Sie es bei niedriger Temperatur im Schonwaschgang und lassen es ohne Trockner trocknen.

 Wenn Kleidungsstücke lange gelagert werden, vergisst man manchmal, welche Flecken sie hatten. Sehen Sie sich also das Teil vor dem Waschen genau an und behandeln Sie etwaige Flecken mit dem passenden Mittel. Ein Waschgang im Schonprogramm verhindert außerdem den weiteren Verschleiß des Materials. Achten Sie insbesondere auf die folgenden Probleme:

✔ Flecken und Verschleiß an Ärmelbündchen langärmeliger T-Shirts

✔ abgerissene Kragen

✔ Verfärbungen an Kragen oder Achseln

✔ Schmutzfasern, meist auf der Vorderseite von T-Shirts zu finden, aber auch im Bereich der Hüften, weil manche sich dort die Hände abwischen oder sich irgendwo anlehnen

 Die besten Tipps zum Umgang mit Flecken finden Sie in Kapitel 4.

Abschließende Pflege

Nachdem Sie aus verschiedenen Teilen ein neues Kleidungsstück zusammengesetzt haben, wie um alles in der Welt sollen Sie das waschen? Probieren Sie es einfach mit dem Schonwaschgang bei niedriger Temperatur und warten Sie ab, was passiert. Voraussetzung ist, Sie haben kein Leder, keine zerbrechlichen Knöpfe oder Applikationen verwendet, die ganz sicher nicht waschbar sind. In diesem Fall sollten Sie das Teil in die Reinigung bringen.

Sollten Sie mit rotem Garn auf ein helles T-Shirt gestickt oder eine rote Applikation aufgenäht haben, verspreche ich Ihnen, das Teil kommt rosa aus der Waschmaschine. Geben Sie es lieber in die Reinigung.

Ein umgedrehtes T-Shirt als Rock

Drehen Sie ein T-Shirt einfach herum und tragen Sie es als Rock. Zugegeben, etwas mehr Arbeit ist es schon. Mir macht das Projekt Spaß, weil man viel Material wiederverwenden oder auch andere Stoffreste einsetzen kann. Ich hatte diesen Rock schon eine Weile auf dem Bügel hängen, bis ich ihn auf der Suche nach etwas zum Anziehen einfach schnappte, weil ich mich beeilen musste. Ich war total begeistert, weil er so bequem war. Er hat den Tragekomfort eines T-Shirts, aber er sieht viel schicker aus, wenn man ihn richtig kombiniert. An kühlen Tagen trage ich ihn mit Strumpfhose und Stiefeln und an warmen Tagen ist er so leicht wie ein Sommerkleid.

Außerdem ist dieses Projekt wirklich einfach. Sie schneiden das T-Shirt zuerst auf beiden Seiten vom Halsausschnitt über die Schulternaht bis zum Ärmelsaum auf. Dann drehen Sie es um. Falls nötig, machen Sie es enger oder weiter und schließlich setzen Sie noch ein Taillenbündchen an. Fertig ist Ihr neuer Rock. Bevor Sie anfangen, sehen Sie sich das T-Shirt in Abbildung 6.1 an.

Abbildung 6.1: T-Shirt, aus dem im Handumdrehen ein neuer Rock wird

Material

✔ T-Shirt

✔ 0,5 m Stretchstoff oder ein weiteres T-Shirt in passender Farbe

✔ Sicherheitsnadeln

✔ Stecknadeln

✔ Maßband

✔ Schneiderkreide oder Stoffmarker

✔ Nähnadel für Hand- oder Maschinennähte

✔ passendes Nähgarn

✔ Material für Taillenbund:

- Kordel (50 cm länger als die Taillenweite zum Zubinden)
- etwa 2 cm breites Gummiband oder etwa 15 cm breiten Stretchstoff in Taillenweite

✔ Schere

Anleitung

1. **Vorbereitung:** Waschen und trocknen Sie Ihr T-Shirt nach Herstellerempfehlung. Falls diese fehlt, waschen Sie es im Schonwaschgang und lassen es liegend an der Luft trocknen.

2. **Prüfen Sie Ihr T-Shirt.** Sehen Sie sich das Teil genau an, solange es noch ganz ist. Wenn hier von Länge die Rede ist, spreche ich von der Strecke zwischen Halsausschnitt und

unterem Saumende sowie von der Schulter bis zum Ärmelende. Der Bereich von einer Seitennaht zur anderen ist die Breite, entsprechend beim Ärmel (siehe auch Abbildung 6.2).

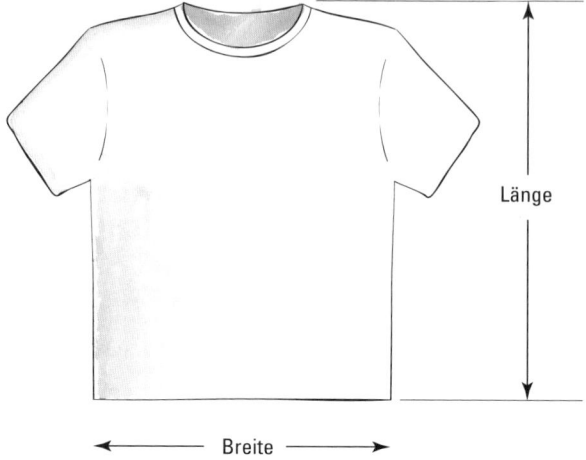

Abbildung 6.2: Länge und Breite beim T-Shirt

 Bei Stoffballen bezeichnet man als Länge die Richtung, die auf den Ballen gewickelt ist. Man nennt das auch *im Fadenlauf*. Die Breite wird senkrecht dazu gemessen, von einer Webkante zur anderen. Ich habe tatsächlich einmal sehr alte, seltene Stoffe gefunden, die genau anders auf dem Ballen lagen. Daher ist es wichtig, die Webrichtung erkennen zu können. Manchmal hilft es schon, den Stoff anzufassen und in beide Richtungen leicht zu dehnen. Die Richtung, in die der Stoff sich besser dehnen lässt, ist die Breite. Abbildung 6.3 zeigt Ihnen, wie Sie T-Shirt-Stoff erkennen können.

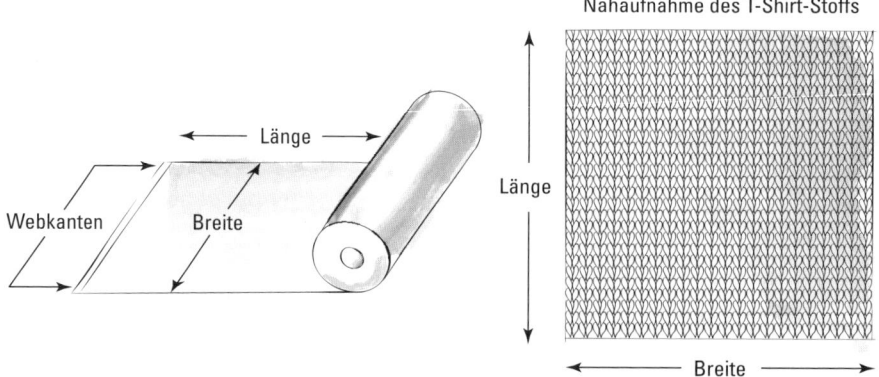

Abbildung 6.3: Stofflänge und -breite

3. **Schneiden:** Beginnen Sie am Halsausschnitt und schneiden Sie in gerader Linie entlang der Schulter bis zum Ende des Ärmels. Schneiden Sie Kragen und Ärmelbund ab. Falls es Ihnen schwerfällt, freihändig zu schneiden, markieren Sie sich die Schnittlinien vorher mit Schneiderkreide.

4. **Rumdrehen und Anprobieren:** Drehen Sie das T-Shirt auf links, nehmen Sie den Saum nach oben und schlüpfen Sie hinein. Der Saum sollte jetzt in Ihrer Taille sitzen. Passt es bequem über Gesäß, Hüften und Bauch?

 Wenn Sie von Hand nähen oder eine Standardnähmaschine verwenden, können Sie entweder einen Tunnelzug oder einen Stretchbund in der Taille annähen. Dafür brauchen Sie etwa 6 cm zusätzlichen Stoff in der Taille. Das T-Shirt sollte im Bereich der Taille so breit sein wie die breiteste Stelle Ihrer Hüften. Überprüfen Sie das mit dem Maßband.

5. **Überprüfen Sie die Passform.**

Ist der Rock zu groß:

1. Schlagen Sie die Mehrweite ein und stecken Sie sie mit Sicherheitsnadeln ab (siehe Abbildung 6.4).

2. Ziehen Sie den Rock aus und nähen Sie in 1 cm Abstand entlang der abgesteckten Linie. Schneiden Sie den überstehenden Stoff ab.

 Heben Sie die Stoffreste für die Gestaltung des Rocksaums auf.

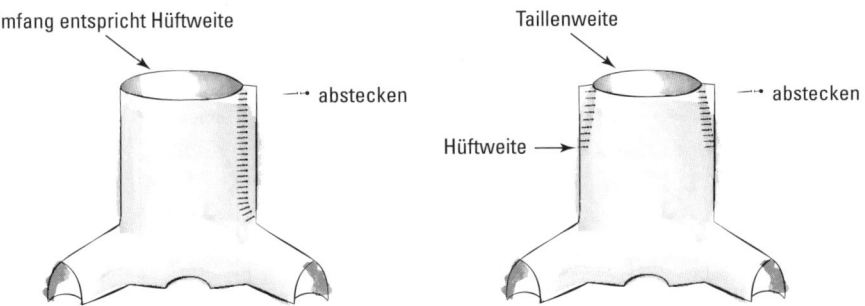

Abbildung 6.4: Stecken Sie den zu großen Rock ab.

Ist der Rock zu eng, müssen Sie das T-Shirt weiter machen (Abbildung 6.5 zeigt die Arbeitsschritte):

1. Schneiden Sie das T-Shirt der Länge nach durch.

2. Setzen Sie entlang einer Schnittlinie einen Streifen Stretchstoff (oder einen Streifen von einem weiteren T-Shirt) an.

3. Stecken Sie eine Seite des Streifens rechts auf rechts mit 1 cm breiter Nahtzugabe und Sicherheitsnadeln an das T-Shirt.

4. Wickeln Sie das T-Shirt mit der linken Seite nach außen um.

5. Stecken Sie nun die andere Seite des Streifens mit 1 cm Nahtzugabe rechts auf rechts so an das T-Shirt, dass es bequem sitzt.

6. Ziehen Sie den Rock wieder aus und schneiden Sie den überschüssigen Stoff am Einsatzstreifen weg.

 Heben Sie die Stoffreste für die Gestaltung des Rocksaums auf.

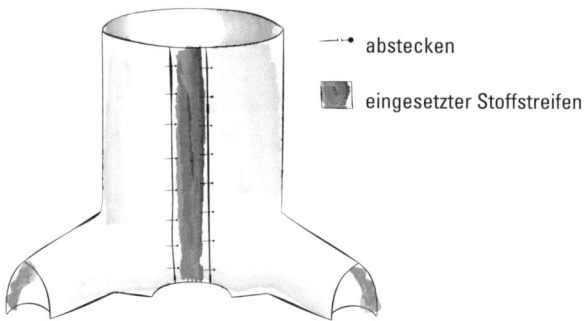

Abbildung 6.5: So machen Sie den zu engen Rock weiter.

 Mit dieser Technik können Sie auch T-Shirts verarbeiten, die ein störendes Logo auf der Vorderseite haben. Schneiden Sie den Bereich mit dem Logo der Länge nach heraus (siehe Abbildung 6.6). Fahren Sie dann fort wie beim Weitermachen des engen Rocks beschrieben.

Abbildung 6.6: Ersetzen Sie Logos und andere unerwünschte Motive.

6. **Entfernen Sie die Sicherheitsnadeln.** Ersetzen Sie die Sicherheitsnadeln durch Stecknadeln, die Sie quer zur Schnittlinie mit etwa 5 cm Abstand in den Stoff stecken.

7. **Nähen Sie in der gewünschten Technik und richten Sie sich nach den entsprechenden Hinweisen.**

   - **Von Hand:** Lesen Sie in Kapitel 5 über Handnähte nach. Schließen Sie alle Längsnähte im Geradstich mit 1 cm Nahtzugabe. Säumen Sie den Rock mit schrägem Saumstich, wie in Kapitel 5 beschrieben.

   - **Mit der Nähmaschine:** Nähen Sie im Geradstich alle Längsnähte mit 1 cm Nahtzugabe und säumen Sie den Rock mit dem Blindsaumstich, wie in Kapitel 5 beschrieben.

   - **Mit der Overlock-Maschine:** Schließen Sie alle Längsnähte mit 1 cm Nahtzugabe und säumen Sie den Rock, wie in Kapitel 5 erklärt.

 Anstatt den Saum anzunähen, können Sie ihn mit Saumband anbügeln. Saumband erhalten Sie in Fachgeschäften und sogar manchmal in Supermärkten und Kaufhäusern.

8. **Reparieren:** Falls Sie Flecken, Löcher oder Risse reparieren müssen, lesen Sie in Kapitel 4 nach.

9. **Nähen Sie den Taillenbund.** Wenn Sie mit einer Overlock-Maschine arbeiten, lesen Sie weiter hinten in diesem Kapitel im Abschnitt »Taillenbündchen« nach. Anderenfalls fahren Sie wie folgt fort:

   1. Schlagen Sie die Oberkante etwa 3,5 cm breit nach innen um.

   2. Stecken Sie die umgeschlagene Kante mit Stecknadeln quer zur Nahtlinie und etwa 2,5 cm weit von der Umbruchkante fest.

   3. Mit einem Geradstich von Hand oder dem Zickzackstich der Nähmaschine nähen Sie 2,5 cm von der Bruchkante entfernt den Umschlag an (siehe Abbildung 6.7).

   4. Entfernen Sie die Stecknadeln und fahren Sie mit dem Bündchen fort, wie im Abschnitt »Taillenbündchen« beschrieben.

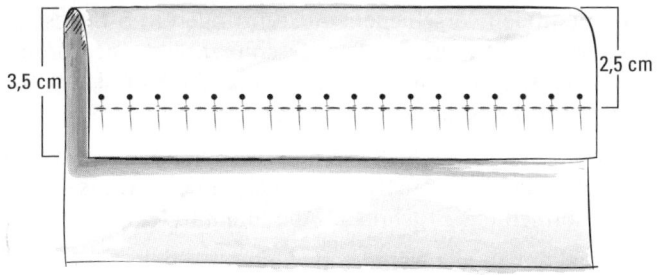

Abbildung 6.7: So nähen Sie den Taillenbund.

Betrachten Sie auch den fertigen Rock in Abbildung 6.8.

Abbildung 6.8: Nachher – im Handumdrehen vom T-Shirt zum Rock

Keine Frage der Größe

Wenn Sie die Passform der Projekte in diesem Buch anpassen müssen, liegt das nicht daran, dass Sie zu schmal oder zu breit sind. Es liegt am Kleidungsstück. Lassen Sie sich nicht von einem Kleidungsstück oder einer willkürlichen Größenangabe deprimieren, wenn Sie sich gut fühlen.

Variationen

Hier einige weitere Ideen zur Dekoration:

✔ **Grober Look:** Wenn Sie es etwas derber mögen, überspringen Sie Schritt 4 und lassen das T-Shirt auf rechts. Säumen Sie den fertigen Rock nicht, sondern nähen Sie von Hand im Langettenstich, im Zickzackstich mit der Nähmaschine oder mit der Overlock-Maschine über die Saumkante.

✔ **Schrägband:** Anstelle der Saumnaht können Sie den Rocksaum auch mit Schrägband dekorativ einfassen. Sie finden verschiedene Ausführungen in Stoffgeschäften in der Kurzwarenabteilung, dort, wo es auch die Reißverschlüsse gibt. Sie können das Schrägband von Hand oder mit der Maschine annähen und damit die Saumkante fertigstellen (beachten Sie die Verarbeitungshinweise auf der Verpackung).

✔ **Mehr Rüschen:** Sie können Ihren Rock verlängern, indem Sie weitere Stoffstreifen als Rüschen ansetzen. Legen Sie die Stoffstreifen in Falten oder Kräusel, das gibt Ihrem Rock Extraschwung. Sie können das Ergebnis in Abbildung 6.9 sehen.

✔ **Rustikale Nähte:** Sie können alle Nähte von Hand mit Stickgarn als dekoratives Element arbeiten.

✔ **Steppnähte:** Nähen Sie zusätzlich von Hand mit Stickgarn oder dickerem Garn über die fertigen Nähte.

✔ **Farben kombinieren:** Nähen Sie mit einem farblich kontrastierenden Garn. An der Nähmaschine können Sie zwei verschiedene Farben für Ober- und Spulenfaden einlegen. Bei der Overlock-Maschine lassen sich sogar vier bis fünf verschiedenfarbige Garne verarbeiten.

✔ **Dekorationen ganz ohne Nähen:** Lassen Sie alle Stoffkanten unversäubert und stecken Sie den Rock in die Waschmaschine und den Trockner. Dadurch fransen die Stoffkanten aus und verdichten sich. Sie können den Rock zusätzlich bemalen, mit Ösen oder Nieten besetzen, ihn einfärben oder mit Stoffstiften beschreiben. Einen Streifenlook erhalten Sie, wenn Sie den Rock mit Malerkrepp streifenweise abkleben und mit Textilsprühfarbe bearbeiten. Ist die Farbe getrocknet, ziehen Sie das Klebeband ab und die Streifen sind fertig.

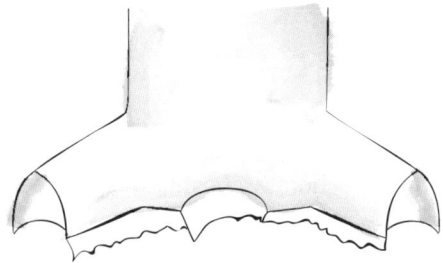

Abbildung 6.9: So setzen Sie Rüschenstreifen an.

Das Neckholder-Top

Mit dieser Idee verwandeln Sie Ihr T-Shirt in kurzer Zeit in etwas Schickes. Tragen Sie das Neckholder-Top am Strand oder am Pool. Mit wenigen Änderungen können Sie einen passenden Rock anfertigen und damit Richtung Sonnenuntergang bummeln.

Bei diesem Projekt schneiden Sie nur das alte T-Shirt zurecht. Dekorative Ergänzungen geben ihm mehr Pep und machen Spaß.

In Abbildung 6.10 sehen Sie das T-Shirt vor dem Zuschnitt.

Abbildung 6.10: Das Neckholder-Top vor dem Zuschnitt

Material

✔ gut sitzendes T-Shirt

✔ Sicherheitsnadeln

✔ Stecknadeln

✔ Maßband

✔ Nähnadel für Hand- oder Maschinennähte

✔ farblich passendes Nähgarn

✔ Schneiderkreide oder Stoffmarker

✔ Schere

Anleitung

1. **Vorbereitung:** Waschen und trocknen Sie das T-Shirt laut Waschempfehlung. Falls nicht vorhanden, waschen Sie es im Schonwaschgang und lassen es liegend trocknen.

2. **Erster Zuschnitt:** Schneiden Sie das Rückenteil quer über den Rücken von Achsel zu Achsel durch. Dann schneiden Sie am Vorderteil die Ärmelansatznaht bis zur Schulternaht durch (siehe Abbildung 6.11). In Schritt 4 fahren Sie mit dem Zuschnitt fort. (Wenn es Ihnen schwerfällt, freihändig zu schneiden, markieren Sie sich die Schnittlinien zuerst mit Schneiderkreide.)

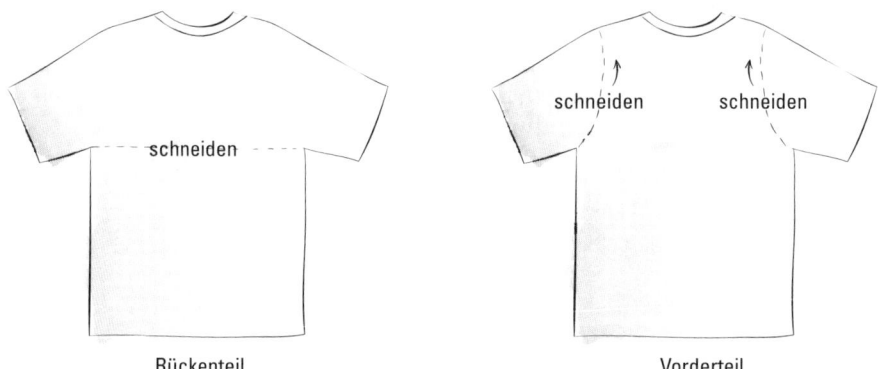

Abbildung 6.11: Erster Zuschnitt

3. **Zweiter Zuschnitt:** Schneiden Sie am Rückenteil genau durch die Mitte vom Halsausschnitt bis zu der Schnittlinie aus Schritt 2 (siehe Abbildung 6.12). Schneiden Sie den Halsausschnitt ab.

4. **Dritter Zuschnitt – Bindebänder zuschneiden:** Schneiden Sie die Unterarmnaht ab, von der Achsel bis zum Ärmelsaum. Dann setzen Sie den Schnitt von der Schulternaht aus (siehe Schritt 2) fort und schneiden spiralförmige Streifen. Dadurch entstehen die Bindebänder für Ihr Top. Schneiden Sie auf beiden Seiten Bindebänder, wie Abbildung 6.13 zeigt.

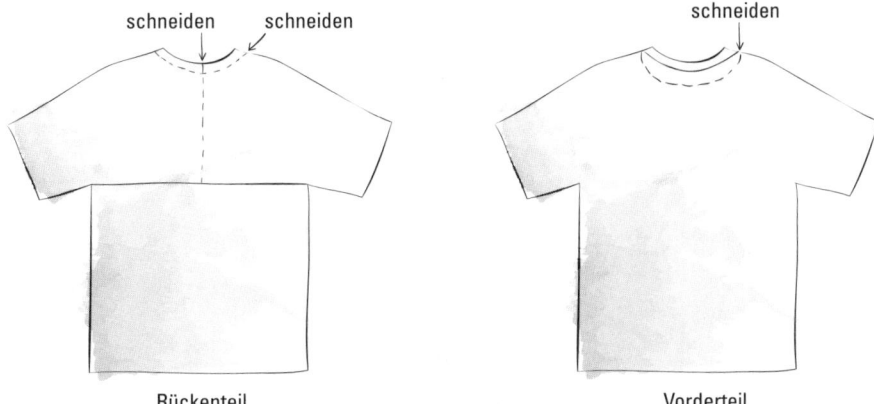

Abbildung 6.12: Zweiter Zuschnitt

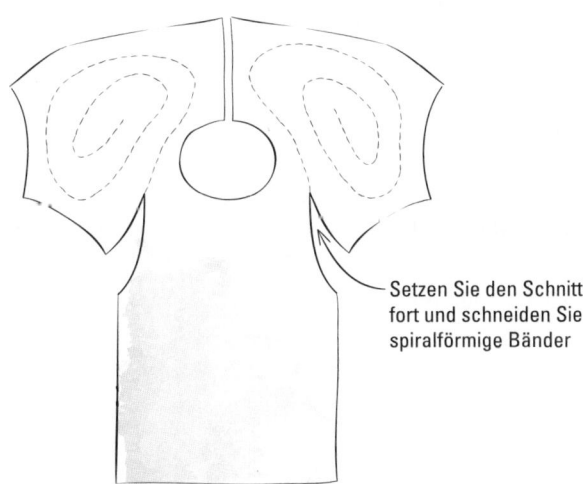

Setzen Sie den Schnitt
fort und schneiden Sie
spiralförmige Bänder

Abbildung 6.13: Schneiden Sie Bindebänder zu.

5. **Die Anprobe:** Schlüpfen Sie in das Top und binden Sie die Bänder im Nacken bequem zu. Ist der Halsausschnitt angenehm – oder zu eng oder zu nah am Hals? Schneiden Sie gegebenenfalls im Vorderteil den Halsausschnitt etwas weiter aus, wie in Abbildung 6.14 zu sehen.

6. **Reparaturen:** Sie können jetzt nach den Hinweisen in Kapitel 4 Risse, Flecken oder Löcher bearbeiten.

7. **Nähen Sie auf die gewünschte Weise nach den entsprechenden Hinweisen.** Beachten Sie die unterschiedlichen Hinweise zu Handnähten, Maschinen- und Overlock-Maschinennähten.

   • **Handnähte ergeben einen makellosen Look.** Lesen Sie in Kapitel 5 mehr über Handnähte und säumen Sie alle Schnittkanten.

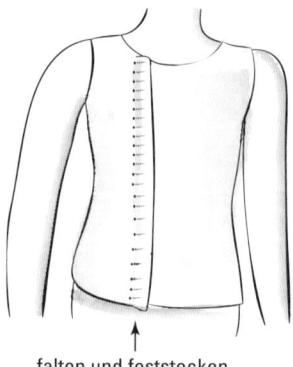

falten und feststecken

Abbildung 6.14: Halten Sie ein zu großes Top ein.

- **Verwenden Sie Maschinennähte für einen lässigeren Look.** Nähen Sie im Zickzackstich mit 0,6 cm Nahtzugabe über alle Schnittkanten.

- **Verwenden Sie Overlocknähte für einen rustikaleren Look.** Nähen Sie über alle Schnittkanten mit 0,6 cm Nahtzugabe.

 Anstatt das Top zu säumen, können Sie es mit Saumband anbügeln. Sie erhalten es in Stoffgeschäften, aber auch in Supermärkten oder Kaufhäusern.

Abbildung 6.15 zeigt das fertige Top.

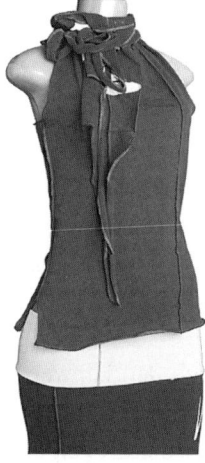

Abbildung 6.15: So wird aus dem T-Shirt ein top Neckholder-Top.

Variationen

Variieren Sie Ihr nächstes Top doch mithilfe der folgenden Hinweise:

✔ **Offene Saumkanten, Schrägband, Ziernähte mit Stickgarn oder Zierstepp, farbige Effekte und Dekorationen ganz ohne Nähen:** Diese Tipps finden Sie bei der vorhergehenden Anleitungen zum umgedrehten T-Shirt-Rock; sie lassen sich auch für das Top verwenden.

✔ **Mehr Bindebänder:** Bauen Sie Schritt 4 weiter aus und schneiden Sie noch längere Bindebänder zu. Sie können auch weitere Stoffstreifen ansetzen.

✔ **Ausschnittformen:** Schneiden Sie den Halsausschnitt verschieden zu oder setzen Sie hier weitere Bänder an, wie Abbildung 6.16 zeigt.

geschlitzter Ausschnitt   tiefer Ausschnitt   angesetzte Rüschen

Abbildung 6.16: Verschiedene Ausschnittformen

Taillenbündchen

Wenn ein T-Shirt wirklich in den letzten Zügen liegt, lässt sich vielleicht kein neues Kleidungsstück mehr daraus machen, es eignet sich aber meist noch für einen Taillenbund. Abbildung 6.17 zeigt das T-Shirt vor der Änderung.

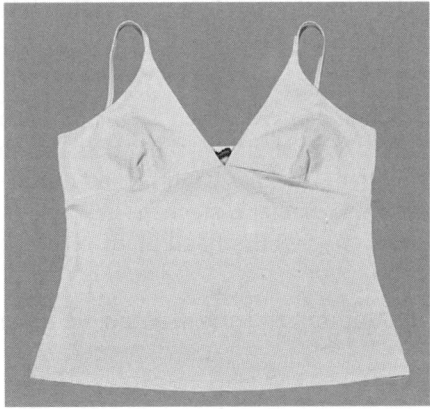

Abbildung 6.17: Das T-Shirt vor der Änderung in einen Taillenbund

Material

✔ T-Shirt, das über Ihre Hüften und Ihre Taille passt

✔ Stecknadeln

✔ Sicherheitsnadeln

✔ Maßband

✔ Nähnadel für Hand- oder Maschinennähte

✔ farblich passendes Nähgarn

✔ Kordel etwa 50 cm länger als Ihre Taillenweite oder etwa 2 cm breites Gummiband, so lang wie Ihre Taillenweite

✔ Schere

Anleitung

Sie finden hier die Hinweise zu drei verschiedenen Taillenbündchen: eine Variante mit Gummiband, eine mit Durchzugkordel und eine aus Stretchstoff. Alle sind gleich einfach genäht, je nach Material und Methode. Die Bündchen mit Gummiband und Kordeldurchzug können mit jeder beliebigen Technik aus einem T-Shirt genäht werden. Den Stretchstoffbund sollten Sie mit der Overlock-Maschine nähen. Lesen Sie die Anleitung vorher sorgfältig durch und wählen Sie ein Projekt, das Ihren Fähigkeiten entspricht.

Bündchen mit Gummiband

1. **Zuschnitt:** Schneiden Sie einen 8 cm breiten Streifen quer über die gesamte Breite aus dem T-Shirt heraus.

2. **Falten:** Falten Sie den Streifen der Länge nach zur Hälfte, mit den Schnittkanten aufeinander, sodass ein 4 cm breiter doppelter Streifen entsteht.

3. **Feststecken:** Stecken Sie die beiden Schnittkanten in 2,5 cm Abstand zur Bruchkante mit Stecknadeln fest, die quer zur Nahtlinie sitzen.

4. **Nähen:** Mit einem Geradstich (mehr dazu lesen Sie in Kapitel 5) von Hand oder dem Zickzackstich der Nähmaschine nähen Sie 2,5 cm von der Bruchkante entfernt die beiden Kanten aufeinander.

5. **Gummiband einziehen:** Schneiden Sie einen schmalen Schlitz an der Innenseite des Bündchens in den Stoff. Stecken Sie eine Sicherheitsnadel durch ein Ende des Gummibands und schieben Sie mit der Nadel das Gummiband durch den Schlitz in den Stofftunnel. Haben Sie das andere Ende erreicht, stecken Sie beide Enden des Gummibands aufeinander; vergewissern Sie sich, dass das Band nicht verdreht ist.

 Verknoten Sie die Gummibandenden, damit sie Ihnen nicht entwischen.

6. **Anprobe:** Probieren Sie das Bündchen an und korrigieren Sie gegebenenfalls das Gummiband, sodass es bequem sitzt, und stecken Sie es neu zusammen.

7. **Nähen:** Mit einem Geradstich von Hand (mehr dazu lesen Sie in Kapitel 5) oder dem Zickzackstich der Nähmaschine nähen Sie die Gummibandenden auf Höhe der Sicherheitsnadel zusammen. Schneiden Sie überstehendes Band ab und schließen Sie den Schlitz mit einem dichten Langettenstich.

Bündchen mit Kordelzug

1. Arbeiten Sie das Bündchen mit Kordelzug nach Schritt 1 bis 4 des vorigen Abschnitts »Bündchen mit Gummiband«.

2. Schneiden Sie zwei Schlitze in die Außenseite des Bündchens, etwa 2 cm weit auseinander.

3. Nähen Sie im Knopflochstich um die Schlitze.

4. Fädeln Sie die Durchzugkordel wie beim Gummiband beschrieben durch den Bundstreifen. Beginnen Sie am ersten Loch und holen Sie die Kordel am zweiten Loch wieder hervor.

Bündchen aus Stretchstoff

Sie sollten für dieses Modell nur einen querelastischen Stretchstoff und eine Overlock-Maschine verwenden. Ausgediente Sportoberteile eignen sich meist gut.

1. **Zuschnitt:** Schneiden Sie das Oberteil von Achsel zu Achsel quer durch. Sie brauchen den unteren Teil für den Bund und er sollte möglichst 15 cm breit sein.

2. **Anprobe:** Probieren Sie den Bund an und verkleinern Sie ihn falls nötig. Stecken Sie die richtige Breite ab, ziehen Sie den Bund aus und nähen Sie an der Markierung mit der Overlock-Maschine entlang. Entfernen Sie vorher die Stecknadeln.

3. **Falten:** Legen Sie den Streifen der Länge nach zur Hälfte mit den Schnittkanten aufeinander.

4. **Nähen:** Nähen Sie die aufeinanderliegenden Schnittkanten direkt an das gewünschte Kleidungsstück.

Abbildung 6.18 zeigt den fertigen Stretchbund.

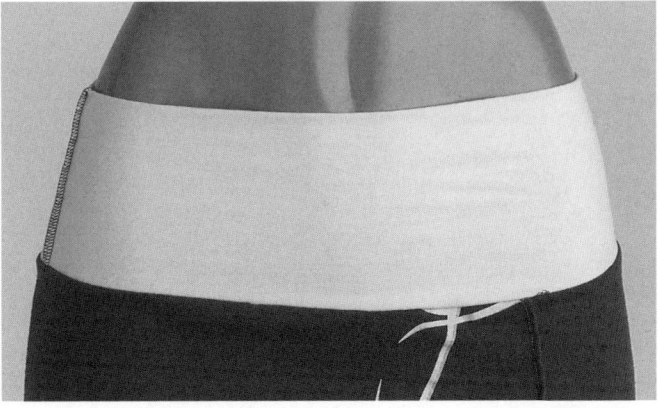

Abbildung 6.18: So wird aus einem T-Shirt ein Taillenbund.

Neues Leben für Blusen und Co.

In diesem Kapitel

▶ Blusen pflegen und verarbeiten

▶ Viele neue Teile aus einem alten Hemd kreieren

Blusen oder Hemden finden Sie in Gebrauchtkaufhäusern reichlich. Meist sind es Herrenhemden, aber auch Damenblusen werden angeboten. Üblicherweise sind es Standardmodelle und entsprechend langweilig. Manchmal findet man aber auch in besonders spezialisierten Secondhand-Läden fabelhafte Farben, interessante Kragenformen und andere kreative Varianten. Die meisten jedoch sind schlicht und weiß, jedenfalls waren sie mal weiß.

In diesem Kapitel finden Sie kreative Ideen für Blusen und Hemden, egal in welchem Zustand. Sie können einzelne Teile zu außergewöhnlichen Accessoires für Hals oder Handgelenk machen und den Rest mit einem Pullover zu einem einzigartigen Oberteil kombinieren.

Vorbereiten, Ausbessern und Pflegen von Blusen und Hemden

Blusen und Hemden werden überwiegend aus Baumwolle hergestellt und lassen sich unkompliziert in der Maschine waschen. Lesen Sie die Waschempfehlung und waschen Sie das Hemd vor dem Nähen. Achten Sie auch auf die üblichen verdächtigen Stellen für Flecken und behandeln Sie sie falls nötig mit entsprechenden Mitteln. Im Zweifelsfall waschen Sie das Teil im Schonwaschgang bei niedriger Temperatur und lassen es liegend trocknen.

Ich persönlich bin sehr wählerisch, wenn es um den Zustand meines Ausgangsmaterials geht. Gerade Blusen und Hemden sind oft sehr fleckig und ich verwende sie entsprechend selten. Für die Projekte in diesem Kapitel brauchen Sie typische Fleckenpartien eher nicht. Achten Sie aber trotzdem auf die Sauberkeit Ihres Ausgangsteils.

Business-Code neu interpretiert

Für Männer gibt es in puncto Berufskleidung nicht viele Alternativen zum Oberhemd. In meinem Bekanntenkreis scheint es eine Menge Männer zu geben, die ihren Bürojob zugunsten einer künstlerischen Tätigkeit aufgeben. Plötzlich stehen Sie mit einem Stapel Hemden da, den sie nicht mehr brauchen. Nach einer kurzen Schönheitskur mit der Nähmaschine erscheinen diese Bürouniformen in ganz neuem Licht. Das Ergebnis ist individueller Ausdruck mit einem Hauch Professionalität.

Achten Sie stets bei Blusen und Hemden auf folgende Problemstellen:

✔ Achsel und Kragen

✔ Flecken und verschlissene Stellen an Manschetten

✔ zerschlissene Stellen an den Unterarmnähten

In Kapitel 4 lesen Sie weitere Hinweise zur Bearbeitung von Flecken. Manchmal reicht es, einige Fleckstellen zu bedecken und der Bluse mit einigen Ziernähten mehr Pep zu verleihen. Ist die Passform sonst in Ordnung, sollten Sie das in Betracht ziehen.

Neue Kragenformen

Die Idee für den Kragen hatte eine Freundin aus San Francisco. Wir mögen beide eine romantische Ästhetik, die bei Frauen Eigenschaften wie Stärke, Geheimnis und Schönheit unterstreicht.

Kragen sind ein besonders elegantes, dekoratives Element an Kleidung und heute eher selten zu finden. Mir gefallen sie sehr gut und ich fertige sie sehr oft an. Dabei können Sie sowohl traditionelle Formen mit moderner Funktionalität verbinden oder eher raffiniert sein.

Sie können das folgende Projekt eher schlicht oder aber aufwendig gestalten, ganz nach Wunsch. Auf jeden Fall müssen Sie den Kragen von dem Hemd oder der Bluse abtrennen, die Kanten säumen und ihn verzieren.

In Abbildung 7.1 sehen Sie das Hemd vor der Änderung.

Abbildung 7.1: Das Hemd vor dem Kragenprojekt

Material

✔ Hemd

✔ Sicherheitsnadeln

✔ Stecknadeln

✔ Schneiderkreide oder Stoffmarker

✔ Maßband

✔ Nähnadel für Hand- oder Maschinennähte

✔ passendes Nähgarn

✔ Schere

Anleitung

1. **Vorbereitung:** Waschen und trocknen Sie das Hemd laut Waschempfehlung oder lassen Sie es reinigen.

2. **Anzeichnen und Zuschneiden:** Schlagen Sie den Kragen hoch und überprüfen Sie die Ansatzstelle zwischen Kragen und Hemd. Messen Sie von der Ansatzstelle des Kragens aus etwa 4 cm weit in das Hemdteil und markieren Sie die Stelle mit Schneiderkreide. Wiederholen Sie die Markierung alle 3 bis 5 cm am Kragen entlang, damit Sie eine gleichmäßige Schnittlinie erhalten. Verbinden Sie die Markierungen zu einer Linie und schneiden Sie an ihr entlang, wie in Abbildung 7.2 zu sehen ist.

 Heben Sie die Manschetten des Hemdes für alternative Projekte in diesem Kapitel auf und verwerten Sie die Stoffreste als Füllmaterial oder für eine Kissenhülle, wie in Kapitel 18 zu lesen.

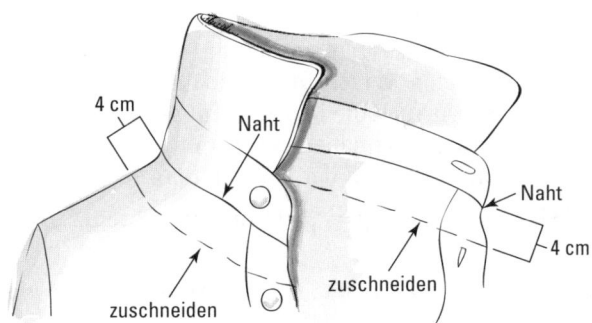

Abbildung 7.2: Schnittlinie für den Kragen

3. **Nähen Sie mit der gewünschten Methode.** Beachten Sie die unterschiedlichen Hinweise zu Handnähten, Maschinen- und Overlock-Maschinennähten.

   • **Handnähte ergeben einen makellosen Look.** Lesen Sie in Kapitel 5 mehr über Handnähte und säumen Sie alle Schnittkanten.

- **Verwenden Sie Maschinennähte für einen lässigeren Look.** Nähen Sie im Zickzackstich mit 0,6 cm Nahtzugabe über alle Schnittkanten.

- **Verwenden Sie Overlocknähte für einen rustikaleren Look.** Nähen Sie über alle Schnittkanten mit 0,6 cm Nahtzugabe.

 Anstatt den Kragen zu säumen, können Sie es mit Saumband umbügeln. Sie erhalten es in Stoffgeschäften, aber auch in Supermärkten oder Kaufhäusern.

Abbildung 7.3 zeigt den losen Kragen nach der Änderung.

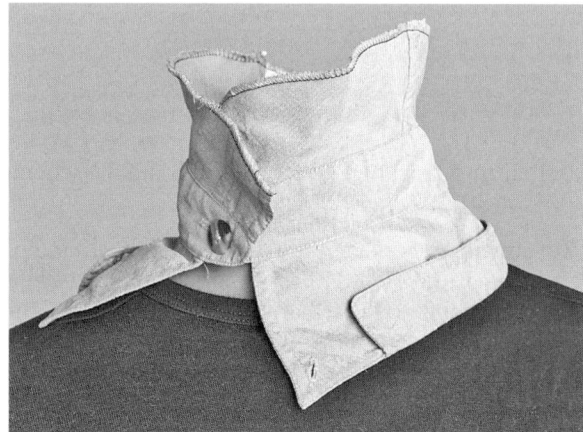

Abbildung 7.3: Der Kragen nach der Änderung

Variationen

Hier einige weitere Dekorationsideen:

✔ **Schrägband:** Anstatt die Schnittkanten zu säumen, können Sie sie auch mit Schrägband dekorativ einfassen. Sie finden verschiedene Ausführungen in Stoffgeschäften in der Kurzwarenabteilung, dort, wo auch die Reißverschlüsse sind. Sie können das Schrägband von Hand oder mit der Maschine annähen und damit die Saumkante fertigstellen (beachten Sie die Verarbeitungshinweise auf der Verpackung).

✔ **Mehr Rüschen:** Sie können den Kragen auch mit einem breiteren Streifen vom Hemd abschneiden.

✔ **Sichtbare Nähte:** Sie können alle Nähte als dekoratives Element von Hand mit Stickgarn arbeiten,.

✔ **Steppnähte:** Nähen Sie zusätzlich von Hand mit Stickgarn oder Twist über die fertigen Nähte.

✔ **Farben kombinieren:** Nähen Sie mit einem farblich kontrastierenden Garn. An der Nähmaschine können Sie auch zwei verschiedene Farben für Ober- und Spulenfaden einlegen. Bei der Overlock-Maschine lassen sich sogar vier bis fünf verschiedenfarbige Garne verarbeiten.

✔ **Ziernähte:** Zeichnen Sie mit Schneiderkreide Linien kreuz und quer über den Kragen und nähen Sie mit Zierstichen darüber, wie in Abbildung 7.4 zu sehen ist.

✔ **Knöpfe:** Nähen Sie dekorative Knöpfe auf den Kragen. Sie können die Knöpfe nach einem Farbschema oder nach Stil (antik, Glas, geschnitzt oder aus Stoff) auswählen. Das ist eine tolle Möglichkeit, die Schätze aus der Knopfdose zu verwerten.

✔ **Dekorationen ganz ohne Nähen:** Lassen Sie alle Stoffkanten unversäubert und stecken Sie den Kragen in die Waschmaschine und anschließend in den Trockner. Dadurch fransen die Stoffkanten aus und verdichten sich. Sie können den Kragen zusätzlich bekleben (nicht waschbar), bemalen, mit Ösen oder Nieten besetzen, ihn einfärben oder mit Stoffstiften beschreiben. Einen Streifenlook erhalten Sie, wenn Sie ihn mit Malerkrepp streifenweise abkleben und mit Textilsprühfarbe bearbeiten. Ist die Farbe getrocknet, ziehen Sie das Klebeband ab und die Streifen sind fertig.

In Abbildung 7.5 sehen Sie, wie man den umgestalteten Kragen trägt.

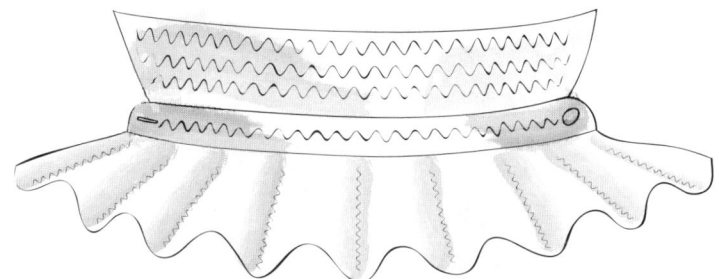

Abbildung 7.4: Kragen mit Ziernähten

gesäumte Kante

Kragen

auf der Rückseite geknöpft

asymmetrisch geknöpft

Abbildung 7.5: So können Sie den Kragen tragen.

Neue Kombination aus Bluse und Strickjacke

Bei diesem Projekt werden zwei Teile zu einem neuen Modell kombiniert. Wenn Kleidungsstücke nicht zu beseitigende Flecken haben, lassen sie sich trotzdem noch auseinanderschneiden und neu zusammensetzen.

Für dieses Projekt werden die Ärmel und andere Teile einer Strickjacke an eine Bluse angesetzt. Sie können das neue Kleidungsstück als gemütliches Einzelteil tragen oder unter einem Mantel. Es trägt nicht auf, wärmt aber die entscheidenden Körperstellen.

 Die einzige Herausforderung bei diesem Projekt besteht im Ausmessen und Anpassen der Ärmel. Ansonsten ist die Konstruktion sehr einfach.

Betrachten Sie die Bluse und die Strickjacke vor ihrer Zusammenlegung in Abbildung 7.6 und 7.7.

Abbildung 7.6: Die Bluse vor der Änderung

Abbildung 7.7: Die Strickjacke vor der Umarbeitung

Material

✔ gut sitzende Bluse

✔ Strickjacke mit langen Ärmeln

✔ Stecknadeln

✔ Sicherheitsnadeln

✔ Maßband

✔ Nähnadel für Hand- oder Maschinennähte

✔ farblich passendes Nähgarn

✔ Schneiderkreide oder Stoffmarker

✔ Schere

Anleitung

1. **Vorbereitung:** Waschen und trocknen Sie Bluse und Strickjacke laut Waschempfehlung oder lassen Sie die Kleidungsstücke reinigen.

2. **Markieren Sie die Schnittlinien an der Strickjacke.** Legen Sie die Jacke flach hin und legen Sie das Maßband von Achselhöhle zu Achselhöhle in einer geraden Linie darüber. Markieren Sie diese Linie mit Schneiderkreide. Messen Sie vom Ärmelende 35 cm weit in den Ärmel hinein und markieren Sie auf dieser Höhe eine Linie parallel zum Ärmelbund, wie in Abbildung 7.8 zu sehen ist.

Abbildung 7.8: Schnittlinien an der Strickjacke

3. **Markieren Sie die Schnittlinien an der Bluse.** Messen und markieren Sie die gleichen Schnittlinien wie bei der Strickjacke an den Ärmeln der Bluse (siehe Abbildung 7.8).

4. **Versäubern Sie die Schnittkanten der Strickjacke.** Lesen Sie in Kapitel 12 den Abschnitt »Maschen außer Rand und Band« und versäubern Sie von Hand oder mit der Maschine im Zickzackstich die Schnittlinien der Strickjacke auf beiden Seiten.

5. **Zuschnitt:** Schneiden Sie entlang der markierten Schnittlinien.

 Heben Sie die Reste der Strickjacke für ein Projekt in Kapitel 12 auf und die Blusenärmel für das Manschettenprojekt am Ende dieses Kapitels.

6. **Platzieren Sie den Ärmel und stecken Sie ihn fest.** Wenden Sie die Bluse auf links und setzen Sie den Strickjackenärmel rechts auf rechts in den Blusenärmel. Legen Sie die Schnittlinien und die Unterarmnähte passgenau aufeinander (siehe Abbildung 7.9).

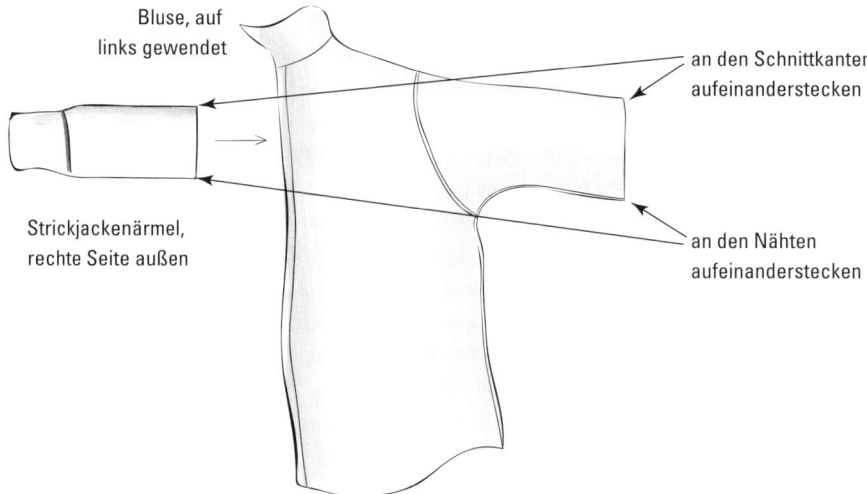

Bluse, auf links gewendet

an den Schnittkanten aufeinanderstecken

Strickjackenärmel, rechte Seite außen

an den Nähten aufeinanderstecken

Abbildung 7.9: Setzen Sie den Ärmel an und stecken Sie ihn fest.

Überprüfen Sie die Passform von Blusen- und Strickjackenärmel. Passen beide genau aufeinander oder können sie mit etwas Dehnung passend gemacht werden? Dann stecken Sie beide mit Stecknadeln in 2 bis 3 cm Abstand aufeinander und fahren Sie mit Schritt 7 fort. Falls nicht, beachten Sie die folgenden Hinweise:

1. **Der Blusenärmel ist zu weit.** Halten Sie den überschüssigen Stoff in der Ärmelmitte ein, dort, wo in Abbildung 7.9 der Hinweis auf das Zusammenstecken der Schnittkanten steht.

2. **Der Jackenärmel ist zu weit.** Sie haben zwei Möglichkeiten, das zu ändern. Entweder halten Sie den Jackenärmel ein und achten dabei darauf, das Maschengewebe zu versäubern (siehe auch den Abschnitt »Maschen außer Rand und Band« in Kapitel 12). Die zweite Methode ist, die Stecknadeln zu lösen und den Jackenärmel einfach umzudre-

hen. Stecken Sie dann die Bundseite des Ärmels an die Bluse, wie in Schritt 6 beschrieben.

 Wenn Sie den Jackenärmel herumdrehen, hat der Ärmelbund eine unversäuberte Schnittkante. Verarbeiten Sie diese Kante wie in Kapitel 12, Schritt 6, für den Pullover beschrieben.

7. **Passen Sie den Kragen an.** Legen Sie die Bluse flach hin und legen Sie die Strickjacke darüber. Schneiden Sie die Kante ab, die dem Blusenkragen am nächsten ist. Achten Sie dabei auf die Knopfleiste an der Bluse. Stecken Sie den Jackenkragen an den Steg der Knopfleistenseite der Bluse. Fahren Sie am übrigen Kragen fort und lassen Sie den überstehenden Jackenrest hängen, wie in Abbildung 7.10 zu sehen ist.

 Bei diesem Projekt sollten Sie den Kragen nicht mit einer Overlock-Maschine annähen. Allerdings sollten Sie die Schnittlinie der Strickjacke vor dem Annähen mit dem Overlockstich versäubern. Dadurch verhindern Sie Laufmaschen im Strickgewebe.

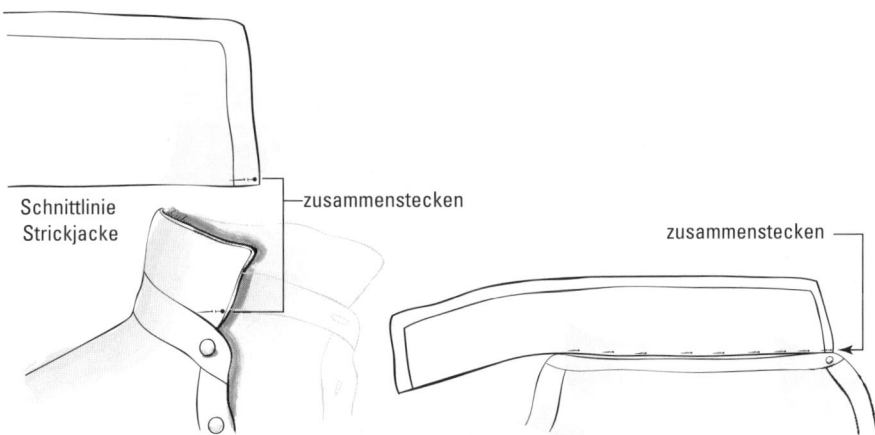

Abbildung 7.10: Passen Sie den Kragen an und stecken Sie ihn fest.

8. **Reparieren:** Lesen Sie in Kapitel 4 nach wie man etwaige Flecken, Risse und Löcher bearbeitet.

9. **Nähen Sie mit der gewünschten Methode.** Beachten Sie die unterschiedlichen Hinweise zu Handnähten, Maschinen- und Overlock-Maschinennähten.

   • **Handnähte:** Lesen Sie in Kapitel 5 mehr über Handnähte. Nähen Sie Blusen- und Jackenkragen mit einem Geradstich zusammen, wie in Abbildung 7.11 zu sehen. Versäubern Sie die freie Kante des Strickkragens mit einem Langettenstich und säumen Sie die Kante. Versäubern Sie auch die Strickjackenärmel mit dem Langettenstich und befestigen Sie diese gleichzeitig am Blusenärmel.

   • **Maschinennähte:** Nähen Sie Blusenkragen und Jackenkragen im Zickzackstich aufeinander, wie Abbildung 7.11 zeigt. Versäubern Sie mit dem Zickzackstich ebenso die äußere Kante des Strickkragens und säumen Sie diese Kante wie in Kapitel 5 beschrieben. Nähen Sie im Zickzackstich über die Ärmelnähte entlang der Stecknadeln.

Abbildung 7.12 zeigt die fertige Kombination aus Bluse und Strickjacke.

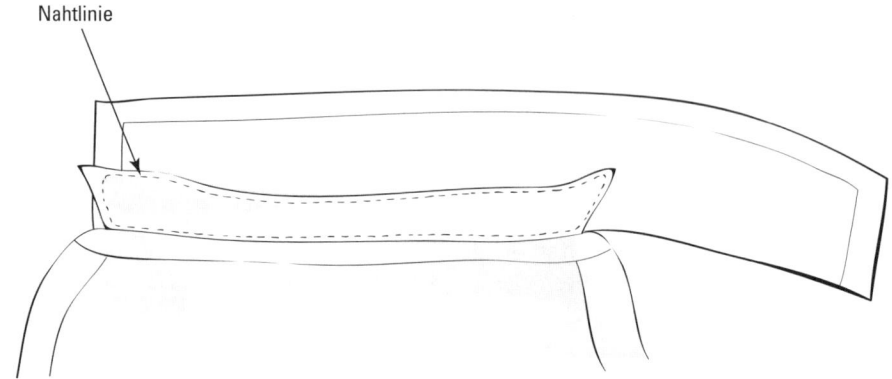

Abbildung 7.11: Nähen Sie den Kragen an.

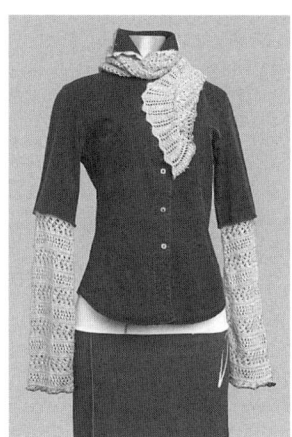

Abbildung 7.12: Bluse und Strickjacke in neuer Kombination

Variationen

Um Ihr neues Modell zu verzieren, können Sie folgende Techniken anwenden:

✔ **Sichtbare Nähte:** Wenn Sie die Säume offenkantig haben möchten, überspringen Sie Schritt 6 und setzen Sie den Jackenärmel links auf rechts an die Bluse. Die Bluse muss dazu nicht gewendet werden.

✔ **Schrägband:** Anstatt die Schnittkanten zu säumen, können Sie sie auch mit Schrägband dekorativ einfassen. Sie finden verschiedene Ausführungen in Stoffgeschäften in der Kurzwarenabteilung, dort, wo auch die Reißverschlüsse sind. Sie können das Schrägband von Hand oder mit der Maschine annähen und damit die Saumkante fertigstellen (beachten Sie die Verarbeitungshinweise auf der Verpackung).

✔ **Rustikale Nähte:** Sie können alle Nähte von Hand mit Stickgarn arbeiten.

✔ **Steppnähte:** Nähen Sie zusätzlich von Hand mit Stickgarn oder Twist über die fertigen Nähte.

✔ **Farben kombinieren:** Nähen Sie mit einem farblich kontrastierenden Garn. An der Nähmaschine können Sie auch zwei verschiedene Farben für Ober- und Spulenfaden einlegen. Bei der Overlock-Maschine lassen sich sogar vier bis fünf verschiedenfarbige Garne verarbeiten.

Kreative Manschetten

Manschetten eignen sich als Accessoire für Männer und Frauen gleichermaßen. Es macht Spaß und das Ergebnis ist einzigartig und individuell. Sie können Ösen einschlagen und das Ergebnis wird aussehen wie »Vom Bürohengst zum Rocker« oder die Manschetten mit Röschen besticken für Ihr Großmütterlein. Ich trage Manschetten über langen Ärmeln, ähnlich wie in Kapitel 13 die Armstulpen. Sie lassen sich aber auch allein tragen, paarweise, zwei an einem Handgelenk oder nur eine anstelle einer Uhr oder eines Armbands.

Edel bemalte Manschetten

Dieses Projekt ist perfekt, wenn Sie nicht gerne nähen möchten. Das bisschen Näharbeit kann auch mit Saumband erledigt werden oder Sie lassen es ganz weg. Ich habe früher meine Schnittkanten schon mal mithilfe von Farbe versäubert. Das sieht zwar toll aus, aber Sie sollten wissen, dass die Farbränder kratzig waren.

Für dieses einfache Projekt müssen Sie nur die Manschetten vom Hemd abschneiden, die Schnittkanten säumen und das Ganze dekorieren. Das Projekt eignet sich übrigens gut für kreative Partys oder Handarbeitsabende mit Freundinnen. Lassen Sie jeden ein ausrangiertes Hemd mitbringen und einige Dekorationsutensilien. Werfen Sie alles auf einen Haufen auf den Tisch, legen Sie Musik auf und amüsieren Sie sich.

 Verzichten Sie lieber auf die Kombination von Knabberzeug und Handwerkszeug auf demselben Tisch. Manche Menschen sind so vertieft in ihre Arbeit, dass sie erst aufwachen, wenn sie den Mund voller Nähgarn haben. Also Achtung!

Abbildung 7.13 zeigt das Hemd vor der Verwandlung.

Material

✔ Hemd

✔ Stecknadeln

✔ Maßband

Abbildung 7.13: Das Hemd vor der Verwandlung in edel bemalte Manschetten

✔ Nähnadel für Hand- oder Maschinennähte

✔ farblich passendes Nähgarn

✔ Schneiderkreide oder Stoffmarker

✔ Schere

✔ Malpinsel

✔ Stofffarbe

Anleitung

1. **Vorbereitung:** Waschen und trocknen Sie das Hemd laut Waschempfehlung oder lassen Sie es reinigen.

2. **Markieren und zuschneiden:** Messen Sie von der Ansatznaht der Manschette 4 cm weit in den Ärmel hinein und markieren Sie die Stelle mit Schneiderkreide. Markieren Sie diese Entfernung alle 3 bis 5 cm und verbinden Sie die Markierungen zu einer Schnittlinie. Schneiden Sie die Manschette entlang der Linie ab.

 Sie können den Kragen für das Projekt zu Beginn des Kapitels verwenden. Heben Sie den restlichen Stoff für eine Kissenhülle oder als Füllmaterial auf, wie in Kapitel 18 beschrieben.

3. **Nähen Sie mit der gewünschten Methode.** Beachten Sie die unterschiedlichen Hinweise zu Handnähten, Maschinen- und Overlock-Maschinennähten.

   • **Handnähte für einen makellosen Look:** Lesen Sie in Kapitel 5 mehr über Handnähte und säumen Sie die Schnittkante.

 Anstatt die Kante zu säumen, können Sie Saumband aufbügeln. Sie erhalten es in Stoffgeschäften oder in Supermärkten und Kaufhäusern.

- **Maschinennähte für einen lässigeren Look:** Nähen Sie im Zickzackstich mit 0,6 cm Nahtzugabe über die Schnittkanten.

- **Overlocknähte für einen rustikaleren Look:** Nähen Sie über die Schnittkante mit 0,6 cm Nahtzugabe.

4. **Bemalen:** Malen Sie nun mit Pinsel und Stofffarbe Ihr Wunschmotiv auf die Manschetten. Ich mag abstrakte oder asymmetrische Muster. Sie können aber auch selbst gemachte oder gekaufte Schablonen verwenden. Tortenspitze lässt sich auch hervorragend als Schablone benutzen, um einen romantischen Spitzenlook herzustellen.

 Beachten Sie bitte die Herstellerangaben zur Stofffarbe. Manche müssen erhitzt werden, während andere von allein haltbar sind.

Betrachten Sie die fertige Manschette in Abbildung 7.14.

Abbildung 7.14: Die fertig bemalte Manschette

Variationen

Hier einige weitere attraktive Dekorationsideen:

✔ **Schrägband:** Anstatt die Schnittkanten zu säumen, können Sie sie auch mit Schrägband dekorativ einfassen. Sie finden verschiedene Ausführungen in Stoffgeschäften in der Kurzwarenabteilung, dort, wo auch die Reißverschlüsse sind. Sie können das Schrägband von Hand oder mit der Maschine annähen und damit die Saumkante fertigstellen (beachten Sie die Verarbeitungshinweise auf der Verpackung).

✔ **Mehr Rüschen:** Sie können die Manschetten auch mit einem breiteren Streifen vom Ärmel abschneiden.

✔ **Sichtbare Nähte:** Sie können alle Nähte von Hand mit Stickgarn arbeiten.

✔ **Steppnähte:** Nähen Sie zusätzlich von Hand mit Stickgarn oder Twist über die fertigen Nähte.

✔ **Farben kombinieren:** Nähen Sie mit einem farblich kontrastierenden Garn. An der Nähmaschine können Sie auch zwei verschiedene Farben für Ober- und Spulenfaden einlegen. Bei der Overlock-Maschine lassen sich sogar vier bis fünf verschiedenfarbige Garne verarbeiten.

✔ **Ziernähte:** Zeichnen Sie mit Schneiderkreide Linien kreuz und quer über die Manschetten und nähen Sie mit Zierstichen darüber.

 Lassen Sie alle Stoffkanten unversäubert und stecken Sie die Manschetten in die Waschmaschine und den Trockner. Dadurch fransen die Stoffkanten aus und verdichten sich auch. Sie können die Manschetten zusätzlich bekleben (nicht waschbar), bemalen, mit Ösen oder Nieten besetzen, einfärben oder mit Stoffstiften beschreiben. Einen Streifenlook erhalten Sie, wenn Sie die Manschetten mit Malerkrepp streifenweise abkleben und mit Textilsprühfarbe bearbeiten. Ist die Farbe getrocknet, ziehen Sie das Klebeband ab und die Farbstreifen sind fertig.

✔ **Mehr Farbideen:** Statt Stofffarbe können Sie Sprühfarbe verwenden. Tragen Sie verschiedene zarte Farbaufträge übereinander auf, wobei nach jedem Farbauftrag die Manschetten komplett trocken sein müssen. Sie können auch mit Stoffstiften, 3-D-Malern, Glitzerlinern, Stempeln oder anderen Techniken arbeiten. Achten Sie darauf, welche Hilfsmittel Sie benötigen.

Ein geknöpftes Armband

Dieses Projekt eignet sich genauso wie das vorige hervorragend für einen größeren Kreis von Freunden. Sie brauchen für das Armband etwas mehr Nähtechnik, aber das sollte Ihnen keine Probleme bereiten. Abbildung 7.15 zeigt das Ausgangsmaterial.

Abbildung 7.15: Aus diesem Hemd entsteht das geknöpfte Armband.

Material

✔ Hemd

✔ Stecknadeln

✔ Maßband

✔ Nähnadel für Hand- oder Maschinennähte

✔ farblich passendes Nähgarn

✔ Schneiderkreide oder Stoffmarker

✔ Schere

✔ Sicherheitsnadeln

✔ Knöpfe

Anleitung

1. **Vorbereitung und mehr:** Folgen Sie den Schritten 1 bis 3 des vorigen Projekts »Edel bemalte Manschetten«.

2. **Wählen Sie die Knöpfe aus und platzieren Sie sie.** Sie können Knöpfe nach einem Farbschema auswählen (eine einzige Farbe oder verschiedene Schattierungen, warme oder kalte Farben) oder nach einem bestimmten Stil (antike oder verzierte Knöpfe, Stoff- oder Glasknöpfe). Legen Sie die Manschette flach hin und arrangieren Sie die Knöpfe darauf. Schieben Sie dann alle Knöpfe vorsichtig von der Manschette, sodass sie ihre Platzierung behalten.

 Mit einer Digitalkamera können Sie das Knopfarrangement festhalten. Sie können sich dann beim Annähen nach dem Foto richten. Sie können das Foto auch auf den Computer hochladen, damit es besser zu sehen ist.

3. **Nähen:** Nähen Sie von Hand die Knöpfe an. Da diese Knöpfe keine Belastung aushalten müssen, können Sie einen Trick anwenden. Fädeln Sie zwei Fäden durch die Nadel und verknoten Sie sie wiederum doppelt. Sie nähen jetzt mit einem vierfachen Faden und müssen nur noch ein- oder zweimal durch die Knopflöcher stechen, um sie zu fixieren.

Die fertige Manschette zeigt Abbildung 7.16.

Abbildung 7.16: Die Knopfmanschette

Variationen

Auch für dieses Projekt können Sie die Variationen der vorigen Anleitung verwenden. Sie können sogar mehrere Knöpfe übereinandernähen, damit sie richtig üppig baumeln.

Instandsetzung von Oberteilen

In diesem Kapitel

▷ Vorbereiten, Abschneiden, Umwickeln und Verdrehen

▷ Das Richtige auswählen

▷ Mehr Bindebänder für Ihre Garderobe

*W*ährend sich Kapitel 7 mit Blusen und Hemden beschäftigt hat, geht es hier um Oberteile ohne Knopfleiste, die es in den verschiedensten Varianten gibt. Vom langärmeligen T-Shirt, über ein Samtoberteil bis hin zum Stehkragenpulli aus Rippenstrick lässt sich für alle Modelle eine neue Verwendung finden. Die passenden Anleitungen finden Sie in diesem Kapitel. Die Lösung für Ihren überquellenden Kleiderschrank ist also in Reichweite.

Pullover und T-Shirts gehören für mich zu den Basiskleidungsstücken, die man ständig mit anderen Sachen kombiniert und häufig trägt. Dadurch sehen sie schnell abgetragen und schäbig aus. Hier finden Sie Vorschläge, wie man diese Gebrauchsspuren verringern kann.

In diesem Kapitel gibt es verschiedene Vorschläge für Kurzpullis und auch ein Wickeloberteil. Je nach Stoffmenge sind die Oberteile für wärmeres oder kühleres Wetter geeignet. Sie können auch das Wickelteil über einem anderen tragen. Bei dem Modell mit den beiden Zipfeln hinten können Sie richtig kreativ werden und auch bei dem Wickelteil können Sie verschiedene Tragevarianten ausprobieren.

Vorbereiten, Verschönern und Pflegen von Oberteilen

Oberteile können in Schnitt und Material sehr verschieden sein. Waschen Sie jedes Teil, bevor Sie es umarbeiten. Fehlt die Waschanleitung, entscheiden Sie sich für den Schonwaschgang bei niedriger Temperatur und geben das Teil nicht in den Trockner. In Kapitel 4 finden Sie weitere Hinweise zum richtigen Waschen und Reinigen.

Die üblichen Verdächtigen

Prüfen Sie die fleckanfälligsten Stellen des Oberteils genau und auch die typischen Verschleißstellen. Entscheiden Sie dann, ob es noch zu retten ist oder den Aufwand nicht lohnt.

Achten Sie besonders auf die folgenden Stellen:

✔ Flecken und Verschleiß an den Ärmelbündchen

✔ Flecken unter den Achseln

✔ fleckige Kragen

✔ Faserknötchen, gewöhnlich auf der Vorderseite, aber auch im Bereich der Hüften, wo manche sich die Hände abwischen

✔ ausgefranste oder zerschlissene Säume an Kragen, Ärmeln oder Saum

✔ Verschleiß an den Unterarmnähten

Flecken überlisten

Flecken bedeuten oft das Aus für Ihren Lieblingspullover. Wenn Sie ihn nun umarbeiten, betrachten Sie die Flecken als kreative Herausforderung. In Kapitel 4 finden Sie eine Reihe von Tipps, wie man Flecken an T-Shirts verschwinden lässt, die sich auch für andere Oberteile eignen.

Begeisterung für Kurzpullis

Diese Form des Pullovers begeistert mich immer wieder, weil man sie über längeren und mehr körperbetonten Sachen tragen kann. Sie sehen auch toll aus über figurbetonten, durchgehenden Kleidern in mittlerer Länge. Sie bringen eine Extraportion Chic und Wärme in Ihr Outfit, ohne dass Ihre Taille unnötigen zusätzlichen Umfang bekommt.

Kurzpulli für jede Jahreszeit

Dieses Projekt ist einfach die Kurzform Ihres bisherigen Pullovers. Ich habe meine ersten Kurzpullis in einem kalten Winter in Boston genäht, als ich als Fußgänger unterwegs war. Auch wenn ich nur eine kurze Strecke über die schneebedeckten Bürgersteige zurücklegen musste, kam mir das wie eine Bergwanderung vor. Wenn ich einen solchen Marsch in meinen warmen Winterklamotten unternahm, sah ich anschließend wie eine durchs Wasser gezogene Ratte aus. Meine Kurzpullis konnte ich schnell überstülpen oder wieder ausziehen und an meine Umhängetasche knoten. Besonders nützlich waren sie auch, wenn ich sie mir über den Kopf zog und die Ärmel um mich wickeln konnte.

Dieses Projekt ist ein Kinderspiel. Sie müssen Ihren Pullover lediglich abschneiden und die Schnittkante säumen. Fertig! Sie sind wirklich ein Nähkünstler. Abbildung 8.1 zeigt das Ausgangsmodell für den Kurzpulli.

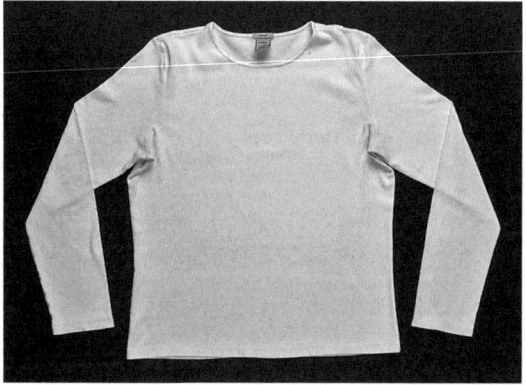

Abbildung 8.1: Aus diesem Oberteil wird ein Kurzpulli.

Material

- ✔ Pullover
- ✔ Sicherheitsnadeln
- ✔ Stecknadeln
- ✔ Schneiderkreide oder Stoffmarker
- ✔ Maßband
- ✔ Nähnadel für Hand- oder Maschinennähte
- ✔ farblich passendes Nähgarn
- ✔ Schere

Anleitung

1. **Vorbereitung:** Waschen und trocknen Sie den Pullover laut Waschempfehlung oder lassen Sie ihn reinigen, falls das Etikett fehlt.

2. **Finden Sie die Schnittlinie.** Den meisten Frauen steht eine Pulloverlänge, die 3 cm unter der Brust endet. Auch Männern steht dieser Look, besonders über figurbetonten Pullovern. Ich persönlich mag an Männern aber kürzere Pullover als an Frauen, etwa 3 cm oberhalb der Brustwarzen. Dazu müssen Sie unter Umständen das Vorderteil bogenförmig abschneiden, mit dem tiefsten Punkt an den Achseln, wie Abbildung 8.2 zeigt. Sie finden die richtige Schnittlinie für Ihren Pullover, indem Sie ihn anziehen und die gewünschte Länge mit einer Sicherheitsnadel markieren. Ziehen Sie den Pullover wieder aus und stecken Sie die Nadel nun 3 cm tiefer als zuvor in den Stoff, dadurch fügen Sie eine Saumzugabe hinzu.

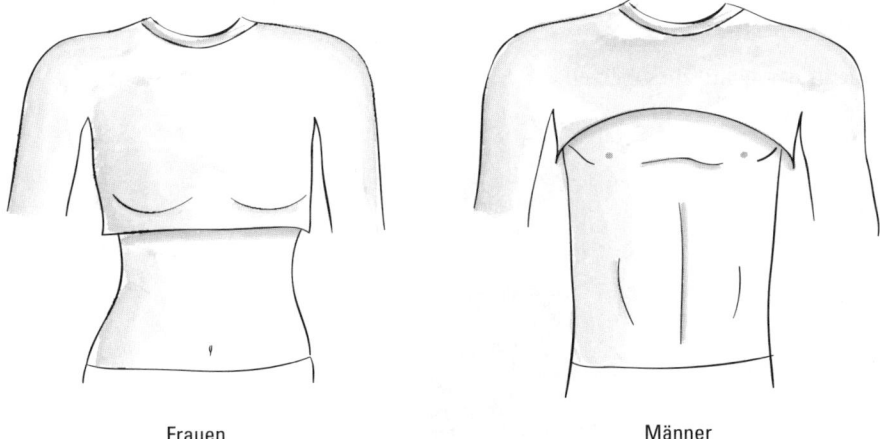

Frauen Männer

Abbildung 8.2: Saumlinien für Frauen- und Männerpullis

 Wenn Sie immer noch unsicher sind, ob Sie die richtige Länge gefunden haben, schneiden Sie den Pullover sicherheitshalber etwas länger zu. Sie können später leicht mehr Stoff abschneiden. Den Stoff wieder anzufügen, ist deutlich komplizierter.

3. **Markieren Sie die Schnittlinie.** Messen Sie mit dem Maßband vom Saum des Pullovers bis zu der Sicherheitsnadelmarkierung (inklusive Saumzugabe). Markieren Sie die Stelle mit Schneiderkreide. Wiederholen Sie die Markierung alle 10 cm rund um den Pullover. Verbinden Sie die Markierungspunkte zu einer geraden Linie.

4. **Zuschnitt:** Schneiden Sie den Pullover entlang der markierten Linie durch.

 Sie können Stoffreste für den umgedrehten T-Shirt-Rock in Kapitel 6 verwenden oder den Quilt in Kapitel 18.

5. **Reparaturen:** Falls Sie Flecken, Risse oder Löcher bearbeiten müssen, lesen Sie in Kapitel 4 nach.

6. **Nähen Sie mit der gewünschten Methode.** Beachten Sie die unterschiedlichen Hinweise zu Handnähten, Maschinen- und Overlock-Maschinennähten.

   - **Handnähte für einen makellosen Look:** Lesen Sie in Kapitel 5 mehr über Handnähte und säumen Sie die Schnittkante.
   - **Maschinennähte für einen lässigeren Look:** Schneiden Sie 2,5 cm von der Saumkante ab und nähen Sie im Zickzackstich mit 0,5 cm Nahtzugabe über die Schnittkante.
   - **Overlocknähte für einen rustikaleren Look:** Schneiden Sie 2,5 cm von der Saumkante ab und nähen Sie über die Schnittkante mit 0,5 cm Nahtzugabe.

 Anstatt das Oberteil zu säumen, können Sie es mit Saumband anbügeln. Sie erhalten Saumband in Stoffgeschäften, aber auch in Supermärkten oder Kaufhäusern.

Abbildung 8.3 zeigt das gekürzte Oberteil.

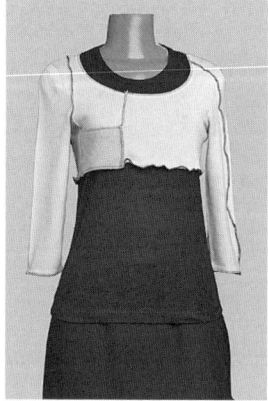

Abbildung 8.3: Der Kurzpulli für alle Jahreszeiten

Variationen

Probieren Sie alternativ einige der folgenden Techniken aus:

✔ **Sichtbare Säume:** Sie können die Saumzugabe abschneiden und die Unterkante mit dem Langettenstich von Hand versäubern.

✔ **Schrägband:** Anstatt die Schnittkanten zu säumen, können Sie sie auch mit Schrägband dekorativ einfassen. Sie finden verschiedene Ausführungen in Stoffgeschäften in der Kurzwarenabteilung, dort, wo auch die Reißverschlüsse sind. Sie können das Schrägband von Hand oder mit der Maschine annähen und damit die Saumkante fertigstellen (beachten Sie die Verarbeitungshinweise auf der Verpackung).

✔ **Wellenränder:** Mit der Nähmaschine oder der Overlock-Maschine nähen Sie über die Schnittkante und dehnen dabei den Stoff. Dadurch ergeben sich später gewellte Kanten.

✔ **Rustikale Nähte:** Sie können alle Nähte von Hand mit Stickgarn arbeiten.

✔ **Steppnähte:** Nähen Sie zusätzlich von Hand mit Stickgarn oder Twist über die fertigen Nähte.

✔ **Farben kombinieren:** Nähen Sie mit einem farblich kontrastierenden Garn. An der Nähmaschine können Sie auch zwei verschiedene Farben für Ober- und Spulenfaden einlegen. Bei der Overlock-Maschine lassen sich sogar vier bis fünf verschiedenfarbige Garne verarbeiten.

✔ **Ziernähte:** Zeichnen Sie mit Schneiderkreide Linien kreuz und quer über den Pullover und nähen Sie mit Zier- oder Stickstichen darüber.

✔ **Knöpfe:** Nähen Sie dekorative Knöpfe an die Saumlinie oder den Halsausschnitt. Das ist eine gute Möglichkeit, die Schätze aus der Knopfdose zu verwerten. Sie können die Knöpfe nach einem Farbschema oder nach Stil (antik, Glas, geschnitzt oder aus Stoff) kombinieren.

✔ **Dekorationen ganz ohne Nähen:** Lassen Sie die Saumkante unversäubert und stecken Sie den Pullover in die Waschmaschine und den Trockner. Dadurch fransen die Stoffkanten aus und verdichten sich. Sie können die Saumkante des Pullovers auch in einem kreativen Muster beschneiden, ihn zusätzlich bekleben (nicht waschbar), bemalen, mit Ösen oder Nieten besetzen, den Pulli einfärben oder mit Stoffstiften beschreiben. Bei synthetischen Materialien können Sie die Saumkante mit einer Heißluftpistole versiegeln (mehr dazu lesen Sie in Kapitel 15). Ein Streifenmuster erhalten Sie, wenn Sie den Pullover mit Malerkrepp abkleben und mit Textilsprühfarbe bearbeiten. Ist die Farbe getrocknet, ziehen Sie das Klebeband ab und die Streifen sind fertig.

Kurzpulli mit Kragen

Dieses Modell bekommt einen zusätzlichen Kragen, der es besonders wärmend macht. Faktisch wird das untere Pulloverteil als Kragen angesetzt. Sollte Ihr Ausgangsmodell besonders lang sein, eignet sich der Kragen vielleicht sogar als Kapuze. Dieses Projekt ist ein bisschen schwieriger als das vorige, weil Sie den Kragen gut an den Ausschnitt anpassen müssen. Das erfordert sorgfältiges Messen. Abbildung 8.4 zeigt das Ausgangsmodell für den Kurzpulli mit Kragen.

Abbildung 8.4: Aus diesem Oberteil wird ein Kurzmodell mit Kragen.

Material

✔ gut sitzender Pullover

✔ Sicherheitsnadeln

✔ Stecknadeln

✔ Maßband

✔ Nähnadel für Hand- oder Maschinennähte

✔ farblich passendes Nähgarn

✔ Schneiderkreide oder Stoffmarker

✔ Schere

Anleitung

1. **Vorbereitung und los!** Arbeiten Sie nach den Schritten 1 bis 4 des vorigen Modells. Bearbeiten Sie noch keine Flecken und heben Sie das abgeschnittene Stoffteil auf.

2. **Messen:** Messen Sie mit dem Maßband den Umfang des Halsausschnitts. Dann ermitteln Sie den Umfang des abgeschnittenen Pulloverteils, wie in Abbildung 8.5 zu sehen.

3. **Designentscheidungen:** Passt das abgeschnittene Pulloverteil ohne Änderung in den Halsausschnitt? Entspricht der Umfang des Halsausschnitts dem des Pulloverteils? Lässt sich der Halsausschnitt etwas dehnen, damit er dem Umfang des Pulloverteils entspricht? Falls nicht, greifen Sie zur Schere und folgen Sie Schritt 1 gleich unten im Anschluss. Wenn alles passt, fahren Sie mit Schritt 2 gleich unten im Anschluss fort.

 Wenn Ihr Ausgangsmodell eine Ausschnittform hat, die eng anliegt, wie etwa ein Rollkragen- oder Stehkragenpullover, müssen Sie den Halsausschnitt weiter machen.

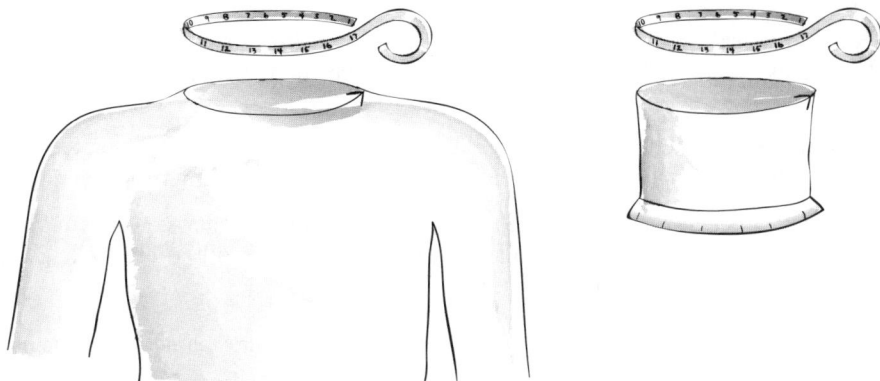

Abbildung 8.5: Ermitteln Sie den Umfang von Halsausschnitt und Pulloverteil.

1. **Zuschneiden:** Schneiden Sie den Halsausschnitt größer und vorn tiefer, wie in Abbildung 8.6 gezeigt ist.

 Heben Sie Stoffreste für ein Projekt in Kapitel 20 auf.

2. **Wenden:** Wenden Sie den Pullover auf links und lassen Sie das abgeschnittene Teil auf rechts gedreht.

Schnittlinie

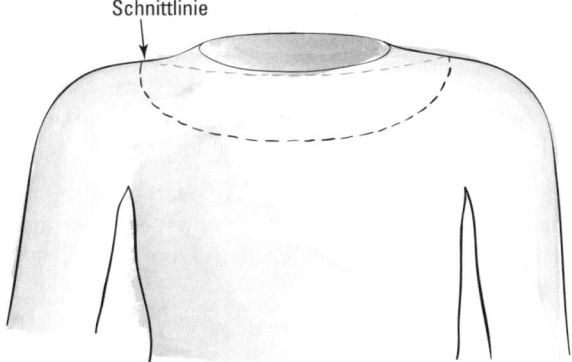

Abbildung 8.6: Schneiden Sie den Halsausschnitt weiter aus.

4. **Mittellinien bestimmen:** Legen Sie die Schulternähte des Pullovers aufeinander, sodass die Ausschnittlinie halbiert wird. Die Bruchlinie ist zugleich die vordere und hintere Mitte des Pullovers. Legen Sie den abgeschnittenen Teil genauso aufeinander, indem Sie die Seitennähte zusammenlegen, und markieren Sie jeweils die Mittellinien mit Schneiderkreide.

Ich markiere die Mittellinien gerne mit Sicherheitsnadeln, die ich in jedes Teil stecke. Achten Sie nur darauf, die Nadeln vor dem Nähen wieder zu entfernen.

5. **Teile ausrichten:** Schieben Sie den abgeschnittenen Teil so in den Pullover, dass die rechten Seiten aufeinanderliegen. Achten Sie darauf, dass die Mittellinien aufeinandertreffen.

6. **Feststecken:** Stecken Sie die Mittellinien beider Teile aufeinander, sowohl im Vorder- als auch im Rückenteil (siehe Abbildung 8.7). Die Stecknadeln sollten etwa alle 2 bis 3 cm quer zur Schnittlinie platziert werden.

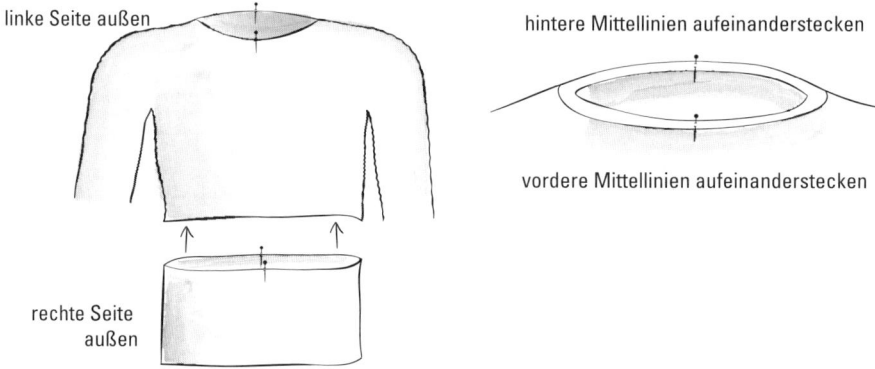

Abbildung 8.7: Stecken Sie die Mittellinien aufeinander.

7. **Nähen Sie mit der gewünschten Methode.** Beachten Sie die unterschiedlichen Hinweise zu Handnähten, Maschinen- und Overlock-Maschinennähten.

- **Handnähte:** Lesen Sie in Kapitel 5 mehr über Handnähte. Nähen Sie im Langettenstich über die gesamte Schnittlinie, wobei Sie beide Teile miteinander verbinden. Säumen Sie die untere Schnittkante ebenso von Hand und wenden Sie das Teil auf rechts.

- **Maschinennähte:** Nähen Sie im Zickzackstich über beide Schnittkanten gleichzeitig und verbinden Sie beide Teile miteinander. Säumen Sie eventuell noch offene Kanten von Hand mit der in Kapitel 5 beschriebenen Technik und wenden Sie das Teil auf rechts.

Sie sollten die Teile mit einem elastischen Stich wie dem Zickzackstich verbinden, damit die Naht dehnbar bleibt.

- **Overlocknähte:** Nähen Sie über die Schnittkanten beider Teile gleichzeitig und verbinden Sie sie miteinander. Säumen Sie die untere Schnittkante und wenden Sie das Teil auf rechts.

Im Notfall

Zugegeben, es mag ein bisschen unappetitlich sein, aber es funktioniert. Wenn Sie Markierungen anbringen wollen, die nicht ganz exakt sein müssen wie die Mittellinien bei diesem Projekt, können Sie auf Ihre natürliche Ausrüstung zurückgreifen – Speichel. Besonders bei Bruchkanten, wie in diesem Fall, nehmen Sie einfach die Stoffkante zwischen die Zähne und hinterlassen etwas Spucke an der Faltlinie. Durch die Feuchtigkeit wird der Stoff dunkler und Sie können die Markierung erkennen und bei manchen Stoffen bleibt der Knick durch Ihre Zähne sichtbar.

 Anstatt das Oberteil zu säumen, können Sie es mit Saumband umbügeln. Sie erhalten Saumband in Stoffgeschäften, aber auch in Supermärkten oder Kaufhäusern.

8. **Reparaturen:** Falls Sie Flecken, Risse oder Löcher bearbeiten müssen, lesen Sie in Kapitel 4 nach.

Abbildung 8.8 zeigt den geänderten Kurzpulli mit Kragen.

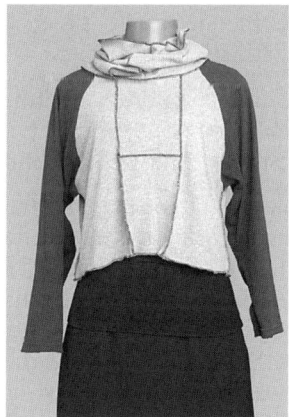

Abbildung 8.8: Nach der Änderung: Kurzpulli mit Kragen

Variationen

Probieren Sie alternativ auch einige der folgenden Techniken aus:

✔ **Sichtbare Nähte:** Verarbeiten Sie die Nähte offenkantig. Dazu lassen Sie den Pulli in Schritt 5 auf rechts gewendet und wenden stattdessen den Kragenteil auf links. Anstatt das Teil zu säumen, nähen Sie den Kragen von rechts entweder mit dem Langettenstich von Hand, dem Zickzackstich oder dem Overlockstich an.

✔ **Schrägband:** Anstatt die Schnittkanten zu säumen, können Sie sie auch mit Schrägband dekorativ einfassen. Sie finden verschiedene Ausführungen in Stoffgeschäften in der

Kurzwarenabteilung, dort, wo auch die Reißverschlüsse sind. Sie können das Schrägband von Hand oder mit der Maschine annähen und damit die Saumkante fertigstellen (beachten Sie die Verarbeitungshinweise auf der Verpackung).

✔ **Wellenränder:** Mit der Nähmaschine oder der Overlock-Maschine nähen Sie über die Schnittkante und dehnen dabei den Stoff. Dadurch ergeben sich gewellte Kanten.

Dehnen Sie den Stoff nicht zu stark, sonst könnte die Maschinennadel abbrechen. Diese Technik ist etwas für erfahrene Näher, die ihre Nähmaschine gut im Griff haben. Lesen Sie in der Betriebsanleitung nach, wie Sie mit Ihrer Maschine gewellte Kanten herstellen können (besonders bei Differenzialtransport an einigen Nähmaschinen).

✔ **Rustikale Nähte:** Sie können alle Nähte von Hand mit Stickgarn arbeiten.

✔ **Steppnähte:** Nähen Sie zusätzlich von Hand mit Stickgarn oder Twist über die fertigen Nähte.

✔ **Farben kombinieren:** Nähen Sie mit einem farblich kontrastierenden Garn. An der Nähmaschine können Sie auch zwei verschiedene Farben für Ober- und Spulenfaden einlegen. Bei der Overlock-Maschine lassen sich sogar vier bis fünf verschiedenfarbige Garne verarbeiten.

✔ **Ziernähte:** Zeichnen Sie mit Schneiderkreide Linien kreuz und quer über das Oberteil und nähen Sie mit Zier- oder Stickstichen darüber.

✔ **Knöpfe:** Nähen Sie dekorative Knöpfe an die Saumlinie oder den Halsausschnitt. Das ist eine gute Möglichkeit, übrig gebliebene Knöpfe zu verwerten. Sie können die Knöpfe nach einem Farbschema oder nach Stil (antik, Glas, geschnitzt oder aus Stoff) kombinieren.

Lassen Sie die Saumkante unversäubert und stecken Sie den Pullover in die Waschmaschine und den Trockner. Dadurch fransen die Stoffkanten aus und verdichten sich. Sie können die Saumkante des Oberteils auch in einem kreativen Muster beschneiden, es zusätzlich bekleben (nicht waschbar), bemalen, mit Ösen oder Nieten besetzen, es einfärben oder mit Stoffstiften beschreiben. Bei synthetischen Stoffen können Sie die Saumkante mit einer Heißluftpistole versiegeln (mehr dazu lesen Sie in Kapitel 15). Ein Streifenmuster erhalten Sie, wenn Sie den Pullover mit Malerkrepp abkleben und mit Textilsprühfarbe bearbeiten. Ist die Farbe getrocknet, ziehen Sie das Klebeband ab und die Streifen sind fertig.

Kurzpulli mit Schwalbenschwanz

Wenn Sie Lust auf etwas Ausgefallenes haben, probieren Sie dieses Projekt aus. Sie werden sehen, es macht Spaß und ist kreativ, sogar in der Art, wie Sie es später tragen. Das Oberteil ist vorn kurz und hinten hängt der restliche Stoff als dekorativer Schwalbenschwanz herunter.

Das Projekt ist sehr einfach. Sie müssen nur ziemlich viele lästige Kanten versäubern, je nachdem, wie aufwendig Ihre Schnittlinien sind. Das Schwierigste ist, die Furcht davor zu überwinden, die Schnittlinie falsch zu setzen.

 Einen kreativen Prozess kann man nicht vermasseln. Legen Sie los und nehmen Sie das Ergebnis hin. Wenn es Ihnen überhaupt nicht gefällt, machen Sie einfach etwas ganz anderes daraus.

Abbildung 8.9 zeigt das Ausgangsmodell.

Abbildung 8.9: Der Pulli vor seiner Verwandlung

Material

✔ Oberteil

✔ Stecknadeln

✔ Sicherheitsnadeln

✔ Maßband

✔ Nähnadel für Hand- oder Maschinennähte

✔ farblich passendes Nähgarn

✔ Schneiderkreide oder Stoffmarker

✔ Schere

Anleitung

1. **Vorbereitung:** Waschen und trocknen Sie das Oberteil laut Waschempfehlung oder lassen Sie es reinigen, falls das Etikett fehlt.

2. **Die Schnittlinie finden:** Den meisten Frauen steht eine Pulloverlänge, die 3 cm unter der Brust endet. Sie finden die richtige Schnittlinie für Ihr Oberteil, indem Sie es anziehen und die gewünschte Länge mit einer Sicherheitsnadel markieren. Ziehen Sie das Oberteil wieder aus und stecken Sie die Stecknadel nun 3 cm tiefer als zuvor in den Stoff, dadurch fügen Sie eine Saumzugabe hinzu.

 Falls Sie wegen der Länge unsicher sind, entscheiden Sie sich für die längere Variante. Sie können später immer noch weiteren Stoff abschneiden. Anders herum wird es schwierig.

3. **Markieren Sie die Schnittlinie am Vorderteil.** Messen Sie mit dem Maßband vom Saum bis zu der Sicherheitsnadelmarkierung. Notieren Sie das Maß und markieren Sie den Punkt mit Schneiderkreide. Wiederholen Sie die Messung und Markierung alle 10 cm auf der Vorderseite des Pullovers. Verbinden Sie die Markierungspunkte zu einer geraden Schnittlinie.

4. **Markieren Sie die Schnittlinie am Rückenteil.** Abbildung 8.10 zeigt Ihnen Beispiele für mögliche Schnittlinien. Zeichnen Sie Ihre Schnittlinie mit Schneiderkreide auf das Rückenteil.

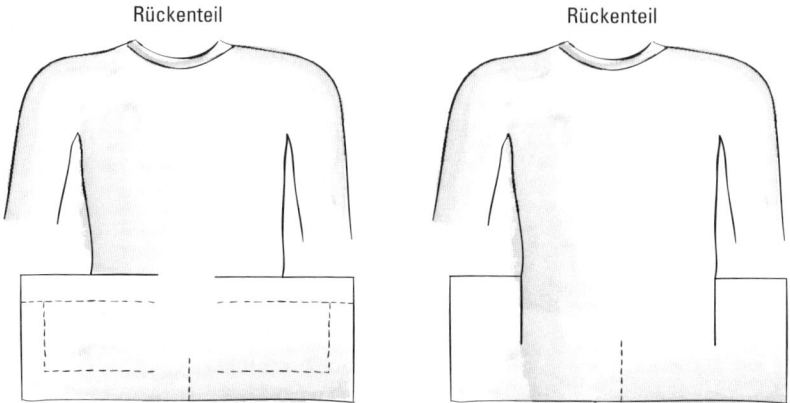

Rückenteil   Rückenteil

Abbildung 8.10: Beispielschnittlinien für den Schwalbenschwanz

5. **Zuschnitt:** Schneiden Sie das Rückenteil entlang der markierten Schnittlinie durch.

 Heben Sie Stoffreste für den Rock in Kapitel 11 auf oder nähen Sie sie noch zusätzlich an die rückwärtigen Streifen, bevor Sie die Kanten versäubern.

6. **Reparaturen:** Falls Sie Flecken, Risse oder Löcher bearbeiten müssen, lesen Sie in Kapitel 4 nach.

7. **Nähen Sie mit der gewünschten Methode.** Beachten Sie die unterschiedlichen Hinweise zu Handnähten, Maschinen- und Overlocknähten.

   • **Handnähte für einen makellosen Look:** Lesen Sie in Kapitel 5 mehr über Handnähte und säumen Sie alle Schnittlinien von Hand.

 Anstatt alle Schnittkanten zu versäubern, können Sie Saumband aufbügeln. Sie erhalten es in Stoff- oder Handarbeitsgeschäften, Onlineshops und sogar in Supermärkten oder Kaufhäusern.

   • **Maschinennähte für einen lässigeren Look:** Schneiden Sie an der Vorderkante etwa 2,5 cm von der Saumkante ab und nähen Sie im Zickzackstich mit 0,5 cm Saumzugabe über die Schnittkante.

- **Overlocknähte für einen rustikaleren Look:** Schneiden Sie an der vorderen Saumkante 2,5 cm Saumzugabe ab und nähen Sie über die Schnittkante mit 0,5 cm Saumzugabe.

Abbildung 8.11 zeigt das fertige Oberteil mit Schwalbenschwanz.

Abbildung 8.11: Kurzpulli mit Schwalbenschwanz

Variationen

Probieren Sie alternativ auch einige der folgenden Techniken aus:

✔ **Sichtbare Nähte:** Schneiden Sie am Vorderteil die Nahtzugabe komplett ab und versäubern Sie die Schnittkante im Langettenstich von Hand.

✔ **Schrägband:** Anstatt die Schnittkanten zu säumen, können Sie sie auch mit Schrägband dekorativ einfassen. Sie finden verschiedene Ausführungen in Stoffgeschäften in der Kurzwarenabteilung, dort, wo auch die Reißverschlüsse sind. Sie können das Schrägband von Hand oder mit der Maschine annähen und damit die Saumkante fertigstellen (beachten Sie die Verarbeitungshinweise auf der Verpackung).

✔ **Wellenränder:** Mit der Nähmaschine oder der Overlock-Maschine nähen Sie über die Schnittkante und dehnen dabei den Stoff. Dadurch ergeben sich gewellte Kanten.

 Dehnen Sie den Stoff nicht zu stark, sonst könnte die Maschinennadel abbrechen. Diese Technik ist etwas für erfahrene Näher, die ihre Nähmaschine gut im Griff haben. Lesen Sie in der Betriebsanleitung nach, wie Sie mit Ihrer Maschine gewellte Kanten herstellen können (besonders bei Differenzialtransport an einigen Nähmaschinen).

✔ **Kreative Schnittkanten:** Abbildung 8.10 zeigt Beispiele für den Zuschnitt des Schwalbenschwanzes. Sie können Ihre ganz eigenen Schnittlinien entwickeln. Probieren Sie Kurven oder andere Formen aus und variieren Sie auch die Platzierung der herabhängenden Stoffteile.

✔ **Mehr Streifen:** Setzen Sie weitere Stoffstücke an den Schwalbenschwanz an.

✔ **Rustikale Nähte:** Sie können alle Nähte von Hand mit Stickgarn arbeiten.

✔ **Steppnähte:** Nähen Sie zusätzlich von Hand mit Stickgarn oder Twist über die fertigen Nähte.

✔ **Farben kombinieren:** Nähen Sie mit einem farblich kontrastierenden Garn. An der Nähmaschine können Sie auch zwei verschiedene Farben für Ober- und Spulenfaden einlegen. Bei der Overlock-Maschine lassen sich sogar vier bis fünf verschiedenfarbige Garne verarbeiten.

✔ **Ziernähte:** Zeichnen Sie mit Schneiderkreide Linien kreuz und quer über das Oberteil und nähen Sie mit Zier- oder Stickstichen darüber.

✔ **Knöpfe:** Nähen Sie dekorative Knöpfe an die Saumlinie, den Halsausschnitt oder die Schwalbenschwänze. Knöpfe auf den Streifen geben ihnen zusätzlich Schmuck und Schwung. Es ist außerdem eine gute Gelegenheit, übrig gebliebene Knöpfe zu verwerten. Sie können die Knöpfe nach einem Farbschema oder nach Stil (antik, Glas, geschnitzt oder aus Stoff) kombinieren.

 Lassen Sie die Saumkante unversäubert und stecken Sie das Oberteil in die Waschmaschine und den Trockner. Dadurch fransen die Stoffkanten aus und verdichten sich. Sie können die Saumkante des Pullovers auch in einem kreativen Muster beschneiden, ihn zusätzlich bekleben (nicht waschbar), bemalen, mit Ösen oder Nieten besetzen, ihn einfärben oder mit Stoffstiften beschreiben. Bei synthetischen Stoffen können Sie die Saumkante mit einer Heißluftpistole versiegeln (mehr dazu lesen Sie in Kapitel 15). Ein Streifenmuster erhalten Sie, wenn Sie den Pullover mit Malerkrepp abkleben und mit Textilsprühfarbe bearbeiten. Ist die Farbe getrocknet, ziehen Sie das Klebeband ab und die Streifen sind fertig.

Brauchen Sie noch Ideen, wie Sie Ihren Schwalbenschwanzpulli tragen? Knoten Sie die Streifen ganz nach Lust und Laune oder lassen Sie sich von den Beispielen in Abbildung 8.12 inspirieren.

Vom Pullover zur Wickeljacke

Selbst der tollste Pullover kann nach einer Weile langweilig werden. Schenken Sie ihm ein neues Leben als Wickeljacke und Sie können damit andere Outfits veredeln oder einfach warm und kuschelig machen. Je nach Material und Schnitt des Ausgangsmodells kann die Wickeljacke ein schickes Teil für einen Restaurantbesuch sein oder lässig für den Sport.

Das Projekt ist wirklich leicht. Sie schneiden die Bindebänder aus dem Vorderteil und versäubern die Schnittkanten – fertig. Abbildung 8.13 zeigt das Ausgangsmodell des Pullovers.

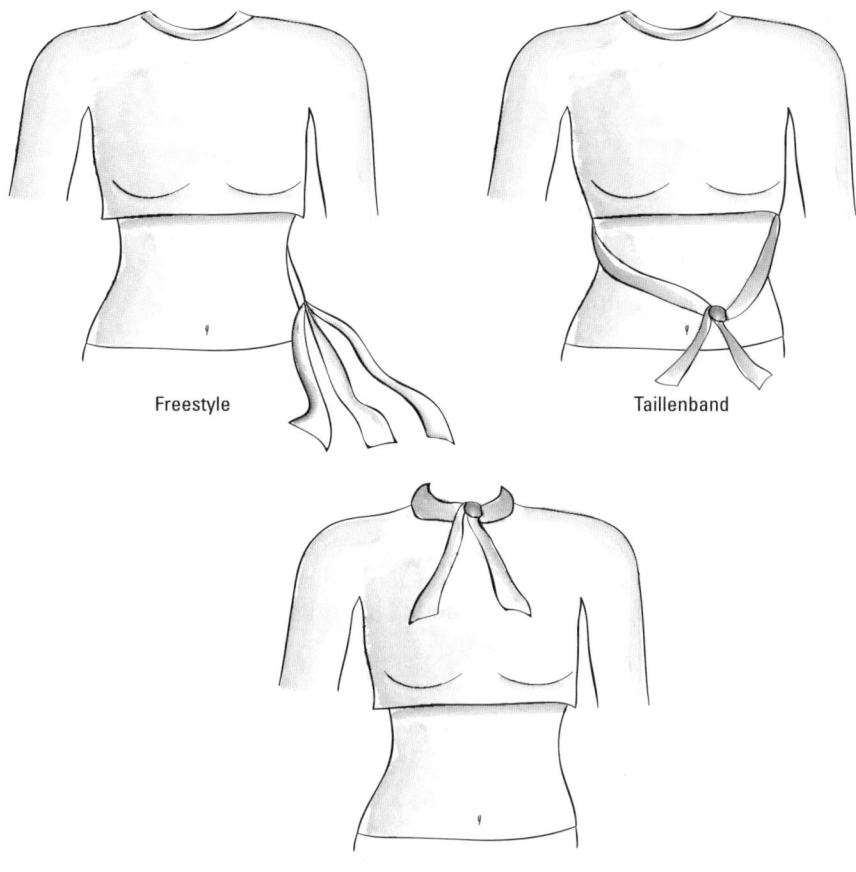

Freestyle · Taillenband · Kragenband

Abbildung 8.12: So können Sie Ihren Kurzpulli mit den Schwalbenschwanzenden tragen.

Abbildung 8.13: So sieht der Pullover vor der Verwandlung in eine Wickeljacke aus.

Material

✔ Pullover

✔ Stecknadeln

✔ Maßband

✔ Nähnadel für Hand- oder Maschinennähte

✔ farblich passendes Nähgarn

✔ Schneiderkreide oder Stoffmarker

✔ Schere

Anleitung

1. **Vorbereitung:** Waschen und trocknen Sie den Pullover laut Waschempfehlung oder lassen Sie ihn reinigen, falls das Etikett fehlt.

2. **Finden Sie die Mitte.** Legen Sie den Pullover der Länge nach zur Hälfte, wobei die Seitennähte und die Schulternähte aufeinanderliegen sollten. Die Bruchkante entspricht nun der Mittellinie des Pullovers, wie in Abbildung 8.14 zu sehen ist.

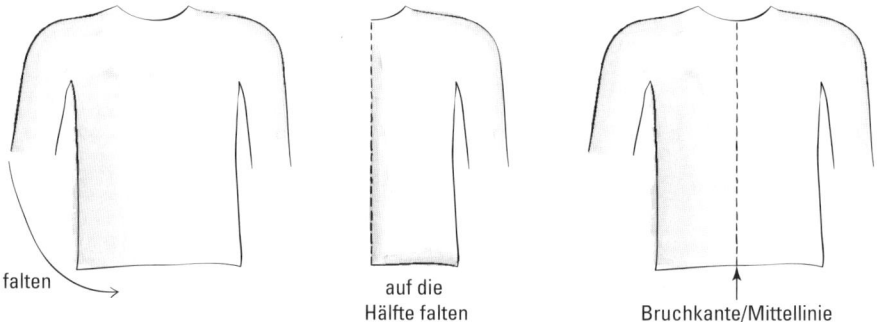

Abbildung 8.14: Die Mitte finden

3. **Markieren Sie die Schnittlinie im Vorderteil.** Zeichnen Sie mit der Schneiderkreide die Bruchlinie am Vorderteil nach. Falten Sie den Pullover wieder auf und legen Sie ihn flach auf die Arbeitsfläche. Zeichnen Sie weitere Markierungen 5 cm vom Saum und 5 cm von der Mittellinie entfernt auf den Pullover. Anschließend verbinden Sie die Markierungslinien mit den Seitenkanten des Halsausschnitts (siehe Abbildung 8.15).

4. **Zuschnitt:** Schneiden Sie das Vorderteil entlang der markierten Schnittlinien durch.

5. **Reparaturen:** Falls Sie Flecken, Risse oder Löcher bearbeiten müssen, lesen Sie in Kapitel 4 nach.

6. **Nähen Sie mit der gewünschten Methode.** Beachten Sie die unterschiedlichen Hinweise zu Handnähten, Maschinen- und Overlocknähten.

- **Handnähte für einen makellosen Look:** Lesen Sie in Kapitel 5 mehr über Handnähte und säumen Sie alle Schnittlinien von Hand.

- **Verarbeitung ganz ohne Nähen:** Anstatt alle Schnittkanten zu versäubern, können Sie Saumband aufbügeln. Sie erhalten es in Stoff- oder Handarbeitsgeschäften, Online-shops und sogar in Supermärkten oder Kaufhäusern.

- **Maschinennähte für einen lässigeren Look:** Schneiden Sie an der vorderen Schnittkante etwa 2,5 cm ab und nähen Sie im Zickzackstich mit 0,5 cm Saumzugabe darüber.

- **Overlocknähte für einen rustikaleren Look:** Schneiden Sie an der vorderen Schnittkante 2,5 cm ab und nähen Sie mit 0,5 cm Saumzugabe darüber.

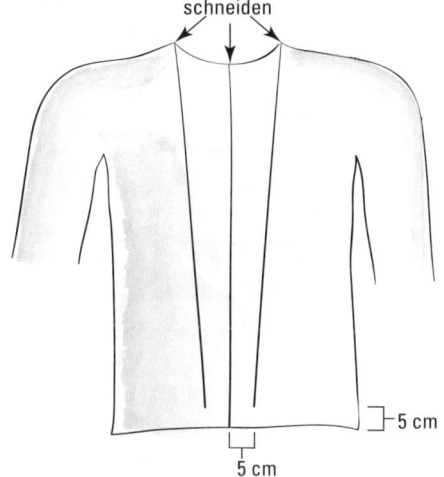

Abbildung 8.15: Markierungen für die Schnittlinie

Abbildung 8.16 zeigt die Wickeljacke nach der gelungenen Umarbeitung.

Variationen

Probieren Sie alternativ auch einige der folgenden Techniken aus:

- ✔ **Sichtbare Nähte:** Versäubern Sie die Schnittkante im Langettenstich von Hand (in Kapitel 5 erfahren Sie mehr über den Langettenstich).

- ✔ **Schrägband:** Anstatt die Schnittkanten zu säumen, können Sie sie auch mit Schrägband dekorativ einfassen. Sie finden verschiedene Ausführungen in Stoffgeschäften in der Abteilung für Kurzwaren, dort, wo auch die Reißverschlüsse sind. Sie können das Schrägband von Hand oder mit der Maschine annähen und damit die Saumkante fertigstellen (beachten Sie die Verarbeitungshinweise auf der Verpackung).

- ✔ **Wellenränder:** Mit der Nähmaschine oder der Overlock-Maschine nähen Sie über die Schnittkanten und dehnen dabei den Stoff. Dadurch ergeben sich gewellte Kanten.

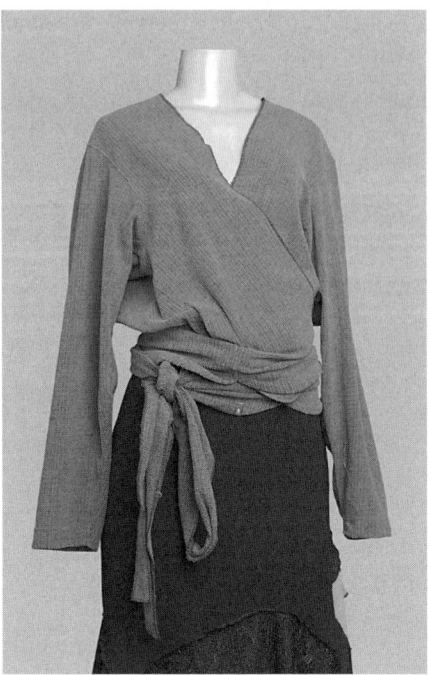

Abbildung 8.16: Die fertige Wickeljacke, die einmal ein Pullover war

 Dehnen Sie den Stoff nicht zu stark, sonst könnte die Maschinennadel abbrechen. Diese Technik ist etwas für erfahrene Näher, die ihre Nähmaschine und deren Transportgeschwindigkeit gut im Griff haben. Lesen Sie in der Betriebsanleitung nach, wie Sie mit Ihrer Maschine gewellte Kanten herstellen können (besonders bei Differenzialtransport an einigen Nähmaschinen).

✔ **Rustikale Nähte:** Sie können alle Nähte von Hand mit Stickgarn arbeiten.

✔ **Steppnähte:** Nähen Sie zusätzlich von Hand mit Stickgarn oder Twist über die fertigen Nähte.

✔ **Farben kombinieren:** Nähen Sie mit einem farblich kontrastierenden Garn. An der Nähmaschine können Sie auch zwei verschiedene Farben für Ober- und Spulenfaden einlegen. Bei der Overlock-Maschine lassen sich sogar vier bis fünf verschiedenfarbige Garne verarbeiten.

✔ **Kurzversion:** Sie können die Wickeljacke als Kurzversion nähen. Schneiden Sie dazu nach Schritt 4 den unteren Teil ab, wie bei den anderen Kurzpullis in diesem Kapitel beschrieben. Achten Sie aber darauf, nicht die Wickelbänder durchzuschneiden.

✔ **Ziernähte:** Zeichnen Sie mit Schneiderkreide Linien kreuz und quer über den Pullover und nähen Sie mit Zier- oder Stickstichen darüber.

✔ **Knöpfe:** Nähen Sie dekorative Knöpfe an die Saumlinie, den Halsausschnitt oder die Wickelbänder. Das ist eine gute Gelegenheit, übrig gebliebene Knöpfe zu verwerten. Sie können die Knöpfe nach einem Farbschema oder nach Stil (antik, Glas, geschnitzt oder aus Stoff) kombinieren.

 Lassen Sie die Saumkante unversäubert und stecken Sie die Wickeljacke in die Waschmaschine und den Trockner. Dadurch fransen die Stoffkanten aus und verdichten sich. Sie können die Saumkante der Wickeljacke auch in einem kreativen Muster beschneiden, zusätzlich bekleben (nicht waschbar), bemalen, mit Ösen oder Nieten besetzen, einfärben oder mit Stoffstiften beschreiben. Bei synthetischen Materialien können Sie die Saumkante mit einer Heißluftpistole versiegeln (mehr dazu erfahren Sie in Kapitel 15). Ein Streifenmuster erhalten Sie, wenn Sie die Wickeljacke mit Malerkrepp abkleben und mit Textilsprühfarbe bearbeiten. Ist die Farbe getrocknet, ziehen Sie das Klebeband ab und die Streifen sind fertig.

Brauchen Sie noch Ideen, wie Sie Ihre Wickeljacke tragen? Es gibt auf jeden Fall zwei Varianten, wie in Abbildung 8.17 zu sehen ist. Knoten Sie die Bindebänder entweder vorn oder hinten zusammen. Finden Sie selbst neue Varianten.

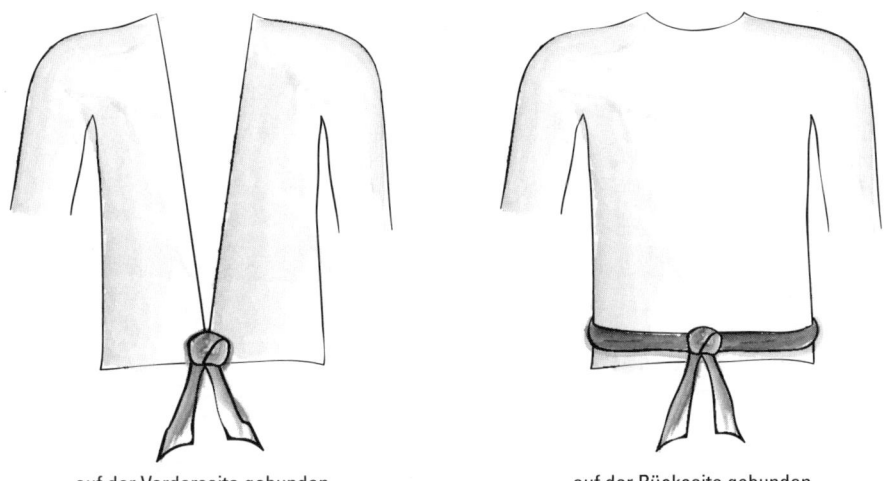

auf der Vorderseite gebunden   auf der Rückseite gebunden

Abbildung 8.17: So können Sie die Wickeljacke tragen.

Teil III

Modische Wiederbelebung statt toter Hose

The 5th Wave — By Rich Tennant

*»Wenn es dich tröstet, du hast den Saum an diesem Hosenbein
wirklich perfekt genäht.«*

In diesem Teil ...

In Teil III beschäftigen wir uns mit ausgemusterten Hosen. Egal ob sie abgetragen sind, die falschen Bundfalten haben oder einfach nie angezogen wurden ... hier finden Sie die Lösung für alle diese Hosenprobleme.

Reißen Sie sich die Kehrseite Ihrer Hosen gerne ein oder scheuern Sie sie durch? Hier finden Sie Tipps für schnelle Reparaturen oder komplette Überarbeitung, damit Ihre Hosen ein neues Leben beginnen können. Die folgenden Projekte bieten Ihnen vielfältige Anregungen.

Neues Leben für Stoffhosen

In diesem Kapitel

▸ Hosen pflegen

▸ Auf spezielle Probleme bei Hosen achten

▸ Eine Fülle an Projekten entdecken

Hosen werden schnell abgenutzt. Anders als bei Jeans kann man nicht einfach Flicken auf die durchgescheuerten Knie nähen und sie weiter anziehen. Das muss aber noch nicht das Aus für Ihre Stoffhosen bedeuten. Die Projekte in diesem Kapitel reichen von kreativen Reparaturtipps, über einige Rockmodelle bis hin zu wirklich ganz erstaunlichen Kombinationen.

Vorbereiten, Verschönern und Pflegen von Hosen

Hosen können aus verschiedenen Materialien hergestellt sein. Beachten Sie die Waschempfehlungen auf dem Herstelleretikett. Fehlt es, lesen Sie in Kapitel 4 mehr darüber, wann Sie die Hose reinigen lassen oder sie bei niedriger Temperatur in den Schonwaschgang stecken und anschließend liegend trocknen sollten.

Die üblichen Verdächtigen

Das größte Manko bei Hosen ist die Passform oder der Schnitt, besonders im Bereich der Taille. Suchen Sie nach einer Hose, die in der Taille gut sitzt und verarbeiten Sie schlecht sitzende Hosen nur als Stoffdekoration für die verschiedenen Projekte in diesem Kapitel.

Achten Sie in jedem Fall auf folgende Schwachstellen an Hosen:

✔ zerschlissene Schrittnaht, durchgescheuertes Hinterteil und abgewetzte Knie

✔ Flecken und Abnutzungen an den Aufschlägen

✔ Flecken auf den Knien und dem Hinterteil (auch innen nachsehen)

✔ kaputter Reißverschluss, fehlender Knopf, Druckknopf oder anderer Verschluss

✔ schlecht sitzende Bundfalten

Vorsicht vor Verschleißstellen

In Kapitel 4 können Sie mehr darüber lesen, wie sich Verschleißstellen kreativ bearbeiten lassen. Manche Hosen lassen sich durch einige Flicken und Ziernähte schnell wiederbeleben. Andere sind besonders am Hinterteil so kaputt, dass man anderen Stoff ansetzen muss oder sie für eins der Projekte in Teil IV verwenden sollte.

Wiedergeburt einer Hose

Ich kann gar nicht mehr zählen, wie viele Menschen schon zu mir gekommen sind – in Tränen aufgelöst – und mir von ihrer Lieblingshose erzählten, die sie so lange getragen hatten, bis sie – beinahe – auseinanderfiel. Das Projekt fällt jedes Mal anders aus, je nachdem, welcher Teil am meisten zerschlissen ist. Machen Sie sich klar, dass dies eine sichtbare Veränderung der Hose ist, die dekorativ umgesetzt wird. Abbildung 9.1 zeigt die Hose vor der Veränderung.

Material

✔ Stoffhose

✔ Stretchstoff in der Größe der Verschleißstellen

✔ Stecknadeln

✔ Nähnadel für Hand- oder Maschinennähte

✔ farblich passendes Nähgarn

✔ Schere

Abbildung 9.1: Die geschundene Lieblingshose vor ihrer kreativen Wiederbelebung

Anleitung

1. **Vorbereitung:** Waschen und trocknen Sie die Hose nach Pflegeanleitung auf dem Etikett oder geben Sie sie in die Reinigung, falls das Etikett fehlt. Wenden Sie die Hose auf links, damit durchgescheuerte Stellen sichtbar werden.

2. **Zuschnitt:** Schneidern Sie den Stretchstoff in der Größe der Flickstelle zu, wobei der Flicken ringsum 2 bis 3 cm länger und breiter sein sollte als die schadhafte Stelle.

 Platzieren Sie den Stretchstoff so, dass seine Dehnrichtung entsprechend zur Dehnrichtung der Hose liegt. An den Knien wird die Hose längs gedehnt und am Hosenboden quer.

3. **Feststecken:** Stecken Sie den Flicken auf die Flickstelle und platzieren Sie die Stecknadeln in den Ecken diagonal und am Rand etwa alle 2 cm quer zur Kante.

4. **Sichere Handnaht:** In Kapitel 5 können Sie alles über Handnähte nachlesen. Nähen Sie mit dem passenden Nähgarn einen Geradstich am Flickenrand entlang und zusätzlich am Rand der Schadstelle. Wenden Sie anschließend die Hose wieder auf rechts.

5. **Ziernähte mit der gewünschten Technik:** Richten Sie sich nach den Hinweisen für die gewünschte Technik. Eine Overlock-Maschine eignet sich nicht für dieses Projekt.

   • **Handnähte:** Lesen Sie in Kapitel 5 mehr über Handnähte. Nähen Sie mit einer der beschriebenen Sticharten über die Flickstelle und zusätzlich über weitere Partien der Hose. Sie können auch einen weiteren (unnötigen) Flicken an anderer Stelle annähen, um von der Reparatur abzulenken. Abbildung 9.2 liefert Ihnen weitere Ideen.

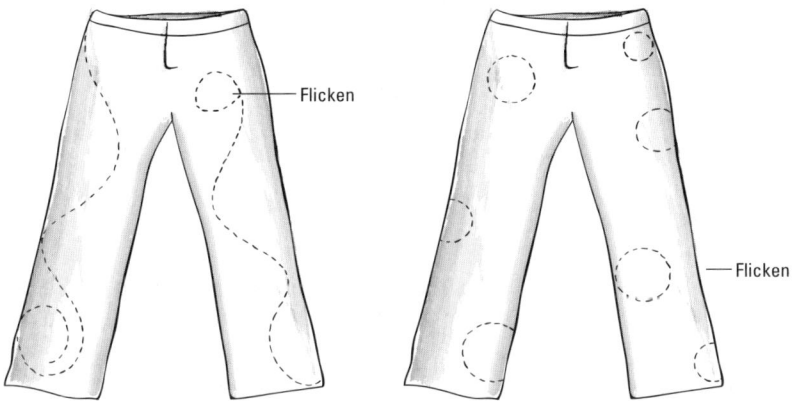

Abbildung 9.2: Geflickte Hose mit Ziernähten von Hand

   • **Maschinennähte:** Nähen Sie mit einem beliebigen Stich dekorativ über den geflickten Bereich und andere Partien der Hose. Sie können auch hier zusätzliche (unnötige) Flicken aufsetzen und darübernähen (siehe Abbildung 9.3).

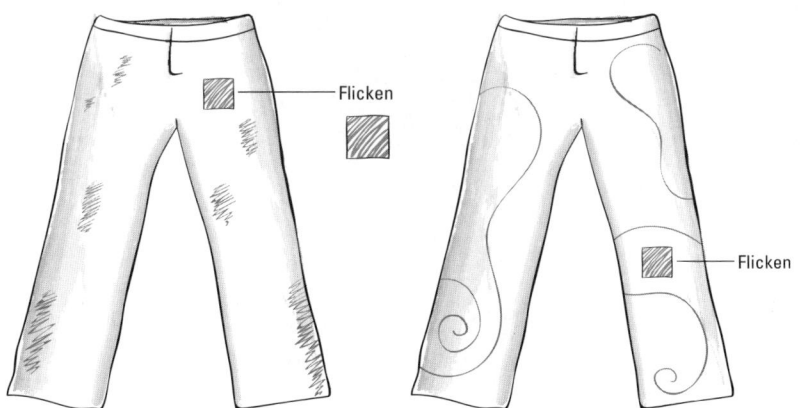

Abbildung 9.3: Geflickte Hose mit maschinellen Ziernähten

Die geflickte und dekorierte Hose sehen Sie in Abbildung 9.4.

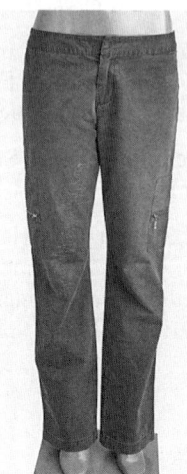

Abbildung 9.4: Geflickte Hose mit Ziernähten

Röcke und Co.

Ich bin ein großer Fan von Röcken. Sie sind bequem, einfach zu tragen und lassen sich toll kombinieren. Außerdem sieht man immer angezogen damit aus, egal wie knittrig sie sind.

Der geschlitzte Rock

Das einzig Dumme an Röcken ist, dass Männer von manchen schief angesehen werden, wenn sie sie tragen. So habe ich meinen geschlitzten Rock aus einer Herrenhose genäht. Falls also jemand sich traut, kann er hineinschlüpfen. Es sieht bestimmt toll aus. Das folgende Projekt ist leicht. Sie schneiden einfach die Innenbeinnähte von zwei Hosen auf und benutzen eine als Basisteil und die andere für den Einsatz. Zusammennähen und fertig! Die Abbildungen 9.5 und 9.6 zeigen die beiden Hosen vor der Umarbeitung.

Abbildung 9.5: Basishose für den geschlitzten Rock

Abbildung 9.6: Hose für den Einsatz am geschlitzten Rock

Material

✔ Stoffhose, die gut in der Taille sitzt

✔ Stoffhose, die in Farbe und Material dazu passt (Passform egal)

✔ Stecknadeln

✔ Maßband

✔ Nähnadel für Hand- oder Maschinennähte

✔ farblich passendes Nähgarn

✔ Schneiderkreide oder Stoffmarker

✔ Nahttrenner

✔ Schere

Anleitung

1. **Vorbereitung:** Waschen und trocknen Sie die Hosen nach Pflegeanleitung auf dem Etikett oder geben Sie sie in die Reinigung, falls das Etikett fehlt. Wenden Sie die Hosen auf links, damit durchgescheuerte Stellen sichtbar werden.

2. **Entdecken Sie die inneren Beinnähte.** In Abbildung 9.7 können Sie sehen, wo sich die Innennähte befinden.

3. **Auftrennen:** Mit dem Nahttrenner trennen Sie die Innenbeinnähte beider Hosen auf. Trennen Sie etwaige Aufschläge ebenso auf oder schneiden Sie sie am Hosensaum ab.

 Heben Sie Stoffreste für eines der Projekte in Kapitel 18 auf.

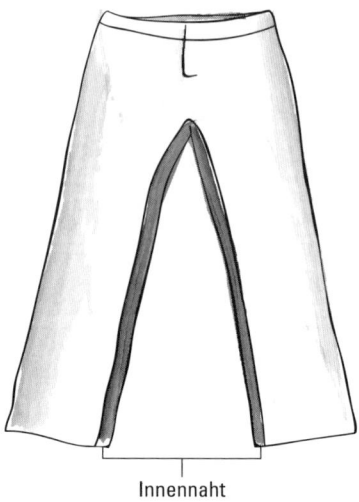

Abbildung 9.7: Hier finden Sie die Innennähte.

4. **Markieren Sie die Schnittlinie.** Nehmen Sie die Hose zur Hand, die für den Einsatz gedacht ist, falten Sie sie zur Hälfte und legen Sie sie flach aus (siehe Abbildung 9.8). Mithilfe des Maßbands und der Schneiderkreide markieren Sie eine waagerechte Schnittlinie von einer Schrittnaht zur anderen (siehe Abbildung 9.8). Nehmen Sie die Basishose zur Hand und falten Sie sie ebenso zur Hälfte und legen Sie sie flach aus. Messen Sie vom Ende des Reißverschlusses 3 cm weit nach unten und zeichnen Sie von hier aus mit der Schneiderkreide und dem Maßband eine Schnittlinie bis zum Hosensaum (siehe Abbildung 9.8). Zeichnen Sie eine entsprechende Schnittlinie am hinteren Hosenteil an. Beginnen Sie an der hinteren Mittelnaht, bevor sie eine Kurve macht, und zeichnen Sie bis zum Hosensaum.

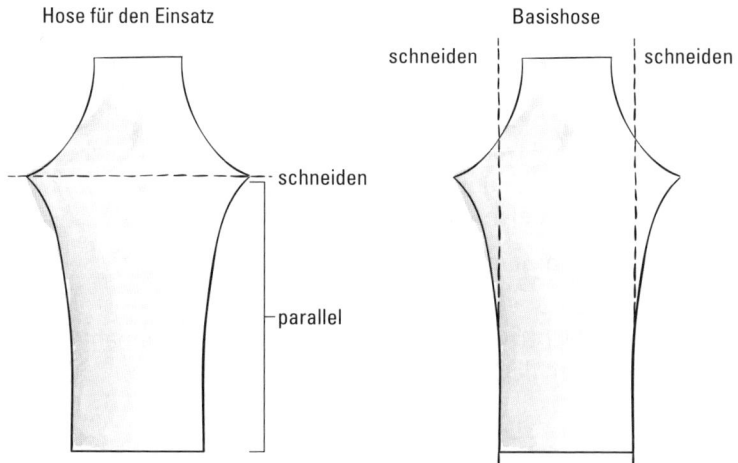

Abbildung 9.8: Markieren Sie die Schnittlinien.

5. **Zuschneiden und wenden:** Schneiden Sie entlang der markierten Linien die Hosen durch beide Lagen gleichzeitig und wenden Sie anschließend beide Hosen auf links.

 Heben Sie Stoffreste für das Projekt am Ende des Kapitels auf.

6. **Anpassen und Feststecken:** Legen Sie das Hosenteil für den Einsatz passgenau an die Basishose, wobei die ehemalige Saumkante im Schritt der Basishose sitzen sollte und die Längskanten (der vorigen Innenbeine) aufeinander. Stecken Sie die Teile rechts auf rechts zusammen und die Stecknadeln alle 3 cm quer zur Nahtlinie. Wiederholen Sie das mit dem anderen Einsatzteil auf der Rückseite, wie in Abbildung 9.9 zu sehen ist.

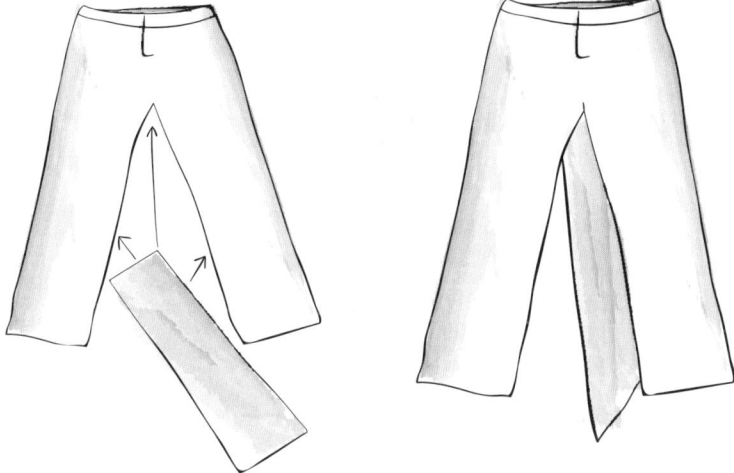

Abbildung 9.9: Setzen Sie das Schnittteil wie abgebildet an die Basishose.

7. **Reparaturen:** Falls Sie Risse, Löcher oder Flecken bearbeiten müssen, lesen Sie in Kapitel 4 nach.

8. **Nähen Sie mit der gewünschten Methode.** Beachten Sie die unterschiedlichen Hinweise zu Handnähten, Maschinen- und Overlock-Maschinennähten.

   - **Handnähte:** Lesen Sie in Kapitel 5 mehr über Handnähte. Schließen Sie die gesteckten Nähte im Langettenstich und säumen Sie den Rock mit dem schrägen Saumstich.

   - **Maschinennähte:** Schließen Sie die gesteckten Nähte mit einem Geradstich und 1 cm Nahtzugabe. Säumen Sie den Rock mit einer der in Kapitel 5 beschriebenen Techniken von Hand.

   - **Overlocknähte:** Nähen Sie über die gesteckten Kanten und entfernen Sie die Nadeln, bevor Sie darübernähen. Säumen Sie die Schnittkanten von Hand mit einer der in Kapitel 5 beschriebenen Techniken.

 Anstatt den Rock zu säumen, können Sie ihn mit Saumband verarbeiten. Es wird einfach angebügelt und Sie erhalten es in Stoffgeschäften, aber auch in Supermärkten oder Kaufhäusern.

Abbildung 9.10 zeigt den fertigen Rock.

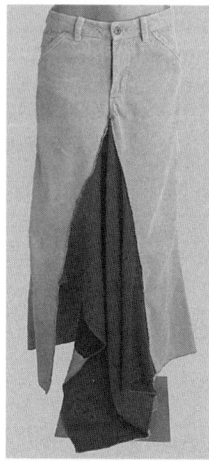

Abbildung 9.10: Der geschlitzte Rock mit Einsatz

Variationen

Probieren Sie alternativ einige der folgenden Techniken aus:

✔ **Sichtbare Nähte:** Sie können die Nähte offenkantig verarbeiten. Lassen Sie dazu die Hosen in Schritt 5 auf rechts gewendet. Anstatt die Kanten zu säumen, nähen Sie im Langettenstich von Hand, im Zickzackstich mit der Maschine oder mit einer Overlocknaht darüber.

✔ **Schrägband:** Anstatt die Schnittkanten zu säumen, können Sie sie auch mit Schrägband dekorativ einfassen. Sie finden verschiedene Ausführungen in Stoffgeschäften in der Kurzwarenabteilung, dort, wo auch die Reißverschlüsse sind. Sie können das Schrägband von Hand oder mit der Maschine annähen und damit die Saumkante fertigstellen (beachten Sie die Verarbeitungshinweise auf der Verpackung).

✔ **Rustikale Nähte:** Sie können alle Nähte von Hand mit Stickgarn ausführen.

✔ **Steppnähte:** Nähen Sie zusätzlich von Hand mit Stickgarn oder Twist über die fertigen Nähte.

✔ **Farben kombinieren:** Nähen Sie mit einem farblich kontrastierenden Garn. An der Nähmaschine können Sie auch zwei verschiedene Farben für Ober- und Spulenfaden einlegen. Bei der Overlock-Maschine lassen sich sogar vier bis fünf verschiedenfarbige Garne verarbeiten.

Rockteil mit angesetztem Faltenteil

Dieses Rockteil hat eine eher fantasievolle Form, ähnlich wie eine Turnüre, und seine Ausführung amüsiert die Leute immer wieder. Ich freue mich jedes Mal, wenn beim Anprobieren jemand kichern muss. Das Projekt ist ganz einfach, auch wenn es eine Menge lästiger Näharbeit mit sich bringt. Sie schneiden die Hose einfach am Taillenbund ab, setzen die Stoffstreifen an und arrangieren alles neu.

Abbildung 9.11 zeigt die Hose vor der Veränderung.

Abbildung 9.11: Die Hose vor ihrer Verwandlung in ein Rockteil mit angesetzten Stoffstreifen

Material

✔ Stoffhose mit gut passendem Taillenbund

✔ Stoffstücke in passenden Farbtönen und/oder 0,5 m Tüll oder Netzstoff

✔ Stecknadeln

✔ Sicherheitsnadeln

✔ Maßband

✔ Nähnadel für Hand- oder Maschinennähte

✔ farblich zur Hose passendes Nähgarn

✔ Schneiderkreide oder Stoffmarker

✔ Schere

Anleitung

1. **Vorbereitung:** Waschen und trocknen Sie die Hose laut der Pflegeanleitung auf dem Etikett oder geben Sie sie in die Reinigung, falls das Etikett fehlt.

2. **Markieren Sie die erste Schnittlinie.** Suchen Sie die Ansatzstelle zwischen Taillenbund und Hosenteil. Messen Sie von dieser Naht aus 4 cm weit in das Hosenteil hinein und mar-

kieren Sie den Messpunkt. Sollten auf dieser Höhe Gürtelschlaufen im Weg sein, messen Sie bis unterhalb der Schlaufen.

3. **Markieren Sie mit der Schneiderkreide.** Wiederholen Sie die Messung aus Schritt 2 im Abstand von 3 bis 5 cm entlang der gesamten Vorderseite und zeichnen Sie eine gleichmäßige Schnittlinie, indem Sie die Messpunkte miteinander verbinden (siehe Abbildung 9.12).

 Falls Ihre Hose keinen Taillenbund hat, markieren Sie die Linie wie in Schritt 2 beschrieben im Abstand von 5 cm unterhalb des Hosenknopfs oder eines anderen Verschlusses. Hat die Hose einen Gummi- oder Kordelbund und keinen Verschluss, zeichnen Sie die Schnittlinie 4 cm unterhalb des Tunnels, in dem sich das Gummiband oder die Kordel befindet. Bei jedem anderen Hosenmodell zeichnen Sie 10 cm unterhalb der Taillenkante eine Linie.

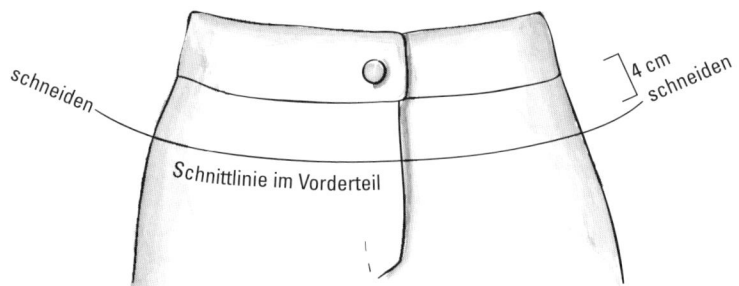

Abbildung 9.12: Die erste Schnittlinie

4. **Zuschnitt:** Schneiden Sie das Vorderteil der Hose an der markierten Linie auseinander (siehe Abbildung 9.13). Schneiden Sie um die Oberkante des Reißverschlusses herum und trennen Sie ihn vom Taillenbund ab. Schneiden Sie den Hosenschlitz komplett heraus und trennen Sie die Innennähte von der Schrittnaht bis zum Saum auf. Schneiden Sie die Innennähte und die Saumkante der Hosenbeine komplett ab.

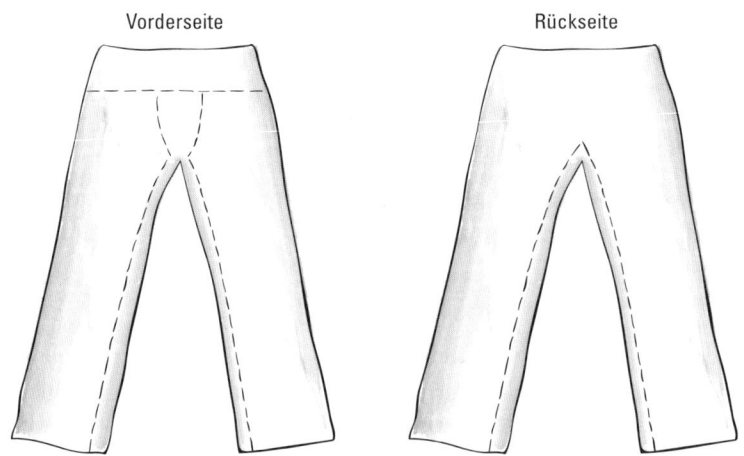

Abbildung 9.13: Schneiden Sie die Hose wie abgebildet auseinander.

5. **Markieren Sie die zweite Schnittlinie.** Messen Sie mit dem Maßband die Breite der beiden Hosenbeine am Saum und teilen Sie das Maß durch drei. Markieren Sie diese Drittel mit Schneiderkreide an der Saumkante. Messen Sie auch die Breite der Hosenbeine auf Höhe der Schrittnaht, teilen Sie auch dieses Maß durch drei und markieren Sie die Messpunkte. Verbinden Sie nun die Messpunkte jeweils von der Schritthöhe bis zum Hosenbeinsaum mit senkrechten Linien (siehe Abbildung 9.14).

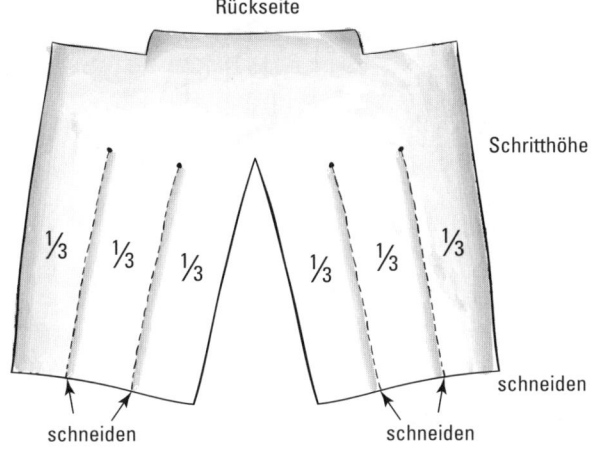

Abbildung 9.14: Markieren Sie die zweite Schnittlinie wie abgebildet.

6. **Zuschnitt:** Schneiden Sie entlang der markierten Linien den Stoff durch. Möchten Sie weitere Stoffstreifen ansetzen, schneiden Sie diese in der gleichen Breite zu. Den Tüll oder Netzstoff müssen Sie nicht zuschneiden.

7. **Reparaturen:** Falls Sie Risse, Löcher oder Flecken bearbeiten müssen, lesen Sie in Kapitel 4 nach.

8. **Nähen:** Säumen Sie die Schnittkanten mit dem schrägen Saumstich (siehe hierzu Kapitel 5). Versäubern Sie damit jeden Stoffstreifen, den Sie verarbeiten, außer dem Tüll oder dem Netzstoff. Sie müssen nicht versäubert werden. Sie können alternativ die Schnittkanten auch mit dem Langettenstich von Hand, mit dem Zickzackstich der Nähmaschine oder mit dem Overlockstich versäubern.

 Anstatt das Teil zu säumen, können Sie es mit Saumband verarbeiten, das einfach angebügelt wird. Sie erhalten es in Stoffgeschäften, aber auch in Supermärkten oder Kaufhäusern.

9. **Stoffstreifen anstecken:** Legen Sie die Hose flach, mit der Rückseite nach oben hin. Legen Sie die Stoffstreifen längs auf das Taillenband, mit der Streifenmitte genau auf Höhe des Taillenbunds. Arrangieren Sie die Streifen gleichmäßig und überlappend entlang der Rückseite des Taillenbunds. Stecken Sie die Stoffstreifen mit Stecknadeln fest, wobei diese alle 3 cm quer zum Taillenbund stecken sollten (siehe Abbildung 9.15).

 Achten Sie auf eine möglichst gleichmäßige Stoffdicke entlang des Taillenbunds, insbesondere wenn Sie mit der Nähmaschine nähen. Benutzen Sie am besten leichte, dünne Stoffe dafür.

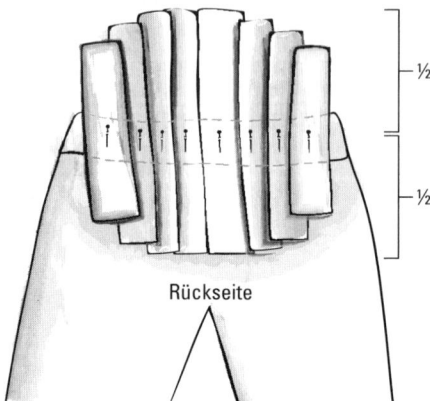

½

½

Rückseite

Abbildung 9.15: Stecken Sie Stoffstreifen auf den Taillenbund.

10. **Stecken Sie Tüll oder Netzstoff an.** Legen Sie die Hose flach aus, mit der Rückseite nach oben und arrangieren Sie den Tüll oder Netzstoff mittig darauf, sodass 25 cm über und 25 cm unter dem Taillenbund liegen. Stecken Sie die Seitenkanten des Tülls oder Netzstoffs etwa 7 cm von den Seitennähten entfernt auf dem Taillenbund fest. Kräuseln Sie den Tüllstoff gleichmäßig und stecken Sie ihn alle 3 cm mit Nadeln quer zum Taillenband fest (siehe Abbildung 9.16).

 Benutzen Sie Sicherheitsnadeln anstelle von Stecknadeln, dann können Sie den Rock anprobieren. Tanzen, springen und wackeln Sie mit dem Rock in jeder erdenklichen Weise und prüfen Sie, ab der Rock schön fällt und gut aussieht.

11. **Stecken Sie die Hosenbeinstreifen fest.** Lassen Sie die Hose flach liegen, falten Sie die Hosenbeinstreifen nach oben und stecken Sie sie so fest, dass die Oberkante der Hosenbeine etwa 15 bis 25 cm über dem Taillenbund liegen. Stecken Sie die beiden mittleren Hosenbeinstreifen mit der Saumkante genau auf das Taillenband. Die Stecknadeln sollten alle 3 cm quer zum Taillenbund sitzen.

12. **Nähen Sie mit der gewünschten Methode.** Beachten Sie die unterschiedlichen Hinweise zu Handnähten, Maschinen- und Overlock-Maschinennähten.

   - **Handnähte:** Lesen Sie in Kapitel 5 mehr über Handnähte. Nähen Sie im Geradstich über das Taillenband und fixieren Sie alle Stofflagen.

   - **Maschinennähte:** Lesen Sie in der Betriebsanleitung nach, ob es Hinweise zum Nähen vieler Stofflagen gibt. Nähen Sie im Geradstich über das Taillenband und fixieren Sie alle Stofflagen.

Das Kleid zeigt mehr Haut durch den neuen Neckholder-Ausschnitt (Kapitel 17).

Der Streifenlook nach einem Design von Chris Ray Collins entsteht durch Malerkrepp und Textilsprühfarbe. Sie finden die Anleitung unter »Variationen« bei verschiedenen Projekten.

Das Oberteil hat einen Neckholder-Ausschnitt bekommen (Kapitel 6) und die Rockmodelle finden Sie in Kapitel 8, die Anleitung für den Kragen in Kapitel 20 und die Stulpen sind in Kapitel 13 beschrieben.

Bei dem Recycling dieses Kleids spielte eine Heißluftpistole eine entscheidende Rolle (Kapitel 16).

Den Kurzpulli finden Sie in Kapitel 8 und das Oberteil in Kapitel 6 beschrieben.

Die Anleitung für das Oberteil mit der dramatischen Rückseite steht in Kapitel 13, es wird über einem Oberteil aus Kapitel 6 getragen. Das Stirnband ist eine Variante des Kragens in Kapitel 20.

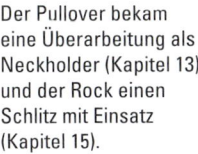

Der Pullover bekam eine Überarbeitung als Neckholder (Kapitel 13) und der Rock einen Schlitz mit Einsatz (Kapitel 15).

Zwei Varianten des Neckholder-Tops (Kapitel 6) und der Gürtel aus Kapitel 10.

Links ein Kurzpulli (Kapitel 13) und ein umgearbeiteter Rock (Kapitel 13) als Schal getragen. Der umgedrehte Rock wird in Kapitel 6 beschrieben. Rechts eine Wickeljacke (Kapitel 12) über einem Neckholder-Top (Kapitel 6) und zwei übereinander getragene Rockmodelle (das obere Kapitel 11, das untere Kapitel 12).

Zum umgedrehten Rock aus
Kapitel 13 wurde hier das Oberteil
aus Kapitel 8 kombiniert.

Hier eine Tragevariante der
Modelle aus der obigen
Abbildung.

Der ehemalige Blusenkragen wird hier
als Kropfband (Kapitel 7) zusammen mit
Manschetten (Kapitel 7) getragen. Der
Rock mit Rüschensaum ist in Kapitel 16
beschrieben.

Der Kurzpulli (Kapitel 8) passt
über das T-Shirt mit Ziernähten
(Kapitel 4) und zu den Stulpen
(Kapitel 13).

Das Oberteil mit Dekoration aus Stoffresten (Kapitel 20) wird
kombiniert zum Rock mit Rüschensaum (Kapitel 16).

Der Pullover mit neuem Kragen
(Kapitel 9) und die Schultertasche
(Kapitel 10) haben Stil.

Das Kleid (Kapitel 17) wird kombiniert mit Wickeljacke (Kapitel 13) und Schultertasche (Kapitel 13).

Manschettenvariation links (Kapitel 7) trifft auf Armstulpe rechts (Kapitel 13).

Aus zwei Oberteilen wurde hier eins (Kapitel 7).

Oberteil und Rock entstanden nach der Anleitung in Kapitel 17.

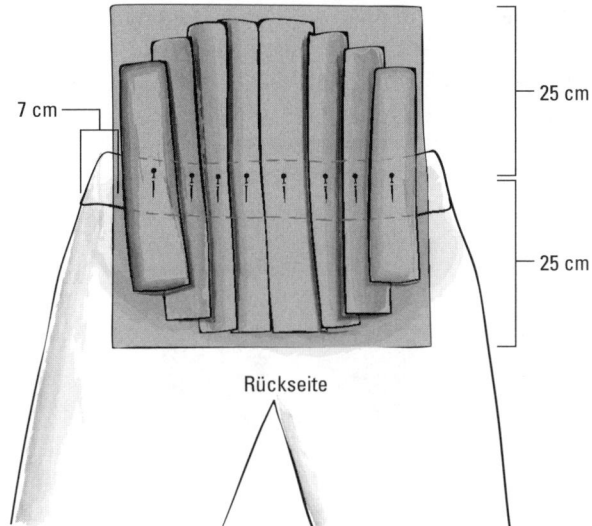

Abbildung 9.16: Stecken Sie den Tüll oder Netzstoff auf das Taillenband.

Die geänderte Hose sehen Sie in Abbildung 9.17.

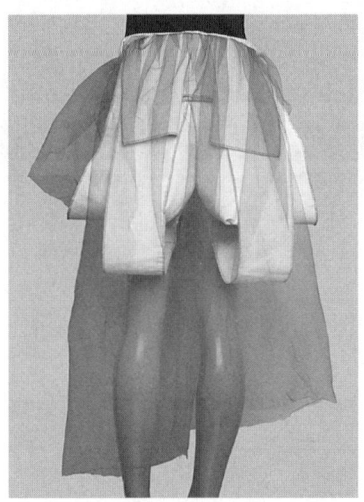

Abbildung 9.17: Die voluminöse Rückseite des Rockteils mit den vielen aufgebauschten Stoffstreifen

Oberteil mit Überraschungskragen

Was würden Sie sagen, wenn aus der Taille einer Hose ein Kopf ragt? Ungewöhnlich, aber trotzdem ein tolles Projekt, um eine Lieblingshose wiederzuverwerten, die nicht mehr gut sitzt. Kombinieren Sie sie einfach mit einem gut sitzenden Oberteil.

Das Teil wird ähnlich gearbeitet wie der Kurzpulli mit Kragen in Kapitel 8. Sie brauchen etwas Geduld beim Messen und beim Aneinandersetzen der Teile am Halsausschnitt. Abbildungen 9.18 und 9.19 zeigen die beiden Ausgangsteile.

Abbildung 9.18: Die Hose, aus der ein Überraschungskragen werden soll

Abbildung 9.19: Dieser Pullover soll einen Überraschungskragen bekommen.

Material

✔ Stoffhose

✔ gut sitzender Pullover

✔ Sicherheitsnadeln

✔ Stecknadeln

✔ Maßband

✔ Nähnadel für Hand- oder Maschinennähte

✔ farblich zur Hose passendes Nähgarn

✔ Schneiderkreide oder Stoffmarker

✔ Schere

Anleitung

1. **Vorbereitung:** Waschen und trocknen Sie Pullover und Hose laut der Pflegeanleitung auf dem Etikett oder geben Sie beides in die Reinigung, falls das Etikett fehlt.

2. **Markieren Sie die Schnittlinie.** Falten Sie die Hose zur Hälfte, Hüftteile aufeinander, und legen Sie sie flach hin. Mit dem Maßband und der Schneiderkreide markieren Sie eine Linie parallel zum Taillenbund und 5 cm oberhalb der Schrittnaht (siehe Abbildung 9.20).

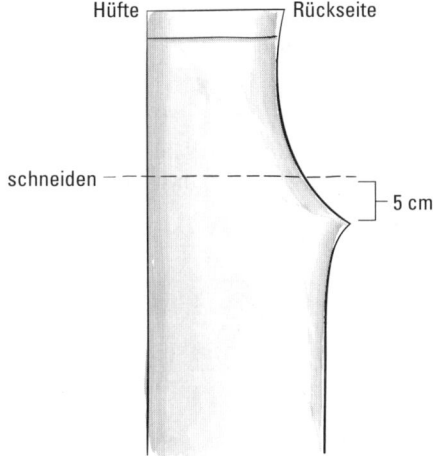

Abbildung 9.20: Markieren Sie die Schnittlinie.

 Achten Sie darauf, nicht durch irgendwelche Taschen zu schneiden.

3. **Zuschnitt:** Schneiden Sie entlang der markierten Linie durch alle vier Stofflagen. Falten Sie die Hose auseinander und begradigen Sie wenn nötig die Schnittlinie, besonders an der Schrittnaht.

 Heben Sie die Stoffreste für das Topflappenprojekt in Kapitel 19 auf.

4. **Messungen:** Messen Sie mit dem Maßband den Umfang des gerade zugeschnittenen Teils aus. Stellen Sie außerdem den Halsumfang Ihres Pullovers fest (siehe Abbildung 9.21).

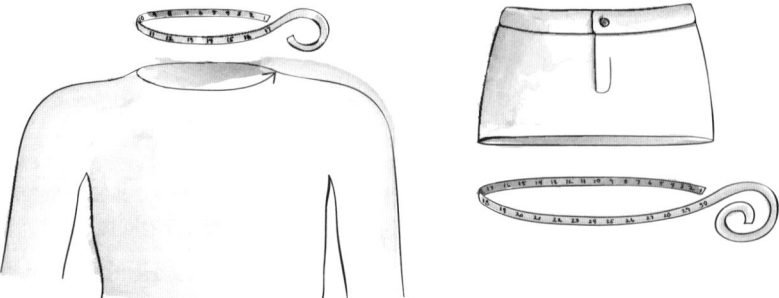

Abbildung 9.21: Messen Sie den Umfang beider Teile.

5. **Designentscheidungen:** Stimmt das Maß der abgeschnittenen Hose mit dem des Halsausschnitts überein? Lässt sich der Halsausschnitt passend dehnen? Falls die Antwort Nein lautet, fahren Sie mit dem folgenden Schritt 1 fort. Lautet die Antwort Ja, folgen Sie Schritt 2.

   1. **Schneiden und Wenden:** Sie können den Halsausschnitt weiter ausschneiden und im Vorderteil tiefer schneiden, damit er an das Kragenteil passt (siehe Abbildung 9.22). Wenden Sie den Pullover auf links.

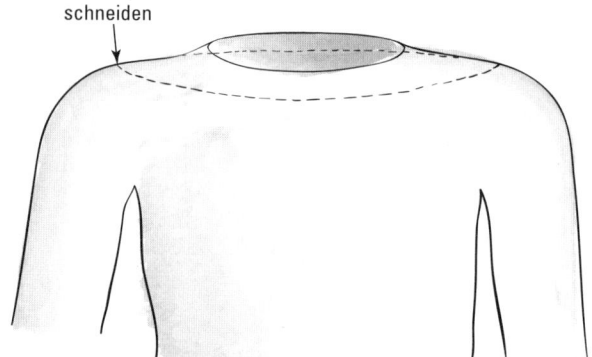

Abbildung 9.22: Schneiden Sie den Halsausschnitt weiter aus.

 Halten Sie sich beim Schneiden zurück. Sie können immer noch weiteren Stoff herausschneiden, sollte es beim ersten Mal nicht reichen.

   2. **Aneinandersetzen:** Stecken Sie das Hosenteil rechts auf rechts in den Pullover. Ich richte den Hosenschlitz gerne einige Zentimeter zur Seite aus, wie in Abbildung 9.23 zu sehen ist. Wählen Sie selbst die beste Platzierung.

6. **Feststecken:** Stecken Sie die Schnittkante der Hose gleichmäßig an den Halsausschnitt und setzen Sie alle 3 cm eine Stecknadel quer zur Schnittkante.

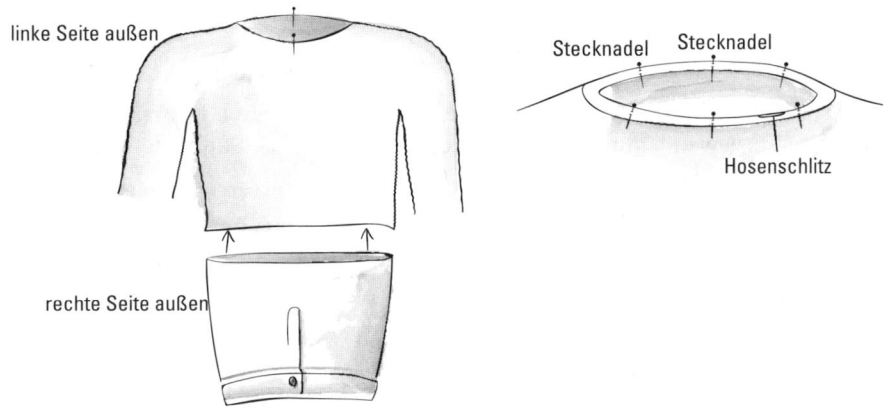

Abbildung 9.23: Setzen Sie die Teile aneinander und stecken Sie sie fest.

7. **Reparaturen:** Falls Sie Risse, Löcher oder Flecken bearbeiten müssen, lesen Sie in Kapitel 4 nach.

8. **Nähen Sie mit der gewünschten Methode.** Beachten Sie die unterschiedlichen Hinweise zu Handnähten, Maschinen- und Overlock-Maschinennähten. Wenden Sie das Oberteil nach dem Nähen auf rechts.

- **Handnähte:** Lesen Sie in Kapitel 5 mehr über Handnähte. Nähen Sie im Langettenstich über die Schnittkanten und verbinden Sie gleichzeitig die beiden Teile miteinander.

- **Maschinennähte:** Nähen Sie im Zickzackstich über die Schnittkanten und verbinden Sie dabei die beiden Teile miteinander.

- **Overlocknähte:** Nähen Sie über die Schnittkanten im Overlockstich und verbinden Sie dabei die beiden Teile.

Abbildung 9.24 zeigt das fertige Teil.

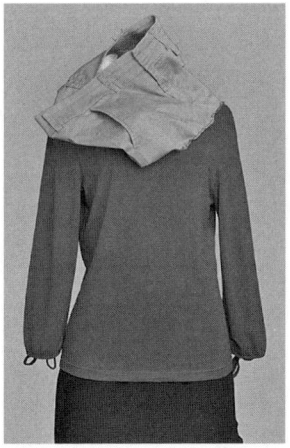

Abbildung 9.24: Das Oberteil mit Überraschungskragen

Variationen

Probieren Sie alternativ einige der folgenden Techniken aus:

✔ **Sichtbare Nähte:** Sie können die Nähte offenkantig verarbeiten. Lassen Sie dazu den Pullover auf rechts gewendet und wenden Sie die Hose auf links. Dann liegt die Naht offen auf der Außenseite des Halsausschnitts.

✔ **Ziernähte:** Lesen Sie am Anfang des Kapitels über die verschiedenen Möglichkeiten von Ziernähten nach.

Verjüngungskur für Jeans

In diesem Kapitel

▸ Jeans pflegen

▸ Schwachstellen und Fallstricke entdecken

▸ Jeans einen neuen Look spendieren

Können Sie sich ein Leben ohne Ihre bequem eingetragenen, treuen Jeans vorstellen? Jeans findet man in beinahe jedem Kleiderschrank. Da sie haltbarer sind als Stoffhosen, begleiten sie uns auch länger durch harte Zeiten. Wenn sie dann untragbar geworden sind, wird es dramatisch. Eine Zeit lang waren durchlöcherte Jeans sehr im Trend und sogar ich wurde gesichtet, als ich eine zerschlissene Jeans mit einem großen Loch am Hinterteil trug, mit Leggins darunter. Nie wieder!

Viele Leute sind schon zu mir gekommen, mit einer Jeans in der Hand, einem verzweifelten Gesichtsausdruck und der Hoffnung, dass es Rettung geben könnte. Dann erzählen sie meist eine peinliche Geschichte, wie ihre Lieblingsjeans den letzten Atemzug getan hat. Gott sei Dank gibt es einige Dinge, die man tun kann. Wenn Sie Ihre Jeans rechtzeitig retten wollen, lesen Sie in diesem Kapitel den Abschnitt »Wiederbelebung von Jeans«. Darüber hinaus gibt es weitere Möglichkeiten, Jeans in viele andere Dinge zu verwandeln, bei denen Sie weder Knie noch Kehrseiten den vier Elementen aussetzen müssen.

Vorbereiten, Verschönern und Pflegen von Jeans

Wenn Sie getragene Jeans verarbeiten, sind diese bereits gewaschen und getrocknet worden, sodass die Gefahr des Einlaufens gering ist. Jeans lassen sich prima in der Waschmaschine und im Trockner pflegen. Allerdings gibt es auch Stretchmaterialien, Stickereien oder Besätze, die spezielle Behandlung benötigen. Achten Sie deshalb immer auf die Waschempfehlungen des Herstellers und waschen Sie die Jeans vor der Verarbeitung. Fehlt der Jeans das Etikett, lesen Sie in Kapitel 4 die Empfehlungen für eine Reinigung nach. Alternativ können Sie die Jeans im Schonwaschgang bei niedriger Temperatur waschen und liegend trocknen lassen.

Die üblichen Verdächtigen

Je nach Projekt können Schwachstellen an Ihren Jeans ohne Bedeutung sein. Für den Gürtel in diesem Kapitel werden die Hosenbeine komplett abgeschnitten, während Sie für andere Projekte jeden Fetzen Stoff verwerten. Lesen Sie also in der folgenden Liste nach, welche Hürden zu überwinden sind, bevor Sie mit einem Projekt beginnen.

Achten Sie immer auf die folgenden Schwachstellen, bevor Sie eine Jeans verarbeiten:

✔ zerschlissene Kehrseite, Hosenschlitz und Kniepartie

✔ Flecken und Verschleiß am Saum

✔ Flecken auf den Knien und am Gesäß

✔ kaputter Reißverschluss

✔ ausgerissene Gürtelschlaufen

✔ Löcher in den Hosentaschen (oder vergessene Schätze)

Schwierigkeiten, die zu erwarten sind

Denim ist ein sehr dicker Stoff. Schon zwei Lagen davon erschweren das Nähen sehr. Über eine bestehende Naht zu nähen, ist noch schwieriger, wenn nicht unmöglich. Versuchen Sie bei jedem Projekt, die Stofflagen so zu arrangieren, dass Sie möglichst wenige Lagen haben, durch die Sie nähen müssen. Nähen Sie niemals zwei Nähte aufeinander, das wären vier Stofflagen auf einmal. Bei Handnähten sollten Sie unbedingt einen Fingerhut und spezielle Nähnadeln benutzen. Zerren Sie Jeansstoff nicht mit Gewalt durch die Nähmaschine. Gehen Sie generell sanft mit sich und Ihrer Nähmaschine um.

Scheuen Sie sich nicht davor, Fragen zu stellen, besonders wenn Sie Nähnadeln kaufen. Mit dem bloßen Auge ist kaum ein Unterschied zu erkennen, aber sie sind verschieden. Die richtige Nadel für Ihr Projekt kann Sie vor einem Haufen Ärger bewahren. Sorgen Sie immer für einen ausreichenden Nadelvorrat, denn die Wahrscheinlichkeit, dass Sie mindestens eine ruinieren, ist groß.

Wiederbelebung von Jeans

Dieser Abschnitt ist eine Wiederholung der Hinweise im Abschnitt »Wiedergeburt einer Hose« in Kapitel 9, allerdings mit speziellen Hinweisen zu Denimstoffen. Idealerweise setzen Sie diese Hinweise um, bevor Ihre Jeans den Geist endgültig aufgibt. Sie ersparen Ihnen eine Menge Mühe und Verzweiflung. Je nachdem, an welchen Stellen Ihre Jeans verschlissen ist, kann dieses Projekt schwierig werden. Besonders Verschleiß im Schritt lässt sich oft nur mit mehreren Flicken reparieren. In jedem Fall werden die Flickarbeiten später sichtbar sein, darüber sollten Sie sich im Klaren sein. Abbildung 10.1 zeigt die Ausgangsjeans.

Material

✔ Jeans

✔ Stretchstoff in der passenden Größe, um die zerschlissenen Stellen zu bedecken

✔ Stecknadeln

✔ Nähnadel für Hand- oder Maschinennähte

Abbildung 10.1: Die Jeans vor der Wiederbelebung

✔ passendes Nähgarn zur Jeans oder als dekoratives Element

✔ Schere

Anleitung

1. **Vorbereitung:** Waschen und trocknen Sie die Jeans nach Herstellerempfehlung. Falls das Etikett fehlt, waschen Sie die Jeans im Schonwaschgang und lassen sie liegend trocknen.

2. **Auf links wenden:** Wenden Sie die Jeans auf links und legen Sie sie flach hin, damit die Verschleißstellen gut sichtbar sind.

3. **Zuschneiden:** Schneiden Sie ein Stück Stretchstoff groß genug für die Schadstelle zu. Es sollte etwa 3 cm an allen Seiten über die Flickstelle hinaus reichen. Reparieren Sie alle abgetragenen Stellen rechtzeitig, damit die Schäden nicht noch größer werden.

 Platzieren Sie den Stretchstoff so, dass seine Dehnrichtung der Dehnung der Jeans entspricht. Normalerweise werden Jeans im Kniebereich in der Länge gedehnt und am Gesäß in der Breite.

4. **Feststecken:** Stecken Sie den Flicken auf die Jeans. Die Stecknadeln sollten quer zum Flickenrand und zur Nahtlinie sitzen.

5. **Nähen Sie sicher von Hand.** Lesen Sie in Kapitel 5 die Hinweise zu Handnähten nach. Nähen Sie mit einem Geradstich und passendem Garn entlang der Flickenränder und auch entlang der Ränder der Schadstelle.

6. **Auf rechts wenden:** Wenden Sie die Jeans auf rechts und entfernen Sie alle Stecknadeln.

7. **Ziernähte mit der gewünschten Nähtechnik:** Folgen Sie den Hinweisen zu der von Ihnen gewählten Technik. Das Projekt eignet sich nicht für eine Overlock-Maschine.

- **Handnähte:** Lesen Sie in Kapitel 5 die Hinweise zu Handnähten nach. Nähen Sie mit einer dieser Sticharten dekorativ um den Flicken und dehnen Sie die Ziernähte auch auf andere Bereiche der Hose aus. Sie können auch weitere (unnötige) Flicken aufsetzen, um von den Flickstellen abzulenken. Abbildung 9.2 in Kapitel 9 präsentiert Ihnen einige Beispiele.

- **Maschinennähte:** Wählen Sie eine beliebige Stichart und nähen Sie dekorativ um den Flicken herum. Weiten Sie die Zierstiche auch auf andere Bereiche der Hose aus. Sie können noch weitere Flicken aufnähen und einbeziehen. Abbildung 9.3 in Kapitel 9 liefert Ihnen dazu Ideen.

 Die Zierstiche sollten sichtbar sein. Verwenden Sie Nähgarn, das sich farblich abhebt, aber auf den Jeansfarbton abgestimmt ist.

Abbildung 10.2 zeigt Ihnen die dekorativ wiederbelebte Jeans.

Abbildung 10.2: Die wiederbelebte Jeans

Ein ungewöhnlicher Gürtel

Das Tolle an Jeans ist, dass sie einfach zu allem passen! Deswegen eignen sie sich auch hervorragend, um daraus Accessoires herzustellen. Ein Gürtel, der einfach aus dem Taillenbund der Jeans und den angesetzten Taschen besteht, ist nicht nur ein modisches, sondern auch ein praktisches Accessoire und hat viel mehr Chic als eine Bauchtasche je haben könnte.

Dieses Projekt ist besonders einfach. Ich habe die Anleitung für einen fransigen, lässigen Look gemacht, weil sich die vielen Lagen Jeansstoff, besonders an den Nähten am Taillenbund, sehr schwer nähen lassen, sowohl von Hand als auch mit der Maschine. Außerdem finde ich sauber gesäumte Jeans einfach seltsam. Sie schneiden also bei diesem Projekt einfach den Bund ab und lassen die Taschen, die Sie behalten möchten, daran hängen und schneiden die anderen ab. Sie müssen keine Schnittkanten säumen, können sie aber wie beschrieben mit einer einfachen Stichart versäubern.

Abbildung 10.3 zeigt das Ausgangsmodell für den Gürtel.

Abbildung 10.3: Jeans vor ihrer Verwandlung in einen modischen Gürtel

Material

✔ Jeans mit einem Taillenbund, den Sie auf Höhe der Hüfte tragen können

✔ Stecknadeln

✔ Maßband

✔ Nähnadel für Hand- oder Maschinennähte

✔ passendes Nähgarn zur Jeans

✔ Schneiderkreide oder Stoffmarker

✔ Schere

Anleitung

1. **Vorbereitung:** Waschen und trocknen Sie Ihre Jeans nach Herstellerempfehlung. Falls das Etikett fehlt, waschen Sie die Jeans im Schonwaschgang und lassen sie liegend trocknen.

2. **Designentscheidungen:** Überlegen Sie, welche Taschen Sie behalten möchten.

 Wenn Sie noch unentschlossen sind, lassen Sie mehrere Taschen am Gürtel. Sie können später immer noch welche abschneiden. Es ist deutlich schwieriger, sie später wieder anzunähen.

3. **Auf links wenden:** Wenden Sie die Jeans auf links und legen Sie sie flach hin. Streichen Sie alle Taschen glatt und stecken Sie sie mit dem Innenfutter zusammen.

4. **Messen und Markieren der ersten Schnittlinie:** Stellen Sie den tiefsten Punkt der Taschen fest. Messen Sie von dort aus 3 cm tiefer und markieren Sie den Punkt mit Schneiderkrei-

de. Zeichnen Sie mithilfe des Maßbands eine waagerechte Linie über das Hosenbein auf Höhe der Markierung (siehe Abbildung 10.4). Wiederholen Sie das am anderen Hosenbein.

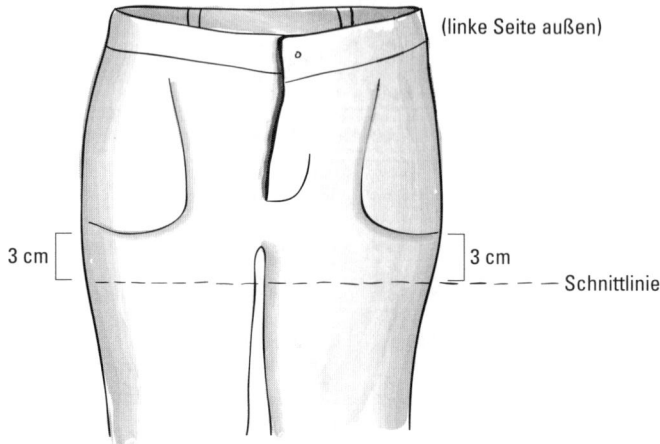

(linke Seite außen)

3 cm   3 cm
— Schnittlinie

Abbildung 10.4: Erste Schnittlinie

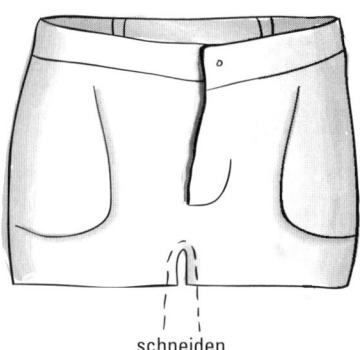

schneiden

Abbildung 10.5: Schneiden Sie die Innennaht heraus.

5. **Messen und Markieren der zweiten Schnittlinie:** Während die Jeans immer noch auf links gewendet ist, schauen Sie sich die Ansatzstellen der hinteren Taschen und den Übergang zu den Taschen im Vorderteil an. Messen Sie in 1,5 cm Abstand um die Taschen herum, die Sie behalten wollen, und markieren Sie dort eine Schnittlinie mit Schneiderkreide. Führen Sie die Markierung weiter bis zum Taillenbund und zeichnen Sie im Abstand von 1,5 cm zum Taillenbund die Schnittlinie waagerecht weiter. Der Abstand zum Taillenbund ist flexibel, weil er von der Form der Jeans abhängt. Falls dort Gürtelschlaufen aufgesetzt sind, vergrößern Sie den Abstand entsprechend, oder verringern Sie ihn, um nicht durch den Reißverschluss schneiden zu müssen. Betrachten Sie auch Abbildung 10.6.

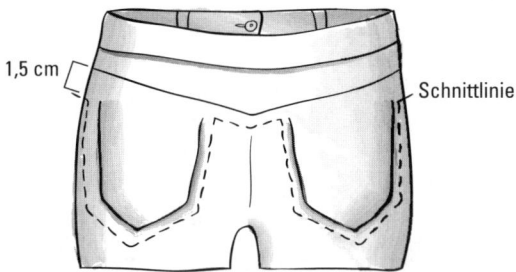

Abbildung 10.6: Zweite Schnittlinie

6. **Zuschneiden und Wenden:** Schneiden Sie die Jeans entlang der markierten Linien aus Schritt 5 durch und entfernen Sie die Stecknadeln aus den Taschen. Wenden Sie die Jeans auf rechts.

 Heben Sie die Reste der Hosenbeine für den Geldbeutel in Kapitel 20 auf.

7. **Reparaturen:** Falls Sie Risse, Löcher oder Flecken bearbeiten müssen, lesen Sie in Kapitel 4 nach.

 Prüfen Sie auf jeden Fall die Hosentaschen auf Löcher im Taschenbeutel und flicken Sie sie, bevor Sie später Ihre Siebensachen verlieren.

8. **Nähen Sie mit der gewünschten Methode.** Folgen Sie den Hinweisen zu der von Ihnen gewählten Nähtechnik.

   - **Handnähte:** Lesen Sie in Kapitel 5 die Hinweise zu Handnähten nach. Nähen Sie im Langettenstich über die gesamte Schnittkante.

   - **Maschinennähte:** Verwenden Sie auf jeden Fall eine Jeansnadel und schieben Sie die dicken Stofflagen nicht mit Gewalt durch die Nähmaschine. Im Bereich von Nähten oder dem Reißverschluss können Sie die Maschine vorsichtig von Hand antreiben oder den Bereich auslassen, wie Abbildung 10.7 zeigt. Nähen Sie im Zickzackstich über alle Schnittkanten und arbeiten Sie dabei so nahe an der Kante wie möglich.

   - **Overlock-Maschinennähte:** Nähen Sie im Overlockstich über alle Schnittkanten und arbeiten Sie bei besonders dicken Lagen sehr vorsichtig.

 Sie können die Schnittkanten auch völlig unversäubert lassen. Waschen Sie den Gürtel und trocknen Sie ihn im Trockner, dadurch verbinden sich die Fasern an den Schnittkanten und sie fransen nicht weiter aus.

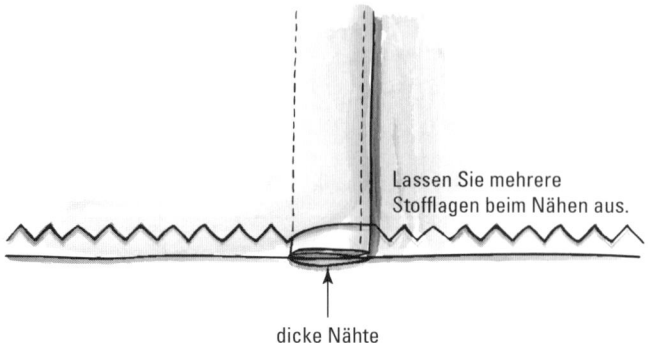

Abbildung 10.7: So nähen Sie über mehrere Stofflagen.

Abbildung 10.8 zeigt den fertigen Gürtel mit angeschnittenen Taschen.

Abbildung 10.8: Der fertige Gürtel mit den angeschnittenen Taschen

Variationen

Probieren Sie alternativ einige der folgenden Techniken aus:

✔ **Schrägband:** Anstatt die Schnittkanten zu säumen, können Sie sie auch mit Schrägband dekorativ einfassen. Sie finden verschiedene Ausführungen in Stoffgeschäften in der Kurzwarenabteilung, dort, wo auch die Reißverschlüsse sind. Sie können das Schrägband von Hand oder mit der Maschine annähen und damit die Saumkante fertigstellen (beachten Sie die Verarbeitungshinweise auf der Verpackung).

✔ **Rustikale Nähte:** Sie können alle Nähte von Hand mit Stickgarn ausführen.

✔ **Steppnähte:** Nähen Sie zusätzlich von Hand mit Stickgarn, Twist oder Band über die fertigen Nähte.

✔ **Farben kombinieren:** Nähen Sie mit einem farblich kontrastierenden Garn. An der Nähmaschine können Sie auch zwei verschiedene Farben für Ober- und Spulenfaden einlegen.

Bei der Overlock-Maschine lassen sich sogar vier bis fünf verschiedenfarbige Garne verarbeiten.

✔ **Ziernähte:** Nähen Sie mit Zierstichen über einige Partien des Gürtels. Sie können die Linien mit Schneiderkreide vorzeichnen (Taschenkanten, Nähte oder Flickstellen). Falls Ihre Maschine spezielle Stick- oder Zierstiche hat, verwenden Sie diese.

✔ **Knöpfe:** Nähen Sie Knöpfe als Dekoration auf den Gürtel. Damit bekommen Sie wieder Platz in der Knopfdose. Sie können die Knöpfe nach einem Farbschema auswählen oder nach Stil (verziert, Stoff, Glas oder geschnitzt).

✔ **Kreative Schnittlinien:** Anstatt die Jeans unterhalb der Taschen gerade abzuschneiden, können Sie die Schnittlinie auch kurvig oder gebogen machen, wie die Beispiele in Abbildung 10.9 zeigen.

✔ **Dekorationen ganz ohne Nähen:** Lassen Sie alle Schnittkanten unversäubert, waschen und trocknen Sie den Gürtel im Trockner. Dadurch verbinden sich die Fasern an den Schnittkanten miteinander. Auch hier können Sie die Schnittlinie kreativ verändern, den Gürtel bemalen, mit Nieten oder Ösen besetzen, Blenden ansetzen, bekleben (nicht waschbar), bleichen, färben oder mit Stoffstiften beschreiben oder bemalen. Kleben Sie Kreppklebeband in regelmäßigen Abständen über den Gürtel und sprühen Sie mit Sprühfarbe darüber. Lassen Sie die Farbe trocknen und wiederholen Sie den Vorgang, bis Sie die gewünschte Farbintensität erhalten. Wenn Sie die Klebestreifen entfernen, haben Sie ein tolles Streifenmuster.

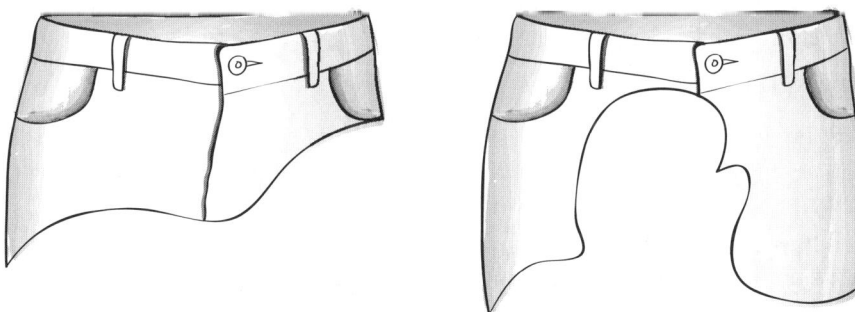

Abbildung 10.9: Kreative Schnittlinien

Die unverwüstliche Schultertasche

Da Jeans sehr haltbar sind, eignen sie sich ausgezeichnet für eine große Schultertasche, in die Sie einfach all Ihre Sachen werfen und sich in das nächste Abenteuer stürzen können. Dazu nehmen Sie eine Jeans und drehen sie auf den Kopf. Schon wird eine Tasche mit Reißverschluss daraus. Dieses Projekt ist einfach, da Sie nicht zuschneiden müssen und nur sehr wenig nähen. Sie schließen einfach die Taillenöffnung der Jeans und nähen die Hosenbeinenden zusammen. Drehen Sie die Jeans dann auf den Kopf und schon ist die Tasche einsatzbereit. Abbildung 10.10 zeigt das Ausgangsmodell.

Abbildung 10.10: Die Jeans vor ihrer Verwandlung in eine Schultertasche

Material

✔ Jeans mit einem mindestens 15 cm langen Reißverschluss

✔ Stecknadeln

✔ Maßband

✔ Nähnadel für Hand- oder Maschinennähte

✔ passendes Nähgarn zur Jeans

✔ Schere

Anleitung

1. **Vorbereitung:** Waschen und trocknen Sie die Jeans nach Herstellerempfehlung. Falls das Etikett fehlt, waschen Sie die Jeans im Schonwaschgang und lassen sie liegend trocknen.

2. **Reparaturen:** Falls Sie Risse, Löcher oder Flecken bearbeiten müssen, lesen Sie in Kapitel 4 nach.

3. **Taillenbund zusammenstecken:** Legen Sie die Jeans flach hin, sodass Vorder- und Rückenteil des Taillenbunds auf einer Höhe liegen (siehe Abbildung 10.11). Stecken Sie die vordere Mitte auf die hintere Mitte. Stecken Sie den Bund alle 3 cm mit Stecknadeln zusammen, platzieren Sie die Nadeln quer zum Bund und in den Ecken diagonal.

4. **Die Hosenbeine falten:** Legen Sie die Hosenbeine am Saum so aufeinander, dass die Innen- und die Außennaht beinahe in der Mitte des Hosenbeins liegen, wie Abbildung 10.12 zeigt.

5. **Hosenbeine zusammenstecken:** Schieben Sie ein Hosenbein in das andere, sodass sie etwa 5 cm überlappen. Achten Sie dabei darauf, dass die Nähte knapp neben der Mitte liegen, damit nicht zu viele Lagen übereinander sind (siehe Abbildung 10.13). Stecken Sie die Hosenbeine alle 3 cm mit Nadeln zusammen.

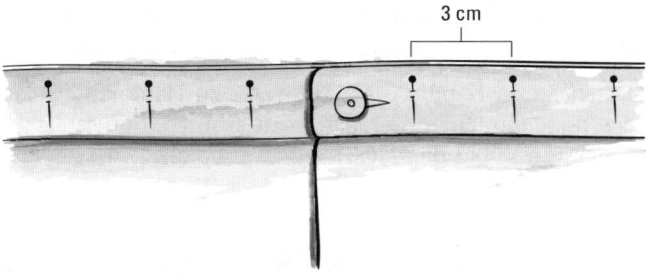

Abbildung 10.11: Stecken Sie den Taillenbund zusammen.

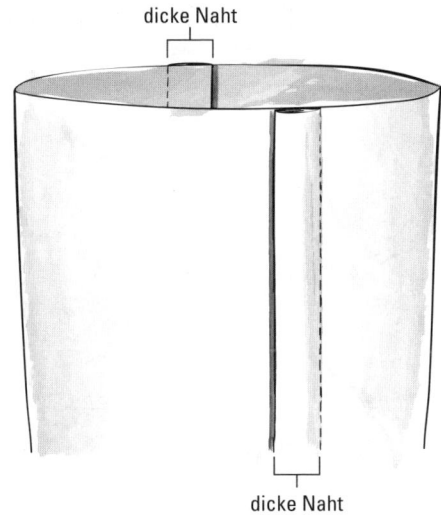

Abbildung 10.12: Legen Sie die Hosenbeine aufeinander.

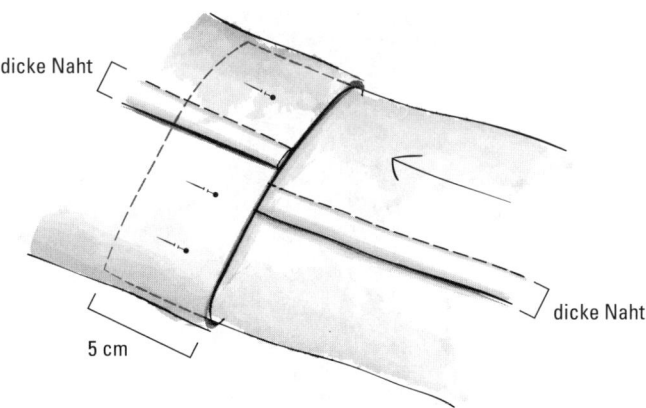

Abbildung 10.13: Stecken Sie die Hosenbeine aufeinander.

6. **Nähen Sie mit der gewünschten Methode.** Folgen Sie den Hinweisen zu der von Ihnen gewählten Nähtechnik. Das Projekt eignet sich nicht für eine Overlock-Maschine.

- **Handnähte:** Lesen Sie in Kapitel 5 die Hinweise zu Handnähten nach. Nähen Sie die Oberkanten des Taillenbunds im Geradstich zusammen. Nähen Sie genauso die Hosenbeine aufeinander, quer über den Hosensaum. Abbildung 10.14 zeigt die Nahtlinie.

- **Maschinennähte:** Verwenden Sie auf jeden Fall die richtige Nadelgröße und die passende Transporteinstellung. Die Betriebsanleitung gibt Hinweise zur Verarbeitung dicker Stoffe und mehrerer Lagen. Nähen Sie den Taillenbund im Geradstich zusammen. Ebenso nähen Sie die Hosenbeinkanten aufeinander, wie Abbildung 10.14 zeigt.

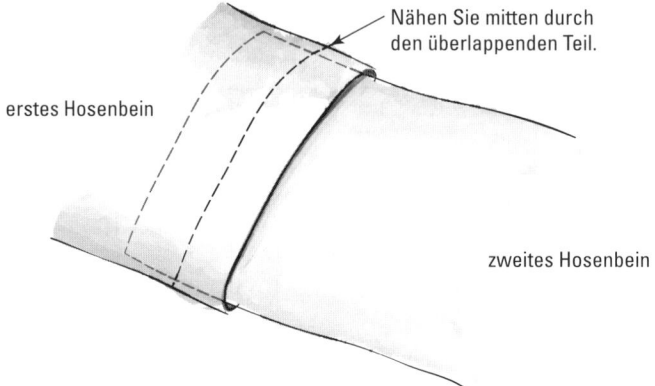

erstes Hosenbein

Nähen Sie mitten durch den überlappenden Teil.

zweites Hosenbein

Abbildung 10.14: Nahtlinie für die Hosenbeine

Abbildung 10.15 zeigt die fertige Schultertasche.

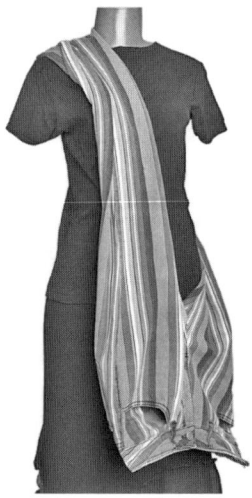

Abbildung 10.15: Die Jeans nach ihrer Verwandlung in eine geräumige Schultertasche

Variationen

Probieren Sie alternativ einige der folgenden Techniken aus:

✔ **Rustikale Nähte:** Sie können alle Nähte von Hand mit Stickgarn ausführen.

✔ **Steppnähte:** Nähen Sie zusätzlich von Hand mit Stickgarn, Twist oder Band über die fertigen Nähte.

✔ **Farben kombinieren:** Nähen Sie mit einem farblich kontrastierenden Garn. An der Nähmaschine können Sie auch zwei verschiedene Farben für Ober- und Spulenfaden einlegen. Bei der Overlock-Maschine lassen sich sogar vier bis fünf verschiedenfarbige Garne verarbeiten.

✔ **Ziernähte:** Nähen Sie mit Zierstichen über einige Partien der Tasche. Sie können die Linien mit Schneiderkreide vorzeichnen (Taschenkanten, Nähte oder Flickstellen). Falls Ihre Maschine spezielle Stick- oder Zierstiche hat, verwenden Sie diese.

✔ **Knöpfe:** Nähen Sie Knöpfe als Dekoration auf die Tasche. Damit bekommen Sie wieder Platz in der Knopfdose. Sie können die Knöpfe nach einem Farbschema auswählen oder nach Stil (verziert, Stoff, Glas oder geschnitzt) kombinieren.

 Sie können die Tasche bemalen, mit Nieten oder Ösen besetzen, Blenden ansetzen, bekleben (nicht waschbar), bleichen, färben oder mit Stoffstiften beschreiben oder bemalen. Kleben Sie Malerkrepp in regelmäßigen Abständen auf die Tasche und sprühen Sie mit Sprühfarbe darüber. Lassen Sie die Farbe trocknen und wiederholen Sie den Vorgang, bis Sie die gewünschte Farbintensität erhalten. Wenn Sie die Klebestreifen entfernen, erhalten Sie ein tolles Streifenmuster.

Verwandlungskünstler Stretchhose

In diesem Kapitel

▷ Die Dehnbarkeit von Stretchhosen erhalten

▷ Unliebsame Überraschungen umschiffen

▷ Projekte für die Discoqueen in Ihnen verwirklichen

Die Modewelt propagiert alle Jahre wieder Stretchhosen und Leggins als letzten Schrei. Meiner Meinung nach sollte man sich darin nur in einem Tanzstudio, einer Sporthalle oder bei irgendeiner anderen Art körperlicher Betätigung blicken lassen. Was also fangen wir mit diesen ausgeleierten Modesünden an? Es gibt Hoffnung! Durch den Tragekomfort und die Vielseitigkeit sind diese Hosen perfekt geeignet für die verspielten, sportlichen und zweckmäßigen Projekte in diesem Kapitel.

Die Projekte in diesem Kapitel zeigen Ihnen, wie Sie sich einen Rüschenrock für die nächste Tanzparty nähen können sowie Leggins und eine warme Mütze für den Weg nach Hause.

Vorbereiten, Verschönern und Pflegen von Stretchhosen

Stretchhosen brauchen eine besondere Behandlung. Das Material, das sie dehnbar macht, ist sehr schwierig zu pflegen, da es empfindlich reagiert, wenn Sie es zu grob waschen oder es im Trockner zu viel Hitze abbekommt. Waschen Sie Stretchhosen im Schonwaschgang bei niedriger Temperatur und lassen Sie sie liegend trocknen. Stecken Sie die Stretchhosen niemals in den Trockner, egal wie eilig Sie es haben. Richten Sie sich nach den Waschempfehlungen auf dem Etikett des Kleidungsstücks. Das Ergebnis falscher Pflege ist furchterregend.

Die üblichen Verdächtigen

Stretchhosen zeigen sehr schnell Tragespuren. Da sie häufig stark beansprucht werden, etwa beim Sport, halte ich in Secondhand-Läden gewöhnlich nicht nach solchen Hosen Ausschau, um sie zu verarbeiten. Sie können mithilfe der Projekte in diesem Kapitel aber die Hosen, die sich bereits in Ihrem Kleiderschrank befinden, in etwas Neues umarbeiten. Dadurch verwenden Sie nicht nur Dinge, die sonst ungenutzt in Ihrem Schrank lagern, Sie verhindern auch, dass solche unverkäuflichen Hosen stapelweise in Kleiderkammern liegen und einer ungewissen Zukunft harren. Sollten Sie tatsächlich Ausschau nach Stretchhosen halten, beherzigen Sie meine Hinweise zu häufigen Schwachstellen. Bei den Projekten dieses Kapitels können Teile trotz Flecken verarbeitet werden. Selbst die Stulpen lassen sich aus zerschlissenen und abgetragenen Stretchhosen anfertigen.

 Achten Sie immer auf folgende Schwachstellen bei Stretchhosen:

✔ ausgeleierte Partien an Knie oder Gesäß

✔ zerschlissener Schritt oder abgewetzte Innenbeinnaht

✔ ausgeleiertes und zerschlissenes Taillenbündchen

✔ Flecken auf den Knien und am Gesäß (Achten Sie auch auf die Innenseite dieser eng anliegenden Kleidungsstücke.)

✔ Faserknötchen und Pills

Faserknötchen und Pills an den falschen Stellen

Je nach Verwendungszweck können Stretchhosen mehr oder weniger Faserknötchen haben. Betrachten Sie den Stoff sorgfältig. Besonders im Schritt und auf der Innenseite des Oberschenkels wird der Stoff durch Laufen oder Rennen strapaziert. Jacken oder Bauchtaschen hinterlassen Verschleißspuren am Bund.

Ein beschwingter Rock

Der Rock in diesem Projekt kann so lang oder kurz sein, wie Sie mögen. Die Anleitung beschreibt einen kürzeren Rock, aber Sie können einfach weitere Stoffstücke ansetzen und ihn dadurch länger machen. Wie bei dem umgedrehten Rock in Kapitel 6 kann man bei diesem Projekt jeden Fetzen Stoff wiederverwerten. Das gefällt mir besonders gut daran. Außerdem kann man zusätzliche Stoffstücke ansetzen. Sie können die Miniversion des Rocks toll zum Balletttraining tragen, aber auch über Hosen zu anderen Gelegenheiten. Das Projekt ist wirklich einfach. Sie schneiden lediglich die Hosenbeine der Stretchhose ab, schneiden Stoffstücke zu und setzen Sie am Saum an. Säumen Sie die Kante, falls gewünscht, und schon sind Sie fertig. Abbildung 11.1 zeigt die Hose vor der Verwandlung in einen Rock.

Abbildung 11.1: Die Hose vor der Verwandlung in einen Rock

Material

✔ Stretchhose mit intaktem, gut sitzendem Taillenbund

✔ Stecknadeln

✔ Maßband

✔ Nähnadel für Hand- oder Maschinennähte

✔ passendes Nähgarn

✔ Schneiderkreide oder Stoffmarker

✔ Schere

Anleitung

1. **Vorbereitung:** Waschen und trocknen Sie die Hose nach Herstellerempfehlung oder geben Sie sie in den Schonwaschgang und lassen Sie sie liegend trocknen.

2. **Schnittlinie markieren:** Falten Sie die Hose zur Hälfte, Hüfte auf Hüfte, und legen Sie sie flach hin. Mithilfe des Maßbands zeichnen Sie eine Linie parallel zum Taillenbund, die 3 cm oberhalb vom Ende der Schrittnaht sitzt (siehe Abbildung 11.2).

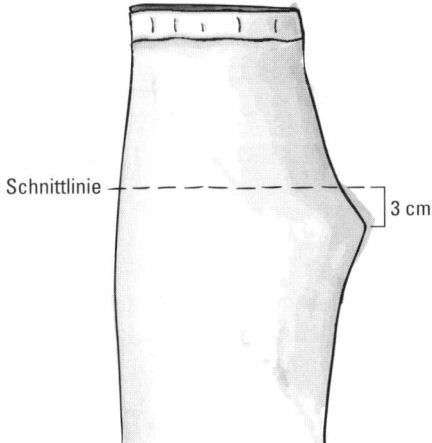

Abbildung 11.2: Markieren Sie die Schnittlinie.

3. **Zuschneiden:** Schneiden Sie durch alle vier Stofflagen entlang der markierten Linie. An den abgetrennten Hosenbeinen schneiden Sie die Schrittnaht, die Innenbeinnähte und die Säume heraus. Sie erhalten zwei flache Stoffstücke, die Sie jeweils der Länge nach halbieren.

4. **Reparaturen:** Lesen Sie in Kapitel 4 nach, falls Sie Risse, Löcher oder Flecken bearbeiten müssen.

5. **Wenden:** Wenden Sie den Taillenteil auf links.

6. **Ansetzen und Feststecken:** Setzen Sie ein Stoffstück mittig an die Spitze der ehemaligen Schrittnaht, wie in Abbildung 11.3 zu sehen ist. Stecken Sie beide Teile mit den rechten Stoffseiten aufeinander. Stecken Sie die Seitenkante des Stoffstücks fortlaufend an die Schnittkante. Platzieren Sie dabei die Stecknadeln quer zur Schnittkante in etwa 3 cm Abstand zueinander.

7. **Nähen Sie mit der gewünschten Methode.** Folgen Sie den Hinweisen zu der von Ihnen gewählten Nähtechnik.

   - **Handnähte:** Lesen Sie in Kapitel 5 die Hinweise zu Handnähten nach. Nähen Sie im Langettenstich die gesteckten Teile mit 1 cm Nahtzugabe aneinander und entfernen Sie die Stecknadeln.

   - **Maschinennähte:** Arbeiten Sie mit einer Stretchnadel und nähen Sie im Zickzackstich entlang der gesteckten Kanten mit 1 cm Nahtzugabe. Entfernen Sie die Stecknadeln.

   - **Overlock-Maschinennähte:** Nähen Sie im Overlockstich entlang der gesteckten Kanten und entfernen Sie jeweils die Stecknadeln, bevor Sie darübernähen.

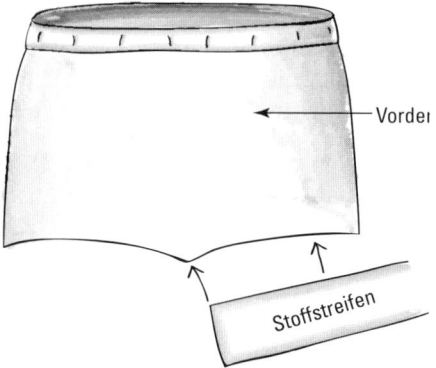

Abbildung 11.3: Stecken Sie den ersten Stoffstreifen an.

8. **Schneiden:** Schneiden Sie überstehenden Stoff am Streifen oder am Taillenteil ab, je nachdem, was länger ist. Schneiden Sie in Richtung der Nahtlinie, wie in Abbildung 11. 4 gezeigt ist, damit Sie eine gleichmäßige Ansatzkante erhalten.

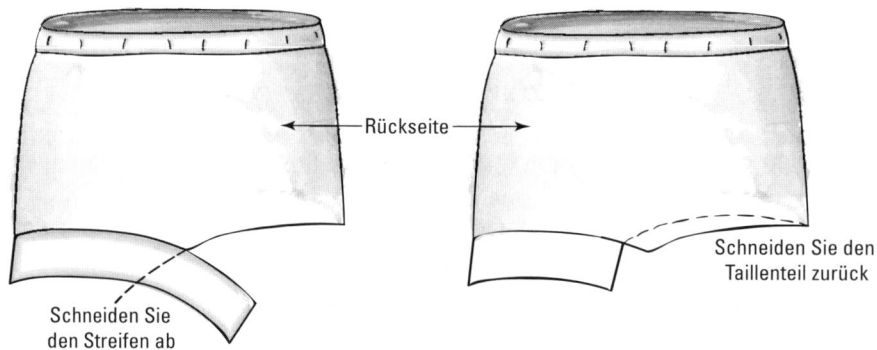

Abbildung 11.4: Schneiden Sie überstehenden Stoff ab.

 Heben Sie übrig gebliebene Stoffreste für eines der Projekte in Kapitel 20 auf.

9. **Wiederholen Sie die Schritte 6 bis 8.** Mit den drei übrigen Stoffstreifen wiederholen Sie jeweils die Schritte 6 bis 8. Abbildung 11.5 zeigt, wie der jeweils nächste Streifen an der unteren Ecke des vorhergehenden angesetzt werden soll.

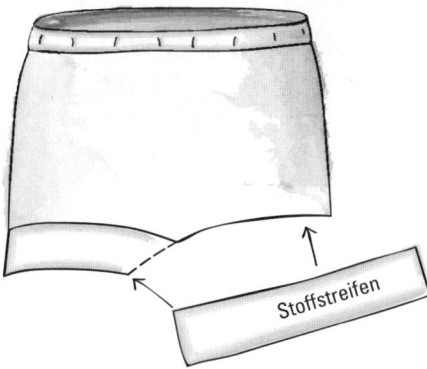

Abbildung 11.5: Stecken Sie weitere Stoffstreifen an.

10. **Wenden:** Wenden Sie den Rock auf rechts.

11. **Säumen mit der gewünschten Technik:** Folgen Sie den Hinweisen zu der von Ihnen gewählten Nähtechnik.

 Anstatt den Rock zu säumen, können Sie die Schnittkante unbearbeitet lassen. Viele Stretchmaterialien fransen nicht und ribbeln nicht auf. Manche lassen sich dehnen und haben anschließend einen gewellten Rand. Sie können den Saum auch mit Saumband einfach umbügeln. Sie können Saumband im Stoffgeschäft oder in Onlineshops oder sogar in Supermärkten und Kaufhäusern bekommen.

- **Handnähte für einen makellosen Look:** Lesen Sie in Kapitel 5 die Hinweise zu Handnähten nach und säumen Sie die Unterkante Ihres Rocks von Hand.

- **Maschinennähte für einen rustikalen Look:** Nähen Sie im Zickzackstich entlang der Unterkante mit 1 cm Nahtzugabe.

- **Overlock-Maschinennähte für einen rustikaleren Look:** Achten Sie auf die richtige Nadel und den passenden Transport und nähen Sie im Overlockstich entlang der Saumkante.

Abbildung 11.6 zeigt die verwandelte Hose. Achten Sie darauf, dass der Rock auf dem Foto seitlich getragen wird. Sie können aber Ihre ganz eigene Variation ausprobieren.

Abbildung 11.6: Die Hose hat sich in einen schwungvollen Rock verwandelt.

Variationen

Probieren Sie alternativ einige der folgenden Techniken aus:

✔ **Sichtbare Nähte:** Sie können alle Nähte offenkantig verarbeiten. Überspringen Sie dazu Schritt 5 und lassen Sie den Rock auf rechts gewendet. Stecken Sie in Schritt 6 die Teile links auf links aneinander und nähen Sie sie an. Dasselbe gilt für die übrigen Streifen.

✔ **Offener Saum von Hand:** Sie können die Saumkante von Hand im Langettenstich versäubern, anstatt sie umzunähen.

✔ **Schrägband:** Anstatt die Schnittkante zu säumen, können Sie sie auch mit Schrägband dekorativ einfassen. Sie finden verschiedene Ausführungen in Stoffgeschäften in der Kurzwarenabteilung, dort, wo auch die Reißverschlüsse sind. Sie können das Schrägband von Hand oder mit der Maschine annähen und damit die Saumkante fertigstellen (beachten Sie die Verarbeitungshinweise auf der Verpackung).

✔ **Kreative Schnittlinien:** Anstatt die Saumkante gerade zu machen, können Sie die Schnittlinie auch kurvig oder mit Rundungen ausführen.

✔ **Mehr Rüschen:** Setzen Sie weitere Stoffstreifen an die Saumkante des Rocks, bevor Sie ihn säumen. Sie können die Streifen auch in Falten oder Rüschen legen, bevor sie angesetzt werden. Das gibt Extraschwung!

✔ **Wellenkanten:** Dehnen Sie die Saumkante leicht, wenn Sie mit der Näh- oder Overlock-Maschine darübernähen. Dadurch wellt sich die Saumkante später.

 Dehnen Sie den Stoff nicht zu stark und ziehen Sie ihn nicht mit Gewalt durch die Maschine, sonst könnte die Nadel brechen. Diese Technik eignet sich für erfahrene Näher, die sich mit dem Transport bei der Nähmaschine gut auskennen. Lesen Sie in der Betriebsanleitung nach, ob Ihre Maschine eine passende Funktion für diese Wellenkanten hat (einige Overlock-Maschinen verfügen über einen speziellen Transportmechanismus).

✔ **Rustikale Nähte:** Sie können alle Nähte von Hand mit Stickgarn ausführen.

✔ **Steppnähte:** Nähen Sie zusätzlich von Hand mit Stickgarn, Twist oder Band über die fertigen Nähte.

✔ **Farben kombinieren:** Nähen Sie mit einem farblich kontrastierenden Garn. An der Nähmaschine können Sie auch zwei verschiedene Farben für Ober- und Spulenfaden einlegen. Bei der Overlock-Maschine lassen sich sogar vier bis fünf verschiedenfarbige Garne verarbeiten.

✔ **Ziernähte:** Nähen Sie mit Zierstichen über einzelne Partien des Rocks, speziell über die Stoffstreifen, bevor Sie sie annähen. Sie können die Linien mit Schneiderkreide vorzeichnen. Falls Ihre Maschine spezielle Stick- oder Zierstiche hat, verwenden Sie diese.

 Lassen Sie alle Schnittkanten unversäubert. Schneiden Sie kreative Muster in die Saumkante, weben Sie Band oder Kordel durch den Saum, Sie können den Rock bemalen, mit Nieten oder Ösen besetzen oder Blenden ansetzen, ihn mit Stoffstiften beschreiben oder bemalen. Mit einer Heißluftpistole können Sie bei synthetischen Materialien den Saum versiegeln. Beachten Sie dazu die Hinweise in Kapitel 15. Kleben Sie Malerkrepp in regelmäßigen Abständen über den Rock und sprühen Sie mit Sprühfarbe darüber. Lassen Sie die Farbe trocknen und wiederholen Sie den Vorgang, bis Sie die gewünschte Farbintensität erhalten. Wenn Sie die Klebestreifen entfernen, haben Sie ein tolles Streifenmuster.

Stulpen mit Stil

Leggins sehen allein getragen selten elegant aus, aber mit einem Scherenschnipps und etwas Styling werden daraus Beinstulpen, die nicht nur warm halten, sondern auch lässig aussehen. Dieses Projekt ist besonders leicht. Sie schneiden einfach die Hosenbeine ab und eventuell den Saum, versäubern die Schnittkanten und – fertig! Abbildung 11.7 zeigt die Hose vor der Verwandlung.

Abbildung 11.7: Die Hose vor ihrer Verwandlung in Beinstulpen

Material

✔ Stretchhose

✔ Stecknadeln

✔ Maßband

✔ Nähnadel für Hand- oder Maschinennähte

✔ passendes Nähgarn

✔ Schneiderkreide oder Stoffmarker

✔ Schere

Anleitung

1. **Vorbereitung:** Waschen und trocknen Sie die Hose nach Herstellerempfehlung oder geben Sie sie in den Schonwaschgang und lassen Sie sie liegend trocknen.

2. **Schnittlinie markieren:** Falten Sie die Hose zur Hälfte, Hüfte auf Hüfte, und legen Sie sie flach hin. Mithilfe des Maßbands zeichnen Sie 3 cm unterhalb der Schrittnaht eine Linie parallel zum Taillenbund (siehe Abbildung 11.8).

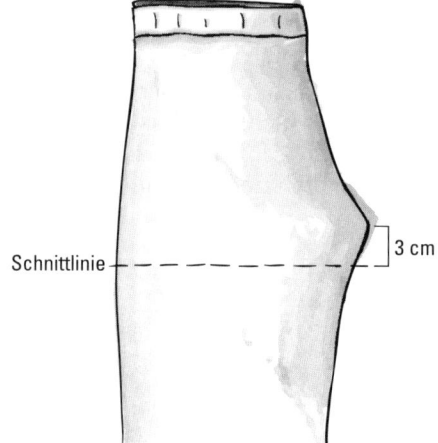

Schnittlinie

3 cm

Abbildung 11.8: Markieren Sie die Schnittlinie.

3. **Zuschneiden:** Schneiden Sie entlang der Schnittlinie durch alle vier Stofflagen.

Heben Sie den Stoffrest von diesem Projekt auf. Sie können ihn für den Rock am Anfang dieses Kapitels verwenden oder einfach als Hotpants tragen.

4. **Reparaturen:** Lesen Sie in Kapitel 4 nach, falls Sie Risse, Löcher oder Flecken bearbeiten möchten.

5. **Nähen Sie mit der gewünschten Technik.** Da dieses Teil dehnbar bleiben muss, ist die Verarbeitung eher lässig. Richten Sie sich nach den Hinweisen zu der von Ihnen gewünschten Nähtechnik.

 Anstatt die Kanten zu versäubern, können Sie die Schnittkante unbearbeitet lassen. Viele Stretchmaterialien fransen nicht und ribbeln nicht auf. Sie können die Nähte mit Handstichen sichern oder die Fäden der Seitennähte an den Schnittstellen einfach verknoten, damit sie sich nicht lösen. Sie können den Saum auch mit Saumband einfach anbügeln. Saumband können Sie im Stoffgeschäft kaufen oder in Onlinehandarbeitsshops oder sogar in Supermärkten und Kaufhäusern erwerben.

- **Handnähte:** Lesen Sie in Kapitel 5 die Hinweise zu Handnähten nach. Nähen Sie mit passendem Garn im Langettenstich entlang der Schnittkanten. Setzen Sie die Stiche dicht aneinander und etwas locker, damit der Stoff sich noch dehnen kann. Prüfen Sie während des Nähens immer wieder die Dehnbarkeit der Naht.

 Da sich die Schnittkanten später dehnen müssen, sind Handnähte nicht so gut geeignet für dieses Projekt.

- **Maschinennähte:** Nähen Sie mit einer Stretchnadel im Zickzackstich mit 1 cm Nahtzugabe an allen Schnittkanten entlang. Lesen Sie auch im Abschnitt »Variationen« weitere Hinweise zu dekorativen Techniken.

 Der Zickzackstich ermöglicht im Gegensatz zum Geradstich, dass die Naht später dehnbar ist.

- **Overlock-Maschinennähte:** Nähen Sie im Overlockstich an allen Schnittkanten entlang.

Abbildung 11.9 zeigt die Stretch-Hose nach der Verwandlung in Leggins.

Abbildung 11.9: Aus der Stretchhose wurden Stulpen mit Stil.

Variationen

Probieren Sie alternativ einige der folgenden Techniken aus:

✔ **Schrägband:** Anstatt die Schnittkante zu säumen, können Sie sie auch mit Schrägband dekorativ einfassen. Sie finden verschiedene Ausführungen in Stoffgeschäften in der Kurzwarenabteilung, dort, wo auch die Reißverschlüsse sind. Sie können das Schrägband von Hand oder mit der Maschine annähen und damit die Saumkante fertigstellen (beachten Sie die Verarbeitungshinweise auf der Verpackung).

✔ **Sichtbare Nähte:** Sie können alle Nähte von Hand mit Stickgarn ausführen.

✔ **Steppnähte:** Nähen Sie zusätzlich von Hand mit Stickgarn, Twist oder Band über die fertigen Nähte.

✔ **Farben kombinieren:** Nähen Sie mit einem farblich kontrastierenden Garn. An der Nähmaschine können Sie auch zwei verschiedene Farben für Ober- und Spulenfaden einlegen. Bei der Overlock-Maschine lassen sich sogar vier bis fünf verschiedenfarbige Garne verarbeiten.

✔ **Ziernähte:** Nähen Sie mit Zierstichen über einzelne Partien der Stulpen. Sie können die Linien mit Schneiderkreide vorzeichnen. Falls Ihre Maschine spezielle Stick- oder Zierstiche hat, verwenden Sie diese.

 Lassen Sie alle Schnittkanten unversäubert. Schneiden Sie kreative Muster in die Saumkante oder weben Sie Band oder Kordel durch den Stoff. Sie können die Stulpen bemalen, mit Nieten oder Ösen besetzen oder Blenden ansetzen, sie mit Stoffstiften beschreiben oder bemalen. Mit einer Heißluftpistole können Sie bei synthetischen Materialien den Saum versäubern. Beachten Sie dazu die Hinweise in Kapitel 15. Kleben Sie Malerkrepp in regelmäßigen Abständen über den Stoff und sprühen Sie mit Sprühfarbe darüber. Lassen Sie die Farbe trocknen und wiederholen Sie den Vorgang, bis Sie die gewünschte Farbintensität erhalten. Wenn Sie die Klebestreifen entfernen, haben Sie ein tolles Streifenmuster.

Abbildung 11.10 zeigt Ihnen, auf welche Art Sie die Stulpen tragen können.

Aus flach wird rund: Aufstieg als Mütze

Es mag Ihnen merkwürdig vorkommen, aus einer Hose eine Mütze zu nähen, aber dieses Projekt wird Ihnen gefallen. Stretchhosen eignen sich für eine ganze Reihe verschiedener Mützenformen. Sie können das Projekt also ganz nach Wunsch verändern. Da dieses Mützenmodell so einfach und wandelbar ist, lässt es sich mal schlicht oder mal kreativ verändert in unzähligen Variationen anfertigen. Die Grundform erinnert an eine Ruderermütze. Bei den Variationen sind Ihnen keine Grenzen gesetzt.

Sie können dieses Projekt einfach nacharbeiten und es funktioniert sogar ganz ohne Nähen. Sie schneiden schlicht das Hosenbein ab und knoten ein Ende zusammen. Schneiden Sie dann das überstehende Ende ab oder schneiden Sie den Stoff in lange Streifen. Sie können

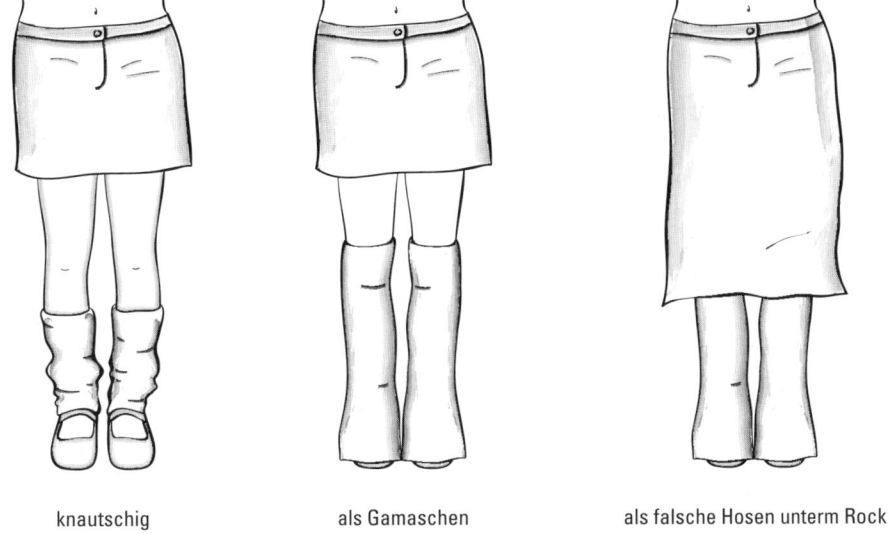

knautschig   als Gamaschen   als falsche Hosen unterm Rock

Abbildung 11.10: So getragen kommen Stulpen groß raus.

weitere Stoffstreifen oder andere Verzierungen hinzufügen. Das Tolle an diesem Projekt: Wenn Sie es verderben, gibt es immer noch ein zweites Hosenbein für einen zweiten Versuch. Abbildung 11.11 zeigt die Hose vor der Verwandlung in eine Mütze.

Abbildung 11.11: Die Hose vor der Verwandlung in eine Mütze

Material

✔ Stretchhose

✔ Gummiband

✔ Maßband

✔ Nähnadel für Hand- oder Maschinennähte

✔ passendes Nähgarn

✔ Schneiderkreide oder Stoffmarker

✔ Schere

Anleitung

1. **Vorbereitung:** Waschen und trocknen Sie die Hose nach Herstellerempfehlung oder geben Sie sie in den Schonwaschgang und lassen Sie sie liegend trocknen.

2. **Schnittlinie markieren:** Falten Sie die Hose zur Hälfte, Hüfte auf Hüfte, und legen Sie sie flach hin. Mithilfe des Maßbands zeichnen Sie 3 cm unterhalb der Schrittnaht eine Linie parallel zum Taillenbund (siehe Abbildung 11.12).

3. **Zuschneiden:** Schneiden Sie entlang der Schnittlinie durch alle vier Stofflagen.

 Heben Sie den Rest von diesem Projekt auf. Sie können ihn für den schwungvollen Rock weiter vorn in diesem Kapitel verwenden oder einfach als Hotpants tragen.

4. **Reparaturen:** Lesen Sie in Kapitel 4 nach, falls Sie Risse, Löcher oder Flecken bearbeiten möchten.

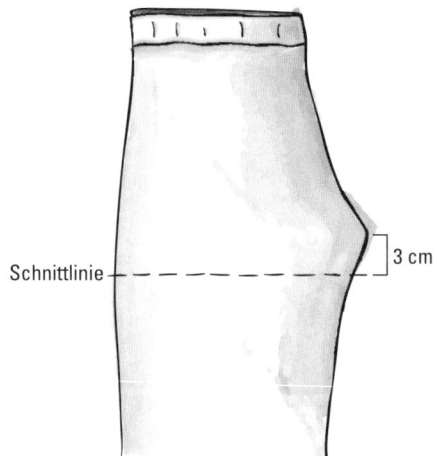

Abbildung 11.12: Markieren Sie die Schnittlinie.

5. **Anprobe:** Ziehen Sie sich die abgeschnittene Öffnung des Hosenbeins über den Kopf und schlagen Sie die Schnittkante um. Ein normales Hosenbein sollte passen. Falls es zu klein ist, können Sie einen Streifen Stoff einsetzen. Sollte es zu groß sein, halten Sie die Weite mit einer zusätzlichen Naht ein. Lesen Sie dazu in Kapitel 6 bei dem umgedrehten Rockprojekt in Schritt 6 nach.

6. **Schließen Sie die Krone.** Um eine Ruderermütze zu machen, ziehen Sie das Hosenbein mit der linken Stoffseite nach außen an. Für eine lustige Mütze ziehen Sie es auf rechts gewendet auf. Fassen Sie den Stoff an der Oberseite zusammen und binden Sie ihn mit einem Gummiband zusammen. Ziehen Sie die Mütze aus.

7. **Für die Ruderermütze:** Schneiden Sie den überstehenden Stoff etwa 5 cm oberhalb des Gummibands ab, wie in Abbildung 11.13 zu sehen ist.

Schneiden Sie nicht den Mützenteil ab, sondern nur den überstehenden Stoff oberhalb des Gummibands.

8. **Für alle übrigen Mützen:** Schneiden Sie den Stoff oberhalb des Gummibands in gleichmäßigen Abständen viermal ein, wobei die Einschnitte etwa 1 cm vor dem Gummiband enden sollen, wie Abbildung 11.13 zeigt.

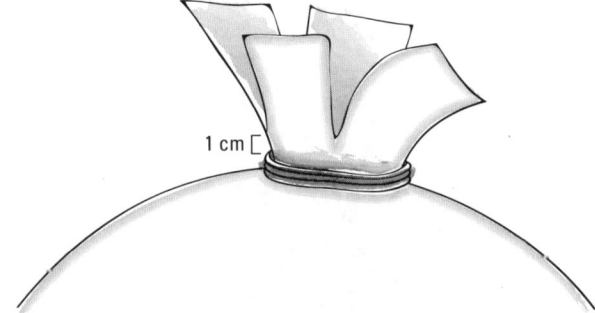

Abbildung 11.13: Machen Sie vier gleichmäßige Einschnitte.

9. **Knoten:** Knoten Sie jeweils die beiden gegenüberliegenden Stoffenden zusammen, während das Gummiband immer noch die Mütze zusammenhält. Ziehen Sie die Knoten richtig fest an.

10. **Fertigstellung:** Wenden Sie die Ruderermütze auf rechts. Für die Variante mit den Stoffstreifen sollten Sie weitere Streifen anknoten, indem Sie diese durch die beiden ersten Knoten ziehen.

11. **Nähen Sie mit der gewünschten Technik.** Da dieses Teil dehnbar bleiben muss, ist die Verarbeitung eher lässig. Richten Sie sich nach den Hinweisen zu der gewünschten Nähtechnik.

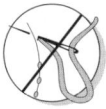

Anstatt die Kanten zu versäubern, können Sie die Schnittkante unbearbeitet lassen. Viele Stretchmaterialien fransen nicht und ribbeln nicht auf. Sie können die Nähte mit Handstichen sichern oder die Fäden der Seitennähte an den Schnittstellen einfach verknoten, damit sie sich nicht lösen.

- **Handnähte:** Lesen Sie in Kapitel 5 die Hinweise zu Handnähten. Nähen Sie mit passendem Garn im Langettenstich an der Schnittkante entlang. Setzen Sie die Stiche dicht aneinander und etwas locker, damit der Stoff sich noch dehnen kann. Prüfen Sie während des Nähens immer wieder die Dehnbarkeit der Naht und lesen Sie auch im Abschnitt »Variationen« weitere Hinweise zu dekorativen Techniken.

 Da sich die Schnittkanten später dehnen müssen, sind Handnähte nicht so gut geeignet für dieses Projekt.

- **Maschinennähte:** Nähen Sie mit einer Stretchnadel im Zickzackstich mit 1 cm Nahtzugabe an allen Schnittkanten entlang.

 Der Zickzackstich ermöglicht im Gegensatz zum Geradstich, dass die Naht später dehnbar ist.

- **Overlock-Maschinennähte:** Nähen Sie im Overlockstich an der gesamten Schnittkante entlang.

Abbildung 11.14 zeigt die Stretchhose nach der Verwandlung in Mützen.

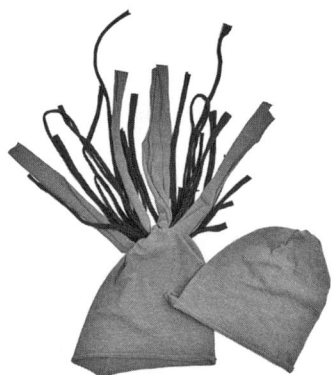

Abbildung 11.14: Die Stretchhose wurde in verschiedene Mützen umgearbeitet.

Variationen

Probieren Sie alternativ einige der folgenden Techniken aus:

✔ **Kreative Schnittlinien:** Schneiden Sie die Fransenstreifen auf dem Mützenkopf nicht einfach gerade, sondern variieren Sie sie zu Kurven oder anderen Linien.

✔ **Rustikale Nähte:** Sie können alle Nähte von Hand mit Stickgarn ausführen.

✔ **Steppnähte:** Nähen Sie zusätzlich von Hand mit Stickgarn, Twist oder Band über die fertigen Nähte und Säume.

✔ **Farben kombinieren:** Nähen Sie mit einem farblich kontrastierenden Garn. An der Nähmaschine können Sie auch zwei verschiedene Farben für Ober- und Spulenfaden einlegen. Bei der Overlock-Maschine lassen sich sogar vier bis fünf verschiedenfarbige Garne verarbeiten.

✔ **Ziernähte:** Nähen Sie mit Zierstichen über einzelne Partien der Mütze, speziell über die Stoffstreifen auf der Oberseite. Sie können die Linien mit Schneiderkreide zunächst vorzeichnen. Falls Ihre Maschine spezielle Stick- oder Zierstiche hat, verwenden Sie diese.

✔ **Knöpfe:** Nähen Sie dekorative Knöpfe an die Saumkante der Mütze, in Gruppen an eine bestimmte Position oder auf die Streifen. Das Projekt eignet sich gut für die Reststücke aus Ihrer Knopfdose. Sortieren Sie die Knöpfe nach Farbschema oder Material (verziert, Stoff, Glas oder geschnitzt).

Lassen Sie alle Schnittkanten unversäubert. Stecken Sie die Mütze in die Waschmaschine und in den Trockner, wodurch sich die Fäden an den Schnittkanten verbinden. Weben Sie Band oder Kordel durch den Saum oder bekleben Sie die Mütze mit der Heißklebepistole (nicht waschbar!). Sie können sie bemalen, mit Nieten oder Ösen besetzen oder Blenden ansetzen, färben, mit Stoffstiften beschreiben oder bemalen. Mit einer Heißluftpistole können Sie bei synthetischen Materialien die Saumkanten versiegeln. Beachten Sie dazu die Hinweise in Kapitel 15. Kleben Sie Malerkrepp in regelmäßigen Abständen über die Mütze und sprühen Sie mit Sprühfarbe darüber. Lassen Sie die Farbe trocknen und wiederholen Sie den Vorgang, bis Sie die gewünschte Farbintensität erhalten. Wenn Sie die Klebestreifen entfernen, haben Sie ein tolles Streifenmuster.

Teil IV

Rettung für Pullover und andere Stricksachen

The 5th Wave — By Rich Tennant

Im Alter gab Captain Hook es auf, hinter Peter Pan herzujagen, und er begann, Pullover wiederzuverwerten.

In diesem Teil ...

In Teil IV finden Sie einige meiner Lieblingsprojekte. Ich verarbeite gerne Pullover, auch wenn meine Nähmaschine da vielleicht anderer Ansicht ist. Ganz gleich, ob Sie eine Strickjacke, einen Pullover oder eine Strickdecke umarbeiten möchten, Sie finden hier sicher das passende Projekt.

Hier finden Sie Tricks zur Verarbeitung von Strickstoffen und für das Auftrennen von Maschenware. Mir gefallen Stricksachen, die getragen aussehen, ausgefranst, mit Mottenlöchern und heraushängenden Fäden. Aber das ist natürlich Geschmackssache und daher finden Sie hier Hinweise, wie Sie genau solche Dinge verhindern können.

Eine zweite Chance für Strickjacken

In diesem Kapitel

▶ Erst vorbereiten, dann zerreißen

▶ Fallstricke kennenlernen und vermeiden

▶ Strickjacken von Kopf bis Fuß

Finden Sie es nicht auch wundervoll bequem und gemütlich, sich in eine Strickjacke zu wickeln. Für mich fühlt es sich an wie die Umarmung eines lieben alten Freundes. Wenn diese Umarmung aber eines Tages von Motten durchlöchert ist und die Form eines Kartoffelsacks bekommen hat, ist es mit der Gemütlichkeit vorbei.

In diesem Kapitel erfahren Sie, wie aus der alten, hässlichen Strickjacke etwas ganz Neues wird. Sie brauchen das gute Stück nicht mehr ganz hinten im Kleiderschrank zu verstecken, um es zu den Gelegenheiten hervorkramen zu können, wenn Sie sich, eingewickelt in die alte Jacke, mit einem guten Buch und einer Packung Taschentücher auf dem Sofa zusammenrollen. Wenn Sie dieses Kapitel gelesen haben, wird Ihre Strickjacke einen ganz neuen Auftritt in Ihrer Garderobe haben, oder sogar in Ihrem Zuhause.

Die Projekte dieses Kapitels bieten sowohl etwas für den Ober- als auch den Unterkörper und sogar ein Plätzchen für Ihr müdes Haupt am Feierabend. Sie können als Oberteil ein Kurzjäckchen nähen, das ich selbst aus einem lange ungetragen gelagerten Teil gearbeitet habe. Für den Unterkörper finden Sie ein Rockmodell, ähnlich wie der umgestülpte Rock in Kapitel 6. Das einfachste Modell ist ein Kissenbezug, bei dem Sie nicht nur eine Menge Erfahrung sammeln, sondern auf ihm auch ein Nickerchen machen können, wenn Sie es geschafft haben.

Vorbereiten, Verschönern und Prüfen von Jacken

Jedes Material hat seine besonderen Eigenschaften und auch bei Stricksachen, besonders bei Jacken sollten Sie einige Dinge beachten.

Die üblichen Verdächtigen

Betrachten Sie die ausgewählte Strickjacke genau und finden Sie heraus, ob sie fehlerfrei ist, einige Reparaturen braucht oder nicht mehr zu retten ist. In Kapitel 4 finden Sie Hinweise zu Reparaturen, die Ihnen bei der Entscheidung helfen.

Achten Sie immer auf die folgenden Schwachstellen bei Strickjacken und betrachten Sie auch Abbildung 12.1:

✔ fehlende, unpassende oder schlecht ersetzte Knöpfe

✔ Flecken und Verschleiß an den Bündchen

✔ Flecken am Kragen und unter den Achseln

✔ Flecken und Faserknötchen auf dem Vorderteil oder im Bereich der Hüften, wo manche sich die Hände abwischen

✔ Faserknötchen, Pills und herausgezogene Fäden, besonders unter den Armen und manchmal am Rücken, falls der Besitzer viel gesessen hat

✔ Löcher und aufgezogene Maschen. Dehnen Sie Ihre Jacke in der Breite, dann finden Sie diese Fehler besser (achten Sie auf die Pfeile in Abbildung 12.1).

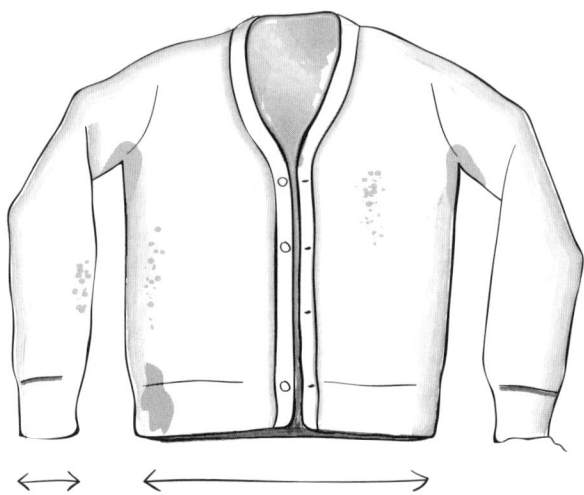

Dehnen Sie das Strickteil in die Breite,
um Löcher und Laufmaschen zu finden

Abbildung 12.1: Schwachstellen an Strickjacken

Strickjacken richtig pflegen

Selbst nach so vielen Jahren, in denen ich mit Textilien arbeite, gibt es auch für mich immer noch Überraschungen. Stricksachen sind besonders heikel. Deshalb rate ich immer, die Pflegeempfehlungen des Herstellers zu beachten. Fehlt das Etikett, suchen Sie nach Hinweisen auf das Material. Wolle sollten Sie in die Reinigung geben, ebenso wie Angora, Kaschmir und andere feine Wollqualitäten, die anfällig sind für Knötchenbildung. In Kapitel 4 finden Sie weitere Informationen dazu. Alle anderen Materialien können Sie von Hand in kaltem Wasser waschen und liegend trocknen lassen (nicht im Trockner trocknen).

Lassen Sie Stricksachen immer liegend trocknen, da sie aufgehängt die Form verlieren können.

Verloren gegangene Knöpfe

Sie haben die perfekte Strickjacke gefunden, aber es fehlt ein Knopf? Die Strickjacke ist toll, aber die Knöpfe sind so hässlich, dass Sie gar nicht hinsehen können? Kein Problem, das ist schnell behoben!

Fehlt ein Knopf, sehen Sie im Inneren der Strickjacke nach, dort sind meist Ersatzknöpfe am Etikett angenäht. Falls nicht, trennen Sie den obersten oder den untersten Knopf ab und ersetzen damit den fehlenden. Das geht so:

1. **Trennen Sie den Knopf mit dem Nahttrenner ab.** Führen Sie die scharfe Spitze des Trenners durch die Fadenschlaufe, die den Knopf befestigt, wie in Abbildung 12.2 zu sehen ist. Achten Sie darauf, die Oberfläche der Strickjacke nicht mit der Klinge zu beschädigen. Durchtrennen Sie die Fadenschlaufe mit dem Nahttrenner und der Knopf ist ab.

 Halten Sie den Nahttrenner immer mit der Spitze vom Körper weg, damit Sie sich nicht versehentlich selbst verletzen.

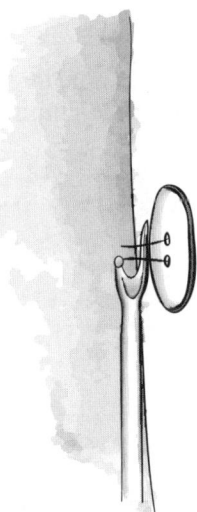

Abbildung 12.2: Entfernen Sie den Knopf mithilfe des Nahttrenners.

2. **Entfernen Sie lose Fäden von der Strickjacke.** Ziehen Sie lose Fäden aus dem Maschenstrick heraus und schneiden Sie Knoten mit der Schere oder dem Nahttrenner vorsichtig von der Oberfläche ab.

3. **Bestimmen Sie die neue Ansatzstelle für den Knopf.** Knöpfen Sie die Strickjacke zu und markieren Sie die Position des fehlenden Knopfes mithilfe des entsprechenden Knopflochs.

4. **Nähen:** Nähen Sie den Knopf von Hand an, wie in Kapitel 5 gezeigt. Nähen Sie das nun überflüssig gewordene Knopfloch von Hand oder mit der Nähmaschine im Zickzackstich zu.

Wenn Sie Ersatzknöpfe kaufen wollen, nehmen Sie einen der alten Knöpfe mit, damit Sie die richtige Größe wählen.

Maschen außer Rand und Band

Wenn Ihre Strickjacke nun bereit ist für ein neues Leben, müssen Sie noch einen entscheidenden Punkt klären: Löst sich das Maschengewebe beim Schneiden auf?

Wolle hält besser zusammen als synthetische oder glatte Faser. Locker gestrickte Teile mit gröberen Maschen lösen sich eher auf als fest gestrickte. Kunstvolle Muster, wie etwa irische Strickmuster, lösen sich auch schneller auf.

Wenn Sie unsicher sind, ob Ihr Strickstoff aufribbelt oder nicht, nähen Sie einen Heftstich oder einen Zickzackstich mit der Nähmaschine knapp neben der Schnittlinie. Lesen Sie dazu in Kapitel 5 nach. Schneiden Sie dann das Material außerhalb der Heftnaht weg, wie Abbildung 12.3 zeigt.

Nähen Sie eine Heftnaht von Hand oder mit der Nähmaschine auf beiden Seiten der Schnittlinie, falls Sie den abgeschnittenen Teil noch für weitere Projekte verwenden möchten.

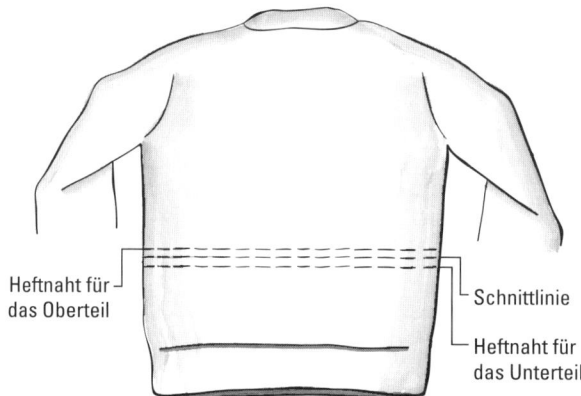

Heftnaht für das Oberteil

Schnittlinie

Heftnaht für das Unterteil

Abbildung 12.3: Heftnähte verhindern, dass die Strickmaschen aufribbeln.

Die Heftnaht vor dem Zuschnitt verhindert, dass die Maschen aufribbeln – sie ist kein Ersatz für das Versäubern der Schnittkanten. Die Anleitungen geben immer einen Hinweis auf eine Heftnaht vor dem Zuschnitt. Sollte Ihr Material sich nicht auflösen, können Sie diesen Arbeitsschritt überspringen.

Dehnen Sie Ihr Material nicht, denn das kann auch dazu führen, dass sich die Maschen auflösen. Ziehen Sie nicht daran und lassen Sie es nicht unbeaufsichtigt zusammen mit Haustieren, Kindern oder anderen, die es anfassen könnten, in einem Raum.

Kurzjäckchen mit Pfiff

Dieses Kurzjäckchen hat meine Designerfreundin Anastazia entworfen. Die Knopfleiste bleibt dabei in der ursprünglichen Länge erhalten. Dadurch kann man sie als Bindebänder oder Gürtel verwenden. Sie können sich also nach wie vor in die Strickjacke wickeln, haben aber viel mehr Stylingmöglichkeiten, sodass Ihnen niemals langweilig wird. Die Kurzjacke passt genauso gut zu Jogginghosen und einer Tasse heißer Schokolade wie zu einem Cocktailkleid bei einer Vernissage. Das Projekt ist sehr leicht gemacht. Sie markieren die Schnittlinie, sichern die Maschen mit einer Heftnaht, schneiden zu und versäubern die Schnittkanten. Danach können Sie über dekorative Techniken nachdenken. Abbildung 12.4 zeigt das Ausgangsmodell für die Kurzjacke.

Abbildung 12.4: Die Strickjacke vor ihrer Verwandlung in ein Kurzjäckchen mit Pfiff

Material

✔ Strickjacke

✔ Sicherheitsnadeln

✔ Maßband

✔ Nähnadel für Hand- oder Maschinennähte

✔ farblich passendes Nähgarn

✔ Schneiderkreide oder Stoffmarker

✔ Schere

Anleitung

1. **Vorbereitung:** Waschen und trocknen Sie die Strickjacke nach Herstellerempfehlung oder geben Sie sie in die Reinigung. Ersetzen oder versetzen Sie falls nötig Knöpfe (lesen Sie dazu den vorhergehenden Abschnitt »Verloren gegangene Knöpfe«).

2. **Schnittlinie bestimmen:** Den meisten Frauen steht eine Jackenlänge gut, die etwa 3 cm unterhalb der Brust endet. Addieren Sie zusätzlich 3 cm für die Saumzugabe.

   Bei dickeren Stricksachen sollten Sie zusätzlich 1 bis 2 cm Länge zugeben.

   Ziehen Sie die Strickjacke über und markieren Sie mit einer Sicherheitsnadel die berechnete Länge. Ziehen Sie die Strickjacke wieder aus.

   Sind Sie wegen der Länge immer noch unsicher, geben Sie etwas mehr Stoff zu und schneiden Sie notfalls später weiteren Stoff ab.

3. **Schnittlinie markieren:** Messen Sie mithilfe des Maßbands vom Saum bis zu der Markierung durch die Sicherheitsnadel. Markieren Sie die Stelle mit Schneiderkreide und notieren Sie sich das Maß. Wiederholen Sie die Markierung entlang der gesamten Saumkante im Abstand von etwa 10 cm und verbinden Sie die Markierungspunkte zu einer durchgehenden Schnittlinie. Die Linie beginnt 3 cm entfernt von der Knopfleiste und endet 3 cm entfernt von der Knopflochleiste.

   Knöpfe und Knopflöcher sitzen in der Regel auf einer Leiste, die anders gestrickt ist als die restliche Jacke. Ist Ihre Jacke anders gestrickt, können Sie das nötige Maß selbst ermitteln. Messen Sie von der Mitte eines Knopfes bis zur Verschlusskante der Jacke und notieren Sie das Maß. Messen Sie nun diese Entfernung in Richtung Jacke und fügen Sie die 3 cm hinzu. Dies ist der Punkt, an dem die Schnittlinie enden sollte.

   Beachten Sie die Skizze in Abbildung 12.5 und setzen Sie die Schnittlinie parallel zur Verschlussleiste bis zur Saumkante fort.

4. **Heftnaht:** Nähen Sie eine Heftnaht entlang der eingezeichneten Markierung, die sich knapp neben der Schnittlinie befindet (siehe Abbildung 12.5). Das verhindert, dass sich Maschen auflösen.

5. **Zuschnitt:** Schneiden Sie entlang der markierten Linie knapp neben der Heftnaht den unteren Teil der Jacke bis auf die Verschlussleisten ab.

Heben Sie die Reste der Strickjacke für die Projekte in Kapitel 20 auf.

6. **Nähen Sie mit der gewünschten Methode.** Folgen Sie den Hinweisen zu der von Ihnen gewählten Nähtechnik und achten Sie darauf, die Schnittkanten so zu säumen, dass keine Maschenschlaufe entwischen kann.

Die Heftnaht ist nur eine vorübergehende Hilfe, damit die Maschen sich nicht lösen. Als dauerhafte Versäuberung wählen Sie eine der folgenden Techniken.

- **Handnähte:** Lesen Sie in Kapitel 5 die Hinweise zu Handnähten. Nähen Sie im Langettenstich entlang der kompletten Schnittlinie und säumen Sie die Kante mit dem schrägen Saumstich.

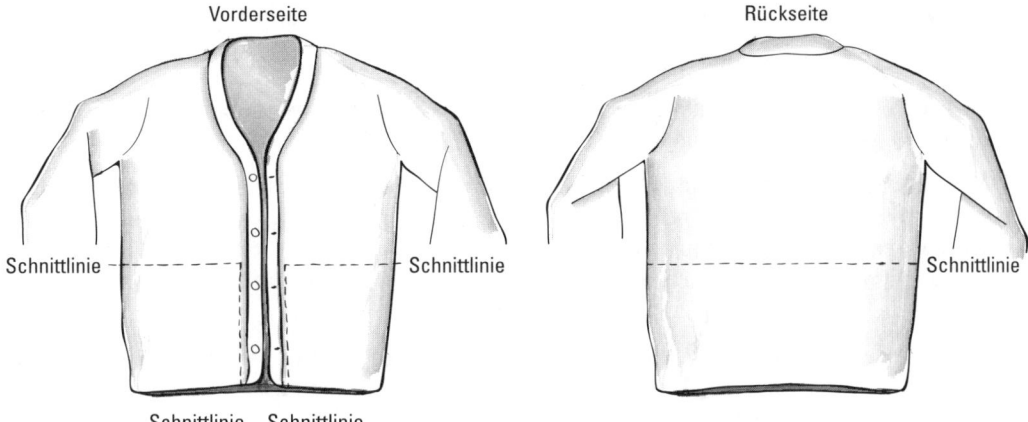

Vorderseite

Rückseite

Schnittlinie

Schnittlinie

Schnittlinie

Schnittlinie   Schnittlinie

Abbildung 12.5: Schnittlinie

- **Maschinennähte:** Nähen Sie im Zickzackstich entlang der gesamten Schnittkante und arbeiten Sie so nah wie möglich an der Stoffkante. Prüfen Sie, ob alle Maschenglieder erfasst wurden, sonst wiederholen Sie die Naht. Säumen Sie die Kanten von Hand mit dem in Kapitel 5 beschriebenen schrägen Saumstich.

- **Overlock-Maschinennähte:** Nähen Sie im Overlockstich an der gesamten Schnittkanten entlang und säumen sie die Kanten von Hand im schrägen Saumstich, wie in Kapitel 5 beschrieben.

Abbildung 12.6 zeigt die fertige Kurzjacke.

Abbildung 12.6: Die Kurzjacke mit erhaltener Knopfleiste

Variationen

Probieren Sie alternativ einige der folgenden Techniken aus:

✔ **Sichtbare Saumnähte:** Anstatt die Schnittkanten zu säumen, versäubern Sie sie lediglich im Langettenstich von Hand und verzichten auf die Saumnähte.

✔ **Schrägband:** Anstatt die Schnittkante zu säumen, können Sie sie auch mit Schrägband dekorativ einfassen. Sie finden verschiedene Ausführungen in Stoffgeschäften in der Kurzwarenabteilung, dort, wo auch die Reißverschlüsse sind. Sie können das Schrägband von Hand oder mit der Maschine annähen und damit die Saumkante fertigstellen (beachten Sie die Verarbeitungshinweise auf der Verpackung).

✔ **Kreative Schnittlinien:** Anstatt die Saumkante gerade zu machen, können Sie die Schnittlinie auch kurvig oder mit Rundungen ausführen, wie in Abbildung 12.7 gezeigt.

✔ **Rustikale Nähte:** Sie können alle Nähte von Hand mit Stickgarn ausführen.

✔ **Steppnähte:** Nähen Sie zusätzlich von Hand mit Stickgarn, Twist oder Band über die fertigen Nähte.

✔ **Farben kombinieren:** Nähen Sie mit einem farblich kontrastierenden Garn. An der Nähmaschine können Sie auch zwei verschiedene Farben für Ober- und Spulenfaden einlegen. Bei der Overlock-Maschine lassen sich sogar vier bis fünf verschiedenfarbige Garne verarbeiten.

Jetzt ist Ihre neue Kurzjacke fertig, aber wie werden Sie sie tragen? Mit der Knopfleiste vorn oder gekreuzt, hinten geknöpft oder mit diagonal gekreuzten Bändern oder über der Schulter gebundenen? Variationen finden Sie in Abbildung 12.8.

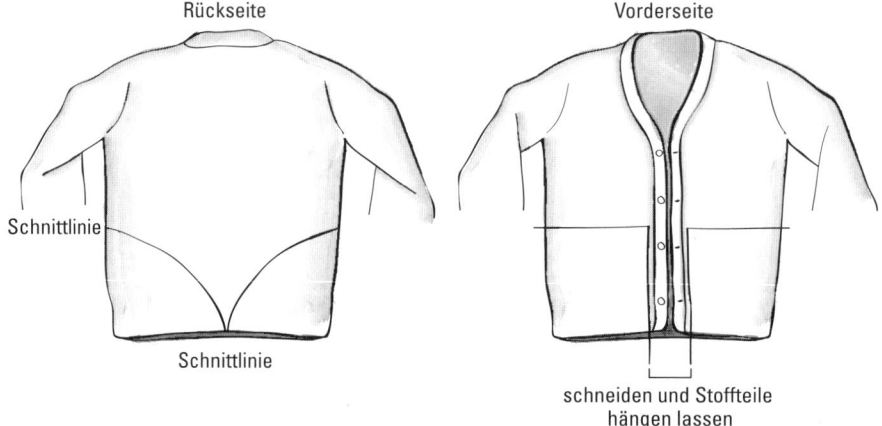

Abbildung 12.7: Variieren Sie die Schnittlinie.

 Nicht alle Tragevariationen funktionieren bei allen Jackenmodellen und Körperformen. Finden Sie selbst heraus, was Ihnen gut steht und Spaß macht.

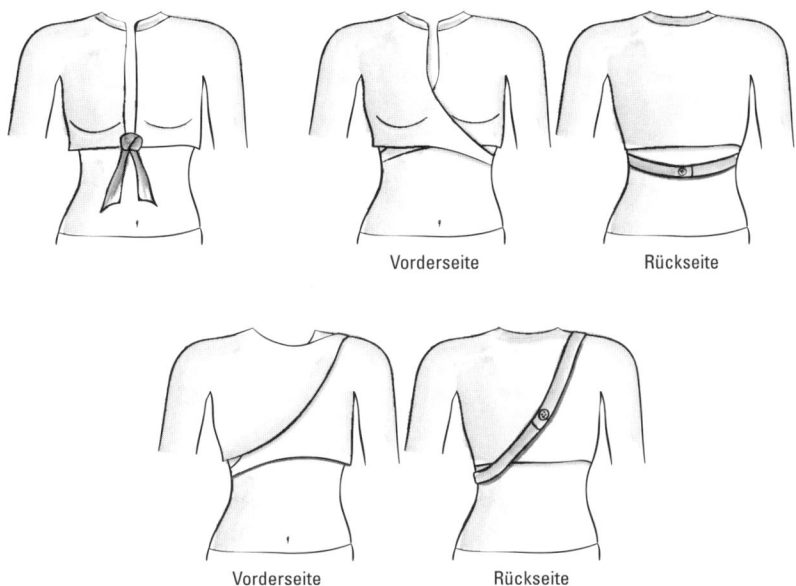

Vorderseite   Rückseite

Vorderseite   Rückseite

Abbildung 12.8: So können Sie die Kurzjacke auch tragen.

Eine kuschelige Kissenhülle

Man kann aus Strickjacken hervorragend Kissenhüllen nähen, da sie den Verschluss schon mitbringen. Damit brauchen Sie sich nicht mehr abzumühen. Mit wenigen Nadelstichen können Sie so aus einem ausrangierten Babyjäckchen ein Kissen für die Zahnfee nähen. Das folgende Projekt ist sehr einfach. Sie können ein quadratisches oder ein rechteckiges Kissen nähen. Bestimmen Sie die Größe des Kissens mithilfe einer fertigen Kissenhülle oder nähen Sie selbst eine passende Füllung nach der Anleitung in Kapitel 18. Dazu markieren, heften, versäubern und nähen Sie vier gerade Nähte. Abbildung 12.9 zeigt das Ausgangsmodell für die Kissenhülle.

Abbildung 12.9: Aus dieser Strickjacke entsteht im Handumdrehen eine neue Kissenhülle.

Material

✔ Strickjacke

✔ Sicherheitsnadeln

✔ Maßband

✔ Nähnadel für Hand- oder Maschinennähte

✔ farblich passendes Nähgarn

✔ Schneiderkreide oder Stoffmarker

✔ Schere

Anleitung

1. **Vorbereitung:** Waschen und trocknen Sie die Strickjacke nach Herstellerempfehlung oder geben Sie sie in die Reinigung. Ersetzen oder versetzen Sie falls nötig Knöpfe (lesen Sie dazu den Abschnitt »Verloren gegangene Knöpfe« am Anfang dieses Kapitels). Wenden Sie die zugeknöpfte Strickjacke auf links und legen Sie sie vor dem Zuschneiden flach hin.

2. **Bestimmen Sie die Größe von Kissen und Füllung.** Wenn Sie eine fertige Kissenfüllung kaufen, ist die Größe auf der Verpackung angegeben. Verwenden Sie eine vorhandene Füllung, ziehen Sie die Nähte stramm und messen Sie die Länge mit dem Maßband nach. Addieren Sie zu diesen Maßen jeweils 3 cm hinzu und Sie haben Länge und Breite der Kissenhülle. Die Maße enthalten bereits eine 1,5 cm breite Nahtzugabe.

   Bei dickeren Stricksachen sollten Sie zusätzlich 1 cm zugeben.

3. **Schnittlinie markieren:** Legen Sie die Knopfleiste der Jacke mittig (siehe Abbildung 12.10). Markieren Sie mithilfe des Maßbands und der Schneiderkreide die in Schritt 2 ermittelten Maße rechteckig oder quadratisch auf der Strickjacke.

   Die Maße Ihrer Kissenhülle richten sich natürlich nach den Maßen der Strickjacke. Messen Sie maximale Länge und Breite der zugeknöpften Strickjacke (siehe Abbildung 12.10), bevor Sie eine Kissenhülle kaufen oder selbst nähen, die nachher zu groß für die vorhandene Strickjacke ist.

4. **Feststecken:** Stecken Sie beide Lagen aufeinander, indem Sie Stecknadeln diagonal in die vier Ecken und an der Innenseite der Schnittlinie in 3 cm Abstand quer zur Außenkante stecken.

5. **Schnittlinien heften:** An der Markierungslinie entlang arbeiten Sie knapp innerhalb eine Heftnaht von Hand oder mit der Nähmaschine durch beide Stofflagen, damit die Maschen beim Zuschnitt nicht aufribbeln. Entfernen Sie die Stecknadeln.

6. **Zuschnitt:** Schneiden Sie durch beide Stofflagen entlang der markierten Schnittlinie.

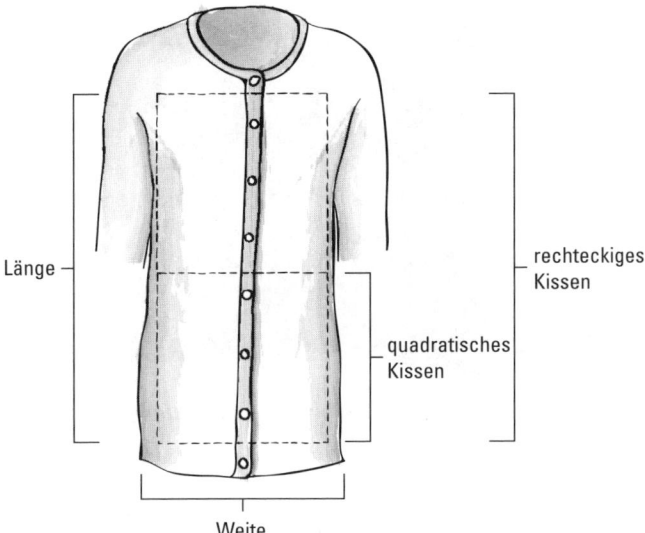

Abbildung 12.10: Messen und markieren Sie die Teile für die Kissenhülle.

Bewahren Sie Stoffreste für die Armstulpen in Kapitel 13 auf.

7. **Nähen Sie mit der gewünschten Methode.** Folgen Sie den Hinweisen zu der von Ihnen gewählten Nähtechnik und achten Sie darauf, die Schnittkanten so zu versäubern, dass keine Maschenschlaufe entwischen kann.

Die Heftnaht ist nur eine vorübergehende Hilfe, damit die Maschen sich nicht lösen. Als dauerhafte Versäuberung wählen Sie eine der folgenden Techniken.

- **Handnähte:** Lesen Sie in Kapitel 5 die Hinweise zu Handnähten. Nähen Sie im Langettenstich entlang der kompletten Schnittlinie und nähen Sie beide Teile mit 1,5 cm Nahtzugabe aufeinander. Wenden Sie die Kissenhülle auf rechts.

- **Maschinennähte:** Nähen Sie im Zickzackstich mit 1,5 cm Nahtzugabe entlang der gesamten Schnittkante und verbinden Sie die beiden Teile miteinander. Prüfen Sie, ob alle Maschenglieder erfasst wurden, sonst wiederholen Sie die Naht. Wenden Sie die Kissenhülle auf rechts.

- **Overlock-Maschinennähte:** Nähen Sie im Overlockstich mit 1,5 cm Nahtzugabe an der gesamten Schnittkante entlang. Wenden Sie die Kissenhülle auf rechts.

8. **Reparaturen:** Lesen Sie in Kapitel 4 nach, falls Sie Risse, Löcher oder Flecken bearbeiten möchten.

Abbildung 12.11 zeigt die fertige Kissenhülle.

Abbildung 12.11: Die Strickjacke nach ihrer Verwandlung in eine Kissenhülle

Variationen

Probieren Sie alternativ einige der folgenden Techniken aus:

✔ **Offene Nahtkanten:** Lassen Sie die Strickjacke in Schritt 1 auf rechts gewendet und nähen Sie beide Teile im Langettenstich von Hand zusammen.

✔ **Rustikale Nähte:** Sie können alle Nähte von Hand mit Stickgarn ausführen.

✔ **Steppnähte:** Nähen Sie zusätzlich von Hand mit Stickgarn, Twist oder Band über die fertigen Nähte.

✔ **Farben kombinieren:** Nähen Sie mit einem farblich kontrastierenden Garn. An der Nähmaschine können Sie auch zwei verschiedene Farben für Ober- und Spulenfaden einlegen. Bei der Overlock-Maschine lassen sich sogar vier bis fünf verschiedenfarbige Garne verarbeiten.

✔ **Knöpfe:** Nähen Sie Knöpfe entlang der Außenkante des Kissens oder in Gruppen in den Ecken an. So werden Sie einige Schätzchen aus Ihrer Knopfdose los. Wählen Sie die Knöpfe nach einem Farbschema oder nach dem Material aus (dekorativ, Stoff, Glas, geschnitzt). Sie können auch beim Zuschneiden die Position der Knopfleiste kreativ verändern, etwa seitlich platziert oder diagonal.

Ein vielseitiger Strickrock

Sie kennen bereits den Rock aus dem umgedrehten T-Shirt aus Kapitel 6 und in Kapitel 13 finden Sie eine Variante aus einem Pullover, aber beiden Projekten fehlt der nötige Flirtfaktor. Mit dem Öffnen weniger Knöpfe wechselt der Stil des Rockmodells in diesem Kapitel von ernsthaft zu verführerisch. Dieses Projekt ist etwas komplizierter. Sie arbeiten zunächst nach den Hinweisen zu dem Rock in Kapitel 6, mit einigen Änderungen. Sie müssen die Größe bestimmen, die Knopfleiste der Strickjacke teilweise zunähen und einen Taillenbund anfertigen und ansetzen. Dann markieren, heften, schneiden, versäubern und säumen Sie den Strickrock. Abbildung 12.12 zeigt das Ausgangsmodell vor der Verwandlung in einen vielseitigen Rock.

Abbildung 12.12: Die Strickjacke vor ihrer Verwandlung in einen Rock

Material

✔ Strickjacke

✔ Material für Taillenbund

- Kordel (50 cm länger als die Taillenweite zum Zubinden)

- etwa 2 cm breites Gummiband oder etwa 15 cm breiten Stretchstoff in Taillenweite

✔ Stecknadeln

✔ Maßband

✔ Nähnadel für Hand- oder Maschinennähte

✔ farblich passendes Nähgarn

✔ Schneiderkreide oder Stoffmarker

✔ Schere

Anleitung

1. **Bestimmung der Größe:** Am einfachsten stellen Sie die Größe fest, indem Sie die Strickjacke anprobieren. Drehen Sie die Jacke zugeknöpft auf den Kopf und steigen Sie mit den Füßen durch den Halsausschnitt. Passt die Jacke gut über die Hüften? Falls nicht, müssen Sie eine andere Strickjacke suchen, die mindestens die Breite Ihrer Hüften hat, besser aber noch 10 bis 15 cm breiter ist.

 Manchmal variieren unsere, ähem, Körperdimensionen etwas, wenn wir uns hinsetzen. Testen Sie die Passform des Strickteils unbedingt auch im Sitzen.

2. **Vorbereitung:** Waschen und trocknen Sie die Strickjacke nach Herstellerempfehlung oder geben Sie sie in die Reinigung. Ersetzen oder versetzen Sie falls nötig Knöpfe (lesen Sie dazu den Abschnitt »Verloren gegangene Knöpfe« am Anfang dieses Kapitels).

3. **Nähen Sie die Knopfleiste zu.** Mit einem Geradstich (mehr dazu lesen Sie in Kapitel 5) nähen Sie von der Taillenkante aus die Knopfleiste zusammen. Enden Sie dort, wo der Schlitz des Rocks beginnen soll. Sie können diese Naht auch mit der Nähmaschine im Zickzackstich arbeiten, wenn Sie einen Reißverschlussfuß verwenden. Damit können Sie so nah wie möglich an den Knöpfen entlangnähen.

4. **Nähen Sie einen Taillenbund und setzen Sie ihn an.** Lesen Sie in Kapitel 6 die entsprechenden Hinweise zu dem Rock aus einem umgedrehten T-Shirt. Schritt 9 erklärt den Taillenbund.

5. **Bestimmen Sie die Schnittlinie.** Lesen Sie in Kapitel 6 die entsprechenden Hinweise in Schritt 3.

6. **Markieren Sie die Schnittlinie.** In Kapitel 6 finden Sie die entsprechenden Hinweise bei dem Rock aus einem umgedrehten T-Shirt.

7. **Heften Sie die Schnittkanten.** Entlang der markierten Schnittlinie nähen Sie auf beiden Seiten der Markierung von Hand oder mit der Nähmaschine eine Heftnaht, um das Aufribbeln der Maschen beim Zuschneiden zu verhindern.

8. **Zuschneiden:** Schneiden Sie entlang der markierten Linie.

9. **Nähen Sie mit der gewünschten Methode.** Folgen Sie den Hinweisen zu der von Ihnen gewählten Nähtechnik und achten Sie darauf, die Schnittkanten so zu versäubern, dass keine Maschenschlaufe entwischen kann.

 Die Heftnaht ist nur eine vorübergehende Hilfe, damit die Maschen sich nicht lösen. Als dauerhafte Versäuberung wählen Sie eine der folgenden Techniken.

- **Handnähte:** Lesen Sie in Kapitel 5 die Hinweise zu Handnähten. Nähen Sie im Langettenstich entlang der kompletten Schnittlinie und säumen Sie die Kanten mit dem schrägen Saumstich.

- **Maschinennähte:** Nähen Sie im Zickzackstich so knapp wie möglich entlang der gesamten Schnittkante. Prüfen Sie, ob alle Maschenglieder erfasst wurden, sonst wiederholen Sie die Naht. Säumen Sie die Unterkante von Hand im schrägen Saumstich aus Kapitel 5.

- **Overlock-Maschinennähte:** Nähen Sie im Overlockstich an der gesamten Schnittkanten entlang und säumen Sie die Unterkante von Hand im schrägen Saumstich aus Kapitel 5.

10. **Reparaturen:** Lesen Sie in Kapitel 4 nach, falls Sie Risse, Löcher oder Flecken bearbeiten möchten.

Abbildung 12.13 zeigt den fertigen Strickrock.

Abbildung 12.13: Die Strickjacke nach ihrer Verwandlung in einen Rock

Variationen

Probieren Sie einige dieser Techniken aus:

✔ **Sichtbare Saumnähte:** Anstatt die Kanten zu säumen, versäubern Sie sie lediglich von Hand im Langettenstich.

✔ **Schrägband:** Anstatt die Schnittkanten zu säumen, können Sie sie auch mit Schrägband dekorativ einfassen. Sie finden verschiedene Ausführungen in Stoffgeschäften in der Kurzwarenabteilung, dort, wo auch die Reißverschlüsse sind. Sie können das Schrägband von Hand oder mit der Maschine annähen und damit die Saumkante fertigstellen (beachten Sie die Verarbeitungshinweise auf der Verpackung).

✔ **Kreative Schnittlinien:** Gestalten Sie Ihre Schnittlinie auch kurvig oder mit Rundungen.

✔ **Mehr Rüschen:** Sie können Ihrem Rock noch mehr Schwung verleihen, indem Sie weitere Stoffstücke (etwa von den Ärmeln) an den Saum ansetzen. Säumen Sie erst danach die Unterkante.

✔ **Rustikale Nähte:** Sie können alle Nähte von Hand mit Stickgarn ausführen.

✔ **Steppnähte:** Nähen Sie zusätzlich von Hand mit Stickgarn, Twist oder Band über die fertigen Nähte.

✔ **Farben kombinieren:** Nähen Sie mit einem farblich kontrastierenden Garn. An der Nähmaschine können Sie auch zwei verschiedene Farben für Ober- und Spulenfaden einlegen. Mit der Overlock-Maschine lassen sich sogar vier bis fünf verschiedenfarbige Garne verarbeiten.

Anziehendes aus Strickpullovern

In diesem Kapitel

▶ Sich gegen Schwachstellen wappnen

▶ T-Shirt-Projekte neu aufgelegt

▶ Accessoires, die Ihre Glieder wärmen

Strickpullover werden von vielen Menschen entweder geliebt oder gehasst. Für jedes dieser Teile kommt einmal der Tag der Neugestaltung. Ich richte mich dabei nach der Ein-Jahres-Regel. Wenn Sie etwas ein Jahr lang nicht getragen haben, sollten Sie etwas Neues damit anfangen. Anstatt das Teil einfach loszuwerden, können Sie nun zwischen den Projekten in diesem Kapitel wählen.

Mein Lieblingsprojekt ist auch das einfachste: die anschmiegsamen Armstulpen. Nachdem meine Hände eine erschreckende Reaktion auf Überarbeitung und den feuchten und kalten Winter in San Francisco gezeigt hatten, begann ich, Wollstulpen über fingerlosen Handschuhen zu tragen. Zusammen mit etwas Akupunktur und traditioneller chinesischer Medizin hat das meinen Händen wieder auf die Sprünge geholfen. Mir gefällt der Look so gut (die Stulpen, nicht die Akupunkturnadeln), dass ich am liebsten immer Armstulpen trage. Erfreulicherweise sind sie so schnell genäht, dass ich in null Komma nichts ein neues Paar anfertigen kann, wenn mir die alten zu langweilig sind.

Die Projekte in diesem Kapitel ähneln zum Teil den T-Shirt-Projekten in Kapitel 6, aber es gibt auch neue und ergänzende Accessoires zu entdecken.

Vorbereiten, Verschönern und Pflegen von Pullovern

Strickpullover werden aus vielen Materialien hergestellt. Lesen Sie in Kapitel 12 nach, welche Materialien das sein können und wie man sie wäscht und pflegt. Richten Sie sich unbedingt nach den Waschempfehlungen des Herstellers. Fehlt das Etikett, lesen Sie in Kapitel 4 die Empfehlungen für die Reinigung nach. Sie können sie auch von Hand in kaltem Wasser waschen und liegend trocknen.

Die üblichen Verdächtigen

Wenn Sie mit einem eigenen Pullover arbeiten, sind Ihnen seine Schwachstellen bewusst. Wahrscheinlich sind diese genau der Grund, warum Sie den Pullover nicht mehr tragen. Wenn Sie einen getragenen Pullover kaufen, achten Sie unbedingt auf die richtige Passform, besonders wenn Sie daraus wieder ein Kleidungsstück nähen wollen. Bei einem Accessoire ist das weniger wichtig.

 Achten Sie außerdem immer auf die folgenden Problemstellen bei Strickpullovern:

✔ Flecken und Verschleiß an den Bündchen

✔ Halsbündchen, die sich lösen

✔ Flecken unter den Achseln

✔ Flecken am Kragen

✔ Flecken und Faserknötchen auf dem Vorderteil oder im Bereich der Hüften, wo manche sich die Hände abwischen

✔ Faserknötchen, Pills und herausgezogene Fäden, besonders unter den Armen und manchmal am Rücken, falls der Besitzer viel gesessen hat. Achten Sie auch darauf, ob das Material generell zu Knötchenbildung neigt.

✔ Löcher und aufgezogene Maschen. Dehnen Sie den Pulli in der Breite, dann finden Sie diese Fehler besser.

Nicht zu lösende Knotenprobleme

In Secondhand-Läden finden Sie Strickpullover in vielen Varianten. Wenn Sie sich in ein besonderes Teil verguckt haben, werden Sie es trotz Flecken und anderer Verschleißstellen mit nach Hause nehmen wollen. Sehen Sie es sich aber besser sorgfältig an und achten Sie besonders auf Knötchenbildung und Pills. Wenige Knötchen, die sich vor allem an beanspruchten Partien bilden, lassen sich entfernen. Ist ein Pullover über und über mit Knötchen bedeckt, lässt er sich nicht wieder in ein neues und frisches Teil verwandeln. Manchmal liegt es an der Materialzusammensetzung, dass Modelle zu Knötchenbildung neigen. Halten Sie lieber Ausschau nach einem anderen Modell oder verarbeiten Sie das Teil mit den Pills zu kleineren Accessoires.

 Bei Pullovern mit sehr vielen Faserknötchen lässt sich das Material manchmal von der linken Seite verarbeiten. Wenn Sie kein Problem mit offenkantiger Verarbeitung haben, ist dies eine clevere Möglichkeit, einen Pullover dennoch zu verwerten.

Pullover oder T-Shirt – beides geht

Strickpullover eignen sich für ganz ähnliche Projekte wie T-Shirts. Bei der Verarbeitung müssen Sie lediglich darauf achten, dass sich die Maschen nicht auflösen. Sonst können Sie mit Strickpullovern viele ähnliche Projekte realisieren.

Umgedrehter Strickrock

Dieser Strickrock ist sehr anschmiegsam und sitzt vorteilhaft. Er liegt von der Taille bis zum Knie eng an und springt dann auf. Obwohl die Form sehr figurbetont und verführerisch ist, wirkt der Rock durch das Material eher elegant und lässig. Das Projekt ist nicht schwierig. Es ist etwas komplizierter und aufwendiger als die T-Shirt-Version, weil die Schnittkanten zuvor geheftet werden, damit sich die Maschen des Pullovers nicht auflösen. Danach geht es ruck-zuck und Sie besitzen einen nagelneuen Strickrock. Abbildung 13.1 zeigt den Pullover als Ausgangsmodell für den Strickrock.

Abbildung 13.1: Der Strickpullover vor seiner Verwandlung in einen Rock

Material

✔ Strickpullover

✔ 0,5 m Stretchstoff oder ein weiterer Pullover in einer passenden Farbe

✔ Sicherheitsnadeln

✔ Stecknadeln

✔ Maßband

✔ Nähnadel für Hand- oder Maschinennähte

✔ passendes Nähgarn

✔ Material für Taillenbund: etwa 2 cm breites Gummiband oder etwa 15 cm breiter Stretchstoff in Taillenweite; die Kordel sollte etwa 50 cm länger sein als die Taillenweite, damit sie geknotet werden kann

✔ Schere

Anleitung

Arbeiten Sie nach der Anleitung für den entsprechenden Rock in Kapitel 6. Heften Sie vor dem Zuschnitt die Schnittlinie auf beiden Seiten, wie in Kapitel 12 im Abschnitt »Maschen außer Rand und Band« beschrieben. Dadurch verhindern Sie das Aufribbeln der Maschen beim Zuschnitt. Setzen Sie nur dann einen Gummizug oder Kordelzug als Taillenbund an, wenn der Pullover sehr dünn ist. Sie können bei dickerem Maschenstrick auch den Kordelzug durch die Maschenschlaufen weben, anstatt einen Tunnel zu nähen.

Achten Sie darauf, dass bei der Nähmaschine der richtige Transport eingestellt ist und Sie die passende Nadel verwenden. Versuchen Sie besonders dicke Stofflagen zu vermeiden und schneiden Sie die Kanten zunächst vor, bevor Sie den Stoff durch die Overlock-Maschine führen.

Den fertigen Strickrock können Sie in Abbildung 13.2 betrachten.

Abbildung 13.2: Der Strickpulli nach der Umarbeitung in einen Rock

Neckholder-Top aus Strickstoff

Das Neckholder-Top ist einfach perfekt für warme Sommerabende. Ist es aus Baumwolle, eignet es sich auch zum Überziehen über den Badeanzug. Damit Sie es im Winter nicht weglegen müssen, können Sie es im Schichtlook kombinieren und die Bindebänder als Schal verwenden. Es ist immer wieder überraschend, auf wie viele Arten man die angesetzten Bänder dekorieren und arrangieren kann. Dieses Projekt ist nicht schwierig, aber etwas ermüdend, da viele Heftnähte und Säume nötig sind. Dafür bietet es aber viel Raum für kreative Gestaltung. Abbildung 13.3 zeigt den Pullover vor seiner Verwandlung in ein Top.

Material

✔ Strickpullover, der gut passt

✔ Stecknadeln

✔ Maßband

Abbildung 13.3: Das Ausgangsmodell für das Neckholder-Top

✔ Nähnadel für Hand- oder Maschinennähte

✔ farblich passendes Nähgarn

✔ Schneiderkreide oder Stoffmarker

✔ Schere

Anleitung

Arbeiten Sie nach den Hinweisen für das Neckholder-Top in Kapitel 6. Heften Sie beide Seiten der Schnittlinie vor dem Zuschneiden, wie in Kapitel 12 im Abschnitt »Maschen außer Rand und Band« erklärt. Das verhindert, dass die Maschen beim Zuschneiden aufribbeln. Sie können bei dem Strickpullover kein Saumband verarbeiten, da die Kanten zu dick werden.

 Schneiden Sie als Erstes die Ärmel ab und verwenden Sie diese für das Armstulpenprojekt weiter hinten in diesem Kapitel.

 Achten Sie darauf, dass bei der Nähmaschine der richtige Transport eingestellt ist und Sie die passende Nadel verwenden. Versuchen Sie besonders dicke Stofflagen zu vermeiden und schneiden Sie die Kanten zunächst vor, bevor Sie den Stoff durch die Overlock-Maschine führen.

Abbildung 13.4 zeigt das fertige Neckholder-Top.

Neue Schnittlinie für den Strickpulli

Ich bin ein großer Fan von Kurzpullis. Ich erinnere mich noch heute an mein Lieblingsteil aus der siebten Klasse. Damals trug ich ihn natürlich noch mit blankem Bauch. Heute sind die Kurzpullis kürzer, aber man trägt sie über einem längeren Top oder Hemdchen.

Abbildung 13.4: Das fertige Neckholder-Top aus Strickstoff

Ich habe über die Jahre viele verschiedene Versionen dieses Kurzpullis genäht, weil sie bei den Leuten so gut angekommen sind. Manche tragen sie unablässig. Dafür muss man Kleider aber schon sehr lieben. Sie können entweder einen einfachen Kurzpulli nähen oder einen etwas aufwendigeren. Beide Varianten sind der Mühe wert. Sie werden sie gerne tragen. Abbildung 13.5 zeigt das Ausgangsmodell.

Abbildung 13.5: Der Strickpullover vor dem Kürzen

Material

✔ Strickpullover, der gut passt

✔ Sicherheitsnadeln

✔ Stecknadeln

✔ Schneiderkreide oder Stoffmarker

✔ Maßband

✔ Nähnadel für Hand- oder Maschinennähte

✔ farblich passendes Nähgarn

✔ Schere

Anleitung

Arbeiten Sie nach den Hinweisen für eins der Projekte in Kapitel 8. Heften Sie beide Seiten der Schnittlinie vor dem Zuschneiden, wie in Kapitel 12 im Abschnitt »Maschen außer Rand und Band« beschrieben. Das verhindert, dass die Maschen beim Zuschneiden aufribbeln. Sie können bei dem Strickpullover kein Saumband verarbeiten, da die Kanten zu dick werden.

 Heben Sie die Reste des Strickpullovers auf und verwenden Sie sie für das Armstulpenprojekt weiter hinten in diesem Kapitel. Sie können sie auch in einen Schal verwandeln.

 Achten Sie darauf, dass bei der Nähmaschine der richtige Transport eingestellt ist und Sie die passende Nadel verwenden. Versuchen Sie besonders dicke Stofflagen zu vermeiden und schneiden Sie die Kanten zunächst vor, bevor Sie den Stoff durch die Overlock-Maschine führen.

Abbildung 13.6 zeigt den fertigen Kurzpulli.

Abbildung 13.6: Der fertige Kurzpulli

Alter Pullover neu gewickelt

Es gibt erstaunlich viele Menschen, die keine Pullover tragen. Das ist mir unverständlich, zumal sie dann auch die coolen Kurzpullis nicht tragen können. Aber auch für sie gibt es eine warme Alternative: eine Wickeljacke. Dieses Projekt ist eine Variation des Wickeloberteils in Kapitel 8. Es ist einfach, da Sie nur wenig heften müssen. Außerdem können Sie alle Teile des Strickpullis verwerten. Abbildung 13.7 zeigt den Pullover vor seiner Verwandlung.

Abbildung 13.7: Der Strickpulli vor seiner Umarbeitung in eine Wickeljacke

Material

✔ Strickpullover

✔ Stecknadeln

✔ Maßband

✔ Nähnadel für Hand- oder Maschinennähte

✔ passendes Nähgarn

✔ Schere

Anleitung

Arbeiten Sie nach den Hinweisen für die Wickeljacke in Kapitel 8. Heften Sie beide Seiten der Schnittlinie vor dem Zuschneiden, wie in Kapitel 12 im Abschnitt »Maschen außer Rand und Band« erklärt. Das verhindert, dass die Maschen beim Zuschneiden aufribbeln. Sie können bei dem Strickpullover kein Saumband verarbeiten, da die Kanten zu dick werden.

 Achten Sie darauf, dass bei der Nähmaschine der richtige Transport eingestellt ist und Sie die passende Nadel verwenden. Versuchen Sie besonders dicke Stofflagen zu vermeiden und schneiden Sie die Kanten zunächst vor, bevor Sie den Stoff durch die Overlock-Maschine führen.

Abbildung 13.8 zeigt die fertige Wickeljacke.

Abbildung 13.8: Als Wickeljacke startet der Strickpullover in ein neues Leben.

Raffiniert und anschmiegsam: Armstulpen

Armstulpen sind ein fester Bestandteil meiner Garderobe. Sie sind sehr einfach herzustellen, indem man die Ärmel eines Pullovers abschneidet. Fertig gesäumt und dekoriert führen sie dann ein eigenes modisches Dasein.

Für mich sind Armstulpen schon mehr als ein modisches Accessoire. Wie schon zu Beginn des Kapitels erwähnt, trage ich sie anstelle von Handschuhen, um meine Hände warmzuhalten. Sie eignen sich auch gut zum Fahrradfahren oder als Wärmereserve in der Handtasche für unterwegs. Tragen Sie Armstulpen unter zu kurz gewordenen Jackenärmeln und bedecken Sie damit kalte Hände bei einem Kälteeinbruch oder wenn Sie in San Francisco über die Straße gehen. Das Projekt ist sehr leicht. Sie schneiden einfach die Ärmel ab und versäubern die Kanten. Das Schwierigste ist zu überlegen, was Sie mit dem Rest des Pullovers anfangen werden. Abbildung 13.9 zeigt das Ausgangsmodell.

Material

✔ Strickpullover mit eng anliegenden Ärmeln

✔ Stecknadeln

✔ Maßband

Abbildung 13.9: Der Pullover vor der Verwandlung in Armstulpen

✔ Nähnadel für Hand- oder Maschinennähte

✔ passendes Nähgarn

✔ Schneiderkreide oder Stoffmarker

✔ Schere

Anleitung

1. **Vorbereitung:** Waschen und trocknen Sie den Strickpullover nach Herstellerempfehlung oder geben Sie ihn in die Reinigung, falls das Etikett fehlt.

2. **Schnittlinie markieren:** Legen Sie den Pullover flach hin und messen Sie die Länge des Ärmels mit dem Maßband. Markieren Sie einen Punkt 25 cm entfernt vom Ärmelbund. Markieren Sie mit der Schneiderkreide auf Höhe des Messpunkts eine Schnittlinie, parallel zum Ärmelbund, wie in Abbildung 13.10 zu sehen ist. Wiederholen Sie die Markierung am anderen Ärmel.

3. **Schnittkanten heften:** Nähen Sie von Hand oder mit der Nähmaschine auf beiden Seiten der markierten Schnittlinie eine Heftnaht. Dadurch verhindern Sie, dass beim Zuschnitt die Maschen aufribbeln.

4. **Zuschnitt:** Schneiden Sie entlang der markierten Schnittlinie beide Ärmel durch.

 Heben Sie den Pulloverrest für den umgedrehten Rock (weiter vorn in diesem Kapitel) auf oder tragen Sie den Pullover mit kurzen Ärmeln.

5. **Reparaturen:** Lesen Sie in Kapitel 4 nach, falls Sie Risse, Löcher oder Flecken bearbeiten möchten.

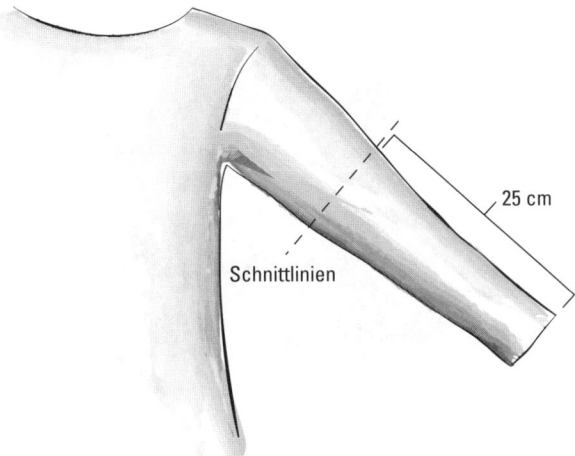

Abbildung 13.10: Schnittlinien markieren

6. **Nähen Sie mit der gewünschten Methode.** Folgen Sie den Hinweisen zu der von Ihnen gewählten Nähtechnik.

- **Handnähte:** Lesen Sie in Kapitel 5 die Hinweise zu Handnähten nach. Nähen Sie im Langettenstich entlang der kompletten Schnittlinie und achten Sie darauf, jede Maschenschlaufe zu erfassen. Säumen Sie die Kante mit dem schrägen Saumstich.

- **Maschinennähte:** Arbeiten Sie mit der passenden Nadel und dem richtigen Andruck des Nähfußes. Lesen Sie in der Betriebsanleitung nach, wie Sie mit dicken Stofflagen umgehen sollten. Nähen Sie im Zickzackstich entlang der gesamten Schnittkante und prüfen Sie, ob alle Maschenglieder erfasst wurden. Sonst wiederholen Sie die Naht. Säumen Sie die Kanten von Hand mit dem in Kapitel 5 beschriebenen schrägen Saumstich.

- **Overlock-Maschinennähte:** Arbeiten Sie mit der passenden Nadel und dem richtigen Andruck des Nähfußes. Nähen Sie im Overlockstich an der gesamten Schnittkante entlang und achten Sie darauf, jede Maschenschlaufe zu erfassen. Säumen Sie die Kante von Hand mit dem in Kapitel 5 beschriebenen Saumstich.

Abbildung 13.11 zeigt die fertigen Armstulpen. In Abbildung 13.12 finden Sie Hinweise zum Tragen der Stulpen.

Variationen

Probieren Sie alternativ einige der folgenden Techniken aus:

✔ **Sichtbare Saumkanten:** Versäubern Sie die Schnittkanten nur und verzichten Sie auf das Säumen.

✔ **Schrägband:** Anstatt die Schnittkante zu säumen, können Sie sie auch mit Schrägband dekorativ einfassen. Sie finden verschiedene Ausführungen in Stoffgeschäften in der Kurzwarenabteilung, dort, wo auch die Reißverschlüsse sind. Sie können das Schrägband von Hand oder mit der Maschine annähen und damit die Saumkante fertigstellen (beachten Sie die Verarbeitungshinweise auf der Verpackung).

Abbildung 13.11: Die fertigen Armstulpen warten auf ihren Einsatz.

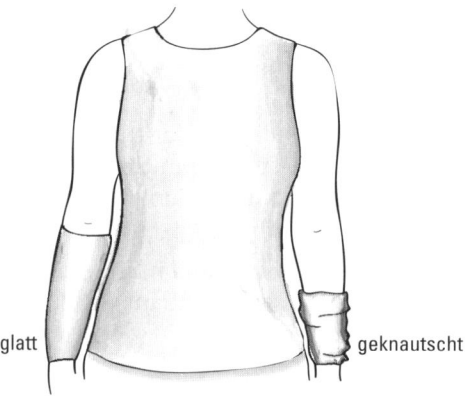

glatt   geknautscht

Abbildung 13.12: So tragen Sie die anschmiegsamen Armstulpen.

✔ **Kreative Schnittlinien:** Statt einer geraden Schnittlinie können Sie auch Kurven oder Rundungen schneiden.

✔ **Wellenkanten:** Dehnen Sie den Stoff leicht, wenn Sie im Zickzackstich oder mit der Overlock-Maschine über die Kante nähen. Dadurch wellt er sich später.

 Diese Technik funktioniert nur bei dünnen Strickstoffen. Dehnen Sie den Stoff nicht zu stark und arbeiten Sie nicht mit zu viel Kraft, sonst bricht die Nadel. Diese Technik eignet sich besonders für erfahrene Näher, die mit dem Transport ihrer Maschine vertraut sind.

Lesen Sie in der Betriebsanleitung nach, welche Einstellung Sie für die Wellenränder brauchen (besonders bei Differenzialtransport bei Overlock-Maschinen).

✔ **Rustikale Nähte:** Sie können alle Nähte von Hand mit Stickgarn ausführen.

✔ **Steppnähte:** Nähen Sie zusätzlich von Hand mit Stickgarn, Twist oder Band über die fertigen Nähte.

✔ **Farben kombinieren:** Nähen Sie mit einem farblich kontrastierenden Garn. An der Näh-maschine können Sie auch zwei verschiedene Farben für Ober- und Spulenfaden einlegen. Bei der Overlock-Maschine lassen sich sogar vier bis fünf verschiedenfarbige Garne verar-beiten.

✔ **Ziernähte:** Nähen Sie mit dekorativen Sticharten über einzelne Partien des Ärmels. Sie können die Linien vorher mit Schneiderkreide markieren. Verwenden Sie auch Zier- und Stickstiche Ihrer Nähmaschine.

✔ **Knöpfe:** Nähen Sie dekorative Knöpfe entlang der Ärmel an. So werden Sie einige Schätz-chen aus Ihrer Knopfdose los. Platzieren Sie die Knöpfe in Gruppen oder ahmen Sie einen alten Handschuh nach und nähen Sie eine Reihe kleiner Knöpfe seitlich an.

 An Wollpullovern können Sie die Schnittlinie komplett unversäubert lassen. Sie können die Kante versiegeln, indem Sie die Stulpen filzen. Dazu werden sie in heißem Wasser gewaschen. Achten Sie darauf, dass die Ärmel dabei einlaufen. Ar-beiten Sie also mit Ärmeln, die Ihnen eigentlich zu groß sind, oder dehnen Sie das Teil noch in nassem Zustand kräftig. Sie können Bändchen oder Borten durch die Maschen weben, Ösen oder Nieten anbringen und Dekorationen mit der Heißklebepistole (nicht waschbar) aufsetzen.

Schultertasche mit Kuschelfaktor

Die weiche Beuteltasche ist das perfekte Behältnis für Ihre Strickprojekte. Nehmen Sie sie mit auf Reisen und sie dient gleichzeitig als Kuschelkissen. Die Schultertasche ist ganz einfach gemacht, ähnlich wie das Modell in Kapitel 10. Die Ärmelbündchen werden als Schulterrie-men zusammengenäht und der Saum wird zum Taschenboden geschlossen. Der Halsaus-schnitt bildet den Tascheneingriff, durch den Sie leicht an alle Ihre Schätze gelangen. Dieses Projekt ist super einfach. Sie müssen nichts zuschneiden und nur wenig nähen. Legen Sie die Teile einfach passend aufeinander, nähen Sie den Saum zu und die Ärmelbündchen zusam-men und dann können Sie sich noch ein paar Dekorationen einfallen lassen, die Ihr neues Mo-dell einzigartig machen. Fertig! Abbildung 13.13 zeigt das Ausgangsmodell.

Material

✔ Strickpullover

✔ Stecknadeln

✔ Maßband

✔ Nähnadel für Hand- oder Maschinennähte

✔ farblich passendes Nähgarn

✔ Schneiderkreide oder Stoffmarker

✔ Schere

Abbildung 13.13: Der Pullover vor seiner Verwandlung in eine Schultertasche

Anleitung

1. **Vorbereitung:** Waschen und trocknen Sie den Strickpullover nach Herstellerempfehlung oder lassen Sie ihn reinigen, falls das Etikett fehlt.

2. **Reparaturen:** Lesen Sie in Kapitel 4 nach, falls Sie Risse, Flecken oder Löcher bearbeiten möchten.

3. **Saum zustecken:** Legen Sie den Pullover so hin, dass die Seitennähte beinahe aufeinanderliegen (siehe Abbildung 13.14). Stecken Sie die Nähte leicht versetzt aufeinander, damit Sie nicht über eine zu dicke Stofflage nähen müssen. Stecken Sie die Saumkanten im Abstand von 5 cm mit Stecknadeln zusammen, die quer zur Saumkante sitzen.

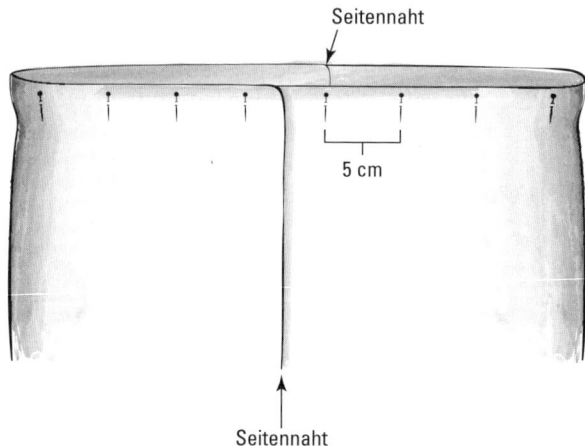

Abbildung 13.14: Stecken Sie die Saumkanten aufeinander.

4. **Ärmelbündchen falten:** Falten Sie jeden Ärmelbund so, dass die Unterarmnaht etwa mittig liegt, wie in Abbildung 13.15 zu sehen ist.

5. **Ärmelbündchen aufeinanderstecken:** Schieben Sie einen Bund in den anderen, bis sie sich etwa 5 cm weit überlappen. Platzieren Sie die Nähte jeweils versetzt, damit nicht so

viele Stofflagen übereinanderliegen. Stecken Sie die Bündchen quer zur Bundkante fest, wie in Abbildung 13.15 zu sehen ist.

6. **Nähen Sie mit der gewünschten Methode.** Folgen Sie den Hinweisen zu der von Ihnen gewählten Nähtechnik.

- **Handnähte:** Lesen Sie in Kapitel 5 die Hinweise zu Handnähten. Nähen Sie im Langettenstich entlang der kompletten Saumkante und nähen Sie beide Teile aufeinander. Nähen Sie mit einem Geradstich die beiden Ärmelbündchen aufeinander. Nähen Sie in der Mitte des überlappenden Bereichs, wie in Abbildung 13.15 zu sehen ist.

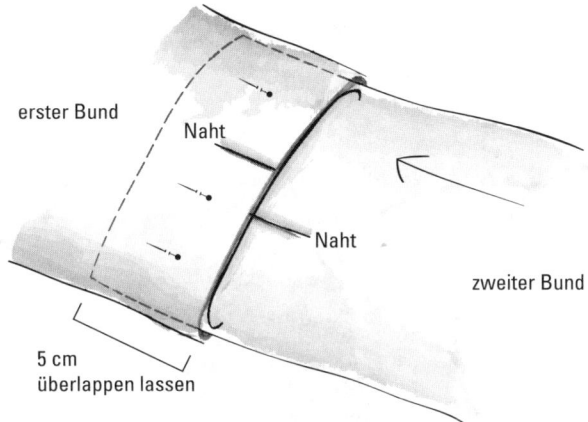

Abbildung 13.15: Falten Sie die Ärmelbündchen und stecken Sie sie zusammen.

- **Maschinennähte:** Arbeiten Sie mit der passenden Nadel und dem richtigen Andruck des Nähfußes. Lesen Sie in der Betriebsanleitung nach, wie Sie mit dicken Stofflagen umgehen sollten. Nähen Sie im Zickzackstich mit 1 cm Nahtzugabe die Saumkanten aufeinander. Nähen Sie die Ärmelbündchen mit einem Zickzackstich zusammen. Die Naht sollte in der Mitte des überlappenden Bereichs sein, wie in Abbildung 13.16 zu sehen ist.

- **Overlock-Maschinennähte:** Arbeiten Sie mit der passenden Nadel und dem richtigen Andruck des Nähfußes. Nähen Sie im Overlockstich die beiden Saumkanten zusammen. Lösen Sie die Stecknadeln aus den Ärmelbündchen und nähen Sie die Ärmelkanten kreisförmig aneinander, sodass beide Ärmel eine lange Röhre bilden, bei der ein Ärmel in den anderen übergeht.

Variationen

Probieren Sie alternativ einige der folgenden Techniken aus:

✔ **Rustikale Nähte:** Sie können alle Nähte von Hand mit Stickgarn ausführen.

✔ **Steppnähte:** Nähen Sie zusätzlich von Hand mit Stickgarn, Twist oder Band über die fertigen Nähte.

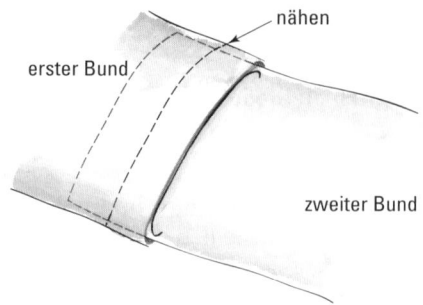

Abbildung 13.16: Die Naht sollte in der Mitte des überlappenden Bereichs sein.

Abbildung 13.17 zeigt die fertige Schultertasche.

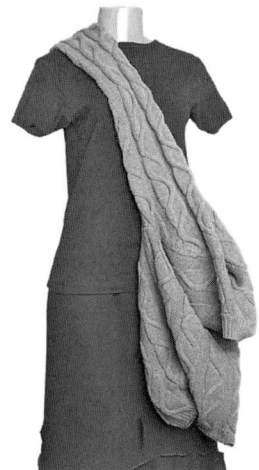

Abbildung 13.17: Der Strickpullover nach seiner Verwandlung in eine Schultertasche

✔ **Farben kombinieren:** Nähen Sie mit einem farblich kontrastierenden Garn. An der Nähmaschine können Sie auch zwei verschiedene Farben für Ober- und Spulenfaden einlegen. Bei der Overlock-Maschine lassen sich sogar vier bis fünf verschiedenfarbige Garne verarbeiten.

✔ **Ziernähte:** Nähen Sie mit dekorativen Sticharten über einzelne Partien der Tasche. Sie können die Linien vorher mit Schneiderkreide markieren. Verwenden Sie auch Zier- und Stickstiche Ihrer Nähmaschine.

✔ **Knöpfe:** Nähen Sie dekorative Knöpfe auf die Tasche. So werden Sie einige Schätzchen aus Ihrer Knopfdose los. Platzieren Sie die Knöpfe in Gruppen oder entlang der Naht. Wählen Sie die Knöpfe nach einem Farbschema oder dem Material (verziert, Stoff, Glas oder geschnitzt) aus.

 Sie können Bändchen oder Borten durch die Maschen weben, Ösen oder Nieten anbringen und Dekorationen mit der Heißklebepistole (nicht waschbar) aufsetzen.

Heute eine Häkeldecke und morgen?

In diesem Kapitel

▶ Strick- und Häkeldecken in Form halten

▶ Verwertungsideen für Decken

▶ Projekte zum Einwickeln und Abhängen

Gehäkelte und gestrickte Decken gibt es fast in jedem Haushalt. Sie werden in stundenlanger Handarbeit hergestellt, was nur die wenigsten zu schätzen wissen. Diese Handarbeiten sind gerade wieder in. Die Decken, die Sie in Secondhand-Läden oder im Haushalt Ihrer Großmutter finden, sind vielleicht nicht gerade in den angesagten Farben der Saison. Aber trotzdem kann man den alten Schätzen mit einer neuen Form auch neues modisches Leben einhauchen und ihnen so die Beachtung zukommen lassen, die sie verdienen. In diesem Kapitel finden Sie sowohl Hinweise zur Überarbeitung und Reparatur als auch Ideen für Kuscheliges, mit dem Sie gerne am Kaminfeuer Platz nehmen werden.

Vorbereiten, Ausbessern und Pflegen von Decken

Die meisten Strick- und Häkeldecken, die mir begegnet sind, waren aus Acrylgarn. Das muss aber nicht so sein. Da diese Stücke handgefertigt sind, besitzen sie in der Regel kein Etikett und keine Pflegehinweise. Lesen Sie zuerst in Kapitel 12 die Hinweise zur richtigen Pflege und Vorbereitung Ihres Materials. Wenn Sie sich nicht absolut sicher sind, was das Material angeht, lassen Sie die Decke reinigen. Der Fachmann in der Reinigung kann Ihnen sicher weitere Pflegetipps geben.

Die üblichen Verdächtigen

Die Strick- und Häkeldecken, die ich bisher gefunden habe, waren in sehr gutem Zustand.

 Achten Sie aber trotzdem immer auf die folgenden Problemstellen bei Strick- und Häkeldecken:

✔ unangenehmer Geruch (muffig, nach Rauch oder Haustieren)

✔ zerschlissene oder aufgeribbelte Stellen

✔ Flecken und andere Verschleißstellen

Viel Material für wenig Geld

Es ist paradox. Obwohl Strick- und Häkeldecken so aufwendig hergestellt werden, kann man sie in Secondhand-Läden ausgesprochen preiswert erwerben. Ich habe schon Exemplare für Preise zwischen zwei und fünf Euro gesehen. Vom Standpunkt der Wiederverwertung aus gesehen, ist das sehr viel Material für sehr wenig Geld.

Fransen ersetzen

Viele Strick- und Häkeldecken haben Fransen am Rand, die aus kurzen Garnfäden angeknotet sind. Wenn Sie die Fransen verwerten möchten, sie aber leider alt oder schon ausgefallen sind, können Sie neue ansetzen. Lösen Sie eine Fransenpartie und nehmen Sie das Garn mit zum Einkaufen. Suchen Sie nach einem möglichst ähnlichen Garn. Falls Sie keins finden, können Sie einfach einen anderen passenden Farbton nehmen, müssen dann aber die gesamte Fransenkante erneuern. Schneiden Sie das neue Garn in die passende Länge, entsprechend der aufgelösten Franse. Verwenden Sie drei Garnfäden pro Franse und legen Sie die Fäden zur Hälfte. Schieben Sie die Bruchkante durch die Deckenkante und ziehen Sie die losen Garnenden durch die Schlaufe in der Mitte. Ziehen Sie den Knoten fest, wie in Abbildung 14.1 zu sehen ist.

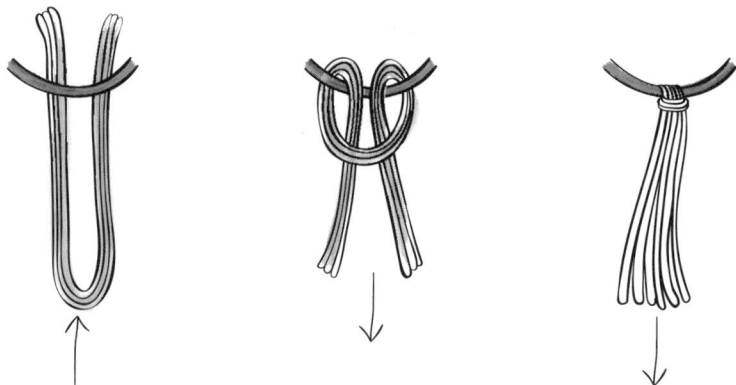

Abbildung 14.1: Ersetzen Sie schadhafte oder fehlende Fransen.

Prachtvoller Poncho

Keine Sorge. Das folgende Projekt zeigt keinen normalen Poncho, obwohl ich kurz darüber nachgedacht habe. Aber ich wollte den Lesern dieses Buches lieber ein neues Design zeigen. Den kurzen Poncho können Sie sich um die Schultern legen oder ihn sich wie eine Kapuze über den Kopf ziehen. Das Projekt ist sehr einfach. Sie arbeiten eine Heftnaht und schneiden einen Streifen von der Strickdecke ab. Dann legen Sie ihn spiralförmig zusammen, stecken und nähen ihn. Anschließend können Sie sich schon hineinkuscheln. Abbildung 14.2 zeigt das Strickteil vor der Verwandlung.

Material

✔ Strickstück mindestens 45 × 150 cm groß

✔ Sicherheitsnadeln

✔ Maßband

✔ Nähnadel für Hand- oder Maschinennähte

✔ farblich passendes Nähgarn

Abbildung 14.2: Das Ausgangsmodell für den Poncho

✔ Schneiderkreide oder Stoffmarker

✔ Schere

Anleitung

1. **Vorbereitung:** Lassen Sie die Strickdecke in der Reinigung säubern.

2. **Die Ränder prüfen:** Legen Sie die Strickdecke flach aus und betrachten Sie die Enden. Oft haben die beiden gegenüberliegenden Kanten zusätzliche Dekorationen wie Fransen oder Bogenkanten.

3. **Schnittlinie markieren:** Messen Sie jeweils an den verzierten Kanten 45 cm ab und markieren Sie den Messpunkt mit Schneiderkreide oder einer Sicherheitsnadel. Verbinden Sie die beiden Messpunkte mithilfe des Maßbands und zeichnen Sie mit der Schneiderkreide die Schnittlinie von einem Messpunkt zum anderen, von einer verzierten Kante zur anderen. Sie können die Markierung auch mithilfe von Sicherheitsnadeln machen, falls die Schneiderkreide auf dem Material nicht zeichnet. Abbildung 14.3 zeigt die Markierung der Schnittlinie.

 Bei Stricksachen arbeite ich lieber mit Sicherheitsnadeln statt mit Stecknadeln, die sich zu schnell lösen und sich in dem Strickmaterial verfangen, während man damit arbeitet.

4. **Heften:** Lesen Sie in Kapitel 5 die Hinweise über Heftnähte. Heften Sie von Hand oder mit der Nähmaschine auf beiden Seiten der Schnittmarkierung aus Schritt 3.

5. **Zuschneiden:** Schneiden Sie entlang der markierten Linie.

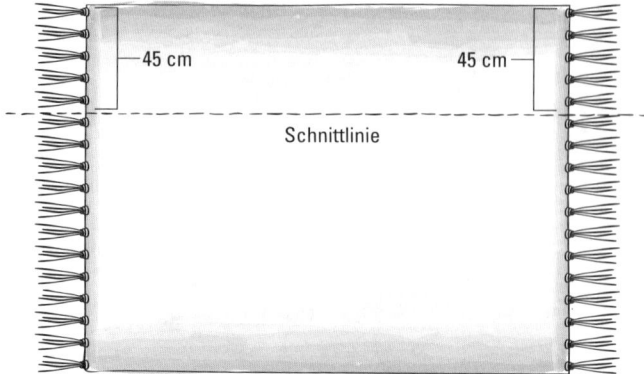

Abbildung 14.3: Markieren Sie die Schnittlinie.

 Heben Sie das restliche Material für eine Weste (siehe das nächste Projekt in diesem Kapitel), einen weiteren Poncho oder die Armstulpen in Kapitel 13 auf.

6. **Reparaturen:** Lesen Sie in Kapitel 4 nach, falls Sie Risse, Löcher oder Flecken bearbeiten möchten.

7. **Zur Spirale stecken:** Legen Sie den zugeschnittenen Streifen flach hin, und zwar so dass die Heftnaht zu Ihnen zeigt. Messen Sie von der linken Kante aus 1,25 m entlang der Heftnaht und markieren Sie den Messpunkt mit einer Sicherheitsnadel. Falten Sie die obere linke Ecke zu der Sicherheitsnadel hin und stecken Sie die beiden Kanten aneinander. Stecken Sie die Oberkante fortlaufend an die Unterkante und stecken Sie beide in Abständen von 10 bis 12 cm aneinander, bis Sie die andere Seitenkante erreichen. Richten Sie sich nach Abbildung 14.4.

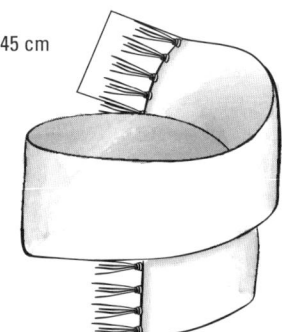

Abbildung 14.4: Stecken Sie den Streifen spiralförmig zusammen.

 Wenn Sie besonders breite oder schmale Schultern haben, probieren Sie den gesteckten Poncho an. Sie können die Spirale jetzt noch problemlos enger oder weiter machen, bevor sie zusammengenäht wird.

8. **Nähen Sie mit der gewünschten Methode.** Folgen Sie den Hinweisen zu der von Ihnen gewählten Nähtechnik.

- **Handnähte:** Lesen Sie in Kapitel 5 die Hinweise zu Handnähten. Nähen Sie im Langettenstich mit 1 cm Nahtzugabe die gesteckten Kanten aneinander und achten Sie darauf, jede Maschenschlaufe zu erfassen.

- **Maschinennähte:** Nähen Sie im Zickzackstich mit 1 cm Nahtzugabe die gesteckten Kanten aneinander und prüfen Sie, ob alle Maschenglieder erfasst wurden.

- **Overlock-Maschinennähte:** Arbeiten Sie mit der passenden Nadel und dem richtigen Andruck des Nähfußes. Nähen Sie im Overlockstich die gesteckten Kanten zusammen und entfernen Sie die Stecknadeln, bevor Sie sie erreichen. Achten Sie darauf, jede Maschenschlaufe zu erfassen, damit die Maschen nicht aufribbeln.

Abbildung 14.5 zeigt den fertigen Poncho. In Abbildung 14.6 sehen Sie, wie er getragen werden kann.

Abbildung 14.5: Der fertige Poncho

Variationen

✔ **Schrägband:** Sie können die Schnittkante mit Schrägband dekorativ einfassen. Sie finden verschiedene Ausführungen in Stoffgeschäften in der Kurzwarenabteilung, dort, wo auch die Reißverschlüsse sind. Sie können das Schrägband von Hand oder mit der Maschine annähen und damit die Saumkante fertigstellen (beachten Sie die Verarbeitungshinweise auf der Verpackung).

Abbildung 14.6: So können Sie Ihren neuen Poncho tragen.

✔ **Rustikale Nähte:** Sie können alle Nähte von Hand mit Stickgarn ausführen.

✔ **Steppnähte:** Nähen Sie zusätzlich von Hand mit Stickgarn, Twist oder Band über die fertigen Nähte.

✔ **Farben kombinieren:** Nähen Sie mit einem farblich kontrastierenden Garn. An der Nähmaschine können Sie auch zwei verschiedene Farben für Ober- und Spulenfaden einlegen. Bei der Overlock-Maschine lassen sich sogar vier bis fünf verschiedenfarbige Garne verarbeiten.

✔ **Ziernähte:** Nähen Sie mit dekorativen Sticharten über einzelne Partien des Ponchos. Sie können die Linien vorher mit Schneiderkreide markieren. Verwenden Sie auch Zier- und Stickstiche Ihrer Nähmaschine.

✔ **Knöpfe:** Nähen Sie dekorative Knöpfe auf den Poncho. So können Sie einige Schätzchen aus Ihrer Knopfdose verwerten. Platzieren Sie die Knöpfe in Gruppen in einer Ecke oder am Halsausschnitt. Sie können auch Knöpfe in Reihen entlang der Unterkante annähen, die zusätzlich die Spiralform betonen. Wählen Sie die Knöpfe nach einem Farbschema oder nach ihrem Material (dekorativ, Stoff, Glas, geschnitzt) aus.

 Sie können Bändchen oder Borten durch die Maschen weben, Ösen oder Nieten anbringen und Dekorationen mit der Heißklebepistole (nicht waschbar) aufsetzen.

Lange Strickweste mit Wickeleffekt

Beim Neugestalten und Entwerfen kombiniere ich gerne Dinge miteinander, die auf den ersten Blick nicht zueinander passen. Dieses Projekt ist ein perfektes Beispiel dafür. Die lange, ärmellose Weste verschafft der klassischen Häkeldecke einen ganz neuen Auftritt. Das folgende Projekt ist ziemlich einfach. Sie müssen nur die Häkeldecke zuerst anpassen. Anschließend werden die Schulternähte geschlossen und die Armlöcher versäubert, dann sind Sie fertig.

Abbildung 14.7: Die Häkeldecke vor ihrem großen Auftritt als Weste

Material

✔ Häkeldecke, idealerweise mit Fransen oder einer interessanten Abschlusskante

✔ Stecknadeln

✔ Sicherheitsnadeln

✔ Maßband

✔ Nähnadel für Hand- oder Maschinennähte

✔ farblich passendes Nähgarn

✔ Schneiderkreide oder Stoffmarker

✔ Schere

Anleitung

1. **Vorbereitung:** Lassen Sie die Decke in der Reinigung säubern.

2. **Die Ränder prüfen:** Legen Sie die Häkeldecke flach aus und betrachten Sie die Enden. Oft haben die beiden gegenüberliegenden Kanten zusätzliche Dekorationen wie Fransen oder Bogenkanten. Die Kanten verwenden Sie als Verschlusskanten auf der Vorderseite (siehe Abbildung 14.8).

3. **Die Mitte bestimmen:** Legen Sie die Häkeldecke zur Hälfte, wobei die Vorderkanten (siehe Schritt 2) aufeinanderliegen. Die Bruchkante ist die Mitte der Decke. Markieren Sie die Mitte an der Oberkante mit einer Stecknadel und falten Sie die Decke wieder auf.

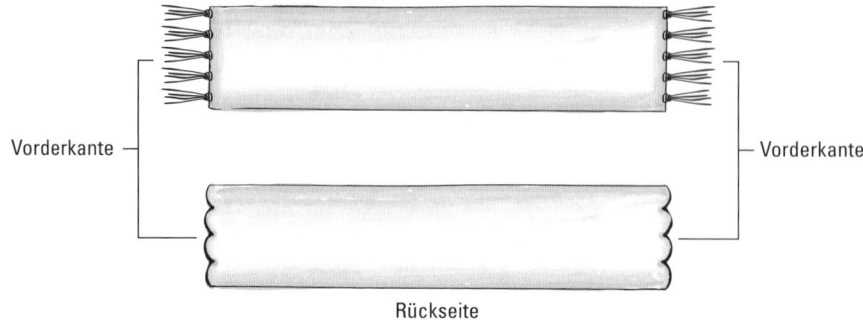

Vorderkante

Vorderkante

Rückseite

Abbildung 14.8: Prüfen Sie die Ränder.

4. **Die Schulterbreite bestimmen:** Messen Sie mit dem Maßband von Armkugel zu Armkugel Ihre Schulterbreite quer über den Rücken. Teilen Sie das Maß durch zwei und notieren Sie es.

Es ist viel einfacher, die Schulterbreite zu bestimmen, wenn Ihnen jemand beim Messen hilft.

5. **Markieren Sie die Schulterbreite an der Decke.** Messen Sie mit dem Maßband von der Deckenmitte aus in beide Richtungen die in Schritt 4 notierte Schulterbreite ab. Falten Sie die Decke jeweils auf Höhe des Messpunkts zur Mitte. Stecken Sie die Oberkanten in 5 cm Abstand mit Sicherheitsnadeln zusammen, bis in der Mitte noch jeweils 7,5 cm in beide Richtungen frei sind (siehe Abbildung 14.9).

an der Kante aufeinanderstecken   Mitte   an der Kante aufeinanderstecken

halbe Schulterbreite

halbe Schulterbreite

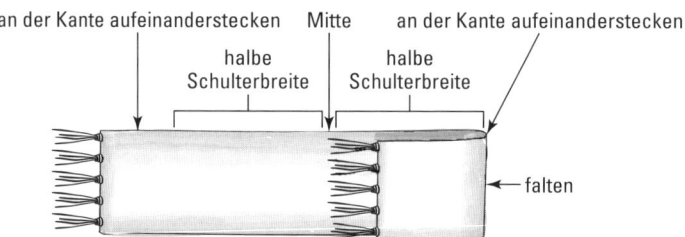

falten

Abbildung 14.9: Markieren Sie die Schulterbreite an der Decke.

6. **Anprobe:** Legen Sie die Decke über Ihre Schultern, wobei die Bruchkante auf beiden Seiten am Schulterende sitzen sollte. Jetzt müssen Sie zwei Fragen beantworten: Erstens: Ist noch zu viel Deckenstoff in der Westenmitte? Steht mehr als 30 cm von der Decke über, gemessen von der letzten Sicherheitsnadel aus? Stellen Sie mithilfe des Maßbands fest, wie viel Stoff Sie auf beiden Seiten der Weste wegnehmen möchten, und notieren Sie sich den Gesamtwert. Zweitens: Ist die Weste zu lang? Wenn ja, markieren Sie die gewünschte Länge mit Sicherheitsnadeln seitlich und auf der Rückseite. Legen Sie die Decke wieder ab und schauen Sie sich Abbildung 14.10 an.

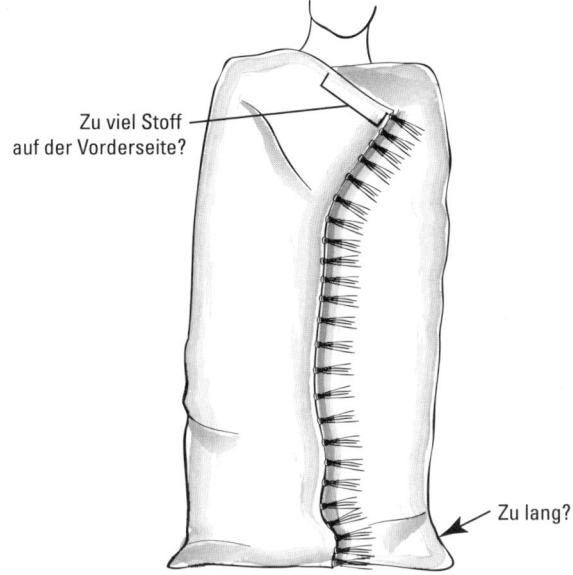

Abbildung 14.10: Deckenanprobe

1. Zu lang? Entfernen Sie die Sicherheitsnadeln an den Schulterkanten und legen Sie die Decke flach hin.

 Entfernen Sie nicht die Markierung in der Deckenmitte.

Mit dem Maßband messen Sie nun von der unteren Deckenkante bis zu den Längenmarkierungen, die Sie bei der Anprobe gemacht haben. Notieren Sie die Maße und errechnen Sie einen Durchschnittswert. Entfernen Sie die Sicherheitsnadeln und messen Sie jetzt an zwei Punkten den errechneten Durchschnittswert von der Unterkante aus. Markieren Sie die beiden Messpunkte mit Schneiderkreide oder Sicherheitsnadeln. Benutzen Sie das Maßband als Lineal und zeichnen Sie eine Schnittlinie quer über die Decke, die genau durch die beiden Messpunkte verläuft. Falls die Schneiderkreide auf dem Häkeluntergrund nicht funktioniert, markieren Sie die Linie mit Sicherheitsnadeln in 10 bis 15 cm Abstand. Heften Sie von Hand oder mit der Maschine auf beiden Seiten der markierten Linie und entfernen Sie vorher nach und nach die Sicherheitsnadeln. Schneiden Sie den überschüssigen Deckenstoff entlang der Markierung ab.

 Heben Sie den Reststreifen für die Stulpen in Kapitel 13 auf oder tragen Sie ihn als Schal.

2. Zu weit (zu viel Stoff in der Mitte)? Entfernen Sie auch in diesem Fall die Sicherheitsnadeln an den Schultern, bis auf die Mittenmarkierung. Falten Sie die Decke wie in Schritt 3 zur Hälfte. Messen Sie nun von der Bruchkante aus die Hälfte des überschüssigen Materials (die Hälfte des in Schritt 6 notierten Gesamtwerts) aus und markieren Sie den Punkt mit einer Sicherheitsnadel. Wiederholen Sie die Messung weiter unten auf der Decke und markieren Sie auch diesen Punkt mit einer Sicherheitsnadel durch beide Deckenschichten. Verwenden Sie das Maßband als Zeichenhilfe und verbinden Sie die beiden Messpunkte mit einer Linie über die gesamte Länge der Decke. Markieren Sie die Linie alle 10 bis 15 cm mit einer Sicherheitsnadel durch beide Lagen. Heften Sie genau entlang dieser Linie und entfernen Sie vorher die Stecknadeln. Schneiden Sie den überschüssigen Stoff auf der Bruchseite ab.

 Heben Sie den abgeschnittenen Deckenrest als Rüsche für den Rock in Kapitel 13 auf oder tragen Sie ihn als Schal.

7. **Markieren Sie die Armlöcher.** Mit dem Maßband messen Sie die in Schritt 4 notierte Schulterbreite zu beiden Seiten der Deckenmitte ab und markieren die Stelle mit einer Sicherheitsnadel. Von hier aus messen Sie eine 15 cm lange senkrechte Linie und markieren sie. Nähen Sie im Heftstich von Hand oder mit der Maschine rund um diese Linie (siehe Abbildung 14.11). Dann schneiden Sie den Stoff an der Linie ein.

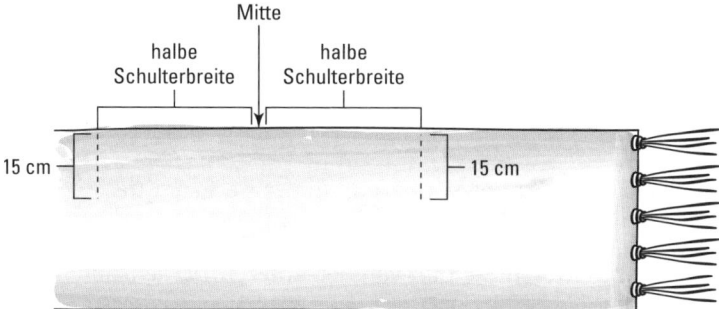

Abbildung 14.11: Arbeiten Sie die Armlöcher.

8. **Nähen Sie die Schulternähte.** Wiederholen Sie die Schritte 5 und 6 und stecken Sie die Schultern so nahe an den Halsausschnitt zusammen, wie Sie mögen.

9. **Nähen Sie mit der gewünschten Methode.** Folgen Sie den Hinweisen zu der von Ihnen gewählten Nähtechnik.

- **Handnähte:** Lesen Sie in Kapitel 5 die Hinweise zu Handnähten. Nähen Sie im Langettenstich entlang der Armlöcher, der rückwärtigen Naht und der Saumkante. Säumen Sie alle Kanten auf die gleiche Weise und achten Sie darauf, dass alle Säume innen liegen. Nähen Sie zum Schluss die Schulternähte und achten Sie darauf, alle Maschenschlaufen zu erfassen, damit sie nicht aufribbeln.

- **Maschinennähte:** Verwenden Sie die richtige Nadelstärke und den passenden Andruck des Transporters. Lesen Sie in der Betriebsanleitung nach, wie Sie am besten dicke Stofflagen nähen können. Nähen Sie im Zickzackstich zuerst die Armlöcher, dann die rückwärtige Naht und die Saumkante. Säumen Sie die Kanten von Hand mit einer der in Kapitel 5 beschriebenen Techniken und achten Sie darauf, dass alle Saumzugaben innen liegen. Schließen Sie zum Schluss die Schulternähte im Zickzackstich und achten Sie darauf, alle Maschenschlaufen zu erfassen, damit das Gewebe nicht aufribbelt.

- **Overlock-Maschinennähte:** Arbeiten Sie mit der passenden Nadel und dem richtigen Andruck des Nähfußes. Nähen Sie im Overlockstich die Armlöcher, die rückwärtige Naht und die Saumkante. Säumen Sie die Kanten von Hand mit einer der in Kapitel 5 beschriebenen Techniken und achten Sie darauf, dass die Saumzugaben innen liegen. Schließen Sie zum Schluss die Schulternähte und achten Sie darauf, alle Maschenschlaufen zu erfassen, damit die Maschen sich nicht auflösen.

Abbildung 14.12 zeigt die fertige Weste.

Abbildung 14.12: Die fertige Weste, die eine Häkeldecke war

Variationen

Probieren Sie alternativ einige der folgenden Techniken aus:

✔ **Sichtbare Saumkanten:** Versäubern Sie die Schnittkanten nur und verzichten Sie auf das Säumen.

✔ **Schrägband:** Anstatt die Schnittkanten zu versäubern, können Sie sie auch mit Schrägband dekorativ einfassen. Entscheiden Sie selbst, ob Sie nur die eingeschlagenen Säume versäubern wollen oder die eingefassten Kanten ungesäumt lassen. Sie finden Schrägband in verschiedenen Ausführungen in Stoffgeschäften in der Kurzwarenabteilung, dort, wo auch die Reißverschlüsse sind. Sie können das Schrägband von Hand oder mit der Maschine annähen und damit die Saumkante fertigstellen (beachten Sie die Verarbeitungshinweise auf der Verpackung).

✔ **Kreative Schnittlinien:** Statt einer geraden Schnittlinie können Sie die Kanten der Weste auch in Kurven oder Rundungen schneiden. Sie können die Länge variieren, die Weste asymmetrisch oder mit Zipfeln gestalten wie bei dem Oberteil in Kapitel 8.

✔ **Mehr Rüschen:** Verlängern Sie eine kurze Weste, indem Sie zusätzliche Stoffstreifen an die Saumkante ansetzen, bevor Sie sie säumen.

✔ **Rustikale Nähte:** Sie können alle Nähte von Hand mit Stickgarn ausführen.

✔ **Steppnähte:** Nähen Sie zusätzlich von Hand mit Stickgarn, Twist oder Band über die fertigen Nähte.

✔ **Farben kombinieren:** Nähen Sie mit einem farblich kontrastierenden Garn. An der Nähmaschine können Sie auch zwei verschiedene Farben für Ober- und Spulenfaden einlegen. Bei der Overlock-Maschine lassen sich sogar vier bis fünf verschiedenfarbige Garne verarbeiten.

✔ **Ziernähte:** Nähen Sie mit dekorativen Sticharten über einzelne Partien der Weste. Sie können die Linien vorher mit Schneiderkreide markieren. Die Partien am Ausschnitt und an den Verschlusskanten eignen sich besonders gut für Verzierungen. Verwenden Sie auch Zier- und Stickstiche Ihrer Nähmaschine.

✔ **Knöpfe:** Nähen Sie dekorative Knöpfe auf die Weste. So werden Sie einige Schätzchen aus Ihrer Knopfdose los. Wählen Sie die Knöpfe nach Farbschema aus oder nach Material (dekorativ, Stoff, Glas, geschnitzt).

 Sie können Bändchen oder Borten durch die Maschen weben, Ösen oder Nieten anbringen und Dekorationen mit der Heißklebepistole (nicht waschbar) aufsetzen.

Teil V

Röcke und Kleider in neuem Glanz

The 5th Wave   By Rich Tennant

»Vielleicht ist ein Duschvorhang doch nicht das beste
Ausgangsmaterial für ein Abendkleid.«

In diesem Teil ...

Ich habe dafür gesorgt, dass Sie in diesem Teil genau das richtige Projekt finden, um für jede besondere Gelegenheit gerüstet zu sein. Sie müssen dafür nur ein Cocktail- oder Abendkleid »zerstören«. Sie brauchen nicht länger vergeblich darauf zu warten, es noch einmal tragen zu können. Vertrauen Sie mir. Sie werden viel mehr Spaß daran haben, wenn Sie es umgearbeitet tragen.

Zusätzlich zu dem Projekt für das Abendkleid finden Sie in diesem Kapitel weitere Ideen für Kleider, aber auch für Röcke. Bei einigen Modellen sind es nur ein paar dekorative Akzente, die dem alten Stück neue Aufmerksamkeit bescheren, andere entführen Sie in ganz neue Kleiderwelten. Also, los geht's!

Von Brautjungfern und Ballköniginnen

In diesem Kapitel

▶ Abend- oder Cocktailkleider richtig behandeln

▶ Mit Argusaugen nach Fehlern suchen

▶ Projekte für sich und andere nähen

K leider für Hochzeiten, Abschlussbälle und andere meist einmalige Gelegenheiten sind oft sehr teuer. Umso ärgerlicher, dass diese schönen, festlichen Ereignisse mit einer solchen Verschwendung einhergehen. Ab heute wird das anders! Es ist höchste Zeit, diese Modelle von ihren Bügeln und aus ihren Kleiderhüllen zu holen und sie aus der hintersten Ecke des Kleiderschranks zu befreien. Warum sollten sie dort auch länger auf den nächsten Auftritt harren, wenn sie bis dahin längst völlig aus der Mode sind? Das wäre einfach Verschwendung!

Ich persönlich hatte einige pastellfarbene Satinschätze im Schrank, aus denen fantastische Halloween-Kostüme geworden sind. Für mich bestand die größte Hürde bei diesen Projekten darin, etwas so Kostspieliges auseinanderzunehmen zu müssen. Andererseits hängen die teuren Stücke sonst nur im Schrank und Sie können nur gewinnen, wenn Sie etwas Neues daraus schneidern. Selbst wenn Sie das gute Stück ruinieren, haben Sie neuen Platz im Kleiderschrank gewonnen. Die zweite Hürde ist die damit verbundene Erinnerung. Aber da man sich nun einmal weiterentwickelt, kann sich auch das dazugehörige Kleid entwickeln. Sollte die Erinnerung hingegen grässlich sein, bekommt das Auftrennen des Kleides vielleicht sogar therapeutischen Wert.

Die Projekte in diesem Kapitel sind sehr vielseitig. Sie finden Kostüme, klassische Stücke und auch Nützliches. Alle sind leicht nachzuarbeiten.

Vorbereiten, Ausbessern und Pflegen von festlichen Kleidern

Kleider für besondere Gelegenheiten sind oft sehr pflegeintensiv. Mit den richtigen Informationen und etwas Experimentierfreude bekommen Sie das aber in den Griff.

Die üblichen Verdächtigen

Secondhand-Läden sind voll mit Ball- und Hochzeitskleidern. Ich habe schon gehört, dass sich ganze Brautgesellschaften passend mit gebrauchten Kleidern eingekleidet haben. Ich finde das eine kluge Alternative zu den vielen Leuten, die große Summen für Kleidung ausgeben, die sie nur ein Mal tragen. Um das in diesem Kapitel beschriebene Kleid mit der kreativen

Saumgestaltung zu realisieren, sollten Sie ein gut sitzendes Ausgangsmodell verwenden. Für die anderen Projekte dieses Kapitels ist die Passform Nebensache.

 Ganz gleich, ob Sie ein eigenes Kleid umarbeiten möchten oder ein gebrauchtes gekauft haben, achten Sie auf folgende mögliche Schäden:

✔ zerschlissene oder verschmutzte Säume (besonders nach Veranstaltungen im Freien)

✔ Flecken (Make-up-, Wein- und Essensflecken findet man meist auf der Vorderseite, Lippenstiftflecken können auch innen sein)

✔ Schweißflecken

✔ fehlende oder lockere Verzierungen wie Perlen oder Applikationen

✔ herausgezogene Fäden (meist an den Hüften oder am Gesäß)

Reinigen lassen oder nicht?

Bisher bin ich noch keinem Hochzeits- oder Abendkleid begegnet, das nicht in die Reinigung musste. Allerdings habe ich mich nicht immer daran gehalten, besonders wenn ich daraus etwas eher Unkonventionelles nähen wollte. Für den Rock mit Einsatz und die Weinflaschenverpackung in diesem Kapitel können Sie es wagen, das Ausgangsmodell in kaltem Wasser zu waschen und liegend trocknen zu lassen (geben Sie es auf keinen Fall in den Trockner). In Kapitel 4 lesen Sie weitere Hinweise zur Pflege und wann es in Ordnung ist, sich über Pflegehinweise hinwegzusetzen.

Kleid mit kreativer Saumgestaltung

Vor einigen Jahren habe ich mir eine Heißluftpistole zugelegt, um damit besondere Effekte an meinen Entwürfen herzustellen. Dank eines glücklichen Zufalls stellte ich fest, dass man damit auch synthetische Stoffe schmelzen kann und sich auf diese Weise Nähte versäubern lassen. Ich habe das zu einem dekorativen Effekt weiterentwickelt und das Ergebnis lernen Sie in diesem Abschnitt kennen. Das Projekt ist sehr einfach, denn Sie müssen überhaupt nicht nähen. Sie schaffen ein wirklich einzigartiges Kleid für die nächste Kostümparty oder – falls Sie sich im Allgemeinen fantasievoll kleiden – für den Alltag. Sie können nur die bestehenden Säume bearbeiten oder das Kleid in Streifen schneiden und alle Kanten bearbeiten. Abbildung 15.1 zeigt das Ausgangsmodell des Kleides.

Material

✔ gut sitzendes Kleid aus Synthetikmaterial (keine Seide, Baumwolle, Leinen oder andere Naturfasern)

✔ Heißluftpistole

✔ Schere

Abbildung 15.1: Das Kleid vor der Bearbeitung mit der Heißluftpistole

Anleitung

1. **Vorbereitung:** Geben Sie das Kleid in die Reinigung.

2. **Reparaturen:** Lesen Sie in Kapitel 4 nach, falls Sie Risse, Löcher oder Flecken bearbeiten möchten.

3. **Designentscheidungen:** Entscheiden Sie jetzt, ob Sie nur den Saum bearbeiten möchten oder ihn zuerst in Form schneiden und dann bearbeiten wollen.

4. **Zuschnitt:** Schneiden Sie den Saum mit der Schere ab. Schneiden Sie auch weitere Saumkanten an Stellen ab, die Sie bearbeiten möchten. Abbildung 15.2 zeigt einige schlichtere Anregungen. In Abbildung 15.3 sehen Sie ausgefallenere Ideen zur Saumgestaltung.

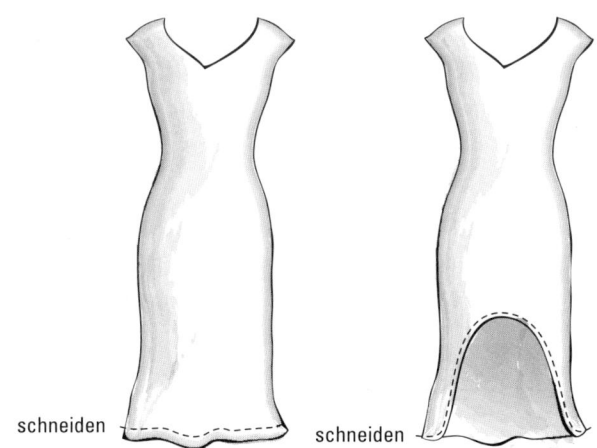

Abbildung 15.2: Einfache Ideen für den Saum

Abbildung 15.3: Aufwendigere Saumgestaltung

5. **Vorbereiten des Arbeitsplatzes:** Arbeiten Sie an einem gut belüfteten Ort und auf einer Unterlage, die Hitze verträgt. Achten Sie darauf, dass sich sonst keine Dinge darauf befinden, die schmelzen könnten, wenn Sie mit der Heißluftpistole arbeiten. Verbannen Sie alle Risiken, Kinder und Haustiere aus Ihrem Arbeitsbereich, die verursachen könnten, dass die Heißluftpistole herunterfallen könnte.

6. **Versiegeln Sie die Kanten mit Hitze.** Lassen Sie die Heißluftpistole nach Angabe des Herstellers aufheizen und achten Sie darauf, die Hände immer außerhalb des Hitzebereichs zu halten. Halten Sie die Heißluftpistole in einem leichten Winkel auf die Saumkante gerichtet, die Sie zuvor beschnitten haben. Arbeiten Sie mit etwa 7 bis 8 cm Abstand zum Stoff und bewegen Sie den Luftstrom entlang der Kante vor und zurück. Das Material sollte innerhalb von Sekunden zu schmelzen beginnen. Arbeiten Sie gleichmäßig entlang der Saumkante. Beachten Sie Abbildung 15.4.

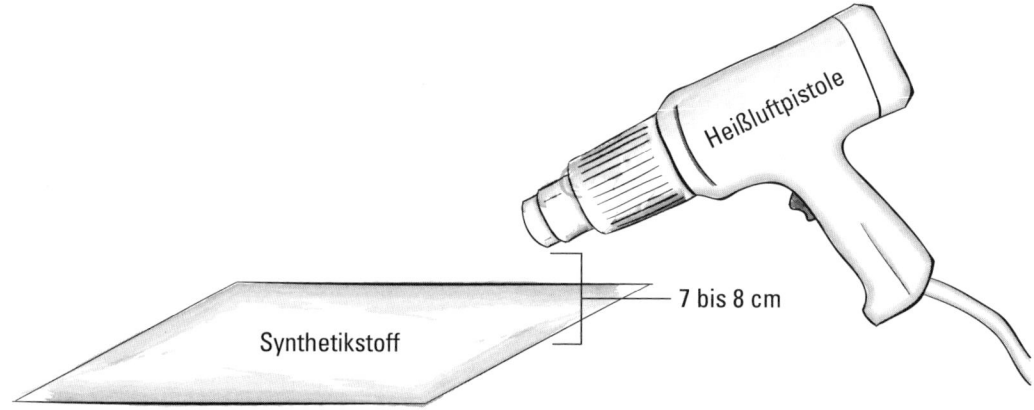

Abbildung 15.4: Versiegeln Sie die Saumkanten mit der Heißluftpistole.

Abbildung 15.5 zeigt das fertige Kleid mit dem neu gestalteten Saum.

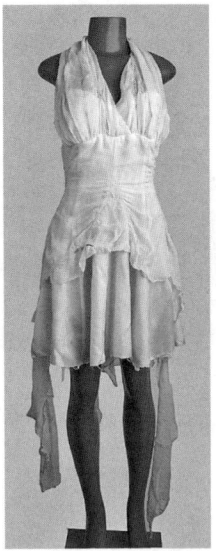

Abbildung 15.5: Die Heißluftpistole hat dem Kleid zu einer völlig neuen
Saumgestaltung verholfen.

Variationen

Sie können auch mitten in den Stoff Löcher schneiden und diese mit der Heißluftpistole versiegeln. Wenn Sie den heißen Luftstrahl direkt auf den Stoff richten, beginnt er zu krumpeln und schmilzt. Ich lasse den Stoff erst zusammenschrumpfen und ziehe das Material dann auseinander, sodass es Löcher bekommt.

Geschlitzter Rock mit Einsatz

Die Materialien von Hochzeits- und Abendkleidern sind oft sehr kostbar und extravagant. Deshalb kombiniere ich sie gerne mit einfacheren Stoffen, um einen Ausgleich zu schaffen. Der Rock in diesem Projekt ist dafür ein gutes Beispiel. Eine Version des Projekts finden Sie auch in Kapitel 9. Die Hose dient als Basismodell mit einem Schlitz vorn und hinten, in den ein Streifen Stoff des Abendkleides eingesetzt wird.

Das Projekt ist wirklich einfach. Sie schneiden nur die Innennähte der Hose ab und begradigen den Schritt. Dann setzen Sie einen Streifen Stoff dazwischen und säumen den Rock – fertig! Die Ausgangskleidungsstücke sehen Sie in Abbildung 15.6 und 15.7.

Abbildung 15.6: Das Kleid liefert das Ausgangsmaterial für den Rockeinsatz.

Abbildung 15.7: Die Ausgangshose für den geschlitzten Rock mit Einsatz

Material

✔ Cocktail- oder Abendkleid

✔ Stoffhose oder Jeans, die gut in der Taille sitzt und farblich zum Kleid passt

✔ Stecknadeln

✔ Maßband

✔ Nähnadel für Hand- oder Maschinennähte

✔ farblich passendes Nähgarn

✔ Schneiderkreide oder Stoffmarker

✔ Nahttrenner

✔ Schere

Anleitung

1. **Vorbereitung:** Lassen Sie das Kleid reinigen. Die Hose waschen und trocknen Sie nach Pflegeanleitung auf dem Etikett oder geben sie auch in die Reinigung, falls das Etikett fehlt.

 Wenn Sie mutig sind, waschen Sie das Kleid in kaltem Wasser und trocknen es liegend (geben Sie es auf keinen Fall in den Trockner!). In Kapitel 4 finden Sie weitere Hinweise zur richtigen Pflege.

2. **Zuschnitt:** Schneiden Sie zwei Rechtecke aus dem Kleid heraus, die etwa 50 cm breit und 75 cm lang sind.

   Wählen Sie beim Zuschnitt die Partie so aus, dass Sie Flecken, Löcher und andere schadhafte Stellen auslassen.

 Heben Sie Reststücke für die Weinflaschenverpackung weiter hinten in diesem Kapitel auf.

3. **Reparaturen:** In Kapitel 4 lesen Sie Hinweise zur Reparatur von Rissen, Löchern und Flecken.

4. **Machen Sie die Innenbeinnähte ausfindig.** In Abbildung 15.8 können Sie sehen, wo sich die Innennähte befinden.

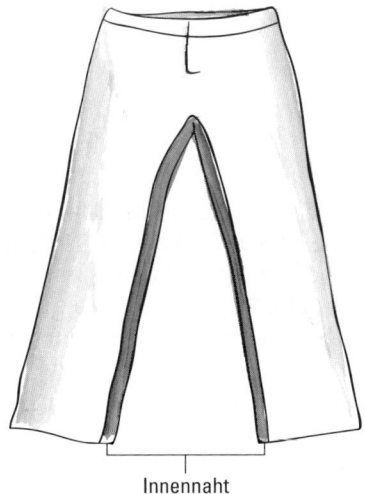

Innennaht

Abbildung 15.8: Hier befinden sich die Innennähte.

5. **Auftrennen:** Mit dem Nahttrenner trennen Sie die Innenbeinnähte der Hose auf. Trennen Sie etwaige Aufschläge ebenso auf oder schneiden Sie sie am Hosensaum ab.

6. **Schnittlinie markieren:** Falten Sie die Hose zur Hälfte und legen Sie sie flach hin. Mithilfe des Maßbands und der Schneiderkreide markieren Sie eine senkrechte Linie, die etwa 2,5 cm unterhalb des Reißverschlusses beginnt und bis zum Saum verläuft. Markieren Sie die entsprechende Schnittlinie am rückwärtigen Teil. Beginnen Sie an der hinteren Mittelnaht, bevor sie eine Kurve macht, und zeichnen Sie bis zum Hosensaum (siehe Abbildung 15.9).

7. **Zuschneiden:** Schneiden Sie entlang der markierten Linien die gefaltete Hose durch beide Lagen gleichzeitig.

8. **Reparaturen:** Lesen Sie in Kapitel 4 nach, falls Sie Risse, Löcher oder Flecken bearbeiten möchten.

9. **Wenden:** Wenden Sie die Hose auf links.

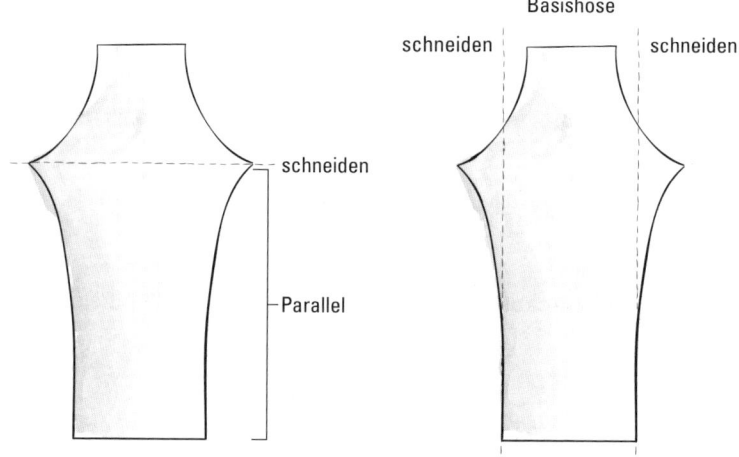

Abbildung 15.9: Markieren Sie die Schnittlinien.

10. **Anlegen und Feststecken:** Legen Sie das Rechteck aus Kleiderstoff für den Einsatz passgenau an die Hose, wobei eine Ecke im Schritt der Hose sitzen soll, und die Längskanten aneinander. Stecken Sie die Teile rechts auf rechts mit 1 cm Nahtzugabe zusammen und platzieren Sie die Stecknadeln alle 3 cm quer zur Nahtlinie. Wiederholen Sie das mit dem anderen Einsatzteil auf der Rückseite, wie in Abbildung 15.10 zu sehen ist.

 Einsätze an Ecken wie hier sind knifflig. Lassen Sie den Stoff in der Ecke großzügig, etwa 2 bis 3 cm überstehen, damit Sie genug Material haben. Im Zweifelsfall lassen Sie sich von einem erfahrenen Näher beraten.

11. **Nähen Sie mit der gewünschten Methode.** Beachten Sie die unterschiedlichen Hinweise zu Handnähten, Maschinen- und Overlock-Maschinennähten.

- **Handnähte:** Lesen Sie in Kapitel 5 mehr über Handnähte. Schließen Sie die gesteckten Kanten im Langettenstich mit 1 cm Nahtzugabe und säumen Sie den Rock mit dem schrägen Saumstich. Wenden Sie den Rock auf rechts.

- **Maschinennähte:** Schließen Sie die gesteckten Nähte mit einem Geradstich und 1 cm Nahtzugabe. Säumen Sie den Rock von Hand mit dem schrägen Saumstich und wenden Sie ihn auf rechts.

- **Overlocknähte:** Arbeiten Sie mit der passenden Nadel und der richtigen Transporteinstellung. Nähen Sie über die gesteckten Kanten und entfernen Sie die Nadeln, bevor Sie darübernähen. Säumen Sie den Rock von Hand mit dem schrägen Saumstich und wenden Sie ihn auf rechts.

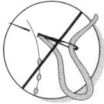 Anstatt das Teil zu säumen, können Sie es mit Saumband verarbeiten, das einfach angebügelt wird. Sie erhalten Saumband in Stoffgeschäften, in Onlineshops, aber auch in Supermärkten oder Kaufhäusern.

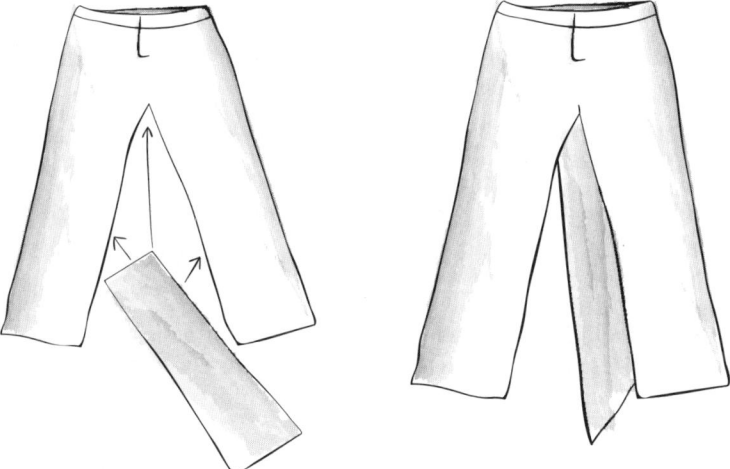

Abbildung 15.10: Stecken Sie den zugeschnittenen Kleiderstoff passgenau in den Rockschlitz.

Abbildung 15.11 zeigt das neue Rockmodell, entstanden aus Hose und Kleid.

Variationen

Probieren Sie alternativ einige der folgenden Techniken aus:

✔ **Sichtbare Nähte:** Überspringen Sie Schritt 9 und lassen Sie die Hose auf rechts gewendet. Anstatt die Kanten zu säumen, nähen Sie im Langettenstich von Hand, im Zickzackstich mit der Maschine oder mit einer Overlocknaht darüber, sodass die Nähte offenkantig sind.

✔ **Schrägband:** Anstatt den Rock zu säumen, können Sie die Saumkanten auch mit Schrägband dekorativ einfassen. Sie finden verschiedene Ausführungen in Stoffgeschäften in der Kurzwarenabteilung, dort, wo auch die Reißverschlüsse sind. Sie können das Schrägband

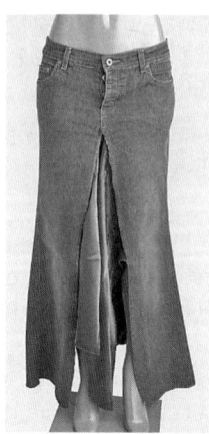

Abbildung 15.11: Der geschlitzte Rock mit Einsatz

von Hand oder mit der Maschine annähen und damit die Saumkante fertigstellen (beachten Sie die Verarbeitungshinweise auf der Verpackung).

✔ **Kreative Schnittlinien:** Sie können den Saum des Rocks ganz nach eigenen Ideen kurvig oder anders geformt schneiden.

✔ **Rustikale Nähte:** Sie können alle Nähte von Hand mit Stickgarn ausführen.

✔ **Steppnähte:** Nähen Sie zusätzlich von Hand mit Stickgarn oder Twist über die fertigen Nähte.

✔ **Farben kombinieren:** Nähen Sie mit einem farblich kontrastierenden Garn. An der Nähmaschine können Sie auch zwei verschiedene Farben für Ober- und Spulenfaden einlegen. Bei der Overlock-Maschine lassen sich sogar vier bis fünf verschiedenfarbige Garne verarbeiten.

✔ **Ziernähte:** Nähen Sie mit dekorativen Sticharten über einzelne Partien des Rocks. Sie können die Linien zuvor mit Schneiderkreide vorzeichnen. Verwenden Sie auch Zier- oder Stickstiche Ihrer Nähmaschine.

 Sie können den Rock bemalen, mit Ösen, Nieten oder Bändern besetzen, färben, bleichen, mit Stoffstiften oder Filzstiften beschreiben. Verpassen Sie Ihrem Rock einen Streifenlook, indem Sie ihn mit Malerkrepp abkleben und mit Textilsprühfarbe behandeln. Sprühen Sie erst eine dünne Farbschicht, lassen Sie sie trocknen und wiederholen Sie den Vorgang, bis der gewünschte Farbton erreicht ist. Entfernen Sie das Kreppband und bewundern Sie die Streifen.

Vom Kleid zum Cape

Capes sind eine elegante Alternative für die festlichen Abendveranstaltungen, zu denen Ihnen immer der richtige Mantel fehlt. Sie eignen sich auch fantastisch für Superhelden- oder Superheldinnenkostüme. Das Cape in diesem Projekt wird zusätzlich noch auf sehr kleidsame Weise gebunden. Das Projekt ist wirklich einfach. Sie schneiden das Kleid an der Taille auseinander. Dann schneiden Sie aus dem Rock das Capeteil zu, setzen es an ein schmales Teil an und säumen alle Kanten. Schon können Sie Ihr neues Cape ausführen. Abbildung 15.12 zeigt das Ausgangsmodell.

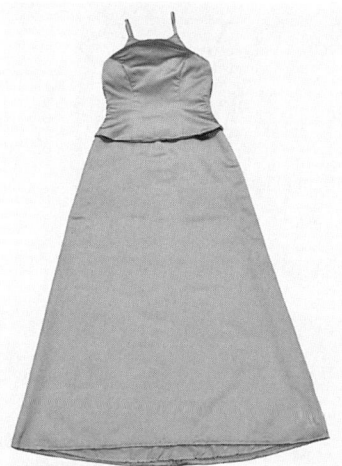

Abbildung 15.12: Das Kleid vor seiner Verwandlung in ein Cape

Material

✔ langes Cocktail- oder Abendkleid

✔ Stecknadeln

✔ Maßband

✔ Nähnadel für Hand- oder Maschinennähte

✔ farblich passendes Nähgarn

✔ Schneiderkreide oder Stoffmarker

✔ Schere

Anleitung

1. **Vorbereitung:** Lassen Sie das Kleid reinigen.

2. **Markieren Sie die Schnittlinie.** Legen Sie das Kleid flach hin. Messen Sie auf beiden Seiten des Oberteils die Strecke von der Achsel bis zur Taille und markieren Sie die Punkte

mit Schneiderkreide. Mithilfe des Maßbands zeichnen Sie je eine Verbindungslinie von der Achsel zur Taille. Als Nächstes messen Sie vom Saum aus 25 cm nach oben in den Rock und markieren den Punkt. Wiederholen Sie die Messung alle 10 bis 15 cm entlang der gesamten Saumkante. Mithilfe des Maßbands und der Schneiderkreide verbinden Sie alle Messpunkte zu einer Schnittlinie (siehe Abbildung 15.13).

 Wenn Sie das Kleid sorgfältig flach ausgelegt haben, brauchen Sie nur die Vorderseite zu messen und zu markieren. Sie können anschließend beide Stofflagen auf einmal zuschneiden.

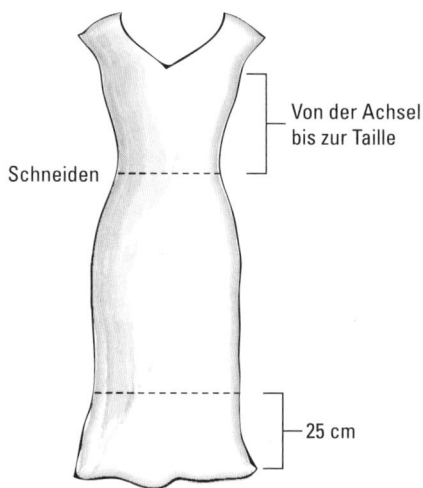

Abbildung 15.13: Markieren Sie die Schnittlinie mit Schneiderkreide.

3. **Zuschnitt:** Schneiden Sie entlang der markierten Schnittlinie und schneiden Sie danach die rückwärtige Mittelnaht auf.

 Heben Sie Reststücke für das Rockmodell mit angesetzten Stoffstreifen in Kapitel 9 auf.

4. **Die Mitte bestimmen:** Falten Sie beide zugeschnittenen Teile zur Hälfte. Markieren Sie an der Bruchkante mit Schneiderkreide jeweils die Mitte. Markieren Sie dabei die Taillenseite des größeren Teils und die Schnittkante des 25 cm breiten Streifens.

5. **Feststecken:** Stecken Sie die beiden Teile rechts auf rechts so zusammen, dass die beiden Mittelmarkierungen aufeinanderliegen (siehe Abbildung 15.14). Stecken Sie die Nadeln in den Ecken diagonal und an der Kante quer zum Stoffrand in 3 cm Abstand.

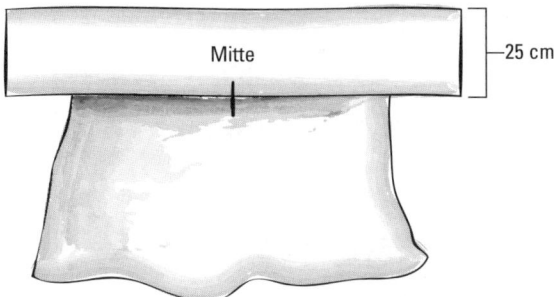

Abbildung 15.14: Stecken Sie die beiden Teile zusammen.

6. **Nähen Sie mit der gewünschten Methode.** Beachten Sie die unterschiedlichen Hinweise zu Handnähten, Maschinen- und Overlock-Maschinennähten.

- **Handnähte:** Lesen Sie in Kapitel 5 mehr über Handnähte. Säumen Sie zunächst die Seitenkanten (die ehemalige Naht hinten) im schrägen Saumstich. Mit einem Geradstich und 1 cm Nahtzugabe nähen Sie anschließend die gesteckten Kanten aneinander. Säumen Sie die übrigen Schnittkanten mit dem schrägen Saumstich (die Kante des Wickelteils und die Saumkante des Capes).

- **Maschinennähte:** Säumen Sie die Seitenkanten (die ehemalige Naht hinten) mit dem schrägen Saumstich von Hand, wie in Kapitel 5 erklärt. Schließen Sie die gesteckten Nähte mit einem Geradstich und 1 cm Nahtzugabe. Säumen Sie die übrigen Schnittkanten (die Kante des Wickelteils und die Saumkante des Capes) von Hand mit dem schrägen Saumstich.

- **Overlocknähte:** Säumen Sie die Seitenkanten (die ehemalige Naht hinten) mit dem schrägen Saumstich von Hand, wie in Kapitel 5 erklärt. Nähen Sie die gesteckten Kanten zusammen und säumen Sie die übrigen Schnittkanten von Hand mit dem schrägen Saumstich (die Kante des Wickelteils und die Saumkante des Capes).

 Anstatt das Teil zu säumen, können Sie es mit Saumband verarbeiten, das einfach angebügelt wird. Sie erhalten Saumband in Stoffgeschäften, in Onlineshops, aber auch in Supermärkten oder Kaufhäusern.

7. **Reparaturen:** In Kapitel 4 lesen Sie Hinweise zur Reparatur von Rissen, Löchern und Flecken.

Abbildung 15.15 zeigt das fertige Cape.

Variationen

Probieren Sie alternativ einige der folgenden Techniken aus:

✔ **Sichtbare Nähte:** Überspringen Sie das Versäubern und nähen Sie die Teile im Langettenstich von Hand zusammen, im Zickzackstich mit der Maschine oder mit einer Overlocknaht, sodass die Naht sichtbar außen liegt.

Abbildung 15.15: Das fertige Cape mit Wickelteil

✔ **Schrägband:** Anstatt die Kanten zu säumen, können Sie sie auch mit Schrägband dekorativ einfassen. Sie finden verschiedene Ausführungen in Stoffgeschäften in der Kurzwarenabteilung, dort, wo auch die Reißverschlüsse sind. Sie können das Schrägband von Hand oder mit der Maschine annähen und damit die Saumkante fertigstellen (beachten Sie die Verarbeitungshinweise auf der Verpackung).

✔ **Kreative Schnittlinien:** Sie können die Capeteile nach eigenen Ideen kurvig oder anders geformt schneiden.

✔ **Rustikale Nähte:** Sie können alle Nähte von Hand mit Stickgarn ausführen.

✔ **Steppnähte:** Nähen Sie zusätzlich von Hand mit Stickgarn oder Twist über die fertigen Nähte.

✔ **Farben kombinieren:** Nähen Sie mit einem farblich kontrastierenden Garn. An der Nähmaschine können Sie auch zwei verschiedene Farben für Ober- und Spulenfaden einlegen. Bei der Overlock-Maschine lassen sich sogar vier bis fünf verschiedenfarbige Garne verarbeiten.

✔ **Ziernähte:** Nähen Sie mit dekorativen Sticharten über einzelne Partien des Capes. Sie können die Linien zuvor mit Schneiderkreide vorzeichnen. Verwenden Sie auch Zier- oder Stickstiche Ihrer Nähmaschine.

✔ **Knöpfe:** Nähen Sie dekorative Knöpfe auf die Saumkante oder das Wickelteil. So verringert sich Ihr Knopfvorrat. Sortieren Sie die Knöpfe nach einem Farbschema oder nach Material (verziert, Stoff, Glas oder geschnitzt).

 Sie können das Cape bemalen, mit Ösen, Nieten oder Bändern besetzen, färben, bleichen, mit Stoffstiften oder Filzstiften beschreiben. Bei Synthetikstoff können Sie die Säume mit einer Heißluftpistole versiegeln. Lesen Sie im ersten Projekt dieses Kapitels nach, wie das geht. Verpassen Sie Ihrem Rock einen Streifenlook, indem Sie ihn mit Malerkrepp abkleben und mit Textilsprühfarbe behandeln.

Sprühen Sie erst eine dünne Farbschicht, lassen Sie sie trocknen und wiederholen Sie den Vorgang, bis der gewünschte Farbton erreicht ist. Entfernen Sie das Kreppband und bewundern Sie die Streifen.

Ein Kleid für eine Weinflasche

Durch dieses Projekt verwerten Sie nicht nur Stoffreste, Sie werten damit auch Ihr Geschenk auf. Der Flaschenbeutel hat eine schlichte Form, wie eine Röhre mit einem geschlossenen Boden und er wird mit einem Band geschlossen. Nähen Sie ihn aus einem kostbaren Stoff und er wird Ihrem Geschenk den ganz großen Auftritt verschaffen. Das Projekt ist wirklich leicht. Sie schneiden ein Rechteck zu, falten es und nähen es an drei von vier Kanten zusammen. Dann fehlt nur noch ein Band (oder ein ganzes Büschel dekorativer Stoffstreifen, falls Sie gerade Ihren kreativen Tag haben) und schon sind Sie fertig für die Party. Ach, und vergessen Sie nicht, eine Flasche Wein in den Beutel zu stecken! Abbildung 15.16 zeigt das Ausgangsmodell.

Abbildung 15.16: Aus dem Cocktailkleid wird eine Geschenkverpackung.

Material

✔ Cocktail- oder Abendkleid

✔ passendes Band, mindestens 50 cm lang

✔ Stecknadeln

✔ Maßband

✔ Nähnadel für Hand- oder Maschinennähte

✔ farblich passendes Nähgarn

✔ Schneiderkreide oder Stoffmarker

✔ Schere

Anleitung

1. **Vorbereitung:** Lassen Sie das Kleid reinigen.

 Wenn Sie mutig sind, waschen Sie das Kleid in kaltem Wasser und trocknen es liegend (geben Sie es auf keinen Fall in den Trockner!). In Kapitel 4 finden Sie weitere Hinweise zur richtigen Pflege.

2. **Markieren Sie die Schnittlinie.** Legen Sie das Kleid flach hin und markieren Sie mit der Schneiderkreide einen Punkt am Saum. Messen Sie am Saum entlang 38 cm ab und markieren Sie auch diesen Punkt. Messen Sie von beiden Punkten aus 50 cm in das Rockteil hinein und achten Sie darauf, dass die ermittelten Punkte immer noch 38 cm auseinander liegen. Mithilfe des Maßbands verbinden Sie die Messpunkte (siehe Abbildung 15.17). Um zu überprüfen, ob das Rechteck auch gleichmäßig ist, können Sie die beiden Diagonalen ausmessen und vergleichen. Sie sollten gleich lang sein.

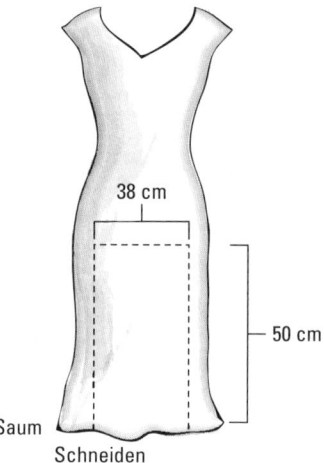

Abbildung 15.17: Markieren Sie die Schnittlinie.

 Wählen Sie beim Zuschnitt die Partie so aus, dass Sie Flecken, Löcher und andere schadhafte Stellen auslassen.

3. **Zuschnitt:** Schneiden Sie entlang der markierten Schnittlinie das Rechteck aus.

 Heben Sie Reststücke für den Rock in Kapitel 16 auf.

4. **Reparaturen:** In Kapitel 4 finden Sie Hinweise zur Reparatur von Rissen, Löchern und Flecken.

5. **Falten und feststecken:** Falten Sie das Rechteck zur Hälfte, mit den rechten Stoffseiten innen. Stecken Sie beide Stofflagen entlang der Schnittkanten aufeinander. Stecken Sie die Nadeln alle 3 cm quer zur Kante und in den Ecken diagonal. Der Stoff liegt jetzt doppelt und ist 25 × 38 cm groß. Nähen Sie jeweils die beiden Stofflagen einer 25 cm langen und einer 38 cm langen Seite zusammen. Die dritte 25 cm lange Stoffkante bleibt offen, damit Sie die Weinflasche später hineinstecken können.

6. **Nähen Sie mit der gewünschten Methode.** Beachten Sie die unterschiedlichen Hinweise zu Handnähten, Maschinen- und Overlock-Maschinennähten.

   - **Handnähte:** Lesen Sie in Kapitel 5 mehr über Handnähte. Nähen Sie die Kanten im Geradstich aufeinander.

   - **Maschinennähte:** Nähen Sie die Kanten im Geradstich aufeinander.

   - **Overlocknähte:** Arbeiten Sie mit der passenden Nadel und Transporteinstellung und nähen Sie die Kanten zusammen.

7. **Fertigstellung:** Wenden Sie den Beutel auf rechts. Jetzt können Sie die Weinflasche hineinstecken und ihn mit dem Band zubinden. Binden Sie den Hals der Weinflasche mit fest. Verzieren Sie das Bindeband zusätzlich mit Stoffstreifen, Blumen oder anderen Dekorationen.

Abbildung 15.18 zeigt die fertige Geschenkverpackung.

Abbildung 15.18: Die Weinflasche im edlen Geschenkbeutel

Variationen

Probieren Sie auch einige dieser Techniken aus:

✔ **Sichtbare Nähte:** Sie können die Oberkante des Beutels von Hand im Langettenstich, im Zickzackstich mit der Maschine oder mit einer Overlocknaht versäubern, sodass die Naht sichtbar ist.

✔ **Schrägband:** Anstatt die Oberkante zu säumen, können Sie sie auch mit Schrägband dekorativ einfassen. Sie finden verschiedene Ausführungen in Stoffgeschäften in der Kurzwarenabteilung, dort, wo auch die Reißverschlüsse sind. Sie können das Schrägband von Hand oder mit der Maschine annähen und damit die Oberkante fertigstellen (beachten Sie die Verarbeitungshinweise auf der Verpackung).

✔ **Rustikale Nähte:** Sie können alle Nähte von Hand mit Stickgarn ausführen.

✔ **Steppnähte:** Nähen Sie zusätzlich von Hand mit Stickgarn oder Twist über die fertigen Nähte.

✔ **Farben kombinieren:** Nähen Sie mit einem farblich kontrastierenden Garn. An der Nähmaschine können Sie auch zwei verschiedene Farben für Ober- und Spulenfaden einlegen. Bei der Overlock-Maschine lassen sich sogar vier bis fünf verschiedenfarbige Garne verarbeiten.

✔ **Ziernähte:** Nähen Sie mit dekorativen Sticharten über einzelne Partien des Beutels. Sie können die Linien zuvor mit Schneiderkreide vorzeichnen. Verwenden Sie auch Zier- oder Stickstiche Ihrer Nähmaschine.

✔ **Knöpfe:** Nähen Sie dekorative Knöpfe auf den Beutel. Sie können Knöpfe in Reihen oder Gruppen annähen. Sortieren Sie die Knöpfe nach einem Farbschema oder nach Material (verziert, Stoff, Glas oder geschnitzt).

 Sie können den Beutel bemalen, mit Ösen, Nieten oder Bändern besetzen, färben, bleichen, mit Stoffstiften oder Filzstiften beschreiben. Verpassen Sie Ihrem Beutel einen Streifenlook, indem Sie ihn in regelmäßigen Abständen mit Malerkrepp bekleben und mit Textilsprühfarbe behandeln. Sprühen Sie erst eine dünne Farbschicht, lassen Sie sie trocknen und wiederholen Sie den Vorgang, bis der gewünschte Farbton erreicht ist. Entfernen Sie das Kreppband und bewundern Sie die Streifen.

Eine zweite Chance für Röcke

In diesem Kapitel

▶ Röcke richtig pflegen

▶ Wie aus Mängeln Vorzüge werden

▶ Projekte auf Herz und Nieren prüfen

Ich trage sehr gerne Röcke und man sieht mich nur sehr selten – meist wenn der Wäschekorb voll ist – in Hosen. Ich besitze also sehr viele Röcke. Sie sind nicht nur bequem, sondern die meisten Leute finden, dass man damit angezogener aussieht als mit Hosen, selbst wenn die Röcke zerrissen und mit Farbe bekleckst sind wie meine häufig. Es gibt viele Dinge, die in großer Menge in Secondhand-Läden zu finden sind, aber die Qualität ist sehr unterschiedlich. Röcke sind meist in sehr gutem Zustand. Das Problem ist eher die aus der Mode gekommene Form. Dieses Kapitel zeigt Ihnen, wie Sie dieses Problem lösen können und Ihre Garderobe gewinnbringend erweitern. Sie finden in diesem Kapitel zwei Projekte zum Aufpeppen von Röcken und eines für einen kuscheligen Schalkragen.

Vorbereiten, Ausbessern und Pflegen von Röcken

Bei Röcken ist das Material entscheidend. Beachten Sie unbedingt die Pflegehinweise des Herstellers. Fehlt das Etikett, lesen Sie die Hinweise in Kapitel 4 und entscheiden Sie, ob der Rock gereinigt werden muss oder im Schonwaschgang bei niedriger Temperatur gewaschen und liegend getrocknet werden kann. (Geben Sie ihn auf keinen Fall in den Trockner!)

Die üblichen Verdächtigen

In Secondhand-Läden sollten Sie vor allem nach Röcken Ausschau halten, die gut sitzen, besonders in der Taille. Röcke ändern je nach Mode ständig die Form, aber das lässt sich beim Umarbeiten berücksichtigen. Ein zu enger oder zu weiter Rock ist allerdings etwas, womit Sie sich nicht rumärgern sollten. Suchen Sie sich einen Rock aus, der gut sitzt, und prüfen Sie, ob er irgendwelche Schadstellen hat. Wenn Sie einen Rock besitzen, dessen Passform hoffnungslos ist, können Sie vielleicht noch einen Schalkragen daraus machen, wie bei dem Projekt am Ende dieses Kapitels gezeigt.

Achten Sie immer auf die folgenden Schwachstellen bei Röcken:

✔ zerschlissene oder durchgescheuerte Rückseite (sehen Sie auch innen am Futter nach)

✔ Löcher in Taschen

✔ zerschlissener oder ausgeleierter Taillenbund

✔ zerschlissener Saum bei langen Röcken

✔ Flecken an den Hüften und am Saum

✔ kaputte Reißverschlüsse

✔ fehlende Knöpfe, Haken oder andere Verschlüsse

Verschleißen Sie sich nicht

Sehr oft kommen Freunde zu mir und bringen mir Kleidungsstücke, mit denen sie emotional verbunden sind, zum Umarbeiten. Meist erzählen sie mir dann die Geschichte zu dem Kleidungsstück und ich versuche, diese in die Umgestaltung einfließen zu lassen. Ich habe großen Respekt vor Kleidung, die uns bei wichtigen Entwicklungen begleitet, auch wenn das Ergebnis, nüchtern betrachtet, nur als abgetragen bezeichnet werden kann. Genauso passierte es einer Freundin und ihrem roten Hosenanzug. Es war ein wunderschöner, maßgeschneiderter Hosenanzug, den sie im Büro trug, bis das Unternehmen verkauft wurde und der neue Arbeitgeber ihr verbot, ihn zu tragen. Sie sollte nun in einem unförmigen dunklen Hosenanzug arbeiten, der genauso unpersönlich war wie die neue Firmenphilosophie. Meine Freundin trug den Hosenanzug weiter und wurde schon bald entlassen, obwohl sie zwanzig Jahre für das Unternehmen gearbeitet hatte. Sie gab mir den Hosenanzug und ich sah, dass das Futter an einigen Stellen völlig zerschlissen war. Sie hatte sich und den Hosenanzug für die Firma sozusagen verschlissen. Der Firma aber war das Schicksal der Menschen, die für sie arbeiteten, völlig gleichgültig. Ich änderte den Hosenanzug und setzte die zerschlissenen Teile als Dekoration auf die Vorderseite, um zu zeigen, dass der Einsatz meiner Freundin wertvoll war.

Rock mit kreativem Rüschensaum

Bei dem Rockprojekt in diesem Abschnitt können Sie sich richtig austoben. Es gibt einfach keine Beschränkung. Die Grundlage ist ein Rock mit Öffnungen, in die nun andere Stoffstreifen eingesetzt werden. Das Projekt ist ganz einfach. Sie schneiden zuerst Rundungen aus dem Rock heraus und nähen dann Stoffstreifen wieder hinein, solange es Ihnen gefällt. Abbildung 16.1 zeigt Ihnen das Ausgangsmodell.

Material

✔ Rock, der in der Taille gut sitzt

✔ Stoffreste, mindestens drei verschiedene, jeweils doppelt so lang wie der Rock und 25 cm breit

✔ Stecknadeln

✔ Maßband

✔ Nähnadel für Hand- oder Maschinennähte

Abbildung 16.1: Der Rock vor seiner Verwandlung in einen Rüschentraum

✔ farblich passendes Nähgarn

✔ Schneiderkreide oder Stoffmarker

✔ Schere

Anleitung

1. **Vorbereitung:** Waschen und trocknen Sie den Rock nach Herstellerempfehlung oder bringen Sie ihn in die Reinigung.

2. **Schnittlinien markieren:** Die Anzahl der Stoffreste und Ihre Kreativität entscheiden darüber, wie viele Rundungen Sie aus dem Rockteil ausschneiden. Messen Sie mit dem Maßband die Rockweite aus und teilen Sie die ermittelte Weite durch die Anzahl der Rundungen, die Sie ausschneiden möchten. Das Ergebnis ist die Breite jedes Ausschnitts.

Markieren Sie mit Schneiderkreide einen Punkt am Saum, an dem die Ausschnitte beginnen sollen. Ich beginne meist an einer Seitennaht. Messen Sie von hier aus die Breite des ersten Ausschnitts entlang der Saumkante und markieren Sie auch diesen Punkt. Wiederholen Sie die Markierungen für alle weiteren Ausschnitte. Zeichnen Sie mit der Schneiderkreide einen Bogen von einer Markierung zur nächsten. Der höchste Punkt des Bogens sollte nicht weniger als 15 cm vom Taillenbund entfernt sein. Verbinden Sie alle Messpunkte mit einem Bogen, wie in Abbildung 16.2 gezeigt.

 Der Abstand zwischen Taillenbund und Bogen sollte mindestens 15 cm betragen. Soll Ihr Rock etwas konservativer sein oder möchten Sie die Einsätze lieber auf den Saum beschränken, zeichnen Sie die Bögen flacher (mit mehr Abstand zur Taille).

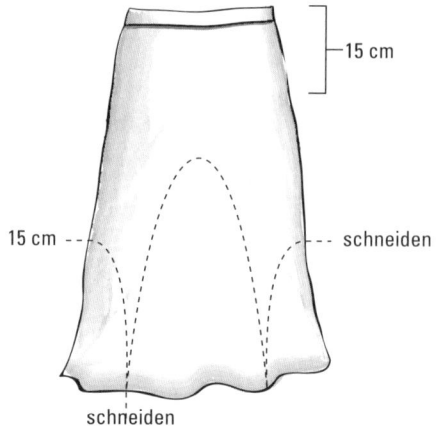

Abbildung 16.2: Markieren Sie die Schnittlinien.

3. **Zuschnitt:** Schneiden Sie entlang der zuvor eingezeichneten Bögen den Stoff ab.

 Heben Sie Stoffreste für ein Projekt in Kapitel 19 auf.

4. **Wenden:** Wenden Sie den Rock auf links.

5. **Ansetzen und feststecken:** Legen Sie einen Stoffstreifen rechts auf rechts mit der langen Kante an die Saumkante eines Bogens. Stecken Sie die beiden Kanten bis zum Ende des Bogens aufeinander und platzieren Sie die Stecknadeln alle 3 cm quer zur Nahtlinie (siehe Abbildung 16.3).

6. **Nähen Sie mit der gewünschten Methode.** Beachten Sie die unterschiedlichen Hinweise zu Handnähten, Maschinen- und Overlock-Maschinennähten.

   - **Handnähte:** Lesen Sie in Kapitel 5 mehr über Handnähte. Schließen Sie die gesteckten Kanten im Geradstich mit 1 cm Nahtzugabe und entfernen Sie die Stecknadeln.

   - **Maschinennähte:** Schließen Sie die gesteckten Nähte mit einem Geradstich und 1 cm Nahtzugabe und entfernen Sie die Stecknadeln.

   - **Overlocknähte:** Nähen Sie über die gesteckten Kanten und entfernen Sie die Nadeln, bevor Sie darübernähen.

7. **Zuschnitt:** Schneiden Sie überstehenden Stoff am Streifen ab und halten Sie die Schnittlinie so, dass sie den Bogen weiterführt (siehe Abbildung 16.4).

 Heben Sie Stoffreste für die Füllung in Kapitel 18 auf.

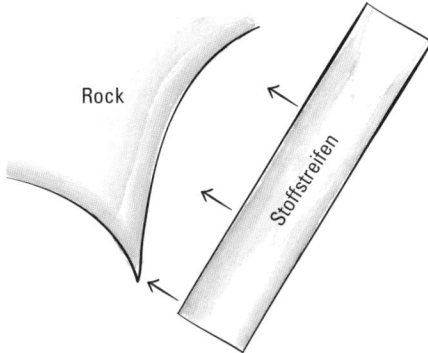

Abbildung 16.3: Stecken Sie die Stoffstreifen an die ausgeschnittenen Bogenkanten.

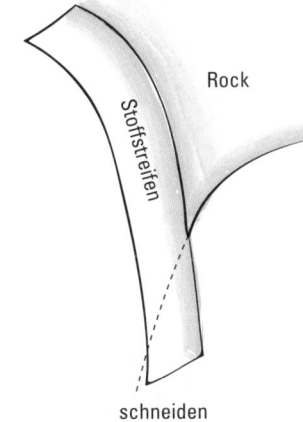

Abbildung 16.4: Schneiden Sie überstehenden Stoff bogenförmig ab.

8. **Wiederholen Sie die Schritte 5 bis 7.** Verfahren Sie mit den anderen Stoffstreifen wie in Schritt 5 bis 7 beschrieben. In Abbildung 16.5 sehen Sie, wie Sie den folgenden Streifen an den davor angenähten ansetzen.

9. **Wenden:** Wenden Sie den Rock auf rechts.

10. **Säumen Sie den Rock mit der gewünschten Technik.** Beachten Sie die unterschiedlichen Hinweise zu Handnähten, Maschinen- und Overlock-Maschinennähten.

   • **Handnähte für einen sauberen Look:** Lesen Sie in Kapitel 5 mehr über Handnähte. Säumen Sie den Rock von Hand und lesen Sie im folgenden Abschnitt »Variationen« über weitere Dekorationsmöglichkeiten.

   • **Maschinennähte für einen rustikalen Look:** Säumen Sie den Rock mit Zickzackstich und 1 cm Saumzugabe. Lesen Sie den folgenden Abschnitt »Variationen«, wenn Sie den Rock zusätzlich verzieren möchten.

   • **Overlocknähte:** Nähen Sie mit der richtigen Nadel und der passenden Transporteinstellung den gesamten Rocksaum.

 Sie können den Rock auch mit Saumband verarbeiten. Es wird einfach angebügelt und Sie erhalten es in Stoff- oder Handarbeitsgeschäften, in Onlineshops oder sogar in Supermärkten oder Kaufhäusern.

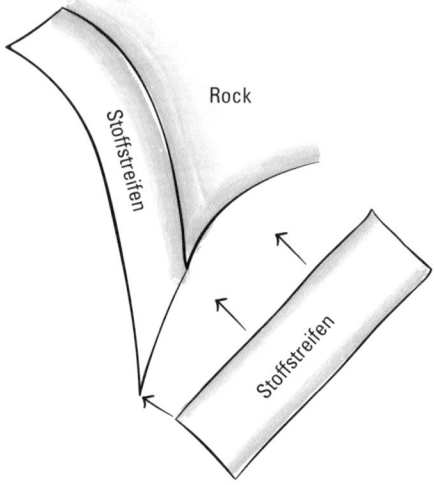

Abbildung 16.5: Stecken Sie weitere Stoffstreifen an die Ausschnitte.

Abbildung 16.6 zeigt den Rock mit der neuen schwungvollen Saumkante.

Abbildung 16.6: Der fertige Rock mit neuem, beschwingtem Saum

Variationen

Probieren Sie alternativ einige der folgenden Techniken aus:

✔ **Sichtbare Nähte:** Überspringen Sie Schritt 4 und lassen Sie den Rock auf rechts gewendet. Anstatt die Kanten zu säumen, nähen Sie im Langettenstich von Hand, im Zickzackstich mit der Maschine oder mit einer Overlocknaht darüber, sodass die Naht außen liegt.

✔ **Schrägband:** Anstatt den Rock zu säumen, können Sie die Saumkanten auch mit Schrägband dekorativ einfassen. Sie finden verschiedene Ausführungen in Stoffgeschäften in der Kurzwarenabteilung, dort, wo auch die Reißverschlüsse sind. Sie können das Schrägband von Hand oder mit der Maschine annähen und damit die Saumkante fertigstellen (beachten Sie die Verarbeitungshinweise auf der Verpackung).

✔ **Kreative Schnittlinien:** Sie können den Rocksaum ganz nach eigenen Ideen kurvig oder anders geformt schneiden.

✔ **Mehr Rüschen:** Sie können weitere Stoffstreifen am Saum ansetzen, bevor Sie ihn säumen. Legen Sie die Streifen in Falten oder kräuseln Sie sie beim Ansetzen, das gibt zusätzlichen Schwung.

✔ **Rustikale Nähte:** Sie können alle Nähte von Hand mit Stickgarn ausführen.

✔ **Steppnähte:** Nähen Sie zusätzlich von Hand mit Stickgarn oder Twist über die fertigen Nähte.

✔ **Farben kombinieren:** Nähen Sie mit einem farblich kontrastierenden Garn. An der Nähmaschine können Sie auch zwei verschiedene Farben für Ober- und Spulenfaden einlegen. Bei der Overlock-Maschine lassen sich sogar vier bis fünf verschiedenfarbige Garne verarbeiten.

 Sie können den Rock bemalen, mit Ösen, Nieten oder Bändern besetzen, färben, bleichen, mit Stoffstiften oder Filzstiften beschreiben. Versiegeln Sie bei synthetischen Stoffen die Säume mit der Heißluftpistole und lesen Sie die Hinweise dazu in Kapitel 15. Verpassen Sie Ihrem Rock einen Streifenlook, indem Sie ihn mit Malerkrepp abkleben und mit Textilsprühfarbe behandeln. Sprühen Sie erst eine dünne Farbschicht, lassen Sie sie trocknen und wiederholen Sie den Vorgang, bis der gewünschte Farbton erreicht ist. Entfernen Sie das Kreppband und bewundern Sie die Streifen.

Vom Bürorock zum modischen Trendstück

Dieses Projekt bietet Ihnen die Möglichkeit, Ihrer Arbeitskleidung einen persönlichen Akzent zu verleihen. Sie putzen Ihren alten Rock heraus, besticken ihn, benähen oder bemalen ihn ganz nach Wunsch. Das Projekt ist sehr einfach. Sie verzieren lediglich einen bereits fertigen Rock. Abbildung 16.7 zeigt das Ausgangsmodell.

Material

✔ Rock, der gut sitzt

✔ Stecknadeln

✔ Nähnadel für Hand- oder Maschinennähte

✔ farblich passendes Nähgarn

Abbildung 16.7: Der schlichte Rock vor der Verwandlung in ein Trendstück

✔ Schneiderkreide oder Stoffmarker

✔ Schere

Anleitung

1. **Vorbereitung:** Waschen und trocknen Sie den Rock nach Herstellerempfehlung oder bringen Sie ihn in die Reinigung, falls das Etikett fehlt.

2. **Markieren Sie die Verzierungen.** Markieren Sie mit Schneiderkreide die Partien des Rocks, die Sie verzieren möchten. Die einfachste Verzierung ist eine Ziernaht am Saum. In Abbildung 16.8 sehen Sie weitere Ideen.

3. **Nähen Sie mit der gewünschten Technik.** Beachten Sie die unterschiedlichen Hinweise zu Handnähten, Maschinen- und Overlock-Maschinennähten.

   • **Handnähte:** Lesen Sie in Kapitel 5 mehr über Handnähte. Nähen Sie mit einem beliebigen Stich über die markierten Partien des Rocks. Die einfachste Möglichkeit ist, den Saum von Hand im Langettenstich zu verzieren.

   • **Maschinennähte:** Nähen Sie mit einem beliebigen Stich über die markierten Partien. Die einfachste Verzierung ist eine Zickzacknaht am Saum entlang.

   • **Overlocknähte:** Nähen Sie über den gesamten Rocksaum.

 Die Overlock-Maschine können Sie nur an der Saumkante verwenden.

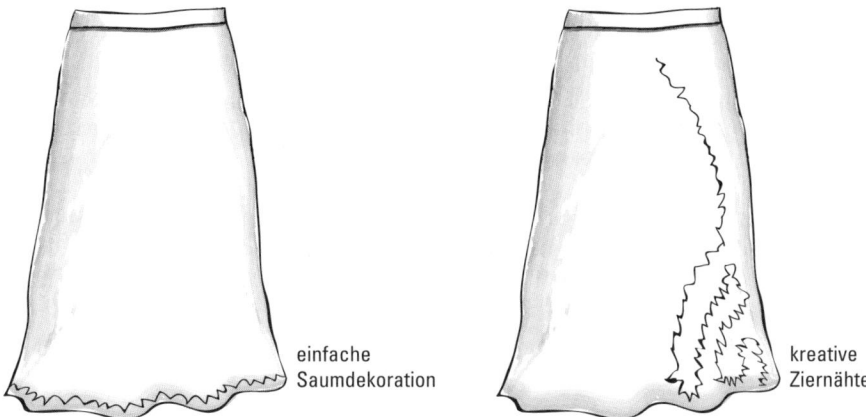

einfache
Saumdekoration

kreative
Ziernähte

Abbildung 16.8: Beispiele für dekorative Nähte

Abbildung 16.9 zeigt den fertig verzierten Rock.

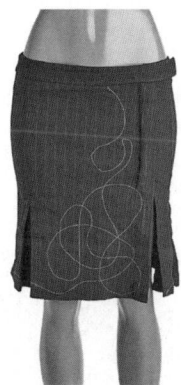

Abbildung 16.9: Aus dem braven Bürorock ist ein individuelles Modell geworden.

Variationen

Probieren Sie alternativ einige der folgenden Techniken aus:

✔ **Sichtbare Nähte:** Trennen Sie die Saumnaht auf oder schneiden Sie sie ab und nähen Sie im Langettenstich von Hand oder im Zickzackstich mit der Maschine darüber.

✔ **Schrägband:** Setzen Sie am Saum Schrägband an. Sie finden verschiedene Ausführungen in Stoffgeschäften in der Kurzwarenabteilung, dort, wo auch die Reißverschlüsse sind. Sie können das Schrägband von Hand oder mit der Maschine annähen und damit die Saumkante fertigstellen (beachten Sie die Verarbeitungshinweise auf der Verpackung).

✔ **Rustikale Nähte:** Sie können alle Nähte von Hand mit Stickgarn ausführen.

✔ **Steppnähte:** Nähen Sie zusätzlich von Hand mit Stickgarn oder Twist über die fertigen Nähte.

✔ **Knöpfe:** Nähen Sie dekorative Knöpfe auf die Saumkante des Rocks. So können Sie die Schätze aus Ihrer Knopfsammlung verwerten. Sortieren Sie die Knöpfe nach einem Farbschema oder nach Material (verziert, Stoff, Glas oder geschnitzt).

 Sie können den Rock bemalen, mit Ösen, Nieten oder Bändern besetzen, färben, bleichen, mit Stoffstiften oder Filzstiften beschreiben. Verpassen Sie Ihrem Rock einen Streifenlook, indem Sie ihn mit Malerkrepp abkleben und mit Textilsprühfarbe behandeln. Sprühen Sie erst eine dünne Farbschicht, lassen Sie sie trocknen und wiederholen Sie den Vorgang, bis der gewünschte Farbton erreicht ist. Entfernen Sie das Kreppband und bewundern Sie die Streifen.

Vom Rock zum Schalkragen

Dieses Projekt ist ähnlich wie der Kragen in Kapitel 9, aber noch einfacher gemacht. Sie müssen sich nicht mit Hosenbeinen oder Schrittnähten herumärgern, sondern können aus dem Rock einen Schalkragen für Ihren Pullover nähen. Sie werden sehen, das Projekt ist wirklich einfach. Nur das Anpassen des Rockes an die Ausschnittkante des Pullovers ist ein wenig kompliziert. Schneiden Sie zunächst den Rock auf die gewünschte Kragenhöhe zu. Achten Sie darauf, dass der Rock auch weit genug ist, und nähen Sie ihn an die Ausschnittkante des Pullovers. Schon haben Sie ein neues Trendstück gezaubert. Die Abbildungen 16.10 und 16.11 zeigen die Ausgangsmodelle für den Pullover mit Kragen.

Abbildung 16.10: Der Rock vor der Verwandlung in einen Kragen

Abbildung 16.11: Der Pullover noch ganz ohne Kragen

Material

✔ Rock

✔ Pullover, der gut passt

✔ Stecknadeln

✔ Sicherheitsnadeln

✔ Maßband

✔ Nähnadel für Hand- oder Maschinennähte

✔ farblich passendes Nähgarn

✔ Schneiderkreide oder Stoffmarker

✔ Schere

Anleitung

1. **Vorbereitung:** Waschen und trocknen Sie den Pullover und den Rock nach Herstellerempfehlung oder bringen Sie sie in die Reinigung, falls die Etiketten fehlen.

2. **Markieren Sie die Schnittlinie am Rock.** Überlegen Sie sich die Länge des Kragens. Mir gefällt ein 60 cm hoher Kragen, den man sich auch als Kapuze über den Kopf ziehen kann. Legen Sie den Rock flach aus, messen Sie die gewünschte Länge von der Taille aus auf beiden Seiten in Richtung Saum und markieren Sie die Messpunkte mit Schneiderkreide. Verbinden Sie mithilfe des Maßbands die beiden Messpunkte zu einer Schnittlinie.

3. **Zuschnitt:** Schneiden Sie beide Stofflagen des Rocks gleichzeitig entlang der markierten Linie durch.

 Heben Sie Stoffreste für den Rock mit Rüschensaum weiter vorn in diesem Kapitel auf.

4. **Setzen Sie den Kragen an, wie in Kapitel 9 beschrieben.** Arbeiten Sie ab Schritt 5 nach der Anleitung in Kapitel 9 und lesen Sie dort auch nach, welche möglichen Variationen es gibt.

Abbildung 16.12 zeigt den Pullover mit dem neuen Kragen.

Abbildung 16.12: Der fertige Pullover mit dem neuen Schalkragen

Alte Kleider in neuem Gewand

In diesem Kapitel

▶ Kleider richtig behandeln

▶ Schwierigkeiten vermeiden

▶ Alte Kleider mit kreativen Ideen aufpeppen

Ich bin mir ganz sicher, dass in Ihrem Kleiderschrank mindestens ein altes Kleid hängt, das Sie niemals anziehen, aber trotzdem immer noch für den Fall der Fälle aufbewahren. Kleider können sehr schnell aus der Mode kommen, vor allem wenn Sie sehr modische Teile kaufen. Auch wenn Vintage-Modelle sehr schön sein können, fehlt es ihnen oft an der richtigen Passform und Sie sehen darin aus, als hätten Sie Großmutters Kleiderschrank geplündert.

In diesem Kapitel finden Sie Hinweise, die Ihnen bei der Rettung dieser maroden alten Schätzchen helfen werden. Die Tipps reichen vom einfachen Reparieren eines Saums bis hin zum kompletten Umarbeiten eines Kleides. Ganz gleich, ob Sie sich nur eine Frühjahrskur für Ihr altes Kleid oder ein komplett umgearbeitetes Teil für Ihren Kleiderschrank wünschen, Sie finden Hinweise dazu auf den nächsten Seiten.

Vorbereiten, Ausbessern und Pflegen von Kleidern

Kleider können aus sehr verschiedenen Materialien hergestellt sein. Beachten Sie unbedingt die Pflegehinweise des Herstellers. Fehlt das Etikett, lesen Sie die Hinweise in Kapitel 4 und entscheiden Sie, ob das Kleid gereinigt werden muss oder im Schonwaschgang bei niedriger Temperatur gewaschen und liegend getrocknet werden kann (geben Sie es nicht in den Trockner).

Die üblichen Verdächtigen

Kleider, insbesondere Vintage-Modelle, können eine Reihe von Schwachstellen haben. Egal ob Sie ein eigenes altes Kleid ändern oder eins aus dem Secondhand-Laden, achten Sie darauf, dass es gut sitzt. Das ist für die folgenden Projekte wichtig. Falls Sie also kein Meister der Änderungsschneiderei sind, beginnen Sie mit einem gut sitzenden Kleid und prüfen Sie, ob es irgendwelche Schadstellen hat.

 Achten Sie immer auf die folgenden Schwachstellen bei Kleidern:

✔ zerschlissene Säume

✔ Flecken und Faserknötchen (besonders bei Partykleidern)

✔ Achselflecken

✔ kaputte Reißverschlüsse oder andere Verschlüsse

✔ unangenehmer Geruch, besonders bei Vintage-Kleidern oder Polyestermaterial

Haut zeigen im neuen Neckholder-Kleid

Ein Kleid kann völlig verändert aussehen, wenn Sie nur den Halsausschnitt und den Saum verändern. Beides ändert zwar nichts an der Passform, aber vielleicht ändert es die Häufigkeit, mit der Sie es tragen. Mein Lieblingsprojekt ist der Neckholder-Ausschnitt, wie bei dem folgenden Projekt. Mir gefallen besonders die dekorativen Bindebänder am Rücken. Das Projekt in diesem Abschnitt ist sehr einfach, je nach Grundform des Ausgangsmodells. Sie schneiden zuerst das Kleid am Rückenteil durch und gestalten die Bindebänder. Dann säumen Sie alle Schnittkanten und schon können Sie es anziehen. Abbildung 17.1 zeigt das Ausgangsmodell für das Neckholder-Kleid.

Abbildung 17.1: Das Ausgangsmodell für das Neckholder-Kleid

Material

✔ Kleid, das gut sitzt

✔ Sicherheitsnadeln

✔ Stecknadeln

✔ Maßband

✔ Nähnadel für Hand- oder Maschinennähte

✔ farblich passendes Nähgarn

✔ Schneiderkreide oder Stoffmarker

✔ Schere

Anleitung

1. **Vorbereitung:** Waschen und trocknen Sie das Kleid nach Herstellerempfehlung oder bringen Sie es in die Reinigung, falls das Etikett fehlt.

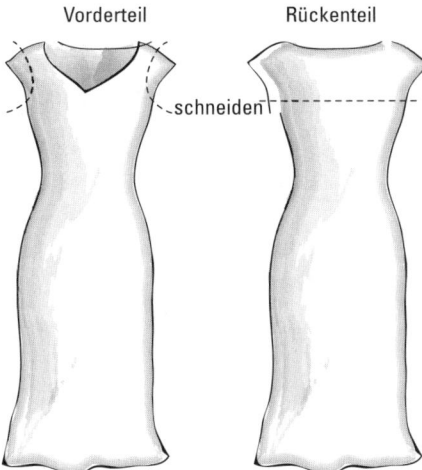

Abbildung 17.2: Erster Zuschnitt

 Wenn Ihnen das freie Zuschneiden noch schwerfällt, markieren Sie die Schnitt-
linien der folgenden Schritte vorher mit Schneiderkreide.

2. **Erster Zuschnitt:** Schneiden Sie das Rückenteil von Achsel zu Achsel durch und schneiden Sie unter dem Ärmel weiter, um die Ärmelnaht herum und am Vorderteil bis zur
   Schulternaht, wie in Abbildung 17.2 zu sehen ist.

 Hat Ihr Kleid einen Reißverschluss, öffnen Sie ihn vor dem Zuschnitt und ste-
cken den Gleitkopf mit einer Sicherheitsnadel fest, damit er nicht versehentlich
vom Reißverschluss rutscht.

3. **Zweiter Zuschnitt:** Schneiden Sie nun das obere Rückenteil in der Mitte senkrecht durch,
   wie in Abbildung 17.3 zu sehen ist.

4. **Dritter Zuschnitt:** Falls Ihr Kleid Ärmel hat, schneiden Sie sie an der Unterarmnaht auf.
   Schneiden Sie dann von der Schulter ausgehend spiralförmig durch den Stoff, wobei Sie
   einen etwa 5 cm breiten, möglichst langen Streifen erzeugen sollten. Wiederholen Sie den
   Schnitt auf der anderen Seite ebenso. Die Streifen dienen als Bindebänder, die das Kleid
   im Nacken schließen. In Abbildung 17.4 sehen Sie einen Vorschlag für den Zuschnitt.

5. **Anprobe:** Probieren Sie das Kleid an und binden Sie die Bänder im Nacken bequem zusammen. Sitzt der Ausschnitt zu eng oder zu hoch am Hals? Falls ja, arbeiten Sie weiter
   mit Schritt 6, sonst springen Sie direkt zu Schritt 7.

6. **Der Halsausschnitt:** Schneiden Sie am Vorderteil den Ausschnitt tiefer aus, falls er zu eng
   sitzt (siehe auch Abbildung 17.6, in der verschiedene Ausschnittformen gezeigt werden).

Rückenteil

Zuschnitt

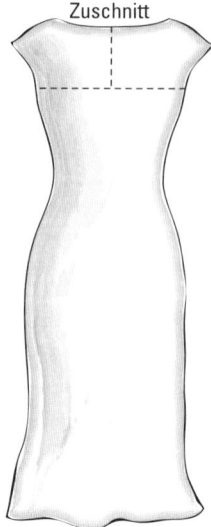

Abbildung 17.3: Zweiter Zuschnitt

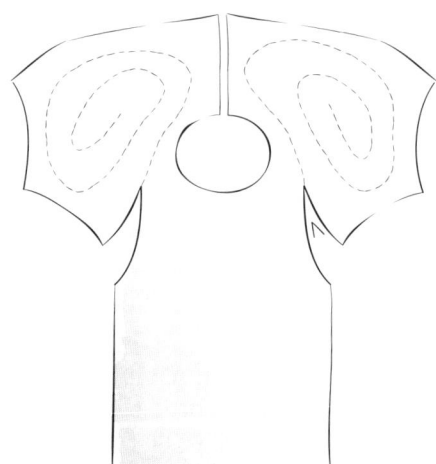

Abbildung 17.4: So schneiden Sie die Bindebänder zu.

7. **Nähen Sie mit der gewünschten Methode.** Beachten Sie die unterschiedlichen Hinweise zu Handnähten, Maschinen- und Overlock-Maschinennähten.

- **Handnähte:** Lesen Sie in Kapitel 5 mehr über Handnähte. Säumen Sie alle Schnittkanten mit dem schrägen Saumstich. Haben Sie einen Reißverschluss abgeschnitten, nähen Sie die Schnittkante sorgfältig um und nähen mit mehreren Stichen über die Zähnchen, damit der Gleitkopf nicht herausrutschen kann. Falls der Reißverschluss nicht von selbst einhakt, müssen Sie möglicherweise an der Oberkante zusätzlich einen Haken und eine Öse annähen, damit der Reißverschluss nicht immer aufgeht.

- **Maschinennähte:** Nähen Sie im Zickzackstich so eng wie möglich am Rand über alle Schnittkanten. Lesen Sie im vorstehenden Abschnitt über Handnähte, wie Sie den Reißverschluss fertigstellen.

- **Overlocknähte:** Nähen Sie über alle Schnittkanten und lesen Sie im Abschnitt über die Handnähte, wie Sie mit dem Reißverschluss verfahren sollen.

8. **Reparaturen:** Lesen Sie in Kapitel 4 nach, falls Sie Risse Löcher oder Flecken bearbeiten möchten.

Abbildung 17.5 zeigt das geänderte Kleid mit Neckholder-Ausschnitt.

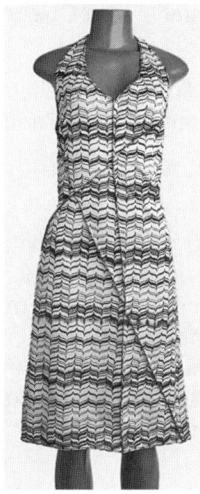

Abbildung 17.5: Das fertige Neckholder-Kleid zeigt mehr Haut an Schultern und Rücken.

Variationen

Probieren Sie alternativ einige der folgenden Techniken aus:

- ✔ **Sichtbare Nähte:** Anstatt die Kanten zu säumen, nähen Sie im Langettenstich von Hand darüber.

- ✔ **Schrägband:** Anstatt die Kanten zu säumen, können Sie sie auch mit Schrägband dekorativ einfassen. Sie finden verschiedene Ausführungen in Stoffgeschäften in der Kurzwarenabteilung, dort, wo auch die Reißverschlüsse sind. Sie können das Schrägband von Hand oder mit der Maschine annähen und damit die Stoffkanten fertigstellen (beachten Sie die Verarbeitungshinweise auf der Verpackung).

- ✔ **Kreative Schnittlinien:** Sie können den Saum des Kleides zusätzlich ganz nach eigenen Ideen kurvig oder anders geformt schneiden.

✔ **Rustikale Nähte:** Sie können alle Nähte von Hand mit Stickgarn ausführen.

✔ **Steppnähte:** Nähen Sie zusätzlich von Hand mit Stickgarn oder Twist über die fertigen Nähte.

✔ **Farben kombinieren:** Nähen Sie mit einem farblich kontrastierenden Garn. An der Nähmaschine können Sie auch zwei verschiedene Farben für Ober- und Spulenfaden einlegen. Bei der Overlock-Maschine lassen sich sogar vier bis fünf verschiedenfarbige Garne verarbeiten.

✔ **Ziernähte:** Nähen Sie mit dekorativen Sticharten über einzelne Partien des Kleides und markieren Sie diese vorher mit Schneiderkreide. Verwenden Sie auch Zierstiche oder Stickstiche Ihrer Nähmaschine.

✔ **Mehr Bänder:** Folgen Sie Schritt 4 und schneiden Sie weitere Bänder zu. Entweder längs der Bindebänder oder an der Ansatzstelle zum Oberteil. Nähen Sie weitere Stoffstreifen an.

✔ **Ausschnittlinien:** Verändern Sie den Ausschnitt, indem Sie ihn anders geformt zuschneiden, mehr Bänder ansetzen oder die angesetzten Bänder kräuseln, wie in Abbildung 17.6 gezeigt.

 Sie können die Schnittkanten komplett unversäubert lassen. Waschen Sie das Kleid und behandeln Sie es im Trockner, dadurch verbinden sich die Fasern der Stoffkanten miteinander. Sie können das Kleid auch bemalen, mit Ösen, Nieten oder Bändern besetzen, färben, bleichen, mit Stoffstiften oder Filzstiften beschreiben. Verpassen Sie Ihrem Kleid einen Streifenlook, indem Sie es mit Kreppklebeband abkleben und mit Textilsprühfarbe behandeln. Sprühen Sie erst eine dünne Farbschicht, lassen Sie sie trocknen und wiederholen Sie den Vorgang, bis der gewünschte Farbton erreicht ist. Entfernen Sie das Kreppband und bewundern Sie die Streifen.

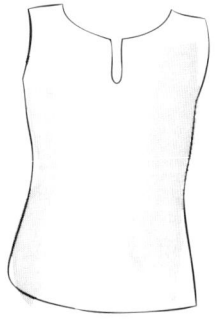 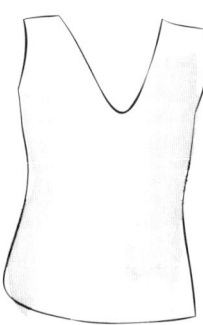 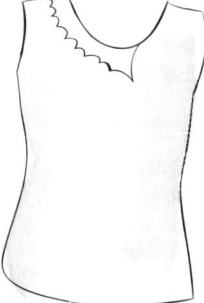

geschlitzter Ausschnitt   tiefer Ausschnitt   angesetzte Rüsche

Abbildung 17.6: So variieren Sie die Ausschnittform.

Kleid mit sichtbaren Nähten

Dieses Projekt eignet sich gut für ein Kleid, das Ihnen zwar gefällt, Sie aber schon ein bisschen langweilt. Es ist auch eine gut Technik für ein altmodisches Kleid, das etwas aufgepeppt werden muss. Das Kleid sieht hinterher fast genauso aus, allerdings sind einige Nähte sichtbar verarbeitet. Das Projekt ist einfach. Sie müssen lediglich die gewünschten Nähte auftrennen und mit den linken Seiten aufeinander wieder zusammennähen. Dabei können Sie weitere dekorative Elemente hinzufügen. Abbildung 17.7 zeigt das Ausgangsmodell.

Abbildung 17.7: Das Kleid vor der neuen Verarbeitung der Nähte

Material

✔ Kleid, das gut sitzt

✔ Sicherheitsnadeln

✔ Nahttrenner

✔ Nähnadel für Hand- oder Maschinennähte

✔ farblich passendes Nähgarn

✔ Schere

Anleitung

1. **Vorbereitung:** Waschen und trocknen Sie das Kleid nach Herstellerempfehlung oder bringen Sie es in die Reinigung, falls das Etikett fehlt.

2. **Nähte auswählen:** Sehen Sie sich die Nähte des Kleides genau an. Wenden Sie es dazu wenn nötig auf links und wählen Sie die Nähte aus, die Sie betonen möchten. Ich finde es schöner, bei Kleidern die Längsachse zu betonen als die Querachse. Betrachten Sie dazu auch Abbildung 17.8.

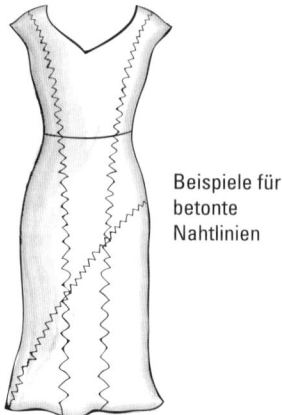

Beispiele für
betonte
Nahtlinien

Abbildung 17.8: Wählen Sie aus, welche Nähte Sie besonders betonen möchten.

3. **Auftrennen:** Mit dem Nahttrenner und eventuell der Schere trennen Sie die gewünschte Naht vorsichtig auf.

4. **Feststecken:** Stecken Sie die Naht wieder zusammen, wobei jetzt die linken Stoffseiten aufeinanderliegen. Beginnen Sie an einer Kante und stecken Sie die Nadeln diagonal; fahren Sie entlang der Naht fort und stecken Sie alle 3 cm eine Nadel quer zur Nahtlinie. Achten Sie darauf, die Naht wieder passgenau zusammenzustecken, beispielsweise auf Höhe der Taille (siehe Abbildung 17.9).

5. **Nähen Sie mit der gewünschten Methode.** Beachten Sie die unterschiedlichen Hinweise zu Handnähten, Maschinen- und Overlock-Maschinennähten.

   • **Handnähte:** Lesen Sie in Kapitel 5 mehr über Handnähte. Nähen Sie die Naht mit der ursprünglichen Nahtzugabe im Langettenstich zusammen und entfernen Sie alle Nadeln.

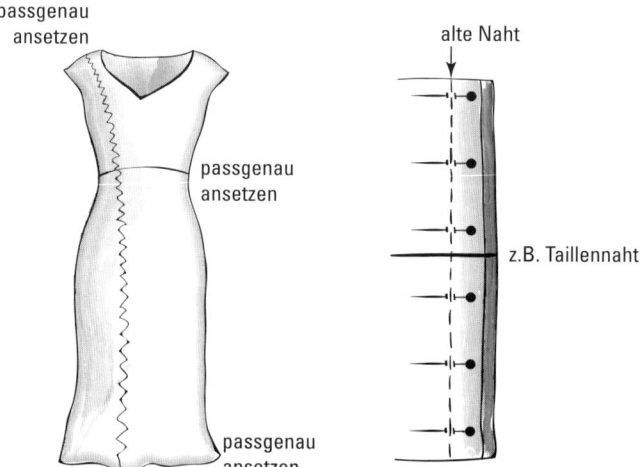

passgenau
ansetzen

passgenau
ansetzen

passgenau
ansetzen

alte Naht

z.B. Taillennaht

Abbildung 17.9: Stecken Sie die Nähte links auf links wieder zusammen.

- **Maschinennähte:** Nähen Sie die Naht im Zickzackstich mit der ursprünglichen Nahtzugabe zusammen und entfernen Sie die Nadeln.

- **Overlocknähte:** Nähen Sie die Naht im Overlockstich zusammen und entfernen Sie die Nadeln. In den Abbildungen 17.8 und 17.9 können Sie weitere Nahtvariationen sehen.

Abbildung 17.10 zeigt das Kleid nach der Änderung.

Abbildung 17.10: Das fertige Kleid mit den betonten, sichtbaren Nähten

Variationen

Probieren Sie alternativ einige der folgenden Techniken aus:

✔ **Schrägband:** Sie können die betonten Nähte und/oder Säume auch mit Schrägband dekorativ einfassen. Sie finden verschiedene Ausführungen in Stoffgeschäften in der Kurzwarenabteilung, dort, wo auch die Reißverschlüsse sind. Sie können das Schrägband von Hand oder mit der Maschine annähen und damit die Kanten verarbeiten (beachten Sie die Verarbeitungshinweise auf der Verpackung).

✔ **Rustikale Nähte:** Sie können alle betonten Nähte von Hand mit Stickgarn ausführen.

✔ **Steppnähte:** Nähen Sie zusätzlich von Hand mit Stickgarn oder Twist über die fertigen Nähte.

✔ **Farben kombinieren:** Nähen Sie mit einem farblich kontrastierenden Garn. An der Nähmaschine können Sie auch zwei verschiedene Farben für Ober- und Spulenfaden einlegen. Bei der Overlock-Maschine lassen sich sogar vier bis fünf verschiedenfarbige Garne verarbeiten.

✔ **Ziernähte:** Nähen Sie mit dekorativen Sticharten über einzelne Partien des Kleides und markieren Sie diese vorher mit Schneiderkreide. Verwenden Sie auch Zierstiche oder Stickstiche Ihrer Nähmaschine.

✔ **Knöpfe:** Betonen Sie die sichtbaren Nähte zusätzlich, indem Sie entlang der Naht Knöpfe aufnähen. Das ist eine gute Gelegenheit, die Schätzchen aus der Knopfsammlung zu verwerten. Sortieren Sie die Knöpfe nach einem Farbschema oder nach Material (dekorativ, Stoff, Glas oder geschnitzt).

 Sie können das Kleid auch zusätzlich bemalen, mit Ösen, Nieten oder Bändern besetzen, färben, bleichen, mit Stoffstiften oder Filzstiften beschreiben. Verpassen Sie Ihrem Kleid einen Streifenlook, indem Sie es mit Malerkrepp abkleben und mit Textilsprühfarbe behandeln. Sprühen Sie erst eine dünne Farbschicht, lassen Sie sie trocknen und wiederholen Sie den Vorgang, bis der gewünschte Farbton erreicht ist. Entfernen Sie das Kreppband und bewundern Sie die Streifen.

Aus eins mach zwei – vom Kleid zum Zweiteiler

Haben Sie auch schon mal händeringend nach zwei Teilen gesucht, die zusammenpassen? Wenn Sie aus einem Kleid einen Zweiteiler machen, passen die beiden Teile garantiert zusammen. Sie können aus einem alten Kleid ein Oberteil und einen passenden Rock nähen, die in der Form noch ziemlich ähnlich sind. Weitere kreative Alternativen finden Sie in diesem Buch. Das Projekt ist in seiner Grundform sehr einfach. Sie können weitere Techniken aus diesem Buch verwenden, die mitunter etwas aufwendiger sein können. Abbildung 17.11 zeigt das Ausgangskleid.

Abbildung 17.11: Das Kleid vor seiner Trennung in Oberteil und Rock

Material

✔ Kleid

✔ Material für Taillenbund: Kordel, 2 cm breites Gummiband oder 25 cm breiter Stretchbund in der Weite Ihrer Taille; die Kordel sollte 50 cm länger sein als Ihr Taillenumfang, damit sie geknotet werden kann

✔ Stecknadeln

✔ Sicherheitsnadeln

✔ Maßband

✔ Nähnadel für Hand- oder Maschinennähte

✔ farblich passendes Nähgarn

✔ Schneiderkreide oder Stoffmarker

✔ Schere

Anleitung

1. **Vorbereitung:** Waschen und trocknen Sie das Kleid nach Herstellerempfehlung oder bringen Sie es in die Reinigung, falls das Etikett fehlt.

2. **Schnittlinie markieren:** Probieren Sie das Kleid an und entscheiden Sie, wie lang das Oberteil werden soll. Markieren Sie die Länge mit einer Sicherheitsnadel in der Seitennaht. Ziehen Sie das Kleid aus und legen Sie es flach hin. Messen Sie mithilfe des Maßbands die Strecke von der Achsel bis zur Sicherheitsnadel und markieren Sie den Punkt mit Schneiderkreide. Wiederholen Sie die Messung an der anderen Seitennaht und markieren Sie auch hier den Messpunkt. Verbinden Sie mithilfe des Maßbands und der Schneiderkreide die beiden Messpunkte mit einer Linie.

3. **Zuschnitt:** Schneiden Sie beide Stofflagen entlang der markierten Linie durch.

4. **Taillenbund:** Lesen Sie in Kapitel 6 die Anfertigung des Taillenbunds nach und nähen Sie den Bund entsprechend an das Rockteil an.

5. **Nähen Sie mit der gewünschten Methode.** Beachten Sie die unterschiedlichen Hinweise zu Handnähten, Maschinen- und Overlock-Maschinennähten.
   - **Handnähte:** Lesen Sie in Kapitel 5 mehr über Handnähte. Säumen Sie das Oberteil mit schrägem Saumstich.
   - **Maschinennähte:** Säumen Sie das Oberteil im Zickzackstich.
   - **Overlocknähte:** Säumen Sie das Oberteil im Overlockstich.

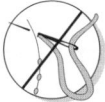 Anstatt die Saumkante umzunähen, können Sie sie auch mit Saumband einfach anbügeln. Das Saumband können Sie im Stoff- oder Handarbeitsgeschäft, in Onlineshops oder in großen Supermärkten oder Kaufhäusern kaufen.

6. **Reparaturen:** Lesen Sie in Kapitel 4 nach, falls Sie Risse, Löcher oder Flecken bearbeiten möchten.

Abbildung 17.12 zeigt den fertigen Zweiteiler.

Variationen

Probieren Sie alternativ einige der folgenden Techniken aus:

✔ **Rockvarianten:** Verarbeiten Sie das Rockteil zu einem umgedrehten Rock aus Kapitel 6, 12 und 13, einem geschlitzten Rock aus Kapitel 9, dem Rockmodell aus Kapitel 11 oder dem beschwingten Rock aus Kapitel 16.

Abbildung 17.12: Das Kleid nach seiner Neugestaltung als Zweiteiler

✔ **Oberteilvariationen:** Nähen Sie aus dem Oberteil ein Neckholder-Top wie in Kapitel 6, das Oberteil aus Kapitel 8 oder Kapitel 16.

✔ **Sichtbare Nähte:** Säumen Sie die Schnittkanten nicht, sondern nähen Sie von Hand im Langettenstich darüber.

✔ **Schrägband:** Sie können die Saumkante auch mit Schrägband dekorativ einfassen. Sie finden verschiedene Ausführungen in Stoffgeschäften in der Kurzwarenabteilung, dort, wo auch die Reißverschlüsse sind. Sie können das Schrägband von Hand oder mit der Maschine annähen und damit die Kante verarbeiten (beachten Sie die Verarbeitungshinweise auf der Verpackung).

✔ **Rustikale Nähte:** Sie können alle Nähte von Hand mit Stickgarn ausführen.

✔ **Steppnähte:** Nähen Sie zusätzlich von Hand mit Stickgarn oder Twist über die fertigen Nähte.

✔ **Farben kombinieren:** Nähen Sie mit einem farblich kontrastierenden Garn. An der Nähmaschine können Sie auch zwei verschiedene Farben für Ober- und Spulenfaden einlegen. Bei der Overlock-Maschine lassen sich sogar vier bis fünf verschiedenfarbige Garne verarbeiten.

✔ **Ziernähte:** Nähen Sie mit dekorativen Sticharten über einzelne Partien des Kleides; markieren Sie sie vorher mit Schneiderkreide. Verwenden Sie auch Zierstiche oder Stickstiche Ihrer Nähmaschine.

 Sie können das Kleid auch zusätzlich bemalen, mit Ösen, Nieten oder Bändern besetzen, färben, bleichen, mit Stoffstiften oder Filzstiften beschreiben. Verpassen Sie Ihrem Kleid einen Streifenlook, indem Sie es mit Malerkrepp abkleben und mit Textilsprühfarbe behandeln. Sprühen Sie erst eine dünne Farbschicht, lassen Sie sie trocknen und wiederholen Sie den Vorgang, bis der gewünschte Farbton erreicht ist. Entfernen Sie das Kreppband und bewundern Sie die Streifen.

Teil VI

Resteverwertung

The 5th Wave — By Rich Tennant

»Wie ich sehe, sammeln Sie immer noch Stoffstücke für Ihre Recycling-Projekte.«

In diesem Teil ...

In Teil VI erkläre ich Ihnen, warum Sie eine Party schmeißen sollten. Versammeln Sie Ihre Stoffreste und Ihre Freunde und machen Sie eine große Handarbeitssause.

Sie erfahren hier, welche einfachen und schnellen Projekte Sie mit allen möglichen Stoffresten realisieren können. Das geht fix und ohne großen Aufwand. Sie finden aber auch etwas aufwendigere Projekte, wie zum Beispiel einen Quilt, den sogar ich hinbekommen habe, weil er so einfach ist.

Ganz neue Bettwäsche

In diesem Kapitel

▷ Ihr Schlafzimmer mit neuen Projekten aus Stoffresten verschönern

▷ Projekte zum Ausstopfen, Verhüllen und Bedecken

*B*ettwäsche und Accessoires sind tolle Projekte für Einsteiger. Außerdem kann man sie aus Stoffresten anfertigen und riskiert damit auch nicht, etwas zu ruinieren. Was die richtige Passform und Größe angeht, ist Bettwäsche sehr duldsam, und mal ehrlich – wer bekommt es schon zu Gesicht, falls es nicht perfekt ist? Legen Sie einfach die nicht so perfekte Seite des Kissens nach unten oder schieben Sie es hinter ein anderes Kissen.

Da Sie mit Ihrer Bettwäsche nicht auf die Straße müssen, können Sie hier auch mehr kreative Experimente wagen als bei Kleidung. Verarbeiten Sie alte Erinnerungsstücke, Lieblingsfarben und Drucke, die sich für das Alltagsleben nicht eignen.

Die Projekte in diesem Kapitel beziehen sich auf die Basisteile bei Bettwäsche. Sie können ein Kissen und eine passende Hülle nähen, ebenso einen Restequilt und Tipps zu Bettbezügen bekommen Sie auch.

Alle Reste in die Kissenfüllung

Je länger Sie Kleidung umarbeiten und neu gestalten, desto mehr Stoffreste in allen möglichen Farben, Formen und Materialien begegnen Ihnen. In diesem Projekt findet all das Verwendung, außer harte Materialien wie Lederreste, Knöpfe und andere Dekorationen, auf denen Sie Ihren Kopf wohl lieber nicht betten möchten.

Das Projekt ist ganz einfach. Sie nähen aus einem größeren Stoffrest eine Hülle, lassen eine Öffnung in der Naht und stopfen alle möglichen anderen Stoffreste hinein. Ach, und nicht vergessen, das Loch zu schließen, wenn die Füllung drin ist.

 Achten Sie sorgfältig darauf, dass in den Stoffresten keine Nadeln vergessen wurden, bevor Sie sie in die Hülle stopfen. Sie würden es ganz sicher schmerzvoll bemerken, falls Sie eine übersehen.

Abbildung 18.1 zeigt die Stoffreste, bevor sie in der Hülle verschwinden.

Abbildung 18.1: Die Stoffreste vor ihrem Einsatz als Kissenfüllung

Material

✔ Stoffrest, groß genug für eine Kissenhülle

✔ weiche Stoffreste für die Füllung

✔ Stecknadeln

✔ Maßband

✔ Nähnadel für Hand- oder Maschinennähte

✔ Nähgarn

✔ Schneiderkreide oder Stoffmarker

✔ Schere

Anleitung

1. **Kissengröße bestimmen:** Sie können ein quadratisches oder ein rechteckiges Kissen in einer beliebigen Größe anfertigen. Das Maß richtet sich danach, ob Sie das Kissen später in eine bestimmte Hülle stopfen wollen, wie etwa in die Kuschelkissenhülle aus diesem Kapitel. Es richtet sich auch nach der Größe des Stoffrests, den Sie dafür zur Verfügung haben.

    Sie brauchen zwei gleich große Stoffstücke für das Kissen, eins für die Vorderseite und eins für die Rückseite.

2. **Schnittlinie markieren:** Mit Maßband und Schneiderkreide markieren Sie das Kissenmaß quadratisch oder rechteckig von links auf einem der Stoffstücke und richten sich nach den Überlegungen aus Schritt 1.

3. **Zusammenlegen:** Legen Sie das erste markierte Stoffstück rechts auf rechts auf das zweite.

4. **Feststecken:** Stecken Sie beide Stofflagen aufeinander und platzieren Sie die Stecknadeln knapp innerhalb der markierten Schnittlinie. Die Stecknadeln in den Ecken sollten diagonal stecken und entlang der Schnittlinie quer in 3 cm Abstand.

5. **Zuschnitt:** Schneiden Sie beide Stofflagen entlang der markierten Linie zu.

 Heben Sie anfallende Stoffreste für die Füllung auf.

6. **Nähen Sie mit der gewünschten Methode.** Beachten Sie die unterschiedlichen Hinweise zu Handnähten, Maschinen- und Overlock-Maschinennähten.

   • **Handnähte:** Lesen Sie in Kapitel 5 mehr über Handnähte. Nähen Sie mit 1 cm Nahtzugabe die beiden Stofflagen im Langettenstich zusammen, bis auf eine 10 cm große Nahtöffnung in der Mitte einer Seitenkante, wie in Abbildung 18.2 zu sehen ist.

   • **Maschinennähte:** Nähen Sie im Geradstich mit 1 cm Nahtzugabe alle Schnittkanten zusammen, bis auf eine 10 cm große Nahtöffnung in der Mitte einer Seitenkante, wie in Abbildung 18.2 zu sehen ist.

   • **Overlocknähte:** Nähen Sie beide Stofflagen entlang der Schnittkanten zusammen, bis auf eine 10 cm große Nahtöffnung in der Mitte einer Seitenkante, wie in Abbildung 18.2 zu sehen ist.

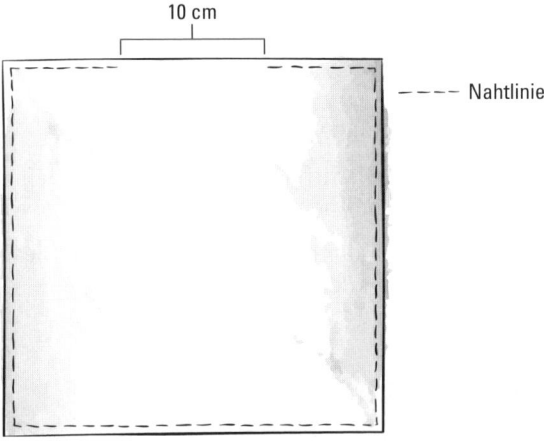

Abbildung 18.2: Nahtlinie für die Kissenhülle

7. **Wenden:** Wenden Sie die Hülle auf rechts und drücken Sie die Ecken sorgfältig nach außen.

8. **Füllen:** Beginnen Sie zunächst mit kleineren Stoffresten und stopfen Sie zuerst die Ecken damit aus, damit sie Form bekommen. Fahren Sie mit den restlichen Stoffstücken fort und stopfen Sie das Kissen so lange, bis es die gewünschte Festigkeit hat.

 Je mehr Füllung Sie in die Hülle stopfen, desto schwieriger wird es, die Nahtöffnung zu schließen. Ich stopfe meine Kissen gerne schön voll und schiebe dann die Füllung so weit wie möglich weg von der Nahtöffnung.

9. **Schließen Sie die Nahtöffnung.** Mit Nadel und Faden schließen Sie die Nahtöffnung von Hand. Schlagen Sie dazu die Schnittkanten nach links ein und nähen Sie im Langettenstich (wie in Kapitel 5 erklärt).

Abbildung 18.3 zeigt die gefüllte Kissenhülle.

Abbildung 18.3: Jetzt sind alle Stoffreste in der Kissenhülle verschwunden.

Variationen

Probieren Sie alternativ einige der folgenden Techniken aus:

✔ **Parfümiertes Kissen:** Verleihen Sie Ihrem Kissen einen angenehmen Duft. Sie können in einen Kräuterladen gehen oder online nach Duftstoffen für Ihr Kissen suchen.

✔ **Spielkissen:** Als Spielzeug für Kinder oder Haustiere können Sie das Kissen mit knisternden Plastiktüten, Quietschtieren oder Glöckchen füllen.

Kissenbezug zum Kuscheln

Nachdem Sie das Kissen im vorigen Abschnitt genäht haben, braucht es noch einen schönen Bezug. Wenn Sie dafür Stoffreste verwenden, können Sie nicht nur kreativ werden, sondern schaffen etwas Neues und Interessantes für Ihr eigenes Zuhause oder als Geschenk.

Meinen Kissenbezug habe ich vor Jahren aus Stoffresten hergestellt und ein Band angenäht. Das dient nicht nur zur Dekoration, sondern damit binde ich das Kissen an meinen Koffer, wenn ich verreise. Das spart nicht nur Platz im Koffer, sondern ich muss es auch nicht erst lange suchen, was mir die neidischen Blicke aller müden Mitreisenden beschert. Das Projekt ist ganz einfach und gleicht den ersten Schritten der vorigen Anleitung. Sie lassen eine Seite des Bezugs offen, um das Kissen dort hineinzuschieben, und binden den Bezug mit Bändern

Abbildung 18.4: Aus diesen Materialien wird der Bezug für das Kuschelkissen gefertigt.

zu, damit es nicht wieder hinausrutscht. Der Bezug ist für ein quadratisches oder ein rechteckiges Kissen gedacht. Abbildung 18.4 zeigt die Stoffreste vor der Verarbeitung zur Kissenbezug.

Material

✔ 2 Stoffreste, etwas größer als das Kissen oder entsprechend viele zusammengesetzte Stoffstücke, die größer als das Kissen sind

✔ 50 cm Band in passender Farbe

✔ Stecknadeln

✔ Maßband

✔ Nähnadel für Hand- oder Maschinennähte

✔ Nähgarn

✔ Schneiderkreide oder Stoffmarker

✔ Schere

✔ Bügeleisen

Anleitung

1. **Größe des Kissenbezugs bestimmen:** Falls Sie eine fertige Füllung gekauft haben, entnehmen Sie die Maße der Verpackung oder dem Etikett. Sonst ziehen Sie die Nähte der Kissenfüllung stramm und messen die Größe mit dem Maßband aus. Addieren Sie jeweils zum Längen- und Breitenmaß 2 cm für den Bezug hinzu. Das entspricht gleichzeitig einer Nahtzugabe von 1 cm.

2. **Messwerte:** Prüfen Sie, ob Ihre Stoffreste groß genug für den Bezug sind. Stellen Sie die Maße von jedem Stoffrest fest und vergleichen Sie diese mit den Maßen aus Schritt 1. Sind die Stoffstücke zu klein, setzen Sie mehrere aneinander, um die nötige Größe zu erhalten. Sie können die Stoffstücke mit geraden Nähten aneinandersetzen (Schritt 3) oder

sie kreativ wie Patchwork (Schritt 4) zusammensetzen. Sind Ihre Stoffstücke ausreichend groß, fahren Sie mit Schritt 5 fort.

3. **Stoffstücke gerade aneinandersetzen:** Am einfachsten lassen sich Stoffstücke mit geraden Nähten zusammensetzen. Legen Sie die Stoffe mit den geraden Kanten rechts auf rechts zusammen und stecken Sie alle 5 cm Stecknadeln quer zur Nahtlinie. Sind die Stoffkanten nicht gerade, zeichnen Sie mithilfe des Maßbands und der Schneiderkreide eine gerade Linie auf den Stoff. Stecken Sie die Stoffstücke knapp innerhalb der Linie alle 5 cm mit Nadeln zusammen und schneiden Sie entlang der markierten Linie durch beide Stofflagen. Nähen Sie dann beide Teile entlang der geraden Schnittlinie in der gewünschten Nähtechnik zusammen. Beachten Sie die unterschiedlichen Hinweise zu Handnähten, Maschinen- und Overlocknähten. Falten Sie die Stoffstücke auseinander und bügeln Sie die Nahtzugaben auseinander (bei Hand- und Maschinennähten).

Betrachten Sie dazu Abbildung 18.5. Messen Sie das entstandene Stoffstück erneut und setzen Sie auf die gleiche Weise weiteren Stoff an, bis das Teil die benötigte Größe erreicht hat (vergleichen Sie Schritt 1). Fahren Sie dann mit Schritt 5 fort.

 Heben Sie die Stoffreste auf, um sie später noch anzusetzen oder für die Füllung (weiter vorn in diesem Kapitel) oder eines der anderen Projekte in diesem Teil zu verwenden.

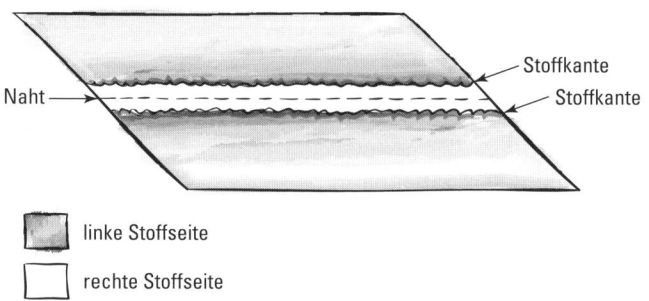

Abbildung 18.5: Bügeln Sie die Nahtzugabe auseinander und die Naht flach.

 Denken Sie daran, dass der Kissenbezug zwei Seiten hat. Sie brauchen also zwei Stoffstücke in der passenden Größe.

- **Handnähte:** Lesen Sie in Kapitel 5 mehr über Handnähte. Nähen Sie mit 0,5 cm Nahtzugabe die beiden Stofflagen im Geradstich zusammen.

- **Maschinennähte:** Nähen Sie im Geradstich mit 0,5 cm Nahtzugabe die beiden Stofflagen zusammen.

- **Overlocknähte:** Arbeiten Sie mit der passenden Nadel und der richtigen Transporteinstellung und nähen Sie die beiden Stoffstücke zusammen. Entfernen Sie dabei die Stecknadeln rechtzeitig.

4. **Mehr Stoff ansetzen – Patchwork:** Bei dieser Technik werden Stoffreste überlappend zusammengesetzt, was einen rustikalen Look ergibt. Außerdem ist es etwas aufwendiger als das Zusammensetzen gerader Stoffstücke. Wählen Sie zunächst Stoffstücke aus, die von der Form her zusammenpassen, ähnlich wie Puzzlestücke. Legen Sie die Stücke so zusammen, dass sich die Kanten etwa 1 cm überlappen, und stecken Sie sie so fest, dass alle Lagen erfasst werden (siehe Abbildung 18.6). Nähen Sie die Stoffstücke an den Kanten mit der gewünschten Nähtechnik aufeinander. Die Hinweise richten sich danach, ob Sie von Hand, mit der Nähmaschine oder mit der Overlock-Maschine nähen. Überprüfen Sie die Maße des Stoffstücks und setzen Sie gegebenenfalls weitere Stoffstücke an, bis die in Schritt 1 festgestellten Maße erreicht sind.

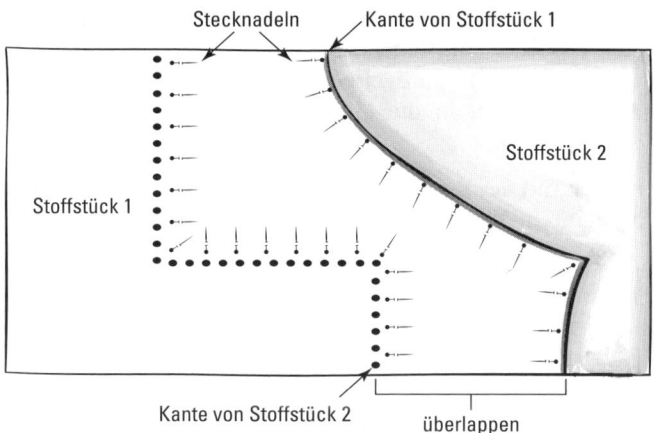

Abbildung 18.6: Legen Sie Stoffstücke aneinander und stecken Sie sie fest.

 Bedenken Sie, dass der Kissenbezug zwei Seiten hat und Sie zwei Stoffstücke in der passenden Größe brauchen.

- **Handnähte:** Lesen Sie in Kapitel 5 mehr über Handnähte. Nähen Sie alle Stoffkanten mit dem Überwendlingsstich aufeinander, wobei Sie durch alle Stofflagen durchstechen müssen.

- **Maschinennähte:** Nähen Sie im Zickzackstich knapp entlang der Stoffkanten alle Lagen aufeinander.

- **Overlocknähte:** Sie können die Stoffteile nicht mit der Overlock-Maschine aufeinandernähen. Allerdings können Sie alle Schnittkanten damit versäubern, damit die Stoffe nicht ausfransen. Gleichzeitig ergibt das einen dekorativen Effekt.

5. **Schnittlinie markieren:** Markieren Sie nun mit der Schneiderkreide auf der linken Seite eines Stoffstücks die Maße des Kissenbezugs, die Sie in Schritt 1 ermittelt haben.

6. **Zusammenlegen:** Legen Sie das markierte Stoffstück so rechts auf rechts auf das zweite Teil, dass die Markierung sichtbar ist.

7. **Feststecken:** Stecken Sie beide Teile knapp innerhalb der Markierung zusammen, wobei die Nadeln in den Ecken diagonal und sonst in 3 cm Abstand quer zur Naht platziert sein sollten.

8. **Zuschnitt:** Schneiden Sie beide Stofflagen entlang der markierten Linie zu.

 Heben Sie alle Stoffreste für die Füllung (weiter vorn in diesem Kapitel) oder eines der anderen Projekte in diesem Teil auf.

9. **Bereiten Sie die Öffnung vor.** Entfernen Sie die Stecknadeln von einer Seite des Bezugs. Diese Seite bleibt offen, damit Sie das Kissen hineinschieben können. Schlagen Sie die beiden Stoffkanten jeweils 1 cm breit nach links um und stecken Sie sie fest. Entfernen Sie nun alle anderen Nadeln und bügeln Sie die beiden gesteckten Kanten. Stecken Sie dann ein 25 cm langes Band in die Mitte jeder umgeschlagenen Kante (siehe Abbildung 18.7).

10. **Nähen Sie die Kanten mit der gewünschten Methode.** Beachten Sie die unterschiedlichen Hinweise zu Handnähten, Maschinen- und Overlock-Maschinennähten.

   - **Handnähte:** Lesen Sie in Kapitel 5 mehr über Handnähte. Säumen Sie die umgeschlagenen Kanten auf beiden Seiten mit einem Saumstich aus Kapitel 5. Befestigen Sie das Band, indem Sie im Viereck mit dem Geradstich darüber nähen (siehe Abbildung 18.8).

   - **Maschinennähte:** Nähen Sie im Geradstich mit 0,6 cm Abstand zur Bruchkante entlang der beiden umgeschlagenen Kanten und fassen Sie dabei das Band mit. Nähen Sie anschließend erneut in Form eines Rechtecks über das Band (siehe Abbildung 18.8).

   - **Overlocknähte:** Entfernen Sie die Stecknadeln aus den umgeschlagenen Kanten und schneiden Sie an beiden Kanten die 1 cm breite Nahtzugabe ab. Nähen Sie dann über beide Stoffkanten im Overlockstich. Nähen Sie das Band jeweils von Hand oder mit der Nähmaschine wie oben beschrieben an.

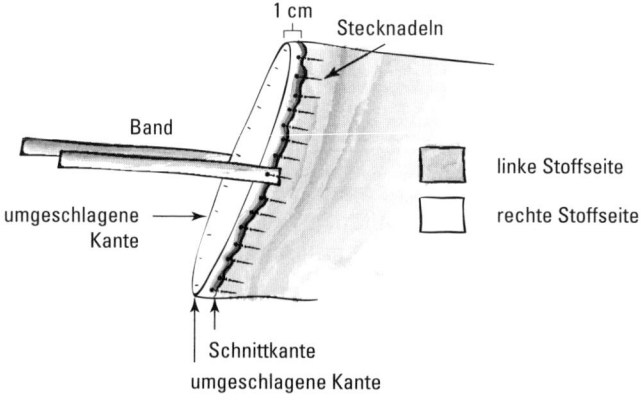

Abbildung 18.7: Versäubern Sie die Öffnung.

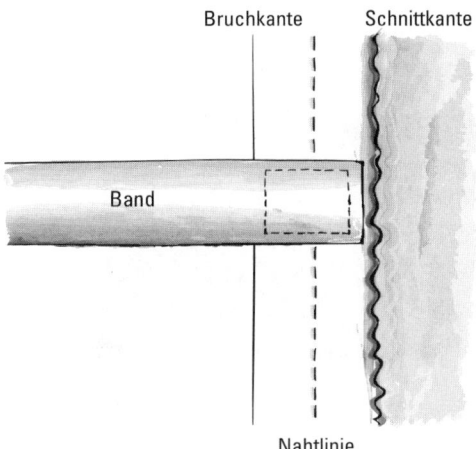

Bruchkante Schnittkante

Band

Nahtlinie

Abbildung 18.8: Nähen Sie das Band an.

11. **Zusammenlegen:** Legen Sie die beiden Stofflagen rechts auf rechts so aufeinander, dass die gesäumten Kanten übereinanderliegen.

12. **Feststecken:** Stecken Sie die beiden Stofflagen zusammen. Platzieren Sie die Stecknadeln in den Ecken diagonal und an den Seiten im Abstand von 3 cm quer zur Schnittkante.

 Da die gesäumten Kanten der Öffnung nicht zusammengenäht werden sollen, müssen sie auch nicht gesteckt werden.

13. **Nähen Sie die Stofflagen mit der gewünschten Methode zusammen.** Beachten Sie die unterschiedlichen Hinweise zu Handnähten, Maschinen- und Overlock-Maschinennähten.

   • **Handnähte:** Lesen Sie in Kapitel 5 mehr über Handnähte. Nähen Sie mit 1 cm Nahtzugabe beide Stofflagen im Geradstich zusammen und wenden Sie den Bezug auf rechts.

   • **Maschinennähte:** Achten Sie auf die richtige Nadel und den passenden Anpressdruck und nähen Sie im Geradstich mit 1 cm Nahtzugabe beide Stofflagen zusammen. Wenden Sie den Bezug auf rechts.

   • **Overlocknähte:** Nähen Sie mit 1 cm Nahtzugabe beide Stofflagen zusammen, wobei der überstehende Stoff automatisch abgeschnitten wird. Entfernen Sie die Stecknadeln rechtzeitig und wenden Sie den Bezug auf rechts.

Abbildung 18.9 zeigt den aus Stoffresten zusammengenähten Kissenbezug.

Abbildung 18.9: Das fertige Kuschelkissen wartet auf Ihr müdes Haupt.

Erweitern Sie die Dimensionen Ihrer Projekte

Auch wenn es offensichtlich sein mag, möchte ich Sie noch einmal ermutigen, Ihre eigenen kreativen Möglichkeiten auszuschöpfen. Starten Sie mit den Projekten in diesem Buch und entwickeln Sie dann darüber hinaus eigene gestalterische Fähigkeiten. Das Kissenprojekt in diesem Kapitel ist ein gutes Beispiel. Wenn Sie es vergrößern, kann daraus ein Bodenkissen für Sie selbst oder Ihre Haustiere werden. Wenn Sie die Dimensionen noch weiter ausbauen, kann daraus sogar ein Bettbezug werden.

Variationen

Probieren Sie alternativ einige der folgenden Techniken aus:

✔ **Sichtbare Nähte:** Anstatt die Lagen in Schritt 8 rechts auf rechts zusammenzulegen, lassen Sie die rechten Stoffseiten außen und schließen die Nähte sichtbar im Langettenstich von Hand, im Zickzackstich mit der Nähmaschine oder mit der Overlock-Maschine. Sie können auch beim Patchwork die Nähte sichtbar arbeiten.

✔ **Schrägband:** Fassen Sie die Außenkante beim Zusammennähen mit Schrägband dekorativ ein. Sie finden verschiedene Ausführungen in Stoffgeschäften in der Kurzwarenabteilung, dort, wo auch die Reißverschlüsse sind. Sie können das Schrägband von Hand oder mit der Maschine annähen und damit die Nahtkante fertigstellen (beachten Sie die Verarbeitungshinweise auf der Verpackung).

✔ **Rustikale Nähte:** Sie können alle Nähte von Hand mit Stickgarn ausführen.

✔ **Steppnähte:** Nähen Sie zusätzlich von Hand mit Stickgarn oder Twist über die fertigen Nähte.

✔ **Farben kombinieren:** Nähen Sie mit einem farblich kontrastierenden Garn. An der Nähmaschine können Sie auch zwei verschiedene Farben für Ober- und Spulenfaden einlegen. Bei der Overlock-Maschine lassen sich sogar vier bis fünf verschiedenfarbige Garne verarbeiten.

✔ **Ziernähte:** Nähen Sie mit dekorativen Sticharten über einzelne Partien des Kissenbezugs; markieren Sie die Nahtlinien vorher mit Schneiderkreide. Verwenden Sie auch Zierstiche oder Stickstiche Ihrer Nähmaschine.

✔ **Knöpfe:** Nähen Sie dekorative Knöpfe auf den Kissenbezug. Dadurch wird wieder Platz in Ihrer Knopfkiste. Sortieren Sie die Knöpfe nach einem Farbschema oder nach Material (dekorativ, Stoff, Glas, geschnitzt).

✔ **Mehr Bänder:** Sie können statt einem Band in der Öffnung des Bezugs auch mehrere annähen. Eine Alternative wäre auch, die gegenüberliegende Seitenkante ebenfalls offen zu lassen, sodass Sie beide Seiten des Bezugs symmetrisch mit Bändern schließen können.

 Sie können den Kissenbezug auch bemalen, mit Ösen, Nieten oder Bändern besetzen, färben, bleichen, mit Stoffstiften oder Filzstiften beschreiben. Verpassen Sie Ihrem Kissenbezug einen Streifenlook, indem Sie ihn mit Malerkrepp abkleben und mit Textilsprühfarbe behandeln. Sprühen Sie erst eine dünne Farbschicht, lassen Sie sie trocknen und wiederholen Sie den Vorgang, bis der gewünschte Farbton erreicht ist. Entfernen Sie das Kreppband und bewundern Sie die Streifen.

Eine einfache Quiltdecke

Quilten ist eine Kunst für sich. Ich habe großen Respekt vor der Geduld und Präzision, mit der Quiltkünstler arbeiten. Einige Quiltdecken haben mich echt umgehauen, so aufwendig und kunstvoll waren die Farbschattierungen und Muster. Leider habe ich genauso wenig Talent zum Quilten wie für Gehirnchirurgie und verneige mich in aller Bescheidenheit vor Quiltkünstlern und ihren Fähigkeiten.

Was also fängt ein schlaues Mädchen mit einem Stapel Stoffreste an, wenn es keine Geduld und Ausdauer für eine *richtige* Quiltdecke hat? Sie können natürlich ein Buch über das Quilten lesen und aus Ihren Stoffresten wunderschöne Quiltdecken nähen. Mein Projekt ist etwas freier. Die Auswahl und Zusammenstellung der Farben ist das Einzige, was es tatsächlich mit dem Quilten gemeinsam hat. Dieses Projekt ist etwas komplizierter und aufwendiger, selbst wenn Sie es ganz einfach halten. Sie beginnen mit dem Zusammensetzen kleinerer Stoffstücke und wattieren diese zu Miniquilts. Dann nähen Sie sie zusammen und füttern die gesamte Rückseite ab. Abbildung 18.10 zeigt die Ausgangsstoffe für die Quiltdecke.

Abbildung 18.10: Das Material für die Quiltdecke

Material

✔ größere Stoffreste, mindestens 10 × 10 cm

✔ Stoffe für die Rückseiten (je 10 × 10 cm, entsprechend viele für die gewünschte Decken-größe)

✔ Wattierung (je 10 × 10 cm, entsprechend viele für die gewünschte Deckengröße)

✔ Stoff für die Rückseite, entsprechend der gewünschten Gesamtgröße

✔ fertigen Einfassstreifen oder 15 cm breite Stoffstreifen in der benötigten Länge für den endgültigen Umfang der Quiltdecke

✔ Stecknadeln

✔ Maßband

✔ Nähnadel für Hand- oder Maschinennähte

✔ farblich passendes Nähgarn

✔ Schneiderkreide oder Stoffmarker

✔ Bügeleisen

✔ Schere

Anleitung

1. **Grundsatzentscheidungen:** Entscheiden Sie, wie groß die fertige Quiltdecke werden soll, und berechnen Sie, wie viele 10 × 10 cm große Quadrate Sie dafür brauchen werden. Für eine 150 × 125 cm große Decke brauchen Sie je sechs Quiltquadrate in fünf Reihen, also insgesamt 30 Teilstücke.

2. **Setzen Sie die Oberseite zusammen – gerade Kanten.** Lesen Sie im vorigen Abschnitt über das Kuschelkissen nach und folgen Sie den Schritten 3 und 4 der Anleitung.

3. **Setzen Sie die Oberseite zusammen – Patchwork.** Folgen Sie den Hinweisen zu Schritt 4 im Abschnitt über das Kuschelkissen.

4. **Markieren Sie die Schnittlinie.** Mit Maßband und Schneiderkreide markieren Sie ein 10 × 10 cm großes Quadrat auf der rechten Seite des zusammengesetzten Stoffstücks.

5. **Zusammenlegen:** Legen Sie ein Stoffstück für die Rückseite, ein Stück Wattierung und das markierte Stoffstück für die Oberseite passgenau aufeinander, damit Sie möglichst wenig Verschnitt haben. Die linken Stoffseiten zeigen jeweils zur Wattierung.

6. **Feststecken:** Stecken Sie die drei Lagen zusammen und platzieren Sie die Stecknadeln alle 3 cm quer zur Schnittlinie.

7. **Zuschneiden:** Schneiden Sie entlang der markierten Linie durch alle Stofflagen.

 Heben Sie Stoffreste für die Kissenfüllung weiter vorn in diesem Kapitel oder für ein anderes Projekt in diesem Teil auf.

8. **Heften:** Lesen Sie in Kapitel 5 weitere Informationen über Heftnähte. Heften Sie das zugeschnittene Quadrat von der Mitte ausgehend mit einer vertikalen Naht, einer horizontalen und zwei diagonalen (siehe Abbildung 18.11).

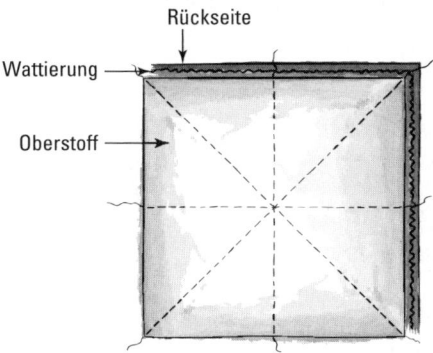

Abbildung 18.11: Heften Sie die drei Lagen des Quadrats aufeinander.

9. **Nähen Sie die Stofflagen mit der gewünschten Methode zusammen.** Beachten Sie die unterschiedlichen Hinweise zu Handnähten, Maschinen- und Overlock-Maschinennähten.

- **Handnähte:** Lesen Sie in Kapitel 5 mehr über Handnähte. Nähen Sie im Geradstich ein beliebiges Muster über die drei Lagen und achten Sie darauf, dass alle Stofflagen erfasst werden. Abbildung 18.12 zeigt Ihnen Beispiele für Nahtmuster. Entfernen Sie zum Schluss alle Stecknadeln und Heftstiche.

- **Maschinennähte:** Verwenden Sie eine beliebige Stichart und nähen Sie ein Muster über die drei Lagen des Quadrats. Achten Sie darauf, dass alle Stofflagen erfasst werden. Abbildung 18.12 zeigt Ihnen Beispiele für Nahtmuster. Entfernen Sie zum Schluss alle Stecknadeln und Heftstiche.

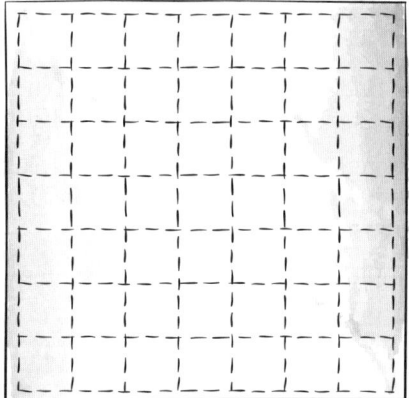 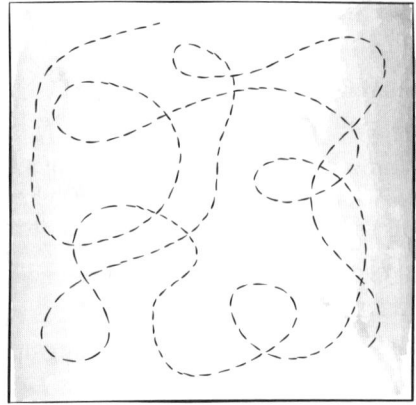

Abbildung 18.12: Beispiele für Nahtmuster

10. **Weitere Quadrate:** Wiederholen Sie die Schritte 2 bis 9, um weitere Quadrate fertigzustellen.

11. **Zusammenlegen und feststecken:** Legen Sie alle Quadrate zu einem ansprechenden Gesamteindruck aus und stecken Sie sie anschließend rechts auf rechts zusammen, wobei die Stecknadeln alle 3 cm quer zur Nahtlinie sitzen sollten (siehe Abbildung 18.13).

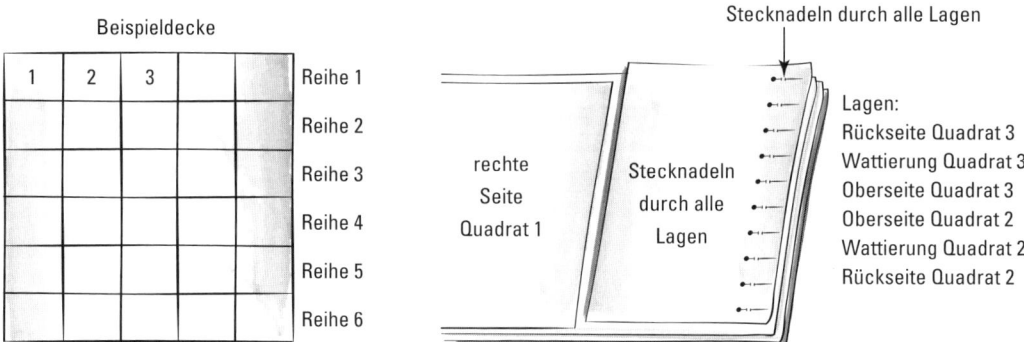

Abbildung 18.13: Stecken Sie die Quadrate zu Reihen zusammen.

12. **Nähen Sie die Quadrate zu Reihen zusammen.** Beachten Sie die unterschiedlichen Hinweise zu Hand- und Maschinennähten. Eine Overlock-Maschine eignet sich nicht für dieses Projekt.

   • **Handnähte:** Lesen Sie in Kapitel 5 mehr über Handnähte. Nähen Sie mit 1 cm Nahtzugabe die Quadrate im Geradstich entlang der gesteckten Kante zusammen und entfernen Sie die Stecknadeln.

   • **Maschinennähte:** Nähen Sie im Geradstich mit 1 cm Nahtzugabe die Quadrate zusammen und entfernen Sie die Stecknadeln.

13. **Stecken Sie die Reihen zusammen.** Stecken Sie die fertigen Reihen rechts auf rechts zusammen und platzieren Sie die Stecknadeln alle 3 cm quer zur Nahtlinie.

14. **Nähen Sie die Reihen zusammen.** Beachten Sie die unterschiedlichen Hinweise zu Hand- und Maschinennähten. Eine Overlock-Maschine eignet sich nicht für dieses Projekt.

    - **Handnähte:** Lesen Sie in Kapitel 5 mehr über Handnähte. Nähen Sie mit 1 cm Nahtzugabe die Reihen im Geradstich entlang der gesteckten Kante zusammen und entfernen Sie die Stecknadeln.

    - **Maschinennähte:** Nähen Sie im Geradstich mit 1 cm Nahtzugabe die Reihen zusammen und entfernen Sie die Stecknadeln.

15. **Fügen Sie die Rückseite an.** Legen Sie die zusammengenähten Quadrate mit der rechten Seite nach unten und den Stoff für die Rückseite mit der rechten Seite nach oben darüber. Achten Sie darauf, dass die Ecken und Kanten passgenau liegen, und stecken Sie die Lagen von der Mitte aus aufeinander, wobei in jeder Ecke eines Quadrats eine Stecknadel sitzen sollte (siehe Abbildung 18.14).

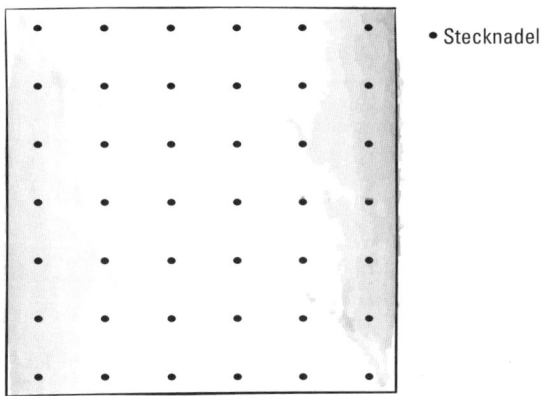

Beispielquilt mit jeweils fünf Quadraten in insgesamt sechs Reihen

Abbildung 18.14: Stecken Sie die Rückseite an.

16. **Nähen:** Mit einer Handnähnadel und passendem Garn nähen Sie an jeder markierten Stelle (Stecknadel) durch alle Lagen in Form eines Sterns, wie in Abbildung 18.15 zu sehen ist.

17. **Setzen Sie den Einfassstreifen an.** Wenn Sie Stoffstreifen zum Einfassen verwenden, falten Sie alle Längskanten 2 cm breit um und bügeln sie. Dann falten Sie den Streifen längs zur Hälfte und bügeln erneut. Legen Sie den fertigen Einfassstreifen an die Außenkante der Quiltdecke, wobei die Bruchkante des Streifens an der Außenkante der Decke liegen sollte. Dadurch schließt der Streifen die Decke auf beiden Seiten ein. Legen Sie den Streifen an den Ecken sorgfältig in Form, wie in Abbildung 18.16 zu sehen. Stecken Sie den Einfassstreifen alle 3 cm mit Stecknadeln quer zur Naht und in den Ecken diagonal fest.

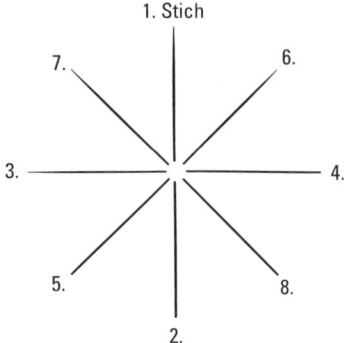

Abbildung 18.15: Nähen Sie in Form eines Sterns durch alle Lagen des Quilts.

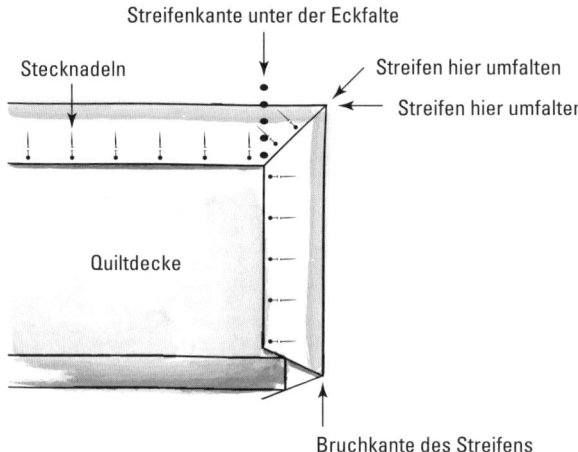

Abbildung 18.16: Setzen Sie den Einfassstreifen an.

18. **Nähen Sie mit der gewünschten Technik.** Beachten Sie die unterschiedlichen Hinweise zu Hand- und Maschinennähten. Eine Overlock-Maschine eignet sich hierfür nicht.

- **Handnähte:** Lesen Sie in Kapitel 5 mehr über Handnähte. Nähen Sie mit 0,5 cm Nahtzugabe im Geradstich entlang der Kante des Einfassstreifens und durch alle Lagen. Entfernen Sie die Stecknadeln.

- **Maschinennähte:** Nähen Sie mit 0,5 cm Nahtzugabe im Geradstich entlang der Kante des Einfassstreifens und durch alle Lagen. Entfernen Sie die Stecknadeln.

Abbildung 18.17 zeigt die fertige Quiltdecke.

Abbildung 18.17: Die fertige Quiltdecke

Variationen

Probieren Sie alternativ einige der folgenden Techniken aus:

✔ **Sichtbare Nähte:** Nähen Sie die Quadrate in Schritt 2 links auf links sichtbar im Langettenstich von Hand, im Zickzackstich mit der Nähmaschine oder mit der Overlock-Maschine zusammen.

✔ **Rustikale Nähte:** Sie können alle Nähte von Hand mit Stickgarn ausführen.

✔ **Steppnähte:** Nähen Sie zusätzlich von Hand mit Stickgarn oder Twist über die fertigen Nähte.

✔ **Knöpfe:** Nähen Sie dekorative Knöpfe auf die Decke. Dadurch wird wieder Platz in Ihrer Knopfkiste. Sortieren Sie die Knöpfe nach einem Farbschema oder nach Material (dekorativ, Stoff, Glas, geschnitzt).

Tausendundein Projekte aus Stoffresten

In diesem Kapitel

▶ Alte Stoffe als neue Hülle für schöne Düfte

▶ Praktische Projekte für die Küchenarbeit

▶ Tipps und Tricks zu Projekten für Ihr Zuhause

Verwenden Sie doch einmal Stoffreste für Wohndekorationen und -accessoires, anstatt sie wegzuwerfen, dann müssen Sie keine neuen Sachen kaufen. Wie wäre es mit einer Resteparty mit Freunden und Nachbarn? Lassen Sie alle ihre Stoffreste mitbringen und gestalten Sie gemeinsam an einem kreativen Abend Projekte mit persönlichem Touch, vielleicht bei einer Flasche Wein. Sie werden sehen, dass selbst größere Projekte in kürzester Zeit fertig sind, wenn Sie dabei Gesellschaft und Hilfe haben.

Die Projekte in diesem Kapitel sind klein und einfach genug, um sie während eines Gesprächs, etwas Tee und Knabbereien fertigzustellen. Ich finde, dass man bei gemeinsamen kreativen Tätigkeiten ganz neue Seiten an seinen Freunden kennenlernt. Außerdem können Sie hilfreiche Tipps erfahren oder gemeinsam an einem einzigen Projekt arbeiten.

Die Projekte in diesem Kapitel sind sehr verschieden. Sie können einen dekorativen Beutel mit duftendem Inhalt nähen und praktische Topflappen für die fleißige Küchenchefin fertigen. Außerdem finden Sie viele Tipps für weitere Projekte.

Einfache Stoffsäckchen für jeden Zweck

Als Kind war ich total begeistert von allem, was damenhaft und romantisch war. Wenn ich einmal eine Pause brauchte zwischen den Seetangschlachten mit meinem Bruder und meinen Cousins, umgab ich mich mit wilden Rosen, handgearbeiteter Spitze und Duftsäckchen mit Lavendelfüllung, die ich in den Handarbeitsläden am Ort kaufte. Stoffsäckchen, die eine Weile nur sehr selten zu finden waren, gibt es heute für viele Zwecke, nicht nur mit Lavendelblüten gefüllt, sondern auch mit Badesalz, Süßigkeiten, Schmuck oder Kristallen, eben allem, was in einen $7,5 \times 12,5$ cm großen Beutel mit Zugschnur hineinpasst. Das Projekt ist einfach. Der schwierigste Teil besteht darin, Stoffreste zu finden, die dekorativ genug für dieses hübsche Projekt sind. Die Konstruktion ist sehr leicht, Sie müssen das Stoffstück einmal falten, nähen und bügeln. Danach ziehen Sie noch ein Band durch die Oberkante und schon sind Sie fertig. Abbildung 19.1 zeigt den Stoffrest vor der Verwandlung in ein Stoffsäckchen.

Abbildung 19.1: Das Stoffsäckchen soll aus diesem Stoffrest entstehen.

Material

✔ dekorativer Stoffrest, 15 × 12,5 cm groß

✔ 25 cm Band

✔ Stecknadeln

✔ Maßband

✔ Nähnadel für Hand- oder Maschinennähte

✔ farblich passendes Nähgarn

✔ Schneiderkreide oder Stoffmarker

✔ Schere

✔ Nahttrenner

✔ Bügeleisen

Anleitung

1. **Schnittlinie markieren:** Mit dem Maßband und der Schneiderkreide zeichnen Sie ein 15 × 12,5 cm großes Rechtecke auf den Stoffrest.

2. **Zuschnitt:** Schneiden Sie das Rechteck entlang der markierten Linie zu.

 Heben Sie Stoffreste für die Kissenfüllung in Kapitel 18 auf.

3. **Falten:** Falten Sie das Rechteck der Länge nach zur Hälfte, mit den rechten Stoffseiten nach innen, sodass es nun 7,5 × 12,5 cm misst.

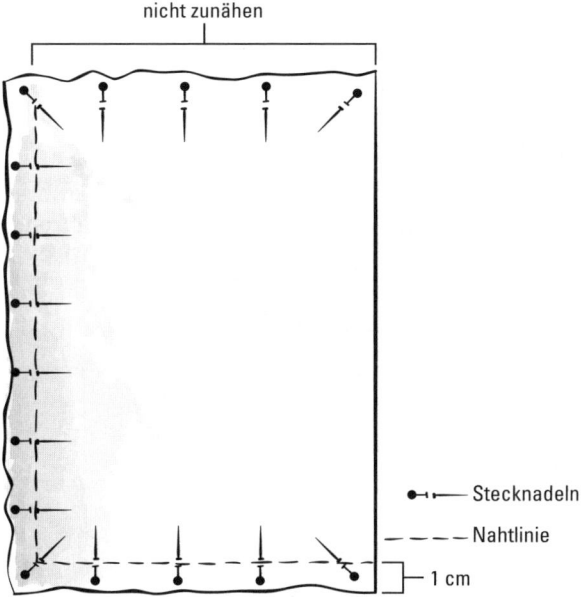

nicht zunähen

Stecknadeln
---- Nahtlinie
1 cm

Abbildung 19.2: Nähen Sie das Säckchen zusammen.

4. **Feststecken:** Stecken Sie die Ecken des gefalteten Rechtecks zusammen, wobei die Stecknadeln in den Ecken diagonal sitzen und an den Kanten im Abstand von 3 cm quer zur Nahtlinie.

5. **Nähen Sie mit der gewünschten Technik.** Die Hinweise richten sich danach, ob Sie von Hand, mit der Nähmaschine oder mit der Overlock-Maschine nähen möchten.

   • **Handnähte:** Lesen Sie in Kapitel 5 die Hinweise zu Handnähten. Nähen Sie im Langettenstich mit 1 cm Nahtzugabe die gesteckten Kanten zusammen und lassen Sie eine 7,5 cm lange Seite offen, wie in Abbildung 19.2 gezeigt.

   • **Nähmaschinennähte:** Nähen Sie im Geradstich mit 1 cm Nahtzugabe die gesteckten Kanten aufeinander und lassen Sie eine 7,5 cm lange Kante offen (siehe Abbildung 19.2).

   • **Overlock-Maschinennähte:** Nähen Sie die gesteckten Kanten zusammen; entfernen Sie zuvor die Stecknadeln. Lassen Sie eine 7,5 cm lange Seite offen (siehe Abbildung 19.2).

6. **Oberkante einschlagen und nähen:** Falten Sie die offene Kante 2,5 cm breit um und stecken Sie sie alle 3 cm quer zur Stoffkante mit Stecknadeln fest.

7. **Bügeln:** Bügeln Sie die gefaltete Kante.

8. **Nähen Sie mit der gewünschten Technik.** Die Hinweise richten sich danach, ob Sie von Hand oder mit der Nähmaschine nähen möchten. Eine Overlock-Maschine eignet sich nicht für diesen Schritt.

- **Handnähte:** Lesen Sie in Kapitel 5 die Hinweise zu Handnähten. Nähen Sie im Geradstich den Umschlag fest und lassen Sie 2 cm Abstand zur Bruchkante.

- **Nähmaschinennähte:** Nähen Sie im Geradstich mit 2 cm Abstand zur Bruchkante die umgeschlagene Kante fest.

 Diesen Arbeitsschritt können Sie besser von Hand ausführen, je nachdem, welche Möglichkeiten Ihre Nähmaschine bietet und wie erfahren Sie im Umgang damit sind.

9. **Wenden:** Wenden Sie das Säckchen auf rechts.

10. **Auftrennen:** Mit dem Nahttrenner schneiden Sie vorsichtig einige Stiche an der Seitennaht auf Höhe des Umschlags auf (siehe Abbildung 19.3).

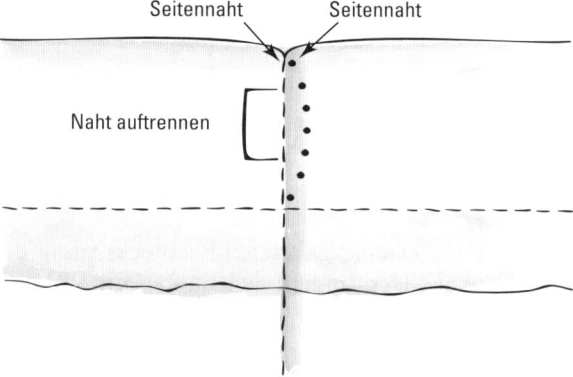

Abbildung 19.3: Trennen Sie die Naht etwas auf.

11. **Nähte sichern:** Lesen Sie in Kapitel 5 alles über Handnähte nach und nähen Sie im Langetten- oder Knopflochstich entlang der Öffnung, die Sie gerade geschnitten haben. Abbildung 19.4 zeigt diesen Schritt im Detail.

 Viele kleine Stoffsäckchen werden aus Material hergestellt, das nicht aufribbelt. Wenn Sie auch einen solchen Stoff verarbeiten, sparen Sie sich die Schritte 10 und 11. Schneiden Sie nur beidseitig der Seitennaht ein kleines Loch in den Umschlag und ziehen Sie das Zugband durch.

12. **Band einziehen:** Stecken Sie eine Sicherheitsnadel durch den Anfang des Bandes und ziehen Sie es mit der Nadel durch die Nahtöffnung. Fädeln Sie das Band durch den gesamten Tunnel an der Oberkante und an der zweiten Nahtöffnung wieder aus. Entfernen Sie die Sicherheitsnadel.

13. **Festknoten:** Verknoten Sie Anfang und Ende des Bandes, damit es nicht aufribbelt. Lesen Sie im Abschnitt »Variationen« nach, welche Möglichkeiten zur Dekoration es gibt.

14. **Füllen:** Sie können viele verschiedene Dinge in Ihr Säckchen füllen: Lavendelblüten, Duftpotpourris, Badesalz, Badezubehör in Reisegröße oder sogar kleine Naschereien.

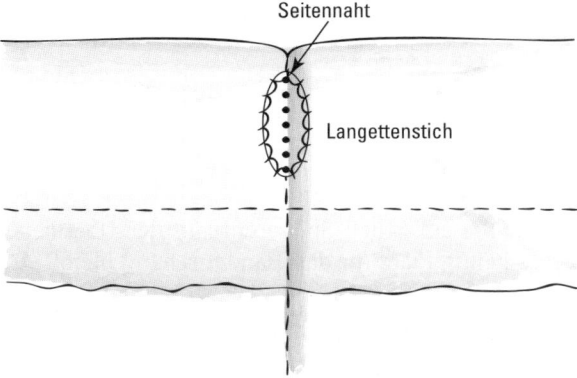

Abbildung 19.4: Sichern Sie die Nahtöffnung.

 Lavendelblüten verlieren mit der Zeit etwas von ihrem Duft. Sie können ihn aber mit einigen Tropfen Duftöl wieder intensivieren. Sie können den Lavendel auch von vornherein mit etwas Öl beträufeln.

Abbildung 19.5 zeigt die Stoffreste nach ihrer Verwandlung.

Abbildung 19.5: Aus dem Stoffrest wurde ein Säckchen mit duftendem Inhalt.

Variationen

Probieren Sie auch diese Techniken aus:

✔ **Rustikale Nähte:** Nähen Sie die Oberkante mit Stickgarn.

✔ **Steppnähte:** Nähen Sie zusätzlich von Hand mit Stickgarn oder Twist über die fertigen Nähte.

✔ **Farben kombinieren:** Nähen Sie mit einem farblich kontrastierenden Garn. An der Nähmaschine können Sie auch zwei verschiedene Farben für Ober- und Spulenfaden einlegen

Bei der Overlock-Maschine lassen sich sogar vier bis fünf verschiedenfarbige Garne verarbeiten.

✔ **Ziernähte:** Nähen Sie mit dekorativen Sticharten über einzelne Bereiche des Säckchens, bevor Sie es zusammennähen. Sie können das von Hand oder mit der Nähmaschine ausführen. Falls Sie die Overlock-Maschine verwenden, schneiden Sie das Rechteck erst danach zu.

✔ **Spitze ansetzen:** Nähen Sie ein Stück Spitze entlang der Oberkante des Säckchen auf. Achten Sie darauf, dass genug Platz für den Banddurchzug bleibt.

✔ **Knöpfe:** Nähen Sie dekorative Knöpfe auf den Stoffbeutel. Dadurch wird wieder Platz in Ihrer Knopfkiste. Sortieren Sie die Knöpfe nach einem Farbschema oder nach Material (dekorativ, Stoff, Glas, geschnitzt). Nähen Sie die Knöpfe gruppenweise oder in einer Linie an, die den Saum oder die Seitenkante betont. Sie können auch einen einzelnen dekorativen Knopf an die Oberkante nähen, aber achten Sie darauf, dass genug Spielraum für den Banddurchzug bleibt.

✔ **Perlen und Knöpfe auf dem Band:** Fädeln Sie Perlen oder Knöpfe auf das Durchzugband, aber achten Sie darauf, dass die Öffnungen groß genug für das Band sind.

 Das Band lässt sich leichter durch eine Perle oder ein Knopfloch führen, wenn Sie es in eine Woll- oder Stopfnadel fädeln. Ich habe auch schon einmal einen Doppelfaden auf eine kleine Nähnadel gefädelt und dann durch den Anfang des Bandes gestochen. Das Garn ließ sich mithilfe der Nadel durch die Perle fädeln und zog das Band hinterher.

Praktische Topflappen

Ich habe anscheinend das Talent geerbt, Geschirrtücher und Topflappen systematisch zu zerstören. Ich benutze sie häufig und verwandle sie im Handumdrehen in Fetzen. Andererseits möchte ich aber in meiner Küche gerne mit hübschen neuen Dingen arbeiten. Meine Mutter hat ständig neue Topflappen gekauft und die alten unter der Spüle versteckt oder meinem Vater als Putzlappen für irgendetwas Schmutziges gegeben. Aber wo soll dieser Fetzenberg enden und wie viele Putzlappen zum Autowaschen braucht man eigentlich?

Indem man aus Stoffresten Dinge selbst macht, anstatt sie neu zu kaufen, vermeidet man Abfall. Solange Ihre Topflappen noch funktionieren und keine seltsamen Gerüche abgeben, verpassen Sie ihnen einfach eine neue Außenschicht. Geben Sie die neuen Modelle doch an eine Freundin weiter, mit der Auflage, sie nach Gebrauch selbst mit einer neuen Hülle weiterzugeben. Sie haben ein hübsches, selbst gefertigtes Geschenk gemacht und gleichzeitig für Recycling geworben. Außerdem konnten Sie kreativ tätig werden. Das Projekt ist sehr einfach. Sie stellen quasi einen Miniquilt her, der mit hitzebeständigem Material wattiert ist. Abbildung 19.6. zeigt das Ausgangsmaterial.

Abbildung 19.6: Das Ausgangsmaterial für die praktischen Topflappen

Material

✔ Stoffreste, die nicht schmelzen, 2 Stücke je 15 × 15 cm groß

 Sie sind sich nicht sicher, ob Ihr Stoff schmilzt? Nehmen Sie ihn zusammen mit einem Ofenhandschuh in die Hand und halten Sie ihn gegen eine heiße Pfanne, so als wollten Sie ihn als Topflappen benutzen. Naturmaterialien wie Baumwolle, Leinen und Wolle sind perfekt für dieses Projekt.

✔ Baumwollwattierung, mindestens 15 × 15 cm (Sie können ersatzweise auch Reste dicker Baumwollpullover verwenden)

✔ Schrägband, etwa 65 cm lang

✔ Stecknadeln

✔ Maßband

✔ Nähnadel für Hand- und Maschinennähte

✔ farblich passendes Nähgarn

✔ Schneiderkreide oder Stoffmarker

✔ Schere

✔ Bügeleisen

Anleitung

1. **Stoffreste ausmessen:** Mithilfe des Maßbands überprüfen Sie die Maße der Stoffreste. Falls sie das erforderliche Maß von 15 cm haben, springen Sie zu Schritt 4. Falls nicht, setzen Sie mehrere Stücke zu der passenden Größe zusammen. Sie können gerade Kanten aneinandernähen (Schritt 2) oder Stoffstücke überlappend zusammensetzen (Schritt 3).

 Wenn Sie die Stoffstücke als Patchwork zusammensetzen, ergibt das eine ganz eigene Optik. Selbst wenn die Stoffreste groß genug sind, könnten Sie sich aus gestalterischen Gründen für diese Lösung entscheiden.

2. **Gerade Stoffstücke zusammensetzen:** Arbeiten Sie nach den Hinweisen in den Schritten 3 und 4 der Anleitung für das Kuschelkissen in Kapitel 18.

3. **Stoffstücke als Patchwork zusammensetzen:** Folgen Sie den Hinweisen der Anleitung für das Kuschelkissen in Kapitel 18, Schritt 4.

4. **Schnittlinie markieren:** Mit dem Maßband und der Schneiderkreide markieren Sie von rechts ein 15 × 15 cm großes Quadrat auf dem zusammengesetzten Stoffteil.

5. **Zusammensetzen:** Legen Sie ein Stoffquadrat für die Rückseite mit der linken Seite nach oben auf die Arbeitsfläche, darauf passgenau die Wattierung und darüber den Stoff für die Oberseite mit der rechten Seite nach oben. Je genauer Sie arbeiten, desto weniger Stoff wird verschwendet.

6. **Feststecken:** Stecken Sie alle Lagen knapp neben der Nahtlinie mit einer Stecknadel alle 3 cm quer zur Stoffkante zusammen.

7. **Zuschnitt:** Schneiden Sie alle Stofflagen entlang der markierten Linie gleichzeitig durch.

 Heben Sie Stoffreste für die Kissenfüllung in Kapitel 18 oder andere Projekte in diesem Teil auf.

8. **Heften:** Lesen Sie in Kapitel 5 die Hinweise über Heftnähte nach. Heften Sie das Quadrat von der Mitte aus mit zwei diagonalen, einer horizontalen und einer vertikalen Heftnaht zusammen (siehe Abbildung 19.7).

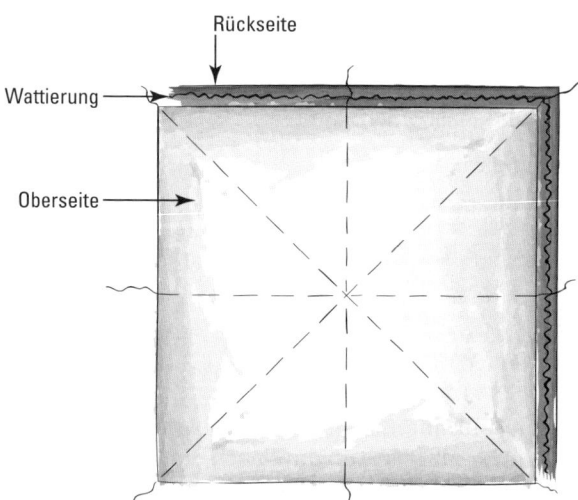

Abbildung 19.7: Heften Sie das Quadrat zusammen.

9. **Nähen Sie das Quadrat mit der gewünschten Methode zusammen.** Die Hinweise richten sich danach, ob Sie von Hand oder mit der Nähmaschine nähen möchten. Eine Overlock-Maschine eignet sich nicht für diesen Schritt.

- **Handnähte:** Lesen Sie in Kapitel 5 die Hinweise zu Handnähten. Nähen Sie im Geradstich im gewünschten Muster über alle drei Lagen und achten Sie darauf, dass sie gut miteinander verbunden sind. Abbildung 19.8 zeigt Beispiele für Nahtmuster. Entfernen Sie anschließend die Stecknadeln und die Heftstiche.

- **Maschinennähte:** Nähen Sie mit einem beliebigen Stich im gewünschten Muster über alle drei Lagen und achten Sie darauf, dass diese gut miteinander verbunden sind. Abbildung 19.8 zeigt Beispiele für Nahtmuster. Entfernen Sie zum Schluss die Stecknadeln und die Heftstiche.

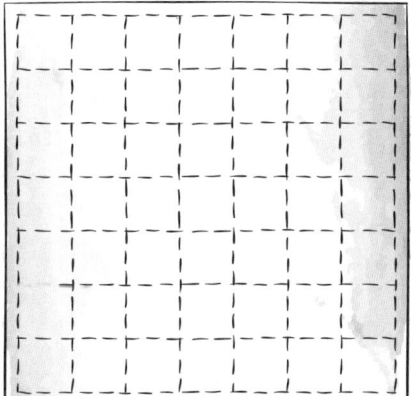 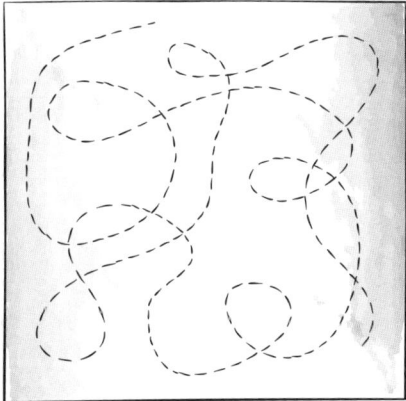

Abbildung 19.8: Beispiele für Nahtmuster

10. **Schrägband feststecken:** Legen Sie das Schrägband an die Außenkante des Stoffquadrats. Dabei liegt die Bruchkante über der Außenkante des Quadrats und das Schrägband umschließt die Kante auf beiden Seiten. Legen Sie das Schrägband an den Ecken sorgfältig um (siehe Abbildung 19.9). Fixieren Sie das Band mit Stecknadeln quer zur Kante in 3 cm Abstand und in den Ecken diagonal. Anfang und Ende des Schrägbands sollten etwa 3 cm überlappen.

11. **Nähen Sie das Schrägband mit der gewünschten Methode fest.** Die Hinweise richten sich danach, ob Sie von Hand oder mit der Nähmaschine nähen möchten. Eine Overlock-Maschine eignet sich nicht für diesen Schritt.

- **Handnähte:** Lesen Sie in Kapitel 5 die Hinweise zu Handnähten. Nähen Sie im Geradstich mit 0,6 cm Nahtzugabe das Schrägband an die Außenkante des Topflappens und entfernen Sie alle Stecknadeln.

- **Nähmaschinennähte:** Nähen Sie im Geradstich das Schrägband mit 0,6 cm Nahtzugabe an die Außenkante des Topflappens und entfernen Sie alle Stecknadeln.

Die nächste Ebene

So wie Sie nach der Anleitung für die Kissenhülle einen Bettbezug nähen können, lässt sich auch das Projekt Topflappen ausweiten. Gestalten Sie die Anleitungen nach eigenen Ideen neu. Nach der Anleitung für den Topflappen können Sie ein größeres Rechteck (etwa 30×40 cm) als Tischset anfertigen. Lassen Sie die Wattierung weg und es könnte eine Serviette werden oder ein Geschirrtuch. Wählen Sie die Dimensionen noch größer wie bei der Quiltdecke in Kapitel 18 und nähen Sie eine Tischdecke. Setzen Sie an einer Kante der Tischdecke Ösen ein oder einen Tunnelzug und schon wird daraus eine Gardine. Lassen Sie Ihrer Fantasie freien Lauf.

Abbildung 19.10 zeigt die Stoffreste in neuer Verwendung als Topflappen.

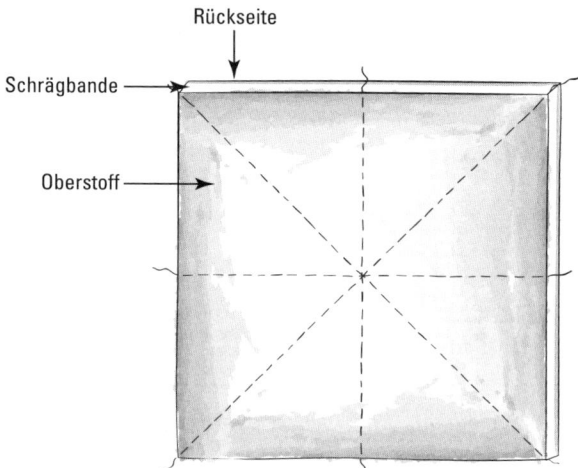

Abbildung 19.9: Setzen Sie das Schrägband an.

Abbildung 19.10: Der praktische Topflappen verwertet Stoffreste.

Variationen

Probieren Sie alternativ einige der folgenden Techniken aus:

✔ **Sichtbare Nähte:** Überspringen Sie Schritt 11 und nähen Sie stattdessen die Nähte sichtbar im Langettenstich von Hand, im Zickzackstich mit der Nähmaschine oder mit der Overlock-Maschine.

✔ **Freie Form:** Überspringen Sie die Schritte 5 bis 8 und stecken Sie einfach die Lagen aufeinander, heften und nähen Sie die Schichten zusammen und fertig ist Ihr Topflappen.

 Verwenden Sie den frei geformten Topflappen vorsichtig, da er nicht überall die gleiche Dicke hat und Sie nicht gleichmäßig vor Hitze schützt.

✔ **Rustikale Nähte:** Sie können alle Nähte von Hand mit Stickgarn ausführen.

✔ **Steppnähte:** Nähen Sie zusätzlich von Hand mit Stickgarn oder Twist über die fertigen Nähte.

✔ **Farben kombinieren:** Nähen Sie mit einem farblich kontrastierenden Garn. An der Nähmaschine können Sie auch zwei verschiedene Farben für Ober- und Spulenfaden einlegen. Bei der Overlock-Maschine lassen sich sogar vier bis fünf verschiedenfarbige Garne verarbeiten.

✔ **Schrägbandreste:** Nähen Sie übrig gebliebenes Schrägband zu einem Streifenmuster auf die Topflappen.

✔ **Bandstreifen:** Nähen Sie Bändchenreste zu einem Streifenmuster auf den Topflappen.

✔ **Aufhängung:** Mit einem Streifen Schrägband oder hitzefestem Band formen Sie eine Schlaufe, die Sie an eine Ecke des Topflappens annähen. So können Sie ihn aufhängen. Sie können stattdessen auch ein etwa 25 cm langes Band mittig an eine Ecke des Toplappens nähen, sodass die zwei Enden zum Anbinden dienen.

Dekorative Verbesserungen

In diesem Kapitel

▷ Dekorative Verwendung für den kleinsten Fetzen entdecken

▷ Einfach alles verzieren

▷ Accessoires aus Stoffresten

*W*erfen Sie kleine Stoffreste nicht weg. Es gibt für sie noch Verwendung. Sie können natürlich Kissenfüllungen daraus herstellen (wie in Kapitel 18 gezeigt), aber irgendwann ist Ihr Bedarf an Kissen gedeckt. In diesem Kapitel finden Sie neue Ideen zur Verwertung von Stoffresten. Ich habe für Sie in meinem Nähschatz gekramt und einige interessante Ideen und Techniken gefunden. Legen Sie sich nur für diesen Zweck einen Stoffrestekorb zu. Ich bin oft unsicher, was ich im Laden in meinen Restekorb werfen soll, weil meine sieben Jahre alte Nachbarin mir einen dieser Schätze in Sekundenbruchteilen mopsen könnte.

Sie finden in diesem Kapitel dekorative Ideen ganz ohne Funktion und andere, die gleichzeitig Werbung für das Recyceln machen. Andere Projekte halten Ihren Hals warm und Ihren Körper gesund oder erinnern Sie jedes Mal, wenn Sie Ihre Geldbörse benutzen, daran, dass Sie Abfall vermeiden.

Von Abfall zu attraktiv – Stoffdekorationen

Jemand hat mich einmal gefragt: »Wenn du deinen eigenen Stoff herstellen könntest, wie würde der aussehen?« Das Projekt in diesem Abschnitt sieht etwa so aus wie mein Traumstoff: Fetzen, Garnfäden und Stoffreste (zu sehen in Abbildung 20.1) zusammengenäht zu einer Kombination voller kreativer Akzente. Das wäre genau mein Stoff!

Abbildung 20.1: Aus diesen Stoffresten entsteht ein dekorativer Akzent.

Das Projekt ist sehr einfach. Die größte Hürde ist, absichtlich kreatives Chaos zu erzeugen. Achten Sie beim Nähen mit der Maschine darauf, dass sich das Füßchen nicht in den Fadenschlaufen verfängt. Allerdings verzeiht Ihnen dieses Projekt so einiges. Arrangieren Sie zunächst einige Stoffreste auf dem Kleidungsstück, das Sie verzieren möchten. Anschließend nähen Sie diese Dekoration an Ort und Stelle fest.

Material

✔ kleine Stoffreste, nicht größer als 7,5 × 7,5 cm, aber auch lange dünne Streifen sind geeignet

✔ das Kleidungsstück, das Sie verzieren möchten

✔ Stecknadeln

✔ Nähnadel für Hand- oder Maschinennähte

✔ farblich passendes Nähgarn

✔ Schere

Anleitung

1. **Designentscheidung:** Bestimmen Sie die Partie des Kleidungsstücks, die Sie verzieren möchten. Das geht am besten, wenn Sie das Teil anprobieren und die Stelle mit Schneiderkreide markieren.

2. **Arrangieren Sie die Stoffreste – chaotisch.** Nehmen Sie eine Handvoll Stoffreste und streuen Sie sie über die markierte Stelle des Basisteils aus Schritt 1. Arrangieren Sie die Teile so, dass sich eine gleichmäßig dicke Stofflage ergibt, die im markierten Bereich liegt. Fahren Sie mit Schritt 4 fort.

3. **Arrangieren Sie weitere Stoffreste – falls gewünscht.** Legen Sie einen größeren Stoffrest mit der rechten Seite nach oben über die bereits arrangierten Stücke. Legen Sie drei bis fünf kleinere Teile darüber, die sich möglichst wenig überlappen. Abbildung 20.2 zeigt Ihnen die Skizze dazu. Fahren Sie mit Schritt 4 fort.

4. **Feststecken:** Stecken Sie die Stoffreste auf den Untergrund und achten Sie dabei auf Ecken und überlappende Partien, die Sie fixiert haben möchten.

5. **Nähen Sie mit der gewünschten Methode.** Die Hinweise richten sich danach, ob Sie von Hand oder mit der Nähmaschine nähen möchten. Eine Overlock-Maschine eignet sich nicht für diesen Schritt.

   • **Handnähte:** Lesen Sie in Kapitel 5 die Hinweise zu Handnähten. Nähen Sie im Geradstich mitten durch die Stoffreste oder entlang der Kanten, wobei die Naht Teil der Dekoration sein sollte.

   • **Nähmaschinennähte:** Nähen Sie mit einer beliebigen Stichart über die Stoffreste und gestalten Sie mit der Nahtlinie die Verzierung zusätzlich.

Abbildung 20.3 zeigt die aufgenähten Stoffreste.

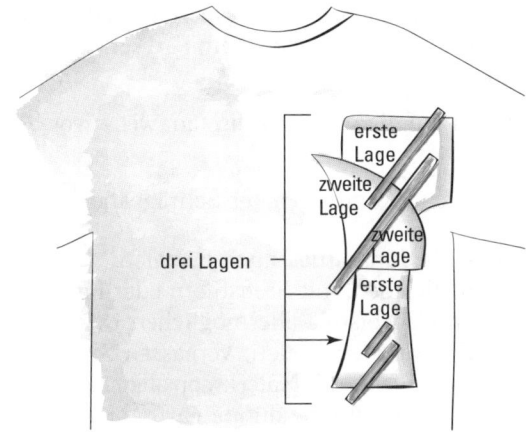

Abbildung 20.2: Ein Beispiel für das Arrangieren der Stoffreste

Abbildung 20.3: Nach dem Aufnähen dekorieren die Stoffreste ein schlichtes Oberteil.

Variationen

Probieren Sie alternativ einige der folgenden Techniken aus:

✔ **Rustikale Nähte:** Sie können alle Nähte von Hand mit Stickgarn ausführen.

✔ **Steppnähte:** Nähen Sie zusätzlich von Hand mit Stickgarn oder Twist über die fertigen Nähte.

✔ **Farben kombinieren:** Nähen Sie mit einem farblich kontrastierenden Garn. An der Nähmaschine können Sie auch zwei verschiedene Farben für Ober- und Spulenfaden einlegen. Bei der Overlock-Maschine lassen sich sogar vier bis fünf verschiedenfarbige Garne verarbeiten.

✔ **Knöpfe:** Nähen Sie dekorative Knöpfe auf das Oberteil. Dadurch wird wieder Platz in Ihrer Knopfkiste. Sortieren Sie die Knöpfe nach einem Farbschema oder nach Material (dekorativ, Stoff, Glas, geschnitzt).

✔ **Perlen:** Nähen Sie Perlen auf die gleiche Weise an, wie zuvor bei den Knöpfen beschrieben.

✔ **Streifen:** Nähen Sie Streifendekorationen aus Schrägband oder Bändchen an.

Sie können das Kleidungsstück auch bemalen, mit Ösen, Nieten oder Bändern besetzen, färben, bleichen, mit Stoffstiften oder Filzstiften beschreiben. Sie können mit der Heißklebepistole alle möglichen Dekorationen anbringen, solange Sie das Teil nicht waschen wollen. Verpassen Sie Ihrem Kleidungsstück einen Streifenlook, indem Sie es mit Malerkrepp abkleben und mit Textilsprühfarbe behandeln. Sprühen Sie erst eine dünne Farbschicht, lassen Sie sie trocknen und wiederholen Sie den Vorgang, bis der gewünschte Farbton erreicht ist. Entfernen Sie das Kreppband und bewundern Sie die Streifen.

Ein wärmender Kragen

Ich brauche unbedingt immer einen warmen Hals. Es begann auf einer Reise nach Paris, bei der ich mich fürchterlich erkältete. Ich stellte überrascht fest, dass dort fast jeder einen Schal trug, selbst wenn die Person sonst nur ein T-Shirt anhatte. Ich bin in New England aufgewachsen, wo man höchsten dann einen Schal trug, wenn man Schlitten fahren ging. Selbst dann musste meine Mutter mich mit dem Schal wie mit einem Lasso einfangen und ihn mir um den Hals knoten, bevor ich das Haus fluchtartig verlassen konnte. Damals in Paris habe ich meine Dickköpfigkeit überwunden, mir einen Schal zugelegt und den Rest der Reise genossen. Seitdem bin ich geheilt. Dieses Projekt ist ganz leicht gemacht. Sie wickeln einfach einen Streifen Strickstoff (oder anderes Stretchmaterial) zu einer Spirale, nähen alles zusammen und versäubern die Kanten – fertig ist Ihr Kragen. Abbildung 20.4 zeigt das Ausgangsmaterial für dieses Modell.

Abbildung 20.4: Das Stretchmaterial vor der Verwandlung in einen Schal

Material

✔ Streifen Strick- oder Stretchstoff, mindestens 5 cm breit und 90 cm lang

 Das Material muss in der Länge elastisch sein, sonst können Sie es nicht über den Kopf ziehen!

✔ Stecknadeln

✔ Sicherheitsnadeln

✔ Maßband

✔ Nähnadel für Hand- oder Maschinennähte

✔ farblich passendes Nähgarn

✔ Schneiderkreide oder Stoffmarker

✔ Schere

Anleitung

1. **Heften:** Strickstoffe können aufribbeln. Sichern Sie die Stoffkanten daher durch Heftnähte. Sind die Kanten noch nicht versäubert, heften Sie sie von Hand oder mit der Maschine. In Kapitel 5 erfahren Sie mehr über Heftnähte.

2. **Länge bestimmen:** Mit dem Maßband und der Schneiderkreide messen Sie 45 cm vom Anfang des Streifens und markieren den Messpunkt.

   Sollte die Schneiderkreide auf dem Strickstoff nicht funktionieren, verwenden Sie eine Sicherheitsnadel zum Markieren.

3. **Stecken Sie die Spirale fest.** Legen Sie den Streifen flach hin, legen Sie die Kante gegenüber der Markierung recht auf rechts an und stecken Sie sie fest. Befestigen Sie den Streifen fortlaufend spiralförmig mit Stecknadeln im Abstand von 5 cm bis zum Stoffende (siehe Abbildung 20.5).

 Ich verwende bei dem lockeren Strickstoff lieber Sicherheitsnadeln zum Feststecken. Stecknadeln rutschen zu leicht heraus oder verhaken sich in dem Gewebe, während Sie damit arbeiten.

 Wenn Sie einen besonders großen Kopf haben, prüfen Sie vor dem Zusammenstecken, ob Ihr Kopf hindurch passt. Sie können den Umfang gegebenenfalls vergrößern. Ist Ihr Kopf eher klein, können Sie den Umfang entsprechend verkleinern.

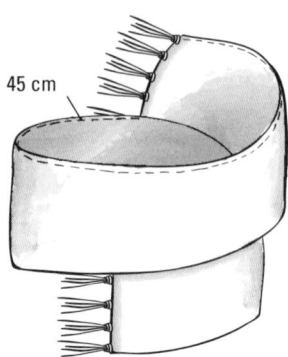

Abbildung 20.5: Stecken Sie den Streifen spiralförmig zusammen.

4. **Nähen Sie mit der gewünschten Methode.** Die Hinweise richten sich danach, ob Sie von Hand, mit der Nähmaschine oder mit der Overlock-Maschine nähen möchten.

- **Handnähte:** Lesen Sie in Kapitel 5 die Hinweise zu Handnähten. Nähen Sie im Langettenstich die Spirale aneinander und versäubern Sie damit alle Stoffkanten. Achten Sie darauf, jede Masche zu erfassen, damit das Material nicht aufribbeln kann. Entfernen Sie die Heftnähte und wenden Sie den Kragen auf rechts.

- **Nähmaschinennähte:** Nähen Sie im Zickzackstich die Spirale zusammen und versäubern Sie alle Stoffkanten. Achten Sie darauf, jede Maschenschlaufe zu erfassen, damit das Material nicht aufribbeln kann. Notfalls nähen Sie ein weiteres Mal darüber. Entfernen Sie die Heftstiche und wenden Sie den Kragen auf rechts.

- **Overlock-Maschinennähte:** Nähen Sie die gesteckten Kanten zusammen, wobei Sie die Stecknadeln entfernen, und versäubern Sie die Schnittkanten. Achten Sie darauf, jede Maschenschlaufe zu erfassen und nähen Sie notfalls ein zweites Mal darüber. Entfernen Sie die Heftstiche und wenden Sie den Kragen auf rechts.

Abbildung 20.6 zeigt den fertigen Kragen.

Variationen

Probieren Sie alternativ einige der folgenden Techniken aus:

✔ **Sichtbare Nähte:** Stecken Sie in Schritt 3 die Streifen mit den linken Seiten zusammen.

✔ **Rustikale Nähte:** Sie können alle Nähte von Hand mit Stickgarn ausführen.

✔ **Steppnähte:** Nähen Sie zusätzlich von Hand mit Stickgarn oder Twist über die fertigen Nähte.

✔ **Farben kombinieren:** Nähen Sie mit einem farblich kontrastierenden Garn. An der Nähmaschine können Sie auch zwei verschiedene Farben für Ober- und Spulenfaden einlegen. Bei der Overlock-Maschine lassen sich sogar vier bis fünf verschiedenfarbige Garne verarbeiten.

Abbildung 20.6: Nach dem Zusammennähen wärmt der Stoffstreifen Ihren Hals.

✔ **Knöpfe:** Nähen Sie dekorative Knöpfe auf den Kragen. Dadurch wird wieder Platz in Ihrer Knopfkiste. Sortieren Sie die Knöpfe nach einem Farbschema oder nach Material (dekorativ, Stoff, Glas, geschnitzt).

✔ **Spitze und Bänder:** Nähen Sie einen Streifen Spitze oder ein Band an den Saum des Kragens oder die Anfangs- und Endkanten.

 Sie können den Kragen auch komplett unversäubert lassen. Waschen und trocknen Sie ihn im Trockner, damit sich die Kanten verbinden. Sie können den Kragen auch bemalen, mit Ösen, Nieten oder Bändern besetzen, färben, bleichen, mit Stoffstiften oder Filzstiften beschreiben. Verpassen Sie Ihrem Kragen einen Streifenlook, indem Sie ihn mit Malerkrepp abkleben und mit Textilsprühfarbe behandeln. Sprühen Sie erst eine dünne Farbschicht, lassen Sie sie trocknen und wiederholen Sie den Vorgang, bis der gewünschte Farbton erreicht ist. Entfernen Sie das Kreppband und bewundern Sie die Streifen.

Bares in einer Börse aus Stoffresten

Mit dieser Geldbörse verwirklichen Sie ein Projekt, bei dem nicht nur eine alte Jeans neue Verwendung findet, sondern Sie auch häufig daran erinnert werden, wie Sie Geld sparen können. Es gibt unzählige Möglichkeiten, diesem Projekt einen persönlichen Touch zu verleihen. Dieses Modell ist sehr einfach. Sie nähen ein Fach für Wechselgeld aus einer Lage Jeansstoff und setzen ein weiteres Stück Stoff an, damit Sie bündelweise Bandknoten hineinstecken können. Abbildung 20.7 zeigt das Material für das Portemonnaie.

Abbildung 20.7: Die Stoffreste vor ihrer Verwandlung in ein Zuhause für Ihr Geld

Material

✔ Jeansreste mindestens 2 Stücke je 22,5 × 15 cm groß und 1 Stück 5,5 × 10 cm

✔ Schrägband, 90 cm lang

✔ Stecknadeln

✔ Maßband

✔ Nähnadel für Hand- und Maschinennähte

✔ farblich passendes Nähgarn

✔ Schneiderkreide oder Stoffmarker

✔ Schere

Anleitung

1. **Schnittlinie markieren:** Mit dem Maßband und der Schneiderkreide markieren Sie zwei 22,5 × 15 cm große Rechtecke auf den größeren Stoffstücken und ein 5,5 × 10 cm großes Rechteck auf dem kleineren Stoffstück.

2. **Zuschnitt:** Schneiden Sie entlang der markierten Schnittlinie.

3. **Schrägband feststecken:** Legen Sie das Schrägband an die Kante des kleineren Rechtecks, wobei die Bruchkante an der Stoffkante liegen sollte und die beiden Hälften des Schrägbands den Stoff beidseitig einschließen. Legen Sie das Schrägband an den Ecken sorgfältig in Form, wie in Abbildung 20.8 gezeigt. Stecken Sie das Schrägband im Abstand von 3 cm quer zur Stoffkante fest und lassen Sie Anfang und Ende 2 cm überlappen.

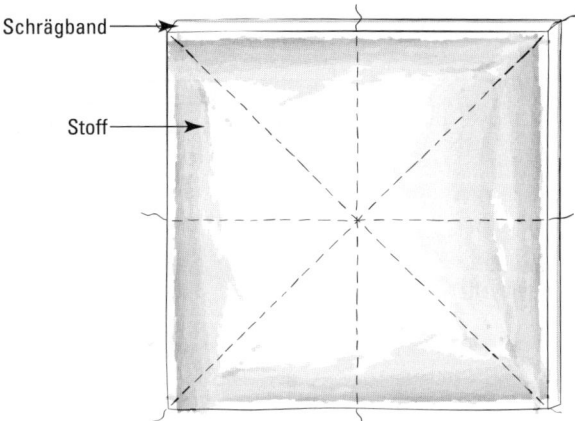

Schrägband

Stoff

Abbildung 20.8: Stecken Sie das Schrägband fest.

4. **Nähen Sie mit der gewünschten Methode.** Die Hinweise richten sich danach, ob Sie von Hand oder mit der Nähmaschine nähen möchten. Eine Overlock-Maschine eignet sich nicht für diesen Schritt.

   • **Handnähte:** Lesen Sie in Kapitel 5 die Hinweise zu Handnähten. Nähen Sie im Geradstich mit 0,6 cm Nahtzugabe das Schrägband an die Stoffkante und entfernen Sie dabei die Stecknadeln.

   • **Maschinennähte:** Nähen Sie im Geradstich mit 0,6 cm Nahtzugabe das Schrägband an die Stoffkanten und entfernen Sie die Stecknadeln.

5. **Platzieren Sie die Tasche.** Legen Sie die eingefasste Tasche mit der linken Seite auf die rechte Seite eines größeren Jeansrechtecks. Die Oberkante der Tasche sollte 1 cm von der Oberkante des Jeansteils und 2,5 cm von einer Seite entfernt sein (siehe Abbildung 20.9). Stecken Sie die Tasche mit Stecknadeln fest und platzieren Sie sie im Abstand von 3 cm quer zur Naht und diagonal in den Ecken.

6. **Nähen Sie mit der gewünschten Methode.** Die Hinweise richten sich danach, ob Sie von Hand oder mit der Nähmaschine nähen möchten. Eine Overlock-Maschine eignet sich nicht für diesen Schritt.

   • **Handnähte:** Lesen Sie in Kapitel 5 die Hinweise zu Handnähten. Nähen Sie im Geradstich genau auf der Ansatznaht des Schrägbands die Tasche auf und entfernen Sie die Stecknadeln.

   • **Nähmaschinennähte:** Nähen Sie im Geradstich genau auf der Ansatznaht des Schrägbands die Tasche auf und entfernen Sie die Stecknadeln.

7. **Falten:** Legen Sie das zweite Rechteck zur Hälfte, wobei die linke Stoffseite innen liegt.

8. **Feststecken:** Stecken Sie die Bruchkante mit Stecknadeln alle 3 cm quer fest.

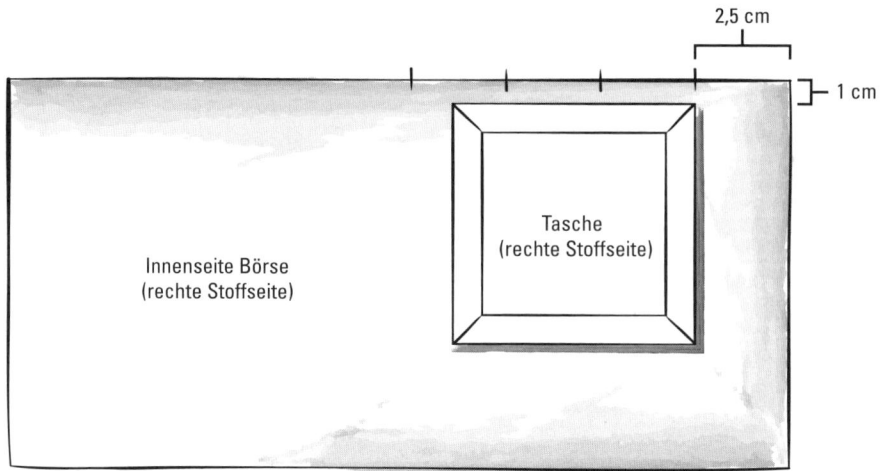

Abbildung 20.9: Stecken Sie die Tasche wie gezeigt fest.

9. **Nähen Sie mit der gewünschten Methode.** Die Hinweise richten sich danach, ob Sie von Hand, mit der Nähmaschine oder der Overlock-Maschine nähen möchten.

- **Handnähte:** Lesen Sie in Kapitel 5 die Hinweise zu Handnähten. Nähen Sie im Langettenstich mit 0,6 cm Nahtzugabe an der Bruchkante entlang und entfernen Sie die Stecknadeln.

- **Nähmaschinennähte:** Nähen Sie im Geradstich entlang der Bruchkante und entfernen Sie die Stecknadeln.

- **Overlock-Maschinennähte:** Nähen Sie mit der richtigen Nadel und der passenden Einstellung des Nähfußes an der Bruchkante entlang. Entfernen Sie dabei die Stecknadeln.

10. **Börse zusammenstecken:** Legen Sie die beiden großen Rechtecke rechts auf rechts passgenau aufeinander. Stecken Sie Seiten, Ecken und Unterkante mit Stecknadeln aufeinander und platzieren Sie die Nadeln quer im Abstand von 3 cm sowie in den Ecken diagonal.

 Das Rechteck mit der abgenähten Bruchkante ist kleiner als das andere. Achten Sie darauf, dass der Bruch mittig sitzt, und markieren Sie die Nahtlinien am größeren Rechteck.

11. **Nähen Sie mit der gewünschten Methode.** Die Hinweise richten sich danach, ob Sie von Hand, mit der Nähmaschine oder mit der Overlock-Maschine nähen möchten.

- **Handnähte:** Lesen Sie in Kapitel 5 die Hinweise zu Handnähten. Nähen Sie im Geradstich mit 0,6 cm Nahtzugabe an den gesteckten Kanten entlang und entfernen Sie die Stecknadeln. Wenden Sie die Börse auf rechts.

- **Maschinennähte:** Nähen Sie im Geradstich mit 0,6 cm Nahtzugabe an den gesteckten Kanten entlang und entfernen Sie die Stecknadeln. Wenden Sie die Börse auf rechts.

- **Overlock-Maschinennähte:** Nähen Sie an den gesteckten Kanten entlang und entfernen Sie dabei die Stecknadeln. Wenden Sie die Börse auf rechts.

12. Schrägband platzieren: Legen Sie das Schrägband an die Oberkante und verarbeiten Sie es wie in den Schritten 3 und 4 beschrieben.

Abbildung 20.10 zeigt die fertige Börse.

Abbildung 20.10: Die ausgediente Jeans beherbergt nun Ihr Bares.

Variationen

Probieren Sie alternativ einige der folgenden Techniken aus:

✔ **Sichtbare Nähte:** Anstatt die Lagen in Schritt 10 rechts auf rechts zusammenzulegen, lassen Sie die rechten Stoffseiten außen. Arbeiten Sie die Nähte sichtbar im Langettenstich von Hand, im Zickzackstich mit der Nähmaschine oder mit der Overlock-Maschine, anstatt sie mit Schrägband einzufassen.

✔ **Rustikale Nähte:** Sie können alle Nähte von Hand mit Stickgarn ausführen.

✔ **Steppnähte:** Nähen Sie zusätzlich von Hand mit Stickgarn oder Twist über die fertigen Nähte.

✔ **Farben kombinieren:** Nähen Sie mit einem farblich kontrastierenden Garn. An der Nähmaschine können Sie auch zwei verschiedene Farben für Ober- und Spulenfaden einlegen. Bei der Overlock-Maschine lassen sich sogar vier bis fünf verschiedenfarbige Garne verarbeiten.

✔ **Ziernähte:** Nähen Sie mit dekorativen Sticharten vor dem Zusammennähen über das äußere Rechteck der Börse (Schritt 10). Dekorieren Sie die Außenseite mit der Stoffrestetechnik weiter vorn in diesem Kapitel oder einer anderen Variation.

Sie können die Börse bemalen, mit Ösen, Nieten oder Bändern besetzen, färben, bleichen, mit Stoffstiften oder Filzstiften beschreiben. Kleben Sie Dekorationen mit der Heißklebepistole an, wenn Sie das Teil nicht waschen wollen. Verpassen Sie der Geldbörse einen Streifenlook mit Malerkrepp, das mit Textilfarbe übersprüht wird. Sprühen Sie erst eine dünne Farbschicht, lassen Sie sie trocknen und wiederholen Sie den Vorgang, bis der gewünschte Farbton erreicht ist. Entfernen Sie das Kreppband und bewundern Sie die Streifen.

Teil VII

Der Top-Ten-Teil

In diesem Teil ...

Hier finden Sie einige grundlegende Hinweise, die Ihnen die Arbeit erleichtern. Erfahrene und professionelle Schneider werden meine Ideen und Tipps vielleicht belächeln, aber springen Sie einfach über Ihren Schatten – das hier ist Recycling, nicht Schneiderkunst.

In diesem Teil möchte ich Ihnen vor allem grundlegende Tipps und die richtige Einstellung vermitteln, damit Sie zukünftige Hürden überwinden.

Ich verstehe gut, wenn Sie Schwierigkeiten damit haben, alte Erbstücke zu zerschneiden. Ich möchte Ihnen Mut machen und beistehen – mit der Schere in der Hand. Außerdem gebe ich Ihnen Tipps zum Umgang mit Flecken, auf die Sie sicher nie gekommen wären. Ich finde, dass kein Kleidungsstück wirklich ruiniert ist. Flecken und Verschleiß sind beim Umarbeiten lediglich eine Herausforderung an Ihre Kreativität.

Zehn wichtige Hinweise

In diesem Kapitel

▶ Tipps von anderen beherzigen

▶ Regeln, die Sie brechen können, und Regeln,
  die Sie befolgen sollten

▶ Das Handwerkszeug zusammenstellen

*W*enn Sie genauso dickköpfig sind wie ich und Dinge lieber selbst herausfinden, dann lesen Sie hier, in welche Richtung Sie starten sollten. Die kurzen Hinweise verhindern frustrierende Erfahrungen, lassen Ihnen aber genug Spielraum, um Dinge selbst auszuprobieren. Dieses Kapitel enthält Erfahrungen aus meiner langjährigen Recyclingarbeit, die ich mit anderen teilen möchte. Es sind Themen, die in verschiedenen Veranstaltungen immer wieder angesprochen wurden.

Keine Angst vorm Zerschneiden

Viele Menschen bringen mir Kleidungsstücke zum Recyceln, weil sie selbst Angst haben, sie zu zerschneiden. Egal wie gut sie nähen können oder wie schwierig das Projekt sein mag, sie schaffen den ersten Schritt nicht. Meine Regel lautet: Ein Kleidungsstück, das nicht getragen oder benutzt wird, nimmt nur Platz im Kleiderschrank weg für ein Teil, das benutzt werden könnte.

Abschied vom Perfektionismus

Beim Recyceln geht es nicht um Perfektion, sondern um Kreativität und Persönlichkeit. Ich bin der festen Überzeugung, dass jeder Mensch mindestens eine Unvollkommenheit hat. Dann ist es auch in Ordnung, wenn Ihre Kleidung nicht so vollkommen ist. Sie sehen, es ist manchmal nur eine Frage der Perspektive.

Meine Kleidung besteht meist aus abgerissenen Klamotten. Ich finde etwas, das mir gefällt, und trage es, bis es auseinanderfällt. Natürlich sind diese Rest- oder Erbstücke dann von mir oder anderen Designerkollegen umgearbeitet worden und natürlich keineswegs perfekt. Normalerweise sind meine Kleider dann auch noch voller Farbspritzer und Sicherheitsnadeln – weniger aus gestalterischen Gründen, sondern weil ich zu faul bin, mich vor dem Malen umzuziehen. Mir gefallen diese unvollkommenen Details, weil sie ausdrücken, wer ich bin und welche Abenteuer ich tagtäglich erlebe. Allerdings geschieht das weniger absichtlich, mehr zufällig. Ich lege meinen Rock nicht auf den Boden und besprenkle ihn absichtlich mit Farbe; ich hatte einfach beim Malen keinen Wischlappen zur Hand.

In eine gute Schere investieren

Quälen Sie sich nicht mit einer stumpfen Schere ab. Eine haltbare, scharfe Schere ist erschwinglich. Investieren Sie Geld in eine neue Schere und verschonen Sie Ihre Hände vor kräftezehrenden Schneideversuchen. Wenn Sie viel nähen, legen Sie sich unbedingt eine Schneiderschere zu. Sie können solche Scheren in Fachgeschäften oder übers Internet günstig kaufen.

Egal welches Fabrikat Sie kaufen, benutzen Sie diese Schere _ausschließlich_ für Stoff. Ich gebe es zu, es verblüfft mich selbst immer noch, dass etwas so Dünnes wie Papier eine Stoffschere stumpf werden lässt, aber genauso ist es. Verstecken Sie notfalls Ihre Stoffschere, damit sie nicht in Hände gerät, die schnell mal etwas anderes damit schneiden wollen. Sie können auch ein Schild mit Ihrem Namen oder einen Warnhinweis wie beispielsweise »Nur Stoff!« daran befestigen. Das zeigt potenziellen Benutzern direkt, dass sie diese Schere besser nicht für etwas anderes als Stoff verwenden.

Denken Sie nicht, dieser Hinweis wäre banal. Für mich war die Erkenntnis genauso erhellend wie der erste Blick durch Brillengläser nach jahrelangem Blindflug. Sie schonen mit einer vernünftigen, scharfen Schere nicht nur Ihre Hände, sondern auch den Stoff. Mit einer sauber geschnittenen Stoffkante zu arbeiten, ist ein himmelweiter Unterschied.

Sich für Veränderung begeistern

Für mich stellen Flecken und andere Schadstellen eine besondere kreative Herausforderung dar. Was für andere ruiniert scheint, ist für mich ein gestalterisches Abenteuer. Dabei ist es wichtig zu betonen, dass beim Recycling solche Schäden nicht repariert oder geflickt werden, damit das Kleidungsstück wieder wie vorher aussieht. Sie flicken kein altertümliches Modell, damit es ein repariertes altertümliches Modell ist, Sie verändern es und schaffen etwas Neues. Dadurch verändert sich das Kleidungsstück und das ist auch richtig so.

Das eigene Modell sein

Ich arbeite selten mit Konfektionsgrößen. Wenn mich Leute danach fragen, wie sie Kleidung passend machen können, empfehle ich: »Probieren Sie es an und finden Sie heraus, ob es bequem ist.« Kleidung fällt unterschiedlich aus und passt verschiedenen Menschen auf unterschiedliche Weise. Betrachten Sie sich selbst und finden Sie heraus, was Ihnen steht und passt.

Genauso sollte es auch beim Neugestalten funktionieren. Probieren Sie ein Kleidungsstück an und finden Sie heraus, ob Sie sich damit wohlfühlen und komfortabel bewegen können. Das können Sie weder in einem Buch noch in einer Nähanleitung nachlesen.

Lassen Sie sich nicht von Größenangaben verwirren. Konfektionsgrößen werden über die Jahre immer wieder verändert und variieren auch bei verschiedenen Herstellern. Sie dienen lediglich zur Orientierung. Finden Sie selbst heraus, worin Sie sich wohlfühlen und lassen Sie sich das nicht von einem Fremden in einer Zeitschrift vorschreiben.

Flecken als kreative Wegweiser

Normalerweise markieren nicht zu beseitigende Flecken den endgültigen Niedergang eines Kleidungsstücks. Mich begeistert es hingegen sehr – mit wenigen Ausnahmen –, wenn ich ein Kleidungsstück mit Flecken umarbeiten kann. Durch die Flecken muss ich mir etwas besonders Kreatives einfallen lassen und kann keine Standardtechnik anwenden.

Betrachten Sie Flecken auf einem Kleidungsstück als Herausforderung und natürlichen Prozess im textilen Lebenslauf. Je nach Beschaffenheit des Flecks können Sie ihn bedecken oder in Ihren Entwurf einbauen. Ich habe zum Beispiel einmal Wein über eine sehr schöne Seidenweste gekippt. Die natürliche Reaktion wäre gewesen, sich aufzuregen und die Weste in die Reinigung zu bringen, in der Hoffnung, der Fleck möge verschwinden. Stattdessen erinnerte ich mich an die Veranstaltung, auf der ich den Wein verschüttete – nämlich die Hochzeit eines guten Freundes –, und entschied mich, die gesamte Weste in Wein einzufärben.

Schlaue Verschlüsse

Ich persönlich bevorzuge einen Kleidungsstil, der möglichst variabel ist, sowohl was Größe als auch Stil und Passform angeht. Ich verändere Dinge gern und liebe es, Kleidung auf verschiedene Arten zu tragen. So gefallen mir Teile, die ich übereinandertragen oder zwischendurch dekorativ als Accessoire an meine Tasche oder meinen Rucksack binden kann.

Reißverschlüsse zum Beispiel beschränken ein Kleidungsstück meist auf nur eine Tragevariante. Daher verwende ich sie selten, sondern bevorzuge Klettband oder Knöpfe, die mir mehr Gestaltungsspielraum lassen. So kann ich Teile asymmetrisch schließen, den Halsausschnitt umschlagen und den Saum zipfeln lassen.

Am liebsten nähe ich lange Bindebänder als Verschluss an, die gleichzeitig dekorative Funktion haben. Man kann sie knoten, umbinden oder durch Schnallen ziehen. Ich verwende auch gerne riesige Sicherheitsnadeln, alte Hutnadeln, Broschen oder andere Verschlüsse mit Nadeln, die mir viel Gestaltungsspielraum lassen.

Gut gesteckt ist halb gewonnen

Stecknadeln sind das normale Werkzeug beim Schneidern, aber ich bin dafür zu grobmotorisch. Sie fallen mir runter oder werden rausgezogen und verfangen sich an den falschen Stellen. Nachdem ich meinen ehemaligen Vermieter mit einer Stecknadel gepieksackt habe, die ich in einem Kissen vergaß, habe ich meine Lektion gelernt. Stecknadeln sind nichts für mich.

Sicherheitsnadeln dagegen sind meine besten Freunde. Beim Anprobieren lassen sie sich bequem öffnen und neu feststecken. Sie können die Bewegungsfreiheit des Kleidungsstücks testen, bevor Sie es nähen, was Sie bei Stecknadeln besser lassen sollten. Außerdem kann man sie problemloser benutzen, weil sie ungefährlich sind.

Es gibt aber auch Nachteile, die Ihnen bewusst sein sollten. Sicherheitsnadeln sind dicker als Stecknadeln, was Sie besonders bei feinen Stoffen wie Seide beachten sollten. Sie können auch nicht mit einer normalen Nähmaschine darübernähen. Beim Nähen ersetze ich sie daher durch normale Stecknadeln, es sei denn, ich nähe mit der Overlock-Maschine. Die verträgt keine der beiden Nadelsorten.

In eine gute Overlock-Maschine investieren

Ich werde oft nach Empfehlungen für gute Nähmaschinen gefragt, Bezugsquellen oder Marken und so weiter. Gerade bei einer Overlock-Maschine sollten Sie keine halben Sachen machen, selbst wenn Sie ein begrenztes Budget haben. Ich habe den Fehler selbst einmal gemacht und das gute Stück brach beim zweiten Benutzen auseinander. Ich gehe zwar etwas grob mit meinen Maschinen um, aber das war doch zu viel. Die Reparatur sollte genauso viel kosten, wie die Maschine gekostet hatte, und ich brachte sie augenblicklich zurück. Denken Sie also daran, wenn Sie sich eine preiswerte Maschine kaufen wollen, dass die erste Reparatur die Differenz zum Preis einer guten Maschine ausmachen könnte.

Es gibt durchaus bestimmte Modelle oder Marken, die ich besser finde als andere. Da ich aber nicht sämtliche Marken ausprobiert habe, kann ich auch keine bestimmte guten Gewissens empfehlen. Das wäre nicht fair. Es gibt Testberichte im Internet und ich empfehle Ihnen, nicht im niedrigsten Preissegment zu suchen. Wenn Sie sich im Internet nicht sicher bewegen, lassen Sie sich zum Beispiel in der örtlichen Bibliothek helfen. Online sind die Angebote oft deutlich günstiger als im Laden.

Wollen Sie eine gebrauchte Maschine kaufen, achten Sie auf eine Garantie oder die Möglichkeit zum Umtausch. Bedenken Sie, dass eine Reparatur oder eine Überholung der Maschine teuer sein kann. Wenn Sie also das Risiko eingehen wollen, berücksichtigen Sie diese Eventualitäten beim Preis. Sie wollen schließlich nicht mit einer kaputten Maschine im Schrank dastehen oder versuchen, das kaputte Teil im Internet jemand anderem anzudrehen. Behandeln Sie sich fair.

Keine Gnade bei Schweißflecken

Ich bitte Sie inständig: Egal wie groß die Versuchung ist und wie verlockend die angebotenen Hemden, süßen kleinen Pullis oder Blusen sind, glauben Sie niemals, Sie könnten die Schweißflecken darin waschen, desinfizieren, den Geruch entfernen oder das Teil auf irgendeine Weise retten, es sei denn, Sie schneiden den Bereich komplett raus. Glauben Sie mir, ich weiß, wovon ich rede.

Schweißkränze unter den Achseln sind nicht nur unansehnlich, sondern einfach unhygienisch. Oder hätten Sie gerne den Schweiß eines anderen auf Ihren Sachen? Oft genug lässt sich nicht einmal der Geruch entfernen. Igitt! Ich habe schon alles Mögliche versucht, aber nichts hat geholfen.

Selbst meine Lieblingsfleckentipps helfen bei diesen ekligen Flecken nicht. Selbst färben macht aus einem Schweißfleck immer noch einen Schweißfleck. Solche Flecken nehmen sogar noch mehr Farbe an als das restliche Gewebe. Sie können den Bereich nicht einmal herausschneiden, wenn Sie daraus ein Neckholder-Top machen, da der Stoff dann seitlich fehlt. Wenn Sie also nicht komplett auf diesen Teil des Kleidungsstücks verzichten können, lassen Sie die Finger von Oberteilen mit Schweißflecken unter den Achseln.

Zehn heiße Fleck-weg-Tipps

In diesem Kapitel

▷ Ungeahnte Hinweise entdecken

▷ Neue Techniken ausprobieren

▷ Verloren Geglaubtes retten

Meine Mutter und ich hatten ein Talent dafür, immer dann weiße Kleidung zu tragen, wenn wir italienisch essen gingen – besonders wenn es Tomatensoße gab. Wie Sie wissen, lassen sich manche Flecken durchaus entfernen, aber andere sind für die Ewigkeit. Wie ich schon in meiner Kindheit feststellen konnte, gehört Tomatensoße auf einer weißen Bluse zu den Letzteren. Als ich älter wurde, bekam ich ähnliche Probleme mit Rotwein. Da mit dem Alter auch die Weisheit zunimmt, habe ich mich in letzter Zeit fleckenfreiem Sake zugewandt.

Bevor Sie nun Ihren Lebensstil auf fleckenfreie Lebensmittel umstellen, möchte ich Ihnen noch einige andere Tipps geben, wie Sie Ihre Kleidung retten können. Dieses Kapitel enthält zehn Hinweise, wie Sie Flecken verbergen können, die beim Waschen nicht mehr verschwinden. Ich betrachte Flecken als kreative Herausforderung und je nachdem, wie groß sie sind, wo sie sitzen und welche Form sie haben, arbeite ich sie in meinen Entwurf ein. Andere Flecken verschwinden im Handumdrehen, wenn man sie mit etwas besetzt, sodass Sie sich vor einer Spaghettischlacht nicht mehr zu fürchten brauchen.

Zu Farbe greifen

Um einen Flecken mit Farbe zu bedecken, müssen Sie keine besonderen künstlerischen Fähigkeiten besitzen. Selbst ein dekorativer Farbklecks oder Pinselstrich kann Ihrem Oberteil einen interessanten Akzent verleihen. Viele meiner Kleidungsstücke sind oft unabsichtlich mit Farbe in Berührung gekommen und wurden für besonders kunstvolle Designerstücke gehalten.

Arbeiten Sie mit Textilfarbe in Ihrem Wunschfarbton und beachten Sie die Verarbeitungshinweise. Es kann sein, dass die Farbe mit Wärme fixiert werden muss. Wenn Sie ein bestimmtes Design verwirklichen wollen, probieren Sie das zuerst auf einem Stück Papier oder einem Stoffrest aus. Ich empfehle abstrakte Muster wie Wirbel, Tupfen oder Streifen. Bedecken Sie nicht zu viel Fläche Ihres Kleidungsstücks mit Farbe, da sie den Stoff steif machen kann. Das ist dann unangenehm zu tragen.

Experimente im Farbbad

Hier geht es nicht um herkömmliche Batiktechnik. Ein fleckiges Kleidungsstück in ein Farbbad zu tauchen, ist eher ein spannendes Experiment. Da die fleckigen Stellen die Farbe oft besser annehmen als der Rest des Materials, wird der Fleck eher hervorgehoben als beseitigt.

Ich experimentiere gerne mit verschiedenen Färbetechniken. Da ich darin selbst eine blutige Anfängerin bin, empfehle ich Ihnen, es einfach selbst auszuprobieren. Ich färbe gerne Farbverläufe, indem ich das Kleidungsstück nach und nach in das Farbbad tauche oder Stück für Stück heraushebe, sodass die Farbe verschieden lang darauf einwirkt. Arbeiten Sie dazu auch mit zwei verschiedenen Farbtönen. Sie können natürlich auch die üblichen Batiktechniken benutzen und das Teil knoten, verdrehen und abbinden. Ich knote gerne das ganze Kleidungsstück zusammen und färbe es dann. Anschließend entknote ich es wieder und färbe es erneut. Durch die verschiedenen Farbschattierungen lassen sich viele Flecken verbergen.

Ran an die Filzstifte

Ich liebe dicke Filzstifte oder Permanentmarker. Mit Schwarz lässt sich fast jeder Fleck abdecken und es sieht einfach gut aus. Während andere Farbtöne, selbst bei speziellen Textilstiften, schnell ausbleichen, sieht eine Zeichnung mit klaren schwarzen Linien einfach super aus.

Wenn Sie ein spezielles Motiv zeichnen wollen, probieren Sie es erst aus. Beim Zeichnen dürfen Sie sich gerne etwas mehr Mühe geben, wenn Sie es können. Wie wäre es mit einem Graffiti-Motiv? Ich bleibe meist bei meinen abstrakten Linien und Punkten. Allerdings habe ich auch schon einmal die Umrisse der Flecken nachgezeichnet – Dinge die man tut, während man in der Warteschleife eines Kundenservice hängt – und überraschenderweise gab das einen interessanten Akzent. Ihnen fehlt eine richtig gute Idee? Veranstalten Sie eine Flecken-Malparty mit Freunden oder bitten Sie einen befreundeten Künstler, Ihr Kleidungsstück zu bemalen, oder lassen Sie Ihre Kinder ran.

Puzzeln mit Stoffresten

Bei dieser Technik kommen Ihre alten Stoffreste zu neuen Ehren. Nähen Sie einfach ein Stück Stoff, groß genug, um die Flecken zu überdecken, auf das Kleidungsstück. Nähen Sie weitere, kleinere Stoffreste darüber, versetzt oder überlappend, sodass niemals jemand auf die Idee kommt, dass sich darunter etwas verbirgt. Dieses Projekt kann etwas rustikal aussehen. In Kapitel 20 finden Sie weitere Informationen zu dieser Technik, die Stoffreste in dekorative Elemente verwandelt.

Manche Flecken befinden sich an Stellen, die Sie nicht unbedingt hervorheben möchten. Gestalten Sie die Dekoration entsprechend, um den Fleck zu bedecken. Sie können die Stoffreste als Streifen quer über das Kleidungsstück annähen oder mehrere Bereiche mit Stoffstücken besetzen.

Ziernähte über alles

Ich war ein großer Fan von dekorativen Ziernähten. Ich betone *war*, weil das inzwischen auch in der Konfektion häufig zu finden ist. Seitdem ufern meine Ziernähte sozusagen aus. Ich gestalte sie bewusst üppig und ausufernd mit Massen von Garn, was sich perfekt eignet, um Flecken zu verdecken.

Sie können Ziernähte über das gesamte Kleidungsstück verteilen, entweder pur oder mit aufgenähten Stoffstücken kombiniert. Nähen Sie verschiedene Sticharten in unterschiedlichen Garnfarben übereinander. Probieren Sie einmal zwei verschiedene Garnfarben als Ober- und Unterfaden aus und lockern Sie die Fadenspannung oben, sodass der Unterfaden etwas an die Oberfläche gezogen wird. Das ergibt einen interessanten Farbeffekt.

Mit Nähten spielen

Kleine Flecken lassen sich manchmal in einer falschen Naht – also einer Naht ohne Funktion – verstecken. Die Naht sollte gleichmäßig über das ganze Kleidungsstück verlaufen und die Fleckenpartie dabei durchqueren. Vermeiden Sie komplizierte Bereiche wie Armkugeln. Sie können aber auch nur die Fleckenpartie mit einer Naht einhalten. Dadurch wellt sich das Kleidungsstück, was einen interessanten Effekt ergeben kann. Sie können die Nahttechnik auch mit aufgenähten Stoffstücken oder Zierstichen kombinieren.

Denken Sie unbedingt daran, dass falsche Nähte das Kleidungsstück kleiner machen – also Vorsicht!

Overlock-Dekorationen

Diese Technik funktioniert ähnlich wie die vorige, nur mit einer Overlock-Maschine. Nähen Sie kreuz und quer über die Flecken auf dem Kleidungsstück und verbinden Sie die Punkte mit einer Nahtlinie. Sie können die Technik auch mit anderen hier genannten Methoden kombinieren. Sie können die Nahtlinien beliebig auf dem Kleidungsstück verteilen. Nähen Sie überkreuz oder umranden Sie Felder, die Sie später bemalen.

Absichtlich zerstören

Schneiden Sie den Fleck einfach heraus, denn das ist derzeit sehr populär. Ich wundere mich immer wieder, wenn Leute mir absurd überteuerte Designerjeans zum Säumen bringen, die aussehen wie die Jeans, die mein Vater seit Ewigkeiten zur Gartenarbeit trägt. Unglaublich, wie Marketing den Leuten das Geld aus der Tasche ziehen kann.

Hier erfahren Sie, wie Sie Ihre Jeans selbst zerstören können, ohne all Ihr Geld dafür auszugeben. Gleichzeitig retten Sie auf diese Weise ein fleckiges Teil vor dem Mülleimer.

Es ist Zeit, einen meiner Lieblingsorte zu besuchen: den Eisenwarenladen oder Baumarkt. Hier finden Sie alles, um Ihre Jeans kunstvoll zu zerstören. Bei dicken Hosenstoffen wie Jeans schneiden Sie den Fleck ganz oder teilweise mit einer möglichst stumpfen Schere heraus oder fransen Sie die Schnittkante mit den Scherenblättern oder einem anderen scharfen Werkzeug aus. Legen Sie die Fleckenpartie auf eine feste Unterlage und bearbeiten Sie sie – ausgeschnitten oder nicht – mit grobem Schmirgelpapier. Falls Sie zufällig eine griffbereit haben, ist eine elektrische Schleifmaschine bestens für diese kreative Zerstörung geeignet und sie verhindert zerkratzte und verkrampfte Finger.

Dekorative Stickmotive

Ich liebe Sticken. Es war eine der ersten Handarbeitstechniken, die ich gelernt habe. Inzwischen gibt es Maschinen, die das übernehmen, aber es widerstrebt mir, diese kunstvolle Handarbeit einer Maschine zu überlassen. Als Kind stickte ich vor allem Blüten und Schnörkel – je kitschiger, desto besser. Irgendwann hatte ich genug davon. Inzwischen sticke ich wieder mit Begeisterung, aber ganz neue Motive wie Totenköpfe, handgeschriebene Botschaften oder einfach, was mir gerade einfällt, um meine Kreativität auszudrücken.

Betonen Sie Ihre Fleckenpartien mit Stickerei oder verdecken Sie sie. Sie können freihändig arbeiten, aber gleichmäßiger wird es, wenn Sie einen Stickrahmen benutzen. Sticken Sie den Umriss eines Fleckens nach oder übersticken Sie ihn im Knötchenstich. Kombinieren Sie Stickstiche mit Perlen, Pailletten oder anderen Dekorationen. Sie werden sehen, dass ein besticktes Kleidungsstück einen völlig anderen Look bekommt.

Knöpfe und Perlen aufsetzen

Je nach Lage der Flecken können Sie Knöpfe oder Perlen darübernähen. Dadurch findet der Kram in Ihrer Knopfdose endlich eine sinnvolle Verwendung. Prüfen Sie zunächst die Dicke des Stoffs und das Gewicht der Knöpfe oder Perlen. Notfalls bügeln Sie auf die Rückseite des Stoffs eine Einlage oder legen einen Futterstoff hinter den Bereich, wo Sie die Knöpfe aufnähen wollen.

Manche Perlen haben sehr kleine Löcher, durch die keine Nähnadel passt. Wechseln Sie dann zu einer Perlennadel. Da dies sehr lästig und aufwendig ist, sollten Sie Perlen nicht zu üppig einplanen. Wenn Sie einfach verrückt nach Perlenapplikationen sind, versuchen Sie bestickte Partien von Hochzeits- oder Abendkleidern zu verarbeiten oder kaufen Sie sich eine fertig bestickte Perlenapplikation und nähen Sie sie auf.

Ich nähe Knöpfe gerne nach einem bestimmten Schema auf. Ich besitze eine ganze Schublade voller gesammelter und geerbter Knöpfe. Sie können Knöpfe nach Farbe, Material oder Verzierung sortieren. Kombinieren Sie Knöpfe mit Stickerei zu ganz neuen Effekten, besonders für Kinder oder das Kind in uns. Knöpfe sind toll als Augen für Tiermotive, als Autoräder oder Blätter an Bäumen. Viel Vergnügen!

Stichwortverzeichnis